中文社会科学引文索引（CSSCI）来源集刊

Private
Law
Review

第25辑·第2卷
（总第50卷）

易继明 / 主编

图书在版编目（CIP）数据

私法. 第25辑. 第2卷：总第50卷 / 易继明主编.
北京：知识产权出版社，2024.12. -- ISBN 978-7-5130-9937-0

Ⅰ. D90-55

中国国家版本馆CIP数据核字第20254WX913号

责任编辑：杨　帆　　　　　　责任校对：潘凤越
封面设计：宗沉书装·李宗燕　　责任印制：刘译文

私　法

第25辑·第2卷（总第50卷）
易继明　主编

出版发行：知识产权出版社有限责任公司		网　　址：http://www.ipph.cn		
社　　址：北京市海淀区气象路50号院		邮　　编：100081		
责编电话：010-82000860转8173		责编邮箱：2632258269@qq.com		
发行电话：010-82000860转8101/8102		发行传真：010-82000893/82005070/82000270		
印　　刷：天津嘉恒印务有限公司		经　　销：新华书店、各大网上书店及相关专业书店		
开　　本：787mm×1092mm　1/16		印　　张：18.5		
版　　次：2024年12月第1版		印　　次：2024年12月第1次印刷		
字　　数：380千字		定　　价：78.00元		
ISBN 978-7-5130-9937-0				

出版权专有　侵权必究
如有印装质量问题，本社负责调换。

《私法》编辑委员会

主　　　编	易继明
副　主　编	冉克平　杨　帆　钱子瑜
编　　　委	（按姓氏拼音顺序排列）
	常鹏翱　邓建鹏　杜　颖　李　扬
	李红海　刘承韪　梅夏英　宁立志
	王　迁　谢鸿飞　尹　飞
本卷责任编辑	（按姓氏拼音顺序排列）
	蔡元臻　陈丹怡　冯思邈　孙　那
	谭佐财　吴梓茗　严晓悦　张恩典

《私法》学术顾问委员会

（按姓氏拼音顺序排列）

陈小君（广东外语外贸大学教授）

崔建远（清华大学教授）

房绍坤（吉林大学教授）

郭明瑞（烟台大学教授）

黄　进（中国政法大学教授）

梁慧星（中国社会科学院研究员）

刘剑文（北京大学教授）

刘凯湘（北京大学教授）

罗玉中（北京大学教授）

马俊驹（西南财经大学教授）

钱明星（北京大学教授）

孙宪忠（中国社会科学院研究员）

王利明（中国人民大学教授）

王卫国（中国政法大学教授）

吴汉东（中南财经政法大学教授）

吴志攀（北京大学教授）

徐国栋（厦门大学教授）

杨立新（中国人民大学教授）

尹　田（北京大学教授）

张新宝（中国人民大学教授）

赵万一（西南政法大学教授）

卷首语

中国知识产权发展趋势之展望[1]

对中国知识产权发展趋势之展望，我们可以从知识产权政策走向、制度转型及国际发展三个层面展开讨论。这里，对每个层面，我用十六个字共四句话加以概括。

第一个层面是政策走向。这一层面的关键词是"习近平新时代中国特色社会主义思想"。因为习近平总书记对知识产权的论述非常全面且高屋建瓴，是习近平新时代中国特色社会主义思想的组成部分，也是指导我国知识产权事业发展的核心思想。这一层面可以总结为四句话：强化保护，深度融合，市场主导，积极参与。

强化保护。党的十八大以来，党和国家高度重视知识产权保护工作，我国知识产权保护不断加强。特别是，中美贸易摩擦加剧，而在相关知识产权谈判过程中，知识产权保护力度得以进一步加强。例如，2019年4月我国首先在《中华人民共和国商标法》的修改中将惩罚性赔偿数额倍数提高至"一倍以上，五倍以下"，就是强化保护的重要标志；之后，最高5倍惩罚性赔偿规则在《中华人民共和国专利法》与《中华人民共和国著作权法》等知识产权法律修改中得以全面确立。然而，在2023~2024年，我国司法领域对惩罚性赔偿的适用出现了扩大化的倾向，这需要我们进一步反思惩罚性赔偿适用的前提和范围。一些法院在惩罚性赔偿的适用中有些过犹不及，甚至形成了攀比之风，竞相判高赔偿额，似乎哪家法院判得越高，对知识产权保护就越好。在一些涉平台责任的案件中，平台原本只是承担间接责任，结果却总被判惩罚性赔偿。有些案件中，法官找不到惩罚性赔偿的数额依据，甚至按照法定赔偿额最高额500万元为基数，再乘以5来确定赔偿数额。这些做法，有待商榷。还有，涉及标准必要专利时，本身存在默示许可的情形，在此情况下贸然适用惩罚性赔偿并不合适。对于类似情况，我们需要好好反思一下：滥用惩罚性赔偿，是否违背了制度平衡的法律逻辑；特别是这一做法对经济发展到底带来了哪些负面的影响，需要我们深入思考。从权利人的角度来看，他们当然希望扩张自己的权利，他们要借助标准化的优势进一步扩张自己的权利，肯定是希望赔得越多

---

[1] 本文根据易继明教授在"2025企业知识产权战略发展新年论坛暨知识产权经理人年会"上的演讲整理而成。

越好。但是，这种垄断性的企业或组织通过对产业链上游的控制，对产业链下游企业所进行的超额利润的占有，对产业及生态发展会产生抑制作用，需要我们认真地对待。我们要充分认识到，在知识产权领域我国权利人的数量在增长、权利意识在增强；但同时，我们更应清醒地认识到，我国也是技术的重要实施者，是一个以制造业立国的国家。这就需要我们在权利保护和技术实施中逐渐形成一种平衡。这既是基于我国国情的考量，也是我们参与国际贸易与产业竞争的出发点。

深度融合。国家知识产权局主导的专利转化运用专项行动方案，目前的落实情况非常不错，尤其是在高校层面，盘活存量、建立供需平台、探索"先使用后付费"转化模式等，如火如荼。李强总理指出，知识产权制度是激励创新的催化剂、经济发展的加速器，要加强专利转化运用研究，推动一批专利实现产业化。因此，专利要能够深度融入产业经济的发展，并与贸易捆绑，这样才能支撑我国经济增长、国家强大与社会发展。事实上，与知识产权相关的科技竞争、文化互鉴、对外合作与交流等，都是知识产权与经济社会发展全面融合、深度融合的具体体现。由此可见，深度融合是另一个主要发展趋势。

市场主导。当前贸易保护主义抬头，过去被广泛提倡的经济全球化、贸易自由主义的理念正在被一些国家抛弃；特别是有些率先倡导全球化和自由贸易的国家，转而开始从本国战略出发，强化产业政策。例如，美国过去曾经批评中国产业政策太多，批评中国政府推行的一些税收优惠政策、财政补贴或资助政策，但现在，美国也开始强调产业政策，效仿中国建设产业园区、采取政府补贴和税收优惠等措施，目的是要将中高端制造业引向美国。然而，中国是从产业政策主导的倾向中走出来，逐渐走向市场主导的，当前我们需要一个更加开放、更加自由的国际市场。因此，我们的政策可能需要从产业政策主导，转向充分发挥市场作用，以市场为主导的竞争政策。接下来，我们需要构建市场主导的发展格局，在国内统一大市场视角下，融合全球市场，开创产业政策与竞争政策深度融合的新局面。这是政策层面的另一个重要的趋势。

积极参与。我国在2008年发布的《国家知识产权战略纲要》中，国际层面内容涉及相对较少，主要以国内政策为主；或者说，那时候我国对知识产权国际战略，还没有长远而细致的规划。但现在，我们已经深度参与国际贸易体系，而且现有的国际贸易体系又面临着新的挑战。例如，知识产权与国际贸易结合，1995年知识产权纳入世界贸易组织（WTO）框架并达成TRIPs，其核心优势就是在WTO框架下对知识产权纠纷有一个争端解决体系，与世界知识产权组织（WIPO）相比，国际知识产权纠纷解决机制长出了"牙齿"，能够有效解决成员国之间的争端与冲突。但2019年12月11日以来，由于美国阻挠，WTO上诉机构实际上一直处于瘫痪状态，无法运作。于是，在2020年4月30日，以欧盟和加拿大为首，包括中国、澳大利亚和巴西等在内的世贸组织成员联合启动了"多方临时上诉仲裁安排"（MPIA），作为一项过渡性解决方案，在WTO上诉机构停止运作期间维持争端解决程序并发挥一定的功能，以缓解上诉机构功能缺失或者失灵问题。在"破"中有"立"的过程中，我们要积极介入，逐渐融入，乃至要强化我国在国际上的话语权。所以，对于知识产权相关的国际事务，我们需要积极主动地参与，这也是一个重要的趋势。

第二个层面是制度转型。关键词就是"现代化"。在国家治理现代化过程中，知识产权治理现代化是其中的重要组成部分，它是契合整个制度建构所进行的全面塑造。这一层面，可以总结为四句话：坚持创新，协同保护，统筹内外，拓宽基础。

坚持创新。政策上要重点关注不以创新为基础的反垄断和反不正当竞争的问题。比如，在加工贸易中，代工生产的环节如属于OEM，所产生的创新成果就应该归属加工方。当然，委托方会主张权利应该属于他们，我国企业在境外拓展业务的时候，对外国的代工企业也提出类似的要求。比如某在海外从事电商平台的企业，对平台内商家在服装生产中产生的创意、版式设计、外观专利等都主张权利，以此对下游商户所进行的创新进行控制，其实他们并未参与实质性创新。这种借助控制平台渠道，对下游创新所进行的控制，实则是劫持知识产权的产业链控制方法。这种做法违背了知识产权的基本原则即创新原则，强制知识产权转移，严重阻碍了创新。OEM模式的创新，是由具体代工企业主体所进行的创新，上游企业没有支付相应的对价，就不能通过代工协议强制知识产权转移。坚持创新的基本态度是，谁是创新主体，其创新成果和权属就应当归属于他，这样才能激励创新。创新原则，只有回归到以人为本，我们对于创新主体的创新思维的保护，才会被高度重视起来。

协同保护。过去我们推行司法和行政"双轨制"，这容易导致司法权和行政权互相争夺权力或者互相推诿的情形，从而导致相互掣肘，乃至制度失灵。因此，要强调建立协同保护体系，强化知识产权全链条保护，包括"总对总"的融合，既包括知识产权管理部门，如国家知识产权局与司法机关的对接，也包括具体产业领域如植物新品种权利保护中，司法机关与农业部门的协同等。另外，还需要仲裁、调解等多元纠纷解决机制的介入，全社会参与知识产权共同治理，形成协同保护的制度体系。

统筹内外。过去，我们对于国际层面的统筹重视程度不够；现在，要从制度建设上统筹内外。在此过程中，一方面要考虑国际规则，要考虑西方国家的先进制度和经验。但另一方面，我们在实践中探索形成的自有特色的制度或者规则，也需要高度重视。过去我们强调制度对标国际，尤其是要对标美国，学习和借鉴美国法，比如将外观设计纳入专利法的保护范围。但现在，我们也要考虑到美国的制度是基于其本土的历史传统与社会现实情况发展而来的，而我们的国情与之有不同之处。如在地理标志的问题上，美国建国历史较短，属于移民国家，其自身的文化传统、农特产品并没有那么多，其主流文化和饮食习惯仍然来源于欧洲，因此美国强调以商标模式保护地理标志产品，而不重视地理标志自身所隐含的历史文化内涵。在这个方面，我国与之不同，我们有自身的历史文化传统和丰富的地理标志资源，因此我们需要通过地理标志立法对此进行专门保护。所以，我们在对标发达国家制度的时候，要反思制度或者规则背后的东西，明确对标先进制度，但不应该是一味求同。否则，有了"形"，但却没有了"神"。

同时，我们要参与到国际上的一些多边框架之中，比如 WTO 框架下的 TRIPs。尽管现在 WTO 纠纷解决机制由于美国贸易保护主义政策而濒临瘫痪，但是总会生长出新规则，比如，随着一些国家开始区域性合作，诸如《全面与进步跨太平洋伙伴关系协定》（Comprehensive and Progressive Agreement for Trans-Pacific Partnership，CPTPP）、《美国－墨西哥－加拿大协定》（The United States-Mexico-Canada Agreement，USMCA）、《欧日经济伙伴关系协定》（EU-Japan Economic Partnership Agreement，EJEPA）、《区域全面经济伙伴关系协定》（Regional Comprehensive Economic Partnership，RCEP）等区域性自由贸易协定兴起。在这种"小多边"或称"复边"机制的构建过程中，我们应该积极参与，表达出自己负责任的观点，在新机制的构建中形成自己的话语表达方式乃至形成话语权。另外，我们在国内制度构建的过程中，也不应局限于本土。例如，我们新能源汽车在面对海外的专利挑战时，以往的观念认为只要汽车不出口，对方的权利主张就影响不到我国本土企业。现在我们已经不能再有这样的心态了，因为一定会有境外企业进入中国市场，国内汽车产业也一定会走出去。在这一新的发展阶段，我国产业发展已经跟全世界融为一体。因此在制度建设中，我们不能完全出于保护本土的某种狭隘的或者短期的利益而放弃更长远的利益，我们应该秉持更加开放的观念，充分考虑到国际规则与国内规则的实质性一体化。

拓宽基础。我国知识产权发展经历了"保护制度的构建"和"自主创造的促进"两个阶段，现在进入了更加侧重"转化运用"的阶段。这一阶段，制度的基础需要进一步拓宽，必须构建起"保护""创造""运用"三位一体的制度体系。现在，中央提出要建立技术经理人制度，从知识产权角度来说要建立知识产权经理人制度，有的地方提出建立知识产权运营官制度；并且，中央和地方都提出，对于一些国有资本形成的技术成果，可以采用"先使用后付费"的转化模式。那么，具体应该如何操作呢？利用现有的集体管理组织是一种可能，此外依托现有的金融制度，比如依靠信托也是一种可行的方式。其实，我国高价值知识产权数量不少，转化起来具体操作方法也有很多，但仍然存在较多的制度瓶颈或者掣肘。比如，大型国有企业或者国家研发机构被要求集中主业，如中国核工业集团就被要求专注于其主业，支持国防建设，但是，该企业的很多专利，不仅可以用于国防建设，还在民用领域有很广阔的运用场景。在这种情况下，我们就可以考虑利用信托等手段，将这些专利打包给信托机构进行运营，使这些成果能够进入国民经济的循环之中，发挥其经济和社会价值。

这就是说，在知识产权制度的发展中，我们的制度基础要拓宽。

此外，我们要加强平台建设，比如发挥国家实验室对产业的总链长总平台的支撑作用。当前，我国在国际大宗贸易中受到一些阻碍，甚至连香港地区的特别关税地位都受到挑战。这样一来，通过香港的转口贸易可能又会出现新问题。这个时候，我们应该扩大电商平台的作用，通过电商平台去拓展海外市场。这些制度基础的拓宽，也是在制度转型、衡量平台责任的时候，我们不得不考虑的。

第三个层面是国际发展。从国际发展层面来说，合作与竞争始终是相互缠绕的，斗争的形势非常复杂。这里面，有一个关键词即"以我为主"。过去，我们谈"对标国际规则"的时候，主要是一种"跟随"的姿态；而现在，我们暂且不说"引领"，但至少应该保持"以我为主"的发展姿态，包括针对产业技术或者标准技术建立自己能够主导的专利池，通过知识产权建立起我国企业对产业链和创新链的控制力。比如，面对当前5G与6G通信技术的竞争格局，我们如何发展自己，建立起本土企业参与度高，甚至能够主导的专利联盟，是十分重要的议题。当下，很多行业都在加快"国产替代"进程，这种国产替代不应只是简单的产品替代，还应该包括产品内核即核心技术的知识产权整体解决方案。这样我们才能够获得主导地位，掌握话语权。在国际层面，具体的发展路径可以用四句话概括：人权理念，全球南方，中美博弈，五边联动。

人权理念。长期以来，以美国为首的西方国家总以人权为借口给我国施压，创设很多市场壁垒。今后的发展中，我们要充分考虑这些因素。同时，对于人权理念，我们也要多利用此议题争取一些实质性利益，而不是排斥这一话语。比如，我们会谈到人权中的发展权问题，即第三代人权。还有，谈及人权的时候，我们还要谈人身的权利、健康权利跟专利权的冲突。那么，在这种情况下，以人权的名义提倡药品专利的强制许可，以公共卫生、公共健康问题为手段，就会给外国的那些医药垄断企业意欲实施垄断行为时造成一定的压力，也能促进我们本土制药企业的发展。又如，人权里面涉及的"专利可及性"问题。共享文艺发展及技术进步，各种群体对于知识的可及性，也是《世界人权宣言》所倡导的人权保障的重要议题。所以说，运用人权理论可以争取很多实质性利益，在谈论人权问题时，我国不能总处于被动局面，我们要大胆地说、大声地说，谈人权内涵是什么，并考虑如何运用人权议题支撑我国经济社会的全面发展。

全球南方。全球南方是近年来的热门词汇，是从过去的南北矛盾对抗的思维模式中转型发展而来的。过去，在发达国家和发展中国家的视角下，发展中国家指责发达国家通过知识产权制度和先进科技来控制产业链，并控制产业链下游国家的发展。现在我们反思，不能仅以这种对抗思维来考虑问题。我们应该转换话语，提倡全球南方。当前，大家也都在争夺全球南方的话语权，包括印度也在提全球南方。当然，美国也一直在拉拢发展中国家，在拉丁美洲、东南亚、非洲地区等拓展自己的势力范围。我们以金砖国家、"一带一路"、中非论坛等这些组织形式，拓展对外合作的空间。东南亚国家跟我们本来是长期的贸易合作关系，我国东南沿海的一些产业转移到东南亚之后，上游的零部件产业也要跟着转移，虽然目前的贸易还存在，但也要考虑将来东盟第一贸易伙伴国的地位是否会动摇。现实的情况是，美国、日本都在尝试渗透到东南亚，他们的专利审查规则、专利信息高速公路等，都在向那里输出。过去，"南南合作"是我们拓展对外关系的重要基石。在当前这样的背景下，我们更应该进一步发挥这一纽带作用，以全球南方的新视角建立起我们的国际体系。同时也要充分意识到，美国也在重新布局其战略，要分化这些南方国家，让其成为美国的知识产权贸易体系的一个组成部分。这种因素也是未来我们必须考虑的。

中美博弈。当前，中美博弈依然是我国对外关系的主要矛盾。在新一轮的中美博弈当中，我国面临的是"特朗普时代"的2.0版本，总的版本是3.0版本。特朗普第一任期是1.0版本，主要是以"美国优先"为其政策导向，退出各种多边组织，抛弃盟友的单打独斗的战略。而后来的"拜登时代"，则进行了一些修正，策略变成把其盟友拉拢起来，进行"同盟制华"，这是美国遏制中国的2.0版本。现在特朗普即将再次上台，我们很多人期待的，也是不可回避的，就是2025年1月20日的特朗普上台之后的新局面。有人认为，我们应该抛弃任何幻想；但也有人认为，或许有更大的"交易机会"。特朗普奉行的依然是"美国优先"政策下的利益外交，因此，与其谈判形成新的交易空间的可能性是存在的。但是，前提仍然是我国要坚持"以我为主"的发展基调，在实力上与态势上能够对特朗普形成一种制约或者制衡，在这种情况下才有可能获得更大的交易机会。换句话说，没有展现出实力，就没有对话的砝码，也就没有交易的价值。因此，在中美新一轮博弈的过程当中，在美国对华遏制的3.0版中，我们要密切关注美国知识产权政策走向，我们要综合考虑高质量知识产权支撑下的科技突破、文化创新和品牌战略，由此才能实现自身的价值突破，从而在中美博弈的框架中实现合作与共赢。

五边联动。国家知识产权局最先提出的是"四边联动"，主要包括多边、小多边、周边和双边。（当然，还有一个"单边"，即我们总指责美国的单边主义做法，包括美国法的域外适用、美国司法的长臂管辖等。）就传统外交手段而言，"双边"和"多边"是我们的强项，而"小多边"是我们的短板，对于"小多边"之下的"周边"也没有充分重视。因为我们主要奉行的是"不结盟"外交政策，不像美国那样建立了广泛的盟友关系，在世界诸多地区都可以很快建立起"小多边"框架下各种议题或多种形式的同盟关系。我国主要参与的都是"多边"框架体系下的知识产权国际条约如WIPO和WTO/TRIPs体系下的各种条约。另外，跟某些国家进行双边会谈，达成双边协定。诚然，"小多边"诸如RECP方面，我们也有一定的成就，但总体上还是有所欠缺的。而"周边"问题，我们没有足够重视，认为周边问题背后还是欧美问题，所以我们主要还是对标欧美，认为处理好了欧美关系，"周边"关系也就能够迎刃而解了。但现在中美博弈的背景下，我们"周边"进一步被美西方所利用，导致美西方通过"周边"对我们形成了"围堵"的局面。这一局面，对任何一个国家的发展而言，都是非常不利的。当然，我们提出建立"小多边"的政策转型过程之后，如何与外交部门所倡导的"不结盟"政策相契合或不冲突，特别是如何建立我们自己的"小多边"，需要外交上的智慧。除此之外，我认为还要加一个"单边"，即形成"多边、小多边、周边、双边、单边"这一"五边联动"的机制。在整体上和大的战略方向上我们要坚持多边主义原则，但在具体的与贸易和知识产权相关的制度设计中，的确需要建构具体的单边手段和单边措施。2019年，在中央全面依法治国委员会第二次会议上，习近平总书记指出，"要加快推进我国法域外适用的法律体系建设……"重庆法院受理"OPPO诉诺基亚"标准必要专利案，对于全球许可费率的裁判，就是以国内司法为基础，影响的就是标准必要专利的全球费率问题。这个全球费率的裁判，就能够起到中国法律的域外适用的效果。这个关于费率的裁决，我认为，至少可以让手机的许可费率纠纷问题在全球范围内息诉3年，这就是我国法院积极参与涉及国际事务裁判所发挥的作用。而且通过这种参与，在标准必要专利权利人与实施者之间获得了一种新的平衡。

当然，国务院有关行政部门也在积极探讨，协调各部门职能，提升知识产权涉外行政执法的质量与效率。在这个方面，我国已有一些立法，比如《中华人民共和国对外贸易法》《中华人民共和国对外关系法》《中华人民共和国反外国制裁法》《中华人民共和国反垄断法》《中华人民共和国反不正当竞争法》《中华人民共和国国家安全法》等，需要进一步协调国务院知识产权部门、商务部门、行政司法部门和市场监督部门等，优化各自职能和协同机制，尽快出台相关的行政法规、部门规章和政策措施。

以上就是我对中国知识产权发展趋势的展望的初步看法。需要说明的是，对于2025年知识产权发展的具体预测是很困难的。比如制定《知识产权强国建设纲要（2021—2035年》《"十四五"国家知识产权保护和运用规划》的过程中，规划得很好，包括地理标志、外观设计等单独立法，但"十四五"今年"收官"，短时期内已不可能出台，在基本的大前提和大的形势并未发生变化的情况下，不能因为我们制度、体制或机制的掣肘而不了了之。这里，对我国知识产权发展的展望，主要是从发展趋势这一宏观视角所进行的观察，从政策走向、制度转型和国际层面谈了一些体会。其实，进一步探讨这一话题，我们还可以从科技创新、产业发展、国际贸易和文化传播等方面，进行更加深入且全面的分析。

目 录

民法典专题研究

论重婚无效婚姻的补正和善意重婚当事人保护
——评《婚姻家庭编解释二（征求意见稿）》第1条　　包丁裕睿　王 轶　001
论家庭法一般原则的向心圈层构造　　张 力　丁 诚　019
论单位违反性骚扰防治义务　　蔡立东　张馨丹　039

论 文

实际履行绝对优先原则的反思　　任倩霄　房绍坤　056
保证保险的销售规制
——以搭售行为的法律界定与溯源治理为中心　　任自力　崔若雨　072
论律师事务所证券虚假陈述的过错认定　　张思玉　彭真明　088
自媒体平台发展对"避风港"原则的冲击与重塑　　冯思邈　107
算法时代的作者观与作品的独创性认定　　孙昊亮　崔永进　131

评 论

债权人代位权的程序法理
——《合同编通则解释》第33～41条诉讼评注　　吴英姿　147
公司越权担保中相对人审查义务研究　　马士鹏　赵万一　171
AIGC版权保护的独创性标准研究　　徐慧丽　184
个人信息转移权：规范演变与权利构造　　冯泽华　侯毅博　202
作品类型扩张下"独创性"司法裁判的实证考察与标准构建　　张祥志　杨诗圆　219
日本文本与数据挖掘权利限制条款的立法考察和中国启示
——兼及国际立法的横向比较　　刘 影　240
环境民事公益诉讼中惩罚性赔偿制度研究　　孙洪坤　刘菲远　258

编后记　　279

民法典专题研究

论重婚无效婚姻的补正和善意重婚当事人保护
——评《婚姻家庭编解释二(征求意见稿)》第 1 条[1]

包丁裕睿*
王 轶**

摘 要 《婚姻家庭编解释二(征求意见稿)》第 1 条规定,重婚导致的无效婚姻原则上不得补正,但后婚非重婚方善意时可以例外允许补正。该条引发重大争议的原因在于,将重婚导致的无效婚姻的补正和善意重婚当事人保护两个层面的问题一并处理,导致规范目的模糊。重婚导致的无效婚姻的补正制度的适用条件是前婚消灭,其主要价值在于维护身份关系的稳定;善意重婚当事人的保护制度的适用条件是民事主体的善意,其主要价值在于信赖保护。在明确两项制度差异的基础上,有权机关可以对重婚导致的无效婚姻的补正和善意重婚当事人的保护两项制度进行更精确的价值判断,并分别设计相应规则。

关键词 无效婚姻;补正;无过错方;善意保护;婚姻财产关系

目 次
一、有关重婚无效婚姻的补正和善意重婚当事人保护的争议
　(一)《婚姻家庭编解释二(征求意见稿)》第 1 条设计中的争议
　(二)有关重婚无效婚姻的补正与善意重婚当事人保护的分歧
　(三)重婚无效婚姻的补正与善意重婚当事人保护问题的区分
二、重婚无效婚姻的补正
　(一)无效婚姻补正的价值
　(二)比较法上的规则
　(三)小结
三、善意重婚当事人的保护
　(一)善意重婚当事人保护的价值
　(二)比较法上的规则
　(三)小结
四、重婚无效婚姻相关制度的可能完善方向

---

[1] 本文系中国人民大学本科教育教学改革研究项目"婚姻家庭法学自主知识体系向教学体系转化的实践研究"(JYXM202326)阶段性研究成果。
* 包丁裕睿(1996—),中国人民大学法学院讲师。研究方向:民商法学。
** 王轶(1972—),中国人民大学民商事法律科学研究中心研究员,中国人民大学法学院教授、博士生导师。研究方向:民商法学。

一、有关重婚无效婚姻的补正和善意重婚当事人保护的争议

(一)《婚姻家庭编解释二(征求意见稿)》第1条设计中的争议

最高人民法院 2024 年 4 月 7 日发布的《最高人民法院关于适用〈中华人民共和国民法典〉婚姻家庭编的解释(二)(征求意见稿)》(以下简称《婚姻家庭编解释二(征求意见稿)》)第 1 条规定:"以重婚为由请求确认婚姻无效的案件中,被告以提起诉讼时合法婚姻当事人已经离婚或者配偶已经死亡为由主张后一婚姻自此转为有效的,人民法院对该抗辩主张不予支持,但另一方有理由相信重婚一方的合法婚姻已经解除或者不存在婚姻的除外。"

本条规定在起草时和论证中均存在较大争议,条文内容也发生过较大变化。2023 年 12 月 22 日,在中国人民大学召开的《婚姻家庭编解释二(征求意见稿)》专家论证会上,最高人民法院初步拟定的条文内容为:"以重婚为由确认婚姻无效的案件中,当事人以提起诉讼时合法婚姻当事人已经离婚或者配偶已经死亡为由主张后一婚姻有效的,人民法院不予支持。"在讨论中,有专家指出,该条应当增加但书,如"但是依法有正当理由相信前一婚姻已经终止或不知前一婚姻存在且无过失的除外"。增加这一但书的主要目的是保护无过错方:一方面,后婚配偶对于婚姻登记机关婚姻登记的信赖值得保护;另一方面,在涉外婚姻的情况下,往往会出现配偶不知重婚一方已有前婚的情况。但也有专家对此提出了反对意见,并指出后婚相对人"善意"的主观状态难以判断,对无过错方的保护可以通过遗产酌给、婚姻无效后对无过错方的赔偿等相关制度加以解决。

最高人民法院正式公布的《婚姻家庭编解释二(征求意见稿)》文本增加了但书条款:重婚无效婚姻原则上不允许补正,"但另一方有理由相信重婚一方的合法婚姻已经解除或者不存在婚姻的除外。"在征求意见稿公布后,2024 年 5 月 7 日,在中国人民大学召开的第二次专家论证会上,该条依旧引起了较大争议。持反对意见的专家认为本条不妥,一是重婚不适用效力补正的原因在于重婚行为自始无效,以任何理由提出重婚可以转为有效的主张,均不应得到支持;二是如果只是针对"一方在境内有婚姻在境外也有婚姻,相婚者不知其重婚"的情形设置如此重大的但书条款,可能会增加麻烦,危及一夫一妻制度。但也有专家对该规定表示了认可,理由在于,善意一方请求在合法婚姻当事人已经离婚或者配偶已经死亡的情况下将婚姻转为有效,并不会危害第三人利益,且有利于身份关系稳定。持折中观点的专家指出,比较法上通常将重婚例外有效的情形限制在双方均可归责性较低的情形,本条仅考察"被重婚"当事人的善意可能有所不足;另外,保护善意的一方未必需要补正婚姻效力,也可以通过遗产酌给、共同共有分割、侵权损害赔偿等方式实现这一目的,甚至可以加入"赋予无过错当事人不低于离婚财产分割的待遇"这一规定。

《婚姻家庭编解释二(征求意见稿)》第 1 条确立了重婚无效婚姻不得补正的一般规则,但在"合法婚姻当事人已经离婚或者配偶已经死亡"且后婚中非重婚

一方当事人属于"相信重婚一方的合法婚姻已经解除或者不存在"的善意方时,例外允许无效婚姻补正。最高人民法院组织参与的两次专家论证会的讨论显示,《婚姻家庭编解释二(征求意见稿)》第1条的规则的规范目的较为模糊,意图处理的法律关系并不清晰,保护无过错方的方式也存在较大争议。

(二)有关重婚无效婚姻的补正与善意重婚当事人保护的分歧

在《婚姻家庭编解释二(征求意见稿)》发布之前,关于因重婚导致的婚姻无效是否适用补正、如何保护善意当事人的问题,《民法典》和《中华人民共和国婚姻法》(已废止,以下简称《婚姻法》)及其相关司法解释并未作出明确规定,包括最高人民法院在内的各级法院的态度亦不相同。

1. 重婚无效婚姻的补正

《最高人民法院关于适用〈中华人民共和国民法典〉婚姻家庭编的解释(一)》(法释〔2020〕22号,以下简称《婚姻家庭编解释一》)第10条规定:"当事人依据民法典第一千零五十一条规定向人民法院请求确认婚姻无效,法定的无效婚姻情形在提起诉讼时已经消失的,人民法院不予支持"。该规定与《最高人民法院关于适用〈中华人民共和国婚姻法〉若干问题的解释(一)》(法释〔2001〕30号,已废止,以下简称《婚姻法解释一》)第8条的规定实质相同。

《婚姻家庭编解释一》第10条规定的无效婚姻补正并未排除重婚。有观点认为,在前婚被合法解除或者非重婚一方死亡时,由于不再存在"法定的无效婚姻情形",后婚不能再被确认为无效婚姻。[1] 然而,最高人民法院却认为,重婚无效并不能根据该规则的文义得到补正:虽然"无效婚姻三种情形必须是在婚姻一方当事人向人民法院申请宣告婚姻无效时仍客观存在……无论缔结婚姻时或起诉前的婚姻双方当事人的情况如何,如果婚后出现阻却事由,讼争婚姻法律关系已具备法律规定的结婚实质要件,则无效婚姻的状态即灭失,演变成为合法有效的婚姻,人民法院就不应再作出宣告婚姻无效的判决",[2]但是"考虑到重婚的严重社会危害性……该种情形不存在阻却事由"。[3]

在学说上,持否定说的学者认为,重婚严重违反一夫一妻制,即使前婚消灭,后婚也不可能转换为有效婚姻。[4] 持肯定说的学者则认为,导致婚姻无效的事由都具有违法性,重婚的情形并不特殊,尽管重婚为后婚无效的原因,但在利害关系人申请宣告后婚无效时,前婚当事人离婚或前婚被宣告无效、被撤销的,应

---

[1] 参见龙翼飞主编:《中国民法典评注·婚姻家庭编》,人民法院出版社2021年版,第45页。
[2] 最高人民法院民法典贯彻实施工作领导小组主编:《中华人民共和国民法典婚姻家庭编继承编理解与适用》,人民法院出版社2020年版,第86页。另参见最高人民法院民事审判第一庭编著:《最高人民法院婚姻法司法解释(二)的理解与适用》,人民法院出版社2015年版,第82页。
[3] 参见最高人民法院民事审判第一庭编著:《最高人民法院民法典婚姻家庭编司法解释(一)理解与适用》,人民法院出版社2021年版,第106页。
[4] 参见朱和庆主编:《婚姻家庭法案例与评析》,中山大学出版社2005年版,第26页;房绍坤、范李瑛、张洪波编著:《婚姻家庭继承法》(第七版),中国人民大学出版社2021年版,第41页。

认为已不存在重婚情形,后婚有效。为了维护婚姻家庭关系的稳定和保护未成年子女的合法权益,应当承认重婚无效婚姻也可以适用补正制度。[1] 也有观点认为,无效婚姻的法定无效情形消灭意味着无效婚姻违背社会公共利益的因素已经不复存在。为了尊重当事人的意思自治,凸显婚姻家庭共同体的价值,如果前婚已经消灭,后婚可以转换为有效婚姻,且自前提条件成就时发生效力,不具有溯及既往的效力。[2]

司法实践中存在截然相反的判例。不少法院认为,前婚已经消灭的情形下,后婚可以转换为有效婚姻。[3] 收录于最高人民法院民事审判第一庭编写的《民事审判指导与参考》的"王某申请宣告赵某与李某某的婚姻无效案"中,法院也认为,《婚姻法解释一》第8条的规定并没有将重婚作为例外情形,婚姻的无效是以婚姻的违法性为条件,如果违法性已经不复存在,即婚姻无效的原因已经消失,不应再宣告婚姻无效。[4] 但是也有法院认为,即使前婚已经消灭,基于重婚的严重违法性,后婚也不能转换为有效婚姻,即重婚无效婚姻不能补正。[5] 而有时面对同一案件,一审法院认为重婚情形消失,当事人不能再申请宣告婚姻无效,而二审法院则认为在重婚的情况下,不存在从违法到合法的"转化"。[6]

2. 重婚中善意当事人的保护

重婚中的善意当事人保护主要针对的是后婚中的非重婚方。[7] 该问题涉及的主要场景有四类。第一类是事实婚姻导致的重婚。在1994年2月1日民政部《婚姻登记管理条例》公布实施以前,男女双方已经符合结婚实质要件的,法院承认事实婚姻的效力。[8] 但如果事实婚姻缺乏公示,第三人就可能善意相信重婚方不处于婚姻关系中。[9]

---

[1] 参见余延满:《亲属法原论》,法律出版社2007年版,第192页。
[2] 参见冉克平:《论婚姻无效的法律效果》,《现代法学》2023年第5期,第80页。
[3] 参见广东省开平市人民法院(2021)粤0783民初1883号民事判决书;北京市房山区人民法院(2021)京0111民初14554号民事判决书;北京市门头沟区人民法院(2016)京0109民初1656号民事判决书;山东省莱州市人民法院(2021)鲁0683民初4033号判决书等。
[4] 参见杜万华主编:《民事审判指导与参考》,人民法院出版社2017出版,第171—174页。
[5] 参见河南省安阳市中级人民法院(2021)豫05民终1403号民事判决书;河南省虞城县人民法院(2015)虞民初字第2568号民事判决书;天津市红桥区人民法院(2015)红民初字第6132-1号民事判决书。
[6] 参见四川省眉山市中级人民法院(2020)川14民终565号民事判决书;重庆市第一中级人民法院(2016)渝01民再44号民事判决书。另参见龙卫球主编:《中华人民共和国民法典婚姻家庭编与继承编释义》,中国法制出版社2020年版,第43—44页。
[7] 善意重婚当事人既可能是后婚中的非重婚方,也可能是重婚方。虽然在通常情况下"不知前婚存在"的当事人往往是后婚中的非重婚方,但重婚方也可能因误信前婚已解除便与第三人缔结婚姻,此时后婚双方往往都为善意。例如,在一些案例中,重婚方出于法律错误,在街道办事处或公安机关变更婚姻状况等情况下,误以为自己离婚后又与第三人结婚造成重婚。参见黑龙江省牡丹江市西安区人民法院(2018)黑1005民初830号民事判决书;北京市海淀区人民法院(2018)京0108民初44734号民事判决书。
[8] 《婚姻家庭编解释一》第7条第1项(《婚姻法解释一》第5条第1项)。
[9] 参见西藏自治区高级人民法院(2016)藏民终24号民事判决书;江苏省南通市中级人民法院(2016)苏06民终660号民事判决书。

第二类是涉外婚姻导致的重婚。由于各法域婚姻登记系统并不互通,如果前婚与后婚在不同法域登记,仅查阅当地登记信息的后婚中的非重婚方就可能信赖登记而不知重婚方处于婚姻关系中。[1]

第三类是违法登记或错误登记导致的重婚。如果前婚一方当事人利用假证件、假身份骗取前婚的离婚登记,或持虚假死亡证明将婚姻状况登记为丧偶,第三人就可能会相信该登记而缔结后婚。[2] 又如前婚具备结婚实质要件,但结婚登记机关因工作失误未能规范登记该婚姻时,第三人也可能因信赖婚姻登记善意缔结后婚。[3]

第四类是生效文书的不公开性导致的重婚。例如,前婚当事人起诉要求离婚,一审法院判决允许离婚后,二审法院作出民事调解书确认双方自愿和好。后婚的非重婚方不知道该调解书的存在,信赖一审离婚判决书与前婚当事人结婚,就会导致重婚。[4]

在这四类案件中,第一类案件将会随着时间推移而逐渐减少,第二类、第三类和第四类案件或许会因为婚姻登记制度的完善而减少,但仍将长期存在。

《民法典》第1054条第1款规定,"无效的或者被撤销的婚姻自始没有法律约束力,当事人不具有夫妻的权利和义务"。该条进一步规定,如果后婚双方就同居期间取得的财产分配无法达成协议的,应当"根据照顾无过错方的原则判决",并且无过错方还可以请求损害赔偿。

就同居期间取得的财产而言,《婚姻家庭编解释一》第22条规定了无效婚姻双方同居期间所得的财产推定为共同财产,后婚中善意的非重婚方可以得到较为充分的保护。[5] 在司法实践中,就有法院基于信赖保护、"双方新增的财富源自双方的共同劳动"等理由,认定后婚中善意非重婚方对后婚期间取得的财产享有共同共有份额,只有重婚方"单方取得的财产"才是前婚的"夫妻共同财产"。该法院认为,此种分配方案是"在前婚合法配偶与无效后婚之善意当事人之间……取得利益平衡"。[6]

就扶养费请求权、继承权、离婚经济帮助而言,由于《民法典》第1054条规定无效婚姻"当事人不具有夫妻的权利和义务",大多数裁判都否定后婚中善意的非重婚方的上述权利,仅通过遗产酌给等方式对其进行保护。[7] 但在司法实践

---

[1] 参见广东省广州市中级人民法院(2023)粤01民终8296号民事判决书;北京市朝阳区人民法院(2014)朝民初字第17274号民事判决书。
[2] 参见陕西省西安市碑林区人民法院(2022)陕0103民初386号民事判决书;金眉:《对一桩"被离婚"案件的法律评析》,《法学》2012年第6期,第133页。
[3] 参见上海市第一中级人民法院(2018)沪01民终12064号民事判决书。
[4] 参见江苏省盱眙县人民法院(2019)苏0830民初558号民事判决书。
[5] 《婚姻家庭编解释一》第22条规定:"被确认无效或者被撤销的婚姻,当事人同居期间所得的财产,除有证据证明为当事人一方所有的以外,按共同共有处理。"
[6] 参见上海市第一中级人民法院(2018)沪01民终12064号民事判决书。
[7] 参见最高人民法院(2018)最高法民申5166号民事裁定书。

中,仍有少数法院通过"赋予无过错方特定权利"保护善意第三方,[1]事实上认可了后婚的部分财产效力。例如,有法院认为,后婚双方当事人以夫妻状态生活十余年,前婚中的非重婚方和其他利益相关方均未对二人关系持异议,即使后婚无效,后婚中的善意非重婚方仍可享有"同居期间的继承权"。[2]

就后婚的身份关系而言,由于《民法典》不存在保护善意重婚当事人身份关系的规范,法院难以承认重婚无效婚姻的身份关系。不过,有法院基于二十年的最长权利保护期限驳回了确认婚姻无效的诉讼,该法院指出:"一般而言,婚姻关系是一种长期、稳定、持续的家庭关系……二十余年的婚姻关系中包含着复杂的身份关系和财产关系。无论申请人与重婚方是否结婚在先,被申请人作为一个不知情的受害人没有任何主观过错。相反的是,申请人认可重婚方在一年中的大部分时候都待在中国,对于被申请人和[重婚方]的关系其也产生过怀疑,但没有主张过权利,主观上具有明显的过错。综合考虑本案的具体情况,本院认为对于被申请人与重婚方之间婚姻关系的合法、有效、持续、稳定性应当给予合理且必要的保护。"[3]

在理论界,虽然《民法典》第1054条明确规定无效婚姻"自始没有法律约束力",但是不少学者主张,应当在立法论上将无效婚姻的效果修正为不具有溯及力,[4]并且无效婚姻"对于善意的配偶一方仍发生有效婚姻的效力"。[5] 这是因为,虽然《民法典》可以通过析产照顾、损害赔偿两个途径保护善意重婚当事人,但在后婚共同财产较少、善意重婚当事人可能获得的救济主要是重婚方的遗产时,善意重婚当事人的利益就无法得到保障。[6]

(三)重婚无效婚姻的补正与善意重婚当事人保护问题的区分

无论是最高人民法院发布的《婚姻家庭编解释二(征求意见稿)》第1条,还是专家对该条的论证,都将重婚导致的无效婚姻的补正与善意重婚当事人的保护一体看待,即补正是保护善意重婚一方的方式,当事人善意是重婚导致的无效婚姻补正的前提。

重婚导致的无效婚姻的补正与善意重婚当事人的保护并非同一个层面的问题。就重婚无效婚姻的补正而言,虽然既有讨论和司法实践存在分歧,但分歧主要在于重婚导致的无效婚姻是否可以补正,并不在于后婚一方或双方当事人的善意是否应当影响补正。[7]就善意重婚当事人的保护而言,对善意方的保护也

---

[1] 参见娄爱华:《论无效婚姻中的无过错方保护》,《苏州大学学报(哲学社会科学版)》2023年第5期。
[2] 参见陕西省西安市碑林区人民法院(2022)陕0103民初386号民事判决书。
[3] 参见北京市朝阳区人民法院(2014)朝民初字第17274号民事判决书。
[4] 参见徐国栋:《无效与可撤销婚姻中诚信当事人的保护》,《中国法学》2013年第5期。
[5] 参见余延满:《亲属法原论》,法律出版社2007年版,第212页。
[6] 参见娄爱华:《论无效婚姻中的无过错方保护》,《苏州大学学报(哲学社会科学版)》2023年第5期。
[7] 例如,有学者就指出,虽然刑法仅规定"明知他人有配偶的"无配偶的一方需要承担刑事责任,但从民法上看,无配偶一方无论是善意还是恶意,都破坏了一夫一妻的婚姻制度,对其婚姻无效的认定没有影响。参见杨大文、龙翼飞主编:《婚姻家庭法》,中国人民大学出版社2020年版,第95页。

未必以"前一段婚姻被合法解除或者非重婚一方死亡"为前提。例如,在违法登记或错误登记导致善意重婚的场合,有保护善意当事人的必要,但往往并无补正后婚的条件。

《婚姻家庭编解释二(征求意见稿)》第 1 条将重婚导致的无效婚姻的补正与善意重婚当事人保护这两个层面的问题一并处理,导致规范目的模糊,引发了较大争议。本文拟就《婚姻家庭编解释二(征求意见稿)》第 1 条所欲解决的两个问题,即重婚导致的无效婚姻的补正与善意重婚当事人的保护,分别予以澄清与探讨。

二、重婚无效婚姻的补正

(一)无效婚姻补正的价值

家庭法中的当事人利益、家庭共同体利益以及社会公共利益三个维度的价值秩序决定了无效婚姻法律后果的特殊性。[1] 如果说婚姻无效制度的正当性在于特定情况下公共利益优先于当事人、家庭共同体利益,[2] 那么在因特定事实发生变化或时间经过导致公共利益不再应当优先于当事人、家庭共同体利益时,就应当允许无效婚姻得到补正。

无效婚姻补正的价值主要在于维护身份关系的稳定。身份关系稳定不仅符合当事人、家庭共同体的利益,也有利于维护公共利益。无效婚姻虽然在成立时存在瑕疵,但"婚姻"本身却是一个既存的社会事实,基于该事实形成的各种婚姻家庭关系,对当事人双方、子女、家庭共同体及社会都具有重要意义,并且这种既成事实也不因法律的否认而消失。无效婚姻补正制度是在损害公共利益的事实消除或缓和后,尽量尊重婚姻的事实"先在性"的体现。[3] 换言之,实质意义上的夫妻共同生活本身具有值得法律保护的价值。因为"夫妻稳定的共同生活是抚育子女而使政治共同体得以延续的必要条件,它理当受到宪法的高度保护……既然对子女的抚育需要夫妻间的长期合作,那么就应当尽可能维持这种共同生活的稳定持久。"[4] 共同生活持续的时间越长,越具有价值,也越值得法律的保护。

就《民法典》第 1051 条第 2 项、第 3 项规定的"有禁止结婚的亲属关系""未到法定婚龄"而言,如果拟制亲属关系已经解除或当事人已经达到法定婚龄,婚姻无效制度所欲维护的公共利益甚微,身份关系稳定的利益具有明显优先性。就《民法典》第 1051 条第 1 项规定的"重婚"而言,虽然在"合法婚姻当事人已经离婚或者配偶已经死亡"的情况下,重婚对社会公共利益的损害有所缓和,但基于先前重婚行为对社会公共利益的严重损害,以及对重婚行为的威慑和预防,身份

---

[1] 参见冉克平:《论婚姻无效的法律效果》,《现代法学》2023 年第 5 期。
[2] 有学者就以公法上的比例原则检验婚姻无效事由的必要性,参见申晨:《论婚姻无效的制度构建》,《中外法学》2019 年第 2 期。
[3] 参见马忆南:《民法典视野下婚姻的无效和撤销——兼论结婚要件》,《妇女研究论丛》2018 年第 3 期。
[4] 参见杜强强:《善意重婚、共同生活与重婚无效规则的再塑》,《法律适用》2016 年第 3 期。

关系稳定的价值并不显著优先于禁止重婚、维护一夫一妻制度的价值。在进行价值判断时,判断主体持有的前见不同,所得出的结论自然也有所不同。

(二)制度比较

1. 美国

婚姻关系是美国各州的事权,由各州普通法或成文法调整。美国部分州承认"普通法婚姻"(common law marriage),这种婚姻关系仅需结婚意图、共同生活的事实和外观以及结婚的法定资格三项要件即可成立。在承认"普通法婚姻"的州,虽然后婚缔结时因前婚尚未解除导致后婚无法成立,但是只要前婚解除,后婚满足第3项要件就可以被认可。[1] 换言之,只要重婚情形消除,无须登记或仪式的"普通法婚姻"因满足合法性自动成立。

在不承认"普通法婚姻"的州,由于前婚事实阻碍了后婚的效力,因此后婚无法因前婚解除自动"补正"。然而,部分不承认"普通法婚姻"的州通过立法特别允许此种情况下后婚的"补正"。例如,伊利诺伊州立法规定,重婚当事人"在障碍消除后同居的,自障碍消除之日起即为合法婚姻。"[2]《加利福尼亚州家庭法典》也有类似规定。[3] 1973年由美国统一州法全国委员会发布的《统一结婚离婚法》第207条(a)款(1)项规定,一方当事人的在先婚姻尚未解除前缔结的婚姻无效,但是(b)款同时规定,禁止结婚的当事人在障碍消除之日后继续同居的,婚姻自障碍消除之日起合法。起草者指出,该补正规则是考虑到,不少当事人在结婚障碍消除后并不会按照法定婚姻缔结形式重新结婚,为了保护其利益,应当允许无效婚姻补正。[4]

部分州在立法特别允许重婚无效婚姻"补正"时,将当事人的善意作为"补正"的条件。例如,宾夕法尼亚州立法规定:"如果已婚人士在有效婚姻另一方在世期间根据本节要求缔结在后婚姻、后婚双方此后以夫妻身份共同生活,并且在后婚一方或双方善意地缔结婚姻,充分相信前婚配偶已死亡、或前婚姻被宣告无效或因离婚终止、或对前婚不知情,在因前婚配偶死亡、前婚无效或离婚解除导致婚姻障碍被消除时,如果一方善意地继续以夫妻身份共同生活,则自前婚配偶死亡之日或前婚被宣告无效或离婚判决之日起即刻被认定为合法结婚。""善意再婚的,再婚双方均不得以重婚罪追究刑事责任。"[5] 马萨诸塞州也有类

---

[1] See Mark Strasser, Fairness and the Putative Spouse, *in Louisiana Law Review*, 81(2021), p.1242.

[2] Illinois Compiled Statutes, Chapter 750 Families Part II. Marriage, 750 ILCS 5/212 Prohibited Marriages.

[3] 《加利福尼亚州家庭法典》(California Family Code)第2201条(a)项规定:"一个人在其前任配偶在世期间与前任配偶以外的人缔结的后续婚姻是非法和无效的,除非:(1)前婚在后婚成立之前已经解除或者被宣告无效……"

[4] See Uniform Marriage and Divorce Act § 207, Comment.

[5] Pennsylvania Consolidated Statutes, Title 23. Domestic Relations, § 1702. Marriage during existence of former marriage.

似的立法。[1] 这一立法例所设置的规则,与《婚姻家庭编解释二(征求意见稿)》第1条较为类似。

2. 大陆法系国家

日本法虽然没有明文规定撤销权消灭事由,但判例和学说均认可,在前婚的非重婚方死亡或离婚后,后婚的瑕疵被治愈,不得被宣告无效。[2] 在重婚导致后婚无效的法域中,各法域对是否允许后婚"补正"的态度不一。法国法通过限制诉讼资格的方式尽量避免后婚被宣告无效,经离婚的前配偶不再具有配偶的身份,不能主张《法国民法典》第188条规定的以重婚之原因提起婚姻无效之诉,而应当证明其有金钱或道德利益而提起诉讼。[3] 德国法则不承认重婚无效婚姻的补正,即使前婚因为配偶死亡、离婚或者撤销等原因消灭,也不改变后婚作为重婚的性质,后婚仍可被废止。[4] 此种"废止"仅向将来发生效力,以保护曾经存在的婚姻实质。[5]

3. 我国台湾地区及澳门地区

在1985年修正前,我国台湾地区所谓的"民法"第992条规定,结婚违反重婚之规定的,"利害关系人,得向法院请求撤销之。但在前婚姻关系消灭后,不得请求撤销。"可见,我国台湾地区所谓的旧"民法"明确规定,前婚关系消灭可以"补正"重婚无效婚姻。事实上,认为重婚导致可撤销婚姻的法域大多采此立法例。

修正前的台湾地区所谓的"民法"规定,重婚仅使婚姻可撤销而不导致婚姻无效,这导致后婚在被撤销之前均为有效,实质上肯定了一夫多妻或一妻多夫的现实。为了避免后婚未被撤销时前后两个婚姻均有效的问题,1985年台湾地区所谓的"民法"修正时将重婚的效力从"可撤销"改为"无效",同时删除了补正的规定。有学者认为,我国台湾地区所谓的"民法"所规定的重婚效果原则上为一律无效,对具有夫妻结合实质的婚姻不承认其能补正,并不妥当。[6]

在重婚导致后婚可撤销的法域中,大多将前婚消灭作为撤销权消灭事由,如我国澳门地区《民法典》第1506条第1款第3项等。

---

[1] 马萨诸塞州立法规定:"如果一个人在与其结婚的丈夫或妻子在世时,经适当的法定仪式订立了在后的婚姻合同,双方以夫妻身份共同生活,并且该在后婚姻合同一方当事人善意地充分相信前婚配偶已去世、或前婚因离婚解除、或对前婚不知情,在该在后婚姻因前婚另一方死亡或离婚而障碍消除后,如果双方继续作为夫妻善意共同生活,则应当认为在婚姻障碍消除时起双方合法结婚,后婚的子女应被视为夫妻双方的婚生子女。"Annotated Laws of Massachusetts, Chapter 207 Marriage, §6 Validity of Marriage During Existence of Former Marriage.

[2] 参见[日]二宫周平:《家族法》(第4版),新世社2013年版,第46页;[日]本山敦编著:《亲族法》,日本加除出版株式会社2020年版,第17页。

[3] 参见《法国民法典》,罗结珍译,北京大学出版社2023年版,第130页。

[4] 参见[德]迪特尔·施瓦布:《德国家庭法》,王葆莳译,法律出版社2010年版,第55页;Coester-Waltjen, Familienrecht, 7. Aufl., 2020, S. 77.

[5] 德国民法对欠缺婚姻要件之情形,以废止婚姻之概念为之。依该法第1313条之规定,婚姻仅经声请而以法院之裁判,始得废止之。婚姻自判决确定时起解消。并于第1314条规定婚姻废止之要件,包括婚姻违反结婚能力、重婚、禁婚亲、于户政机关为结婚之合意等。

[6] 参见戴炎辉、戴东雄、戴瑀如:《亲属法》,元照出版公司2021年版,第123页。

(三)小结

在前婚消灭的情况下,例外地承认此前存在重婚障碍的后婚被"补正",是对婚姻"事实性"和身份关系稳定性的尊重。"补正"后婚的意义主要在于对身份利益的维护,而非保护因身份关系产生的财产关系。[1] 对于维持身份关系稳定的利益与维护一夫一妻制度的利益的权衡,各法域因文化和社会背景差异得出的结论有所不同。例如,如果将重婚作为后婚可撤销事由而非无效事由,可能体现了特定法域中一夫一妻制度所蕴含的公共利益强度相对较弱,此时更应维护身份关系的稳定性。这也解释了为何重婚导致可撤销婚姻的法域大多允许后婚"补正"。

重婚无效婚姻"补正"制度主要权衡的法益是身份关系稳定的价值和一夫一妻的制度价值,一般而言,后婚当事人的"善意"与否并不影响价值判断结论。不过,身份关系稳定性不仅具有社会价值,对当事人而言也是一种利益。因此,美国宾夕法尼亚州、马萨诸塞州在判断后婚能否"补正"时也将后婚当事人的"善意"纳入考量,"补强"补正后婚的正当性。这与《婚姻家庭编解释二(征求意见稿)》第1条的规则设计类似。虽然这种立法例在比较法上属于少数,但亦有其内在逻辑。

三、善意重婚当事人的保护

(一)善意重婚当事人保护的价值

在《民法典》第1054条的背景下,无效婚姻虽然"自始没有法律约束力",但后婚当事人同居期间的财产分割方式与离婚近似,后婚所生子女也同样适用婚生子女的规范。重婚无效婚姻对善意的非重婚方的主要不利后果在于,在身份关系上,无法享有稳定的婚姻家庭关系以及基于婚姻关系的身份性权利;在经济利益上,无法主张扶养费请求权、无法主张离婚经济补偿、无法作为继承人继承重婚方的遗产等。

保护善意重婚当事人的意义主要在于信赖保护,兼有维护身份关系稳定的价值。[2] 善意重婚当事人的信赖既包括对身份关系的信赖,也包括对因身份关系产生的财产关系的信赖。保护善意重婚当事人的信赖,会影响前婚中非重婚方的利益、重婚方的利益、公共利益等多方利益,涉及复杂的价值判断。

如果保护善意重婚当事人对身份关系的信赖,相关财产关系一般也就随之得到保护;如果不保护善意重婚当事人的身份关系,也仍然可以保护其对因身份关系产生的财产关系的信赖。换言之,对善意重婚当事人的保护,可以采取"身

---

[1] 例如,在日本法上,如果重婚方死亡,前婚和后婚同时消灭,前婚当事人仍可请求宣告后婚无效以消灭后婚的重婚相对方的继承权。可见,日本法着重保护的是后婚非重婚方的身份利益,而非财产利益。参见[日]二宫周平:《家族法》(第4版),新世社2013年版,第46页。

[2] 参见胡博砚:《论信赖保护原则与台湾婚姻之保护》,《东吴法律学报》2017年第4期。

份关系＋财产关系"一体保护模式,也可以采取"财产关系"单独保护模式。是否保护以及如何保护善意重婚当事人,反映了规则设计者对这一复杂价值判断问题的结论。

(二)制度比较

1. 美国

美国各州虽然对重婚无效婚姻的"补正"总体持较为宽容的态度,但对后婚中的善意当事人的保护仍有较为详细的规则。这是因为,即使是承认"普通法婚姻"的州,只要前婚未消灭,后婚也就无法得到"补正",此时仍然需要保护善意当事人的独立规则。[1] 事实上,由于美国各州对"普通法婚姻"和仪式婚的承认,"被重婚"现象较为普遍,善意重婚当事人的保护具有较强现实意义。[2]

保护善意重婚当事人的主要机制是"推定婚姻"(putative marriage)规则。"推定婚姻"是"一种事实上无效的婚姻,但给予善意当事人有效婚姻的民事效果。"[3]《统一结婚离婚法》第209条规定:"任何与未合法结婚的人同居并善意地相信他已与该人结婚的人是推定配偶(putative spouse),对未合法结婚的事实的知情将终止该身份并阻止其获得进一步的权利。推定配偶拥有合法配偶享有的权利,包括在其身份终止后获得赡养费的权利,无论婚姻是否被禁止(第207条)或被宣告无效(第208条)。如果存在合法配偶或其他推定配偶,推定配偶所获得的权利不取代合法配偶或其他推定配偶的权利,但法院应当根据特定情况和公平理念,在原告之间恰当分配财产、赡养费和扶养权。"在《统一结婚离婚法》的推动下,无效婚姻和有效婚姻之间的界限变得模糊。适用于离婚的有关配偶的财产权、离婚抚养费、扶养及监护子女的相关规定都可适用于无效婚姻。[4]

虽然《统一结婚离婚法》仅被6个州正式采纳为立法,但其他州亦通过个别立法或普通法原则确立了"推定婚姻"规则,仅在具体细节上有所差异。例如,在得克萨斯州,法院一般允许"推定配偶"对后婚中获取的财产享有1/2的份额,重婚一方享有剩余1/2份额,前婚的非重婚方对后者享有1/2份额。换言之,就后婚期间的财产而言,前婚中的非重婚方享有1/4份额,重婚方享有1/4份额,后婚中的"推定配偶"享有1/2份额。如果重婚方死亡且无其他继承人,前婚中的非重婚方和后婚中的"推定配偶"各有权获得遗产和死亡赔偿金的1/2份额。[5]

---

[1] See Mark Strasser, Fairness and the Putative Spouse, in *Louisiana Law Review*, 81(2021), pp. 1243-1245.

[2] See Michael J. Higdon, Polygamous Marriage, Monogamous Divorce, in *Duke Law Journal*, 67(2017), pp. 114-115.

[3] Christopher L. Blakesley, Putative Marriage Doctrine, in *Tulane Law Review*, 60(1985), p. 6.

[4] 参见[美]哈里·D. 格劳斯、[美]大卫·D. 梅耶:《美国家庭法精要》,陈苇等译,中国政法大学出版社2010年版,第41页,第182—183页。

[5] See John W. Carlson, Putative Spouses in Texas Courts, in *Texas Wesleyan Law Review*, 7(2000), pp. 10-12.

加利福尼亚州的规则与之类似,但其特殊之处在于,只要一方善意,后婚双方就被视为"推定配偶",其共同生活期间的财产被视为"准婚姻财产"(quasi-marital property)。[1] 虽然在共同财产方面,加州对善意和恶意当事人给予相同保护,但部分权利仅有善意一方才能享有,如主张死亡损害赔偿金、扶养费等。[2]

美国各州常常区分前婚、后婚共同生活期间的财产并加以分配,这实质上是将每段婚姻作为独立的"合伙",将共同生活期间的财产作为"合伙财产"予以分割。至于前婚中的非重婚方是否有权就重婚方在后婚期间取得的财产主张权利,各州存在分歧。部分州明确提出,前婚双方在分居期间应从共同财产制自动转为分别财产制,前婚中的非重婚方因此不得就重婚方在后婚期间取得的财产主张权利。[3] 但也有部分州认为,基于对合法婚姻的保护,前婚中的非重婚方仍有权就重婚方在后婚期间取得的财产主张 1/2 份额。还有学者认为应当根据实际情况衡平处理前婚配偶之间的财产关系:如果前婚配偶未参与后婚的生产生活,针对后婚共同生活期间的财产,前婚的非重婚方不应享有权利;如果前婚配偶实际上也为后婚的生产生活提供了条件或帮助,如独立抚养前婚的子女而未接受任何抚养费,那么对后婚本应成立之时起的财产,也应享有一部分权利。[4]

保护善意重婚当事人的另一个机制是婚姻禁反言(marriage by estoppel)规则,即明知前婚未合法解除的一方不得再主张婚姻无效。美国某些州法院认为,如果允许明知重婚情事的当事人可以随时主张后婚无效,这无疑是给重婚方"根据其个人和经济利益,决定双方何时被认为处于婚姻关系、何时不处于婚姻关系的单方决定权"。[5] 婚姻禁反言不仅适用于重婚方,也适用于后婚的非重婚方,如果其得知配偶存在重婚情事后仍然长期保持夫妻关系,就不得嗣后以重婚为由主张后婚无效。[6] 还有法院从禁反言的基本原理出发,认为前婚中的非重婚方长期不行使权利,也不得向重婚方就后婚期间取得的财产主张权利,而仅有权

---

[1] 《加利福尼亚州家庭法典》第 2251 条规定:"(a)如果裁判认定婚姻无效或可撤销,且法院认定任何一方或双方善意相信该婚姻有效,则法院应:(1)宣布善意相信婚姻有效的一方或多方具有推定配偶的身份。(2)如果存在财产分割问题,则根据第 7 部分(第 2500 条以下)分割共同生活期间获得的财产,如果婚姻没有无效或可撤销,则应为共同财产或准共同财产,但只有在根据第(1)款被宣布为推定配偶的一方提出要求的情况下才可分割。这些财产被称为'准夫妻共同财产'。(b)如果法院明确保留管辖权,则可以在判决后再另行分割财产。"

[2] See Helen Chang, California Putative Spouses: The Innocent, the Guilty, and the Law, in *Southwestern Law Review*, 44(2014), pp. 356-359.

[3] See Florence J. Luther & Charles W. Luther, Support and Property Rights of the Putative Spouse, in *Hastings Law Journal*, 24(1973), pp. 316-318.

[4] See Mark Strasser, Fairness and the Putative Spouse, in *Louisiana Law Review*, 81(2021), p. 1269.

[5] See Dana E. Prescott, The Putative Spouse and Marriage by Estoppel Doctrines: An "End Run around Marriage" or Just a Marriage?, in *Child and Family Law Journal*, 8(2020), pp. 73-74.

[6] See Michael J. Higdon, Polygamous Marriage, Monogamous Divorce, in *Duke Law Journal*, 67(2017), p. 121.

主张扶养。[1] 为了保护信赖，美国各州法院不仅运用"赋权"机制保护善意方，也灵活运用禁反言或权利失效制度限制利益相关方的请求权。

2. 大陆法系国家

各法域一般都存在保护善意重婚当事人财产权利的特别规定。例如，《法国民法典》第 201 条规定："被宣告无效的婚姻，如其是善意缔结，对夫妻双方仍然产生效力。如果仅有夫妻一方为善意，该婚姻仅产生有利于该方的效力。"法国的"推定婚姻"中的善意仅要求当事人在婚姻缔结时不知道婚姻无效事由，且法律推定当事人的善意。[2] 如果"推定婚姻"成立，婚姻无效不影响善意当事人的财产性权利，如要求扶养的权利、请求离婚情况下的"补偿性给付"、在配偶死亡时享有的继承权等。[3] 就共同财产而言，法国法允许"推定配偶"获得"推定婚姻"期间共同财产的 1/4 份额；前婚的非重婚方有权获得"推定婚姻"成立前共同财产的 1/2 份额、"推定婚姻"期间共同财产的 1/4 份额；"推定婚姻"期间共同财产的剩余 1/2 份额是重婚方的财产，重婚人死亡时成为重婚人的遗产，在不存在遗嘱的情况下，前婚和后婚的非重婚方各有权享有 1/2 份额。[4] 借鉴法国法的美国路易斯安那州，有关"推定婚姻"前后的财产分配也与法国相同。[5] 有学者指出，法国法的分配方案有损后婚善意方对"推定婚姻"期间财产的期待利益（仅给予其 1/4 而非 1/2 份额），而前婚的非重婚方往往不存在对"推定婚姻"期间财产的期待，给予其在此期间的财产可能使其额外获利。[6]

德国、瑞士、日本法均认为无效婚姻"废止"仅面向将来，且其效力参照离婚规则。《德国民法典》第 1318 条规定，废止婚姻原则上不发生溯及既往的效力，原则上参照有关离婚的规定。《瑞士民法典》第 109 条、《日本民法典》第 748 条和第 749 条也有相同规定。根据德国法，结婚时不知重婚事实的一方，可以在婚姻废止后向另一方主张扶养请求权，也可以享有继承权。相反，如果当事人明知重婚事实，则不能享有法定继承权，因为其建立共同生活的行为属于权利滥用。[7] 可见，德国法先赋予无效婚姻当事人与有效婚姻离婚时相同的权利，再通

---

[1] See Florence J. Luther & Charles W. Luther, Support and Property Rights of the Putative Spouse, in *Hastings Law Journal*, 24(1973), p. 316.

[2] [法]科琳·雷诺-布拉尹思吉：《法国家庭法精要》（第 17 版），石雷译，法律出版社 2019 年版，第 58 页。

[3] 参见陈苇主编：《当代外国婚姻家庭法律制度研究》，中国人民公安大学出版社 2022 年版，第 42 页。

[4] See Bradley S. Smith, Rethinking the Application of the Putative Spouse Doctrine in South African Matrimonial Property Law, in *International Journal of Law, Policy and the Family*, 24(2010), p. 282.

[5] 《路易斯安那州民法典》第 96 条第 1 句规定："绝对无效的婚姻仍然会产生有利于善意缔结婚姻一方的民事效力，只要该方保持善意。"See also Casey E. Faucon, Living Separate and Apart: Solving the Problem of Putative Community Property in Louisiana, in *Tulane Law Review*, 85(2011), p. 786.

[6] See Casey E. Faucon, Living Separate and Apart: Solving the Problem of Putative Community Property in Louisiana, in *Tulane Law Review*, 85(2011), pp. 829-830.

[7] 参见[德]迪特尔·施瓦布：《德国家庭法》，王葆莳译，法律出版社 2010 年版，第 58—61 页；[德]玛丽娜·韦伦霍菲尔：《德国家庭法》（第 6 版），雷巍巍译，中国人民大学出版社 2023 年版，第 37 页。

过禁止权利滥用原则限制恶意当事人的部分权利,从而保护善意重婚当事人。在保护善意重婚当事人的一般规则之外,《德国民法典》第 1318 条第 2 款第 2 段还进一步规定,如果后婚双方均非善意,仍可互相主张扶养请求权,只是不得损害第三人利益。

意大利仅在后婚双方善意时承认"推定婚姻",但在单方善意的场合给予善意当事人补偿。《意大利民法典》第 128 条第 1 款规定:"婚姻被宣告无效之前对善意缔结婚姻的配偶双方,或者因胁迫或者以特别严重的非当事人本身的事由使其因恐惧而同意缔结婚姻的配偶,产生有效婚姻的效力。"第 129-Ⅱ条第 1 款规定:"因婚姻无效而被起诉的配偶,在婚姻被撤销后,即使善意缔结婚姻的配偶他方没有遭受损失的证据,也要对其给予适当补偿。在任何情况下,补偿费至少应当足够维持 3 年的生活费用。被起诉的没有其他义务的配偶,还应当向善意缔结婚姻的配偶支付扶养费。"

3.我国台湾地区

我国台湾地区所谓的"民法"关于重婚中善意当事人的保护的关注颇多。除了所谓的"民法"亲属编的相关规则于 1985 年、2007 年进行过两次修正外,还有 1989 年、1994 年、2002 年台湾地区司法机构"大法官释字第 242 号""大法官释字第 362 号""大法官释字第 552 号"三次解释。就单一问题在二十余年间多次修改和解释,也体现了该问题的复杂性和重要性。[1] 我国台湾地区相关规则的演进,大致可以分为五个阶段。

一是 1985 年修正前,所谓的"民法"第 992 条规定:"结婚违反第九百八十五条(重婚)之规定者,利害关系人,得向法院请求撤销之。但在前婚姻关系消灭后,不得请求撤销。"

二是 1985 年至 1994 年,所谓的"民法"第 988 条第 2 款将重婚的效力从"可撤销"改为"无效"。在此期间,重婚一律无效。不过,1989 年台湾地区司法机构"大法官释字第 242 号"和《台湾地区与大陆地区人民关系条例》第 64 条特别规定,在两岸开放探亲往来之前因隔离造成的重婚,可以特别地保留后婚效力。

三是 1994 年至 2002 年,台湾地区司法机构"大法官释字第 362 号"认为,重婚原则上无效,但于第三人因善意无过失信赖前婚姻消灭之确定判决等特殊情形,例外有效。在符合此等特殊例外的情况下,前婚与后婚两者可以并存而同时有效。

四是 2002 年至 2007 年,台湾地区司法机构"大法官释字第 552 号"认为,重婚原则上无效,但于重婚双方当事人均善意无过失信赖前婚姻消灭的判决或协议离婚登记等特殊情形,例外有效。在符合此等特殊例外的情况下,前婚与后婚两者可以并存而同时有效。

五是 2007 年至今,所谓的"民法"再次修正,将所谓的旧"民法"第 988 条第 2

---

[1] 参见刘宏恩:《从王永庆"三房"配偶身分案论重婚新法规定之溯及适用——一个法学解释方法的问题》,《月旦法学杂志》2016 年第 7 期。

款规定的近亲属结婚和重婚无效拆分,重婚无效单独作为该条第3款,并规定但书,即"但重婚之双方当事人因善意且无过失信赖一方前婚姻消灭之两愿离婚登记或离婚确定判决而结婚者,不在此限。"这是通过立法确定了台湾地区司法机构"大法官释字第552号"的解释结论:重婚原则上无效,但重婚双方当事人均善意无过失的特殊情形下例外有效。在符合此等特殊例外的情况下,第988条之一进一步规定,前婚与后婚不能并存,而是前婚姻自后婚成立之日消灭;前婚姻消灭的效力原则上准用离婚的规定,但是剩余财产已经分配或已有协议分配的,仍依原分配或协议处置;无过失的前婚配偶可以向他方请求赔偿,包括非财产损害。

2007年台湾地区所谓的"民法"修正后的规则明确,双方当事人均善意重婚时,后婚有效且前婚消灭。只要重婚双方当事人一方不属于信赖离婚登记或判决的善意且无过失一方,那么后婚依然无效。就后婚善意当事人的保护,所谓的"民法"第999条规定,"当事人之一方因结婚无效或被撤销而受有损害者,得向他方请求赔偿。但他方无过失者,不在此限。虽非财产上之损害,受害人亦得请求赔偿相当之金额,但以受害人无过失者为限。"第999条之一进一步规定,无效婚姻的当事人仍可主张赡养费、比照离婚分割财产。

综上所述,目前我国台湾地区所谓的"民法"的规则是,双方均善意无过失的重婚有效,且前婚自后婚成立之日消灭,善意当事人可以得到"身份关系+财产关系"的保护。一方善意无过失的重婚虽然无效,但是仅不发生婚姻上的身份关系,善意当事人仍保有如同"离婚"般的财产上法律效果。[1] 在价值取向上,上述规则以禁止重婚为基准,同时考虑"夫妻共同生活之圆满",承认特殊情形下的善意重婚并维持后婚效力。[2] 特殊情况下消灭前婚而承认后婚效力的理由就在于,婚姻的本质是共同生活,由于前一婚姻已无共同生活之事实,且前婚夫妻双方曾达成离婚协议或一方请求裁判离婚,婚姻已出现破绽,再基于身份安定性要求,宜认定维持后婚效力。[3]

(三)小结

各法域一般均存在保护善意重婚当事人的规则,但方式各异。对善意重婚当事人的保护主要是承认其财产利益,而非身份利益。美国各州、法国、意大利等法域承认"推定婚姻"制度,赋予善意重婚当事人与有效婚姻一样的财产利益,如扶养请求权、离婚经济补偿、继承权等。在具体规则上,"推定婚姻"是否要求当事人一直保持善意,要求双方善意还是单方善意,后婚中善意的非重婚方、重婚方、前婚中的非重婚方的利益如何分配等,各法域有所不同。但学说一般都承

---

[1] 参见刘昭辰:《重婚的剩余财产分配计算》,《月旦法学教室》2012年第9期。
[2] 参见施慧玲:《第一讲:重婚(下)——执子之手后的美丽与哀愁》,《台湾本土法学杂志》2006年第5期。
[3] 参见林秀雄:《亲属法讲义》,元照出版有限公司2022年版,第100—101页;高凤仙:《亲属法:理论与实务》(第16版),五南图书出版股份有限公司2015年版,第48页。

认,"推定婚姻"主要保护的是善意方的信赖以及其在共同生活期间为财产积累所作出的贡献,让持续生活、共同积累财富的当事人取得应有份额,避免婚姻无效导致的不公平结果。[1] 德国、瑞士等法域则尽量让婚姻无效与离婚的效果等同,并例外地排除非善意当事人的特定权利,实现对善意重婚当事人的保护。此种模式也着重保护善意当事人的财产利益而非身份利益。

仅有少数立法例保护善意重婚当事人身份利益,如我国台湾地区例外地承认双方善意重婚的身份效力,对身份关系和财产关系一并保护。也有美国学者提出,"推定婚姻"仅保护财产关系,还应从衡平原则出发承认"衡平婚姻",使当事人之间的权利义务与正式婚姻完全相同。[2] 美国各州利用禁反言规则限制能提出婚姻无效的主体,也部分实现了无效婚姻"有效化"的结果。禁反言规则的适用前提是特定主体较长时间不行使权利,这也呼应了维护身份关系稳定性的价值。

四、重婚无效婚姻相关制度的可能完善方向

重婚导致的无效婚姻的法律后果不仅面临着婚姻家庭编如何与总则编相互协调的问题,更重要的是协调家庭法领域特有的男女平等、一夫一妻、婚姻自由、家庭伦理、弱者保护、信赖保护等原则。[3]

重婚导致的无效婚姻的补正与善意重婚当事人保护制度在适用范围和价值取向上均有差异。重婚导致的无效婚姻的补正制度的适用条件是前婚消灭,其主要价值在于维护身份关系的稳定。善意重婚当事人的保护制度的适用条件是民事主体的善意,其主要价值主要在于信赖保护,兼具维护身份关系稳定的价值。

从两项制度的差异观察,《婚姻家庭编解释二(征求意见稿)》第 1 条的规定仍有可议之处。一方面,该条限缩了重婚无效婚姻的补正范围,仅允许善意重婚当事人的婚姻得到补正。从价值判断上看,该规则可能有一定正当性。这一规则体现的是这样的价值判断结论:维持身份关系稳定性的价值并不优于一夫一妻制下严格禁止重婚的价值,因此不允许一般情形下的重婚无效婚姻补正。由于善意重婚对一夫一妻制的破坏程度较小,且需要保护善意当事人对身份关系的合理信赖,这就"补强"了无效婚姻补正所维护的价值,因此法律又单独设置了例外允许补正的规则。在比较法上,虽然此种立法例不多见,但宾夕法尼亚州、马萨诸塞州立法亦采取此种模式。比较而言,《婚姻家庭编解释二(征求意见稿)》第 1 条在规则设计上也存在可改进之处。该条采用的是"被告提出补正抗辩""另一方善意"时允许抗辩的法律构造,但《婚姻家庭编解释一》第 15 条规定,请求人民法院确认婚姻无效的,"婚姻关系当事人双方为被告"。因此,该条所指

---

[1] See Mark Strasser, Fairness and the Putative Spouse, in Louisiana Law Review, 81(2021), p. 1247.
[2] See Michael J. Higdon, (In)Formal Marriage Equality, in Fordham Law Review, 89(2021), p. 1400.
[3] 参见夏吟兰:《民法分则婚姻家庭编立法研究》,《中国法学》2017 年第 3 期。

的"另一方善意"究竟指的是重婚方善意、非重婚方善意、未提出抗辩一方的善意，还是二者择一的善意，并不明确。如果是后婚中的善意非重婚方请求确认婚姻无效，重婚方是否也能提出补正抗辩，也有待明确。[1] 除此之外，该条采取的是"允许当事人提出补正抗辩"的法律效果，这是否意味着实体法律关系上后婚也将得到补正，也不明确。当然，这可能是因为司法解释不便对实体问题进行直接规定的结果。

另一方面，实践中涉及善意重婚当事人保护的案件，往往前婚未解除、前婚中的非重婚方也未死亡，《婚姻家庭编解释二（征求意见稿）》第 1 条未能回应这一更为普遍场景下的善意保护问题。在前婚未解除、前婚当事人也未死亡的情形下，除非采取我国台湾地区所谓的"民法"那样"善意重婚消灭前婚"的做法，一般而言无法对善意重婚当事人采取"身份关系＋财产关系"一体保护模式，而仅能对善意方的财产利益进行保护。《婚姻家庭编解释二（征求意见稿）》第 1 条主要关注的是身份关系而非因身份关系产生的财产关系，这可能导致该解释在善意重婚当事人财产利益保护方面存在缺漏。根据《民法典》第 1054 条，我国善意重婚当事人可以得到的保护是析产照顾、损害赔偿，还可能依据第 1141 条的遗产酌给制度"适当"分得遗产。除此之外，善意重婚当事人无法享有继承权、无法主张离婚经济补偿、在一方死亡时也无法主张死亡赔偿金等。与比较法上的承认"推定婚姻"制度相比，我国对善意重婚当事人的保护相对较弱。

由于《民法典》第 1054 条的限制，司法解释可能难以直接提高对善意重婚当事人的保护程度。不过，司法实践中不乏对无效婚姻中善意当事人提供充分保护的做法：有法院利用有关同居关系中财产分割的规定，认可善意重婚当事人对共同生活期间获得的财产享有"准夫妻共同财产"的权利；[2] 也有法院认为善意重婚当事人仍然可以分得遗产，[3] 或借助遗产酌给制度事实上承认善意重婚当事人的继承权；[4] 还有法院认为前婚分居期间的财产不能视为前婚配偶双方的共同财产，在酌定遗产时，长期共同生活的后婚善意当事人分得的遗产完全可能比前婚的非重婚方更多。[5] 除此之外，法院还可以借助损害赔偿制度，事实上承认善意重婚当事人的继承权、离婚补偿请求权等。[6] 虽然在个案中善意重婚当

---

[1] 例如，有可能发生这样的案例：甲与乙在婚姻关系存续期间，隐瞒已婚事实，与丙以夫妻名义生活并利用虚假证件与丙登记结婚。乙得知后积郁成疾，不幸病逝。丙得知这一事实后，提出与甲离婚，甲不同意。丙以与甲重婚为由，请求人民法院确认其婚姻无效，甲则以前婚终止为由抗辩。参见房绍坤、范李瑛、张洪波编著：《婚姻家庭继承法》（第七版），中国人民大学出版社 2021 年版，第 41 页。

[2] 例如，在"董某与韩某 1 等同居关系析产纠纷案"中，法院参考"涉案房屋购买时间、购房出资、房屋居住使用情况、房屋维护情况"等因素，酌定善意重婚当事人在涉案房屋中享有 50% 的份额。参见北京市第一中级人民法院（2021）京 01 民终 3966 号民事判决书。

[3] 参见陕西省西安市碑林区人民法院（2022）陕 0103 民初 386 号民事判决书。

[4] 参见山东省威海市中级人民法院（2021）鲁 10 民终 1194 号民事判决书。

[5] 参见黑龙江省牡丹江市西安区人民法院（2017）黑 1005 民初 947 号民事判决书。

[6] 参见薛宁兰：《婚姻无效制度论——从英美法到中国法》，《环球法律评论》2001 年第 2 期，第 218—219 页；刘征峰：《结婚中的缔约过失责任》，《政法论坛》2021 年第 3 期，第 57 页；邵永乐：《论无效婚姻的损害赔偿》，《法治研究》2024 年第 3 期，第 126 页。

事人的利益可能得到保护,但在缺乏统一规则的情况下,无法得到适当保护的善意重婚当事人仍是多数。在司法实践中,常常出现后婚一方死亡后,利益相关方在时隔多年后请求确认婚姻无效从而主张死亡赔偿金的现象。[1] 这既与后婚当事人的信赖不符,也违背了一般社会公众对公平正义的理解。[2]

由于善意重婚当事人保护问题涉及的价值判断复杂、需要考量的要素较多、不可避免涉及法官裁量,[3] 未来通过立法明确规定这一事项可能更为妥当。从《民法典》婚姻家庭编、《婚姻家庭编解释一》、《婚姻家庭编解释二(征求意见稿)》所体现的尽可能维护人身财产关系稳定的精神看,立法论上可以考虑对后婚的身份关系和财产关系进行区分处理,即使原则上不保护后婚当事人的身份关系,后婚中的善意当事人对事实上共同财产关系的合理信赖也应当得到保护。

---

[1] 例如,在"朱某与邱某甲、邱某乙继承、抚恤金纠纷案"中,法院否定了善意重婚当事人的继承权和对配偶死亡时的一次性抚恤金的权利,仅能适当分得遗产。参见江苏省南通市中级人民法院(2016)苏06民终660号民事判决书。类似案件,参见江苏省盱眙县人民法院(2019)苏0830民初558号民事判决书。

[2] 例如,有观点评论江苏省盱眙县人民法院(2019)苏0830民初558号案件中多年未曾出现的前婚中的非重婚方为了死亡赔偿金主张婚姻无效,"为了钱像个跳梁小丑一样到处找人打官司"。参见徐国栋:《我国民法典应承认诚信缔结的无效婚姻效力并确立宣告婚姻无效请求权的时效》,《上海政法学院学报(法治论丛)》2020年第1期,第74页。

[3] 既有理论提出需要考量的要素包括:前婚双方共同生活的情况和继续共同生活的意愿和期待、前婚是否存在申请离婚的行为、后婚当事人是单方善意还是双方善意、无效婚姻的存续期间,有权主张婚姻无效的利益相关人不行使权利的时间等。事实上,恶意重婚当事人在长期共同生活期间的信赖可能也有保护的必要。参见娄爱华:《论无效婚姻中的无过错方保护》,《苏州大学学报(哲学社会科学版)》2023年第5期,第108页;徐国栋:《我国民法典应承认诚信缔结的无效婚姻效力并确立宣告婚姻无效请求权的时效》,《上海政法学院学报(法治论丛)》2020年第1期,第84页;金眉《对一桩"被离婚"案件的法律评析》,《法学》2012年第6期,第139页;杜强强:《善意重婚、共同生活与重婚无效规则的再塑》,《法律适用》2016年第3期,第52页;Casey E. Faucon, Living Separate and Apart: Solving the Problem of Putative Community Property in Louisiana, in *Tulane Law Review*, 85 (2011), pp. 829-830; Christopher L. Blakesley, The Putative Marriage Doctrine, in *Tulane Law Review*, 60(1985), pp. 39-40.

论家庭法一般原则的向心圈层构造[1]

张 力*
丁 诚**

摘 要 立法零散化阻碍了家庭法整体视角下一般原则的理论阐释，婚姻家庭编原则性条款的文字表述以及其在《民法典》中次级原则的定位限制了家庭法一般原则的体系化工作，使家庭原则陷入"个人本位"与"家庭本位"的对立陷阱。在厘清家庭法一贯的家庭主义本位基础上，应通过圈层体系构建使家庭法一般原则与民法基本原则形成目的与功能的区分协同模式。我国家庭法一般原则应以家庭整体保护原则为核心，在外部保障性原则体系与内部聚合性原则体系的共同作用下维持家庭稳定，以达到国家保护婚姻家庭的中心目的。

关键词 家庭法；基本原则；家庭本位；圈层构造；婚姻家庭保护

目 次
一、引言
二、家庭法一般原则体系化难题
　（一）家庭法一般原则的模糊与应为
　（二）家庭法一般原则的体系化薄弱
三、家庭法一般原则体系化的基础应答
　（一）对"个体—家庭"主义本位原则划分的扬弃
　（二）再体系化的路径选择
四、家庭法一般原则向心圈层构造体系的展开
　（一）向心核心：家庭整体保护原则
　（二）支持"家整体"的家庭外部保障性原则体系
　（三）维持"家内部"的家庭内部聚合性原则体系
五、结语

一、引言

家庭法是固有文化的堡垒，从家庭法的自然法特征出发，家庭法立法应当表达民众最基本的家庭关系模式，[2]其一般原则也应是一国家庭生活与家庭治理核心观念之集中体现，[3]应当具有构成和体系上的自主性。自1950年《婚姻法》

---

[1] 本文系教育部重大攻关项目"民法典民族性表达与制度供给研究"（21JZD033）、西南政法大学学生科研创新项目"当代家庭发展的公私法协同保障研究"（2023XZXS—001）的阶段性成果。
　* 张力（1976— ），西南政法大学民商法学院教授，博士生导师。研究方向：民商法。
　** 丁诚（1995— ），西南政法大学民商法学院博士研究生。研究方向：婚姻家庭法。
[2] 参见谢鸿飞：《民法典与特别民法关系的建构》，《中国社会科学》2013年第2期。
[3] 此处一般原则即基本原则，参见张民安：《民法一般原则的补充性、强制性和公共秩序性》，《法治研究》2017年第6期。

颁布以来,我国家庭立法一直呈现分散状态。一般认为,婚姻家庭制度的基本原则由此前的《婚姻法》及现行有效《民法典》婚姻家庭编的"总则""基本规定"作出规定。[1] 家庭法一般原则的私法归属与内容构成在我国成为一种习惯性立法传统,与民法基本原则类似,立法者以十分直观的方式表达了其意欲追求的基本价值观念。[2]《关于〈中华人民共和国民法典(草案)〉的说明》中也明确指出,婚姻家庭编"第一章在现行婚姻法规定的基础上,重申了婚姻自由、一夫一妻、男女平等等婚姻家庭领域的基本原则和规则"。[3] 但是,此立法模式也带来一些疑问:婚姻家庭编原则是否就是家庭法一般原则?家庭法诸原则之间又是何种关系,是否存在体系化之可能?又如何理解民法基本原则与家庭法一般原则的关系?对上述问题,学界研究目前较为薄弱。应当认识到,存于私法中的婚姻家庭法原则虽然具有中心化地位,但是,家庭法一般原则的构成与体系也不能拘泥于法典法条表述;对于家庭法原则的单一认知和分散无核心结构可能使其成为家庭治理历史发展的写照工具,这也是本文的前提性预设。即,本文拟在整合现有家庭法原则规定与学说的基础上,阐释家庭法原则的构成与向心圈层体系选择,并在此过程中回答家庭法一般原则之价值核心问题,以及其与民法基本原则的关系问题,如图1所示。

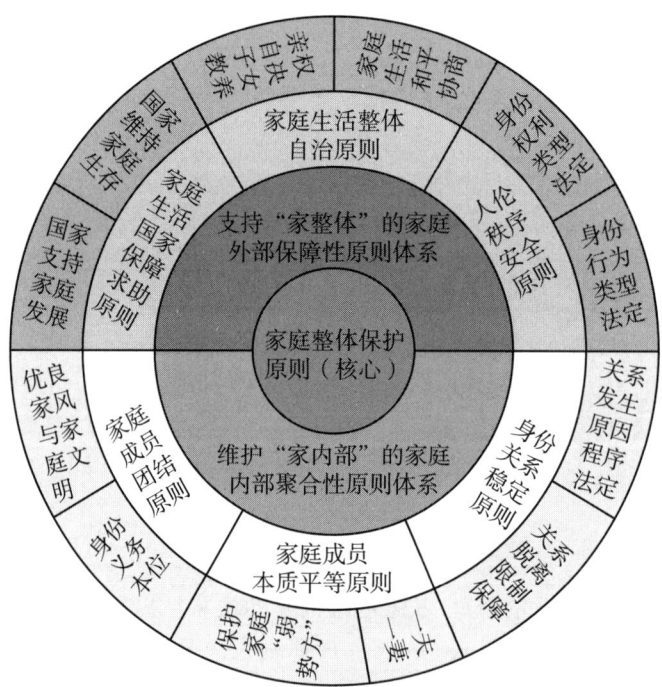

图1　家庭法一般原则的向心圈层构造

---

[1] 参见夏吟兰:《民法典体系下婚姻家庭法之基本架构与逻辑体例》,《政法论坛》2014年第5期。
[2] 参见易军:《民法基本原则的意义脉络》,《法学研究》2018年第6期。
[3] 王晨:《关于〈中华人民共和国民法典(草案)〉的说明——2020年5月22日在第十三届全国人民代表大会第三次会议上》,载中国人大网,http://www.npc.gov.cn/npc/c1773/c1848/c21114/c35174/c35178/202005/t20200523_306068.html,访问日期:2024年6月13日。

二、家庭法一般原则体系化难题

(一)家庭法一般原则的模糊与应为

家庭法之范畴接近于实质意义上的亲属法,即调整家庭亲属关系的法律规范之总和,其中不仅包含形式意义上私法的婚姻家庭法,也包括其他法律中有关调整家庭关系的法律规范,如《中华人民共和国妇女权益保障法》(以下简称《妇女权益保障法》)、《中华人民共和国未成年人保护法》(以下简称《未成年人保护法》)、《中华人民共和国反家庭暴力法》(以下简称《反家庭暴力法》)等。[1] 从家庭法作为独立法律部门的视角出发,[2] 家庭法一般原则应当是贯穿于家庭各个制度领域之立法、司法、执法的基本准则。但是,作为独立法律部门的家庭法的缺失及组成内容的分散导致了家庭法原则的构成零散化,难以形成完整认知。形式意义上的婚姻家庭法或亲属法基本原则是否就是家庭法一般原则?我国学界在界定婚姻家庭法基本原则时,呈现出概念描述与地位作用割裂的现象。婚姻家庭法基本原则常被表述为"该法"的概括性准则,[3] 是被总则编基本原则统摄的"分编"原则,[4] 仅是"该编"的立法指导思想。[5] 但在功能方面,又强调有关婚姻家庭的立法必须与此处的基本原则相一致。虽有学者指明,若家庭法被置于《民法典》中,可以进行原则扩张,使婚姻家庭编负载强烈的社会法属性,或者在其中一并作出其他家庭单行法之规定,形成以《民法典》婚姻家庭编为核心的相对体系化的价值秩序。[6] 而目前来看,婚姻家庭编原则虽处于家庭基础性法律中,内容也在一定程度上突破了公私二元的藩篱,已经具备成为家庭法治的一般原则之条件,[7] 但在阐释上却缺少整体家庭法视角。立法体例和明示原则使得家庭法一般原则拘泥于私法实在法的文字表述,忽视其本身应具有的整体家庭法之准则性地位。总体上,我国家庭法一般原则处于有所指引,但缺乏梳理与阐释的模糊阶段。

阐释家庭法一般原则,不应拘泥于婚姻家庭编的原则性条款框架,而应以此为基础,寻求真正意义上的家庭法"内部体系"。此处的内部体系,是指建立在预先对相关领域规范进行考察归纳的基础上,结合相对排他性的基础性评价思想,在探明某一法律领域"外部体系"的过程中,所形成的法律素材中法律原则与法

---

[1] 参见余延满:《亲属法原论》,法律出版社2007年版,第2页。
[2] 有学者提出,家庭法可以作为一个独立的法律部门,并拥有完整的内部结构,其中既包家庭实体法的规定,也包括家庭程序法的规定。参见吴洪、王冰等:《婚姻法与民法关系的梳理——婚姻法问题师生访谈录(一)》,载夏吟兰、龙翼飞主编:《家事法研究》(2011年卷),社会科学文献出版社2011年版,第79—96页。
[3] 参见夏吟兰:《民法分则婚姻家庭编立法研究》,《中国法学》2017年第3期。
[4] 参见李永军主编:《中国民法学(第四卷 婚姻继承)》,中国民主法制出版社2022年版,第35页。
[5] 参见张力主编:《婚姻家庭继承法学》(第4版),群众出版社2021年版,第17页。
[6] 参见刘征峰:《民法典婚姻家庭编一般规定章的定位、模式及其建构——基于大陆法系67项立法例的对比分析》,《中南大学学报(社会科学版)》2019年第1期。
[7] 参见黄忠:《从民事基本法律到基础性法律:民法典地位论》,《法学研究》2023年第6期。

律目的等在规范性、目的性、价值性方面的优先性序列体系构造。[1] 在此意义上,家庭法一般原则可以被认为是以家庭法律规范为基础,结合现有家庭相关法原则之规范表达,以及一国家庭法之立法目的和学理探讨所形成的有优先性序列的体系。其具有以下特性:第一,婚姻家庭特征性。家庭法一般原则应当与家庭法的适域理念保持一致,体现家庭法的独特个性价值,而非成为私法基本原则在家庭领域之附庸。第二,多法源特性。家庭法一般原则应当与家庭法之形式理念保持一致,[2]正如学者所言的,在我国立法体系下,应以宪法的价值引导为起点,在"依宪整合"的视角下构建家庭法及其原则。[3] 也因此,家庭法一般原则可以由立法者在法律中作出明确规定,或者由法官在其司法判例中、学者在其研究中发现,其构成包含制定法上的一般原则与非制定法上的一般原则。[4] 第三,鲜明的民族性特征。有关家庭的法律具有固有法的习俗性特征,具有强烈的民族传统特色,[5]婚姻家庭伦理、习惯亦有转化为家庭法原则之可能。虽然有论断谓,"个人至上"的现代性法律文化使得家庭法有趋同的变化趋势,[6]但家文化是中国人的安身立命之本,家庭法理念亦是我国"泛伦理化"亲伦文化传承的重要载体,[7]家庭法一般原则的构成及阐释应当在共同时代性下的多元价值取向与特别民族性下的传统伦理中寻找平衡。第四,体系性。虽然内部体系构造要求尽可能解析提炼出基础性原则并尽可能以丰富的措辞表现出来,但其目的在于构建具体原则在互相冲突领域的优先顺序以及各原则在实际应用中有条件的具体优先性。[8] 家庭法各原则不是平行关系,而是在实现立法目的或应用过程中呈现交错状态,此时则需要以家庭法目的作为中心,在交错体系下尽量划分出各原则的边界及上位原则或理念,使各个原则相对"各司其职"。在此意义上,家庭法一般原则的体系化是其存在的必然要求,否则各原则难以体现其独特价值,亦无法准确应用。

(二)家庭法一般原则的体系化薄弱

1.家庭法一般原则的来源构成不明

如上文所述,立法的零散造成了原则的数量泛化,家庭法一般原则的来源构

---

[1] 参见[奥]弗朗茨·比德林斯基:《私法的体系与原则》,曾见、刘志阳等译,中国人民大学出版社2023年版,第15—28页。
[2] 此处家庭法的适域理念与形式理念参照民法的适域与形式理念之表述。参见董学立:《民法基本原则研究:在民法理念与民法规范之间》,法律出版社2011年版,第44—57页。
[3] 参见范佳洋:《家庭法中的家庭角色变迁——以国家整合为视角》,《浙江大学学报(人文社会科学版)》2022年第6期。
[4] 参见张民安:《民法一般原则的补充性、强制性和公共秩序性》,《法治研究》2017年第6期。
[5] 参见余延满:《亲属法原论》,法律出版社2007年版,第2页。
[6] 参见[美]劳伦斯·弗里德曼:《私人生活:家庭、个人与法律》,赵彩风译,商务印书馆2022年版,第35—46页。
[7] 参见李拥军:《"家"视野下的中国法制现代化》,上海三联书店2020年版,第61—65页。
[8] 参见[奥]弗朗茨·比德林斯基:《私法的体系与原则》,曾见、刘志阳等译,中国人民大学出版社2023年版,第36—39页。

成不明体现在三方面。

第一,《民法典》家事规则内部关于一般原则的构成并非具有完全共识性理解。一是关于优良家风与家庭文明条款的定位不明。自 2001 年修正的《婚姻法》第 4 条对夫妻忠实与和睦家庭关系作出规定后,该条性质定位问题就存在基本原则说、[1]道德性倡导条款说、[2]立法宗旨说三种观点。[3] 婚姻家庭编第 1043 条将优良家风与家庭文明精神引入《民法典》,相比原《婚姻法》第 4 条拥有更加广泛的内涵与效力潜力,但仍存在关于原则性规定、[4]倡导性规定的疑问。二是继承编基本原则的身份属性不明。与婚姻家庭编不同,继承编并未在一般规定中直接明示其基本原则,该领域基本原则的形成多由学理推动。继承法基本原则与家庭法关系密切,继承权男女平等、维护亲属和睦,发挥家庭养老育幼家庭职能等具有家庭法特征的原则是继承法的重要原则,且权利义务相一致原则中的义务也多指家庭成员间的义务。[5] 可以说,家庭共同体的伦理道德观是继承法原则形成之基础,[6]但此关系被财产法与身份法的视角分野割裂,忽略了继承法原则本身诞生于家庭之向心本源。

第二,宪法及其他法律中存有大量的家庭法原则内容。例如,由家庭一般规定、计划生育规定、慈孝原则条款与禁止性规定共同构成的《中华人民共和国宪法》(以下简称《宪法》)第 49 条就被认为是关于家价值的原则规定,[7]其第 1 款也被称作"国家保护婚姻家庭"的宪法原则;[8]《妇女权益保障法》中亦有保障妇女人权、性别平等以及禁止一切形式的性别歧视等基本原则,[9]为其他法中涉及妇女权益条款的设置和修订提供指导;《未成年人保护法》中的最有利于未成年人原则也被认为是重要的家事立法、司法原则;[10]《中华人民共和国家庭教育促进法》(以下简称《家庭教育促进法》)中的尊重身心发展规律和个体差异、保障未成年人合法权益、遵循家庭教育特点、家校社协同、灵活多样的教育措施五项原则也事关家庭法中亲权人抚养、监护责任的履行等。[11] 若将这些存在于民事基

---

[1] 参见杨晋玲:《亲属法基础理论问题研究》,法律出版社 2017 年版,第 49—50 页;王洪:《婚姻家庭法》,法律出版社 2003 年版,第 35 页;陶毅主编:《新编婚姻家庭法》,高等教育出版社 2002 年版,第 65 页。
[2] 参见夏吟兰主编:《中华人民共和国婚姻法评注·总则》,厦门大学出版社 2016 年版,第 307 页;巫昌祯主编:《婚姻家庭法新论——比较研究与展望》,中国政法大学出版社 2002 年版,第 114 页。
[3] 参见余延满:《亲属法原论》,法律出版社 2007 年版,第 52 页。
[4] 参见石雷:《"优良家风"入法:性质、意涵与适用》,《西南政法大学学报》2021 年第 2 期。
[5] 参见陈又遵:《浅论我国继承法的基本原则》,《内蒙古大学学报(哲学社会科学版)》1987 年第 1 期;梅卓犖:《我国继承法的基本原则》,《中山大学学报(哲学社会科学版)》1986 年第 2 期。
[6] 参见马新彦:《我国继承法自主知识体系的守正与创新》,《中国法学》2024 年第 2 期。
[7] 参见张龑:《论我国法律体系中的家与个体自由原则》,《中外法学》2013 年第 4 期。
[8] 参见杨遂全:《论国家保护婚姻家庭的宪法原则及其施行》,《中国法学》2001 年第 1 期。
[9] 参见林建军:《对〈妇女权益保障法〉基本原则的新思考》,《法学杂志》2004 年第 3 期。
[10] 参见陈奇伟、邱子芮、来文彬:《论"儿童利益最大化"在家事立法与司法中之贯彻与完善》,《南昌大学学报(人文社会科学版)》2020 年第 5 期。
[11] 参见刘丽、邵彤:《我国家庭教育地方立法的经验与不足——兼评〈中华人民共和国家庭教育法(草案)〉》,《湖南师范大学教育科学学报》2021 年第 3 期。

本法之外的根本法、家庭特别法中的原则性条款内容简单归类为婚姻家庭编原则的来源或具体化，则现有条款的表述与理解明显容量不足。

第三，非制定法上的一般原则地位不明。《民法典》编纂过程中，重构婚姻家庭法基本原则的议题被提出，善良风俗原则、[1]保护生育权原则、[2]保护弱者等内容被提及且成为婚姻家庭法基本原则的组成部分。[3] 此外，类型法定原则、[4]伦理道德优先原则、遵从习惯原则、适度干预等非制定法上的原则也在相关问题的研究中被学者关注。[5] 丰富的非制定法原则性内容是制定法原则的重要补充，家庭法一般原则体系化应探明这些内容的可原则性或成为制定法原则解释素材之潜力，突破原则性条款的文字表述桎梏。

2. 家庭法一般原则的体系化争论

学界目前对于家庭法一般原则的体系化讨论集中在两方面，一是婚姻家庭法各基本原则间内部关系问题，二是婚姻家庭法基本原则与民法基本原则关系问题。

对于立法已确定的婚姻家庭法基本原则体系，学界对于何为首要原则有不同的看法。自由原则首要论认为，婚姻自由原则是民法意思自治原则的直接体现，自由原则是所有身份行为的首要原则，收养行为也适用，且婚姻自由是宪法中公民自由权的重要内容，故婚姻自由原则是婚姻家庭法的首要原则。[6] 但也有学者持有男女平等基础论，认为男女平等原则是婚姻自由原则的前提与基础，[7]属于上位原则。《民法典》施行后，第1041条第1款更新"婚姻家庭受国家保护"规定，有学者则从宪法规定具体化以及体系定位出发，提出了保护原则首要论。[8]

关于民法基本原则与家庭法基本原则之关系，学界存在来源说、部分相异说与普遍适用说三种观点。持有来源说的学者认为，民法基本原则是贯彻家庭制度的根本规则，[9]即便自愿原则和诚实信用原则主要适用于契约法，也不影响其是身份关系的基本原则，[10]即民法基本原则是婚姻家庭法基本原则的上位原则，

---

[1] 参见梁慧星主编：《中国民法典草案建议稿附理由：亲属编》，法律出版社2013年版，第14页。
[2] 参见龙翼飞：《编纂民法典婚姻家庭编的法理思考与立法建议》，《法制与社会发展》2020年第2期。
[3] 参见郭明瑞：《身份法之立法原则》，《北方法学》2013年第1期。
[4] 参见刘征峰：《家庭法中的类型法定原则——基于规范与生活事实的分离和整合视角》，《中外法学》2018年第2期。
[5] 参见赵万一：《婚姻家庭法与民法典关系之我见——兼论婚姻家庭法在我国民法典中的实现》，《法学杂志》2016年第9期。
[6] 参见郭明瑞：《家事法通义》，商务印书馆2022年版，第25—26页；杨立新：《婚姻家庭与继承法》，法律出版社2021年版，第15页。
[7] 参见余延满：《亲属法原论》，法律出版社2007年版，第65页。
[8] 参见冉克平：《夫妻团体法：法理与规范》，北京大学出版社2022年版，第284—285页。
[9] 参见姜大伟：《体系化视阈下婚姻家庭编与民法总则制度整合论》，《西南政法大学学报》2018年第4期。
[10] 参见张民安：《民法基本原则的立法准则功能理论批判》，《学术论坛》2018年第1期。

后者为前者的具体化与补充。[1] 持有部分相异说的学者认为,民法财产保障市场经济发展的伦理集中体现于诚实信用、平等自愿等基本原则中,婚姻家庭法基本原则有其独有的亲情伦理基础,应以亲属间互敬互爱、相互辅助、无私奉献为原则,但二者存在权利保护的交汇点。[2] 此外,也有学者重点强调公平原则不适用于家庭法,[3]以及平等原则在现代家庭法中的可怀疑趋势。[4] 持有普遍适用说的学者认为,《民法典》总则编确立的基本原则应当普遍适用于婚姻家庭法,但在运用时应当考虑家庭法之特殊性,[5]要承认一夫一妻原则及保护妇女、未成年人、老年人合法权益原则的家庭法特殊本质性。[6]

目前,无论是对家庭法首要原则的争论,还是对于其在私法中的体系安排的阐释都过于零散化,不足以完成家庭法一般原则的体系化工作,反而将一般原则推向二元对立的陷阱之中。家庭法中身份和契约关系的轮转变革关系导致了当代家庭法原则的体系争议,表现为不同价值间的对立关系,即家庭法基本准则对于个人本位原则还是家庭本位原则的核心选择,以及对于个人自由发展还是维护团体稳定的价值偏向,此种本位划分既体现在家庭法"抵御"外部价值冲击的过程中,也对家庭法内部价值序列产生了影响。

三、家庭法一般原则体系化的基础应答

(一)对"个体—家庭"主义本位原则划分的扬弃

我国学者在研究家庭和家庭法时,曾将个体与家庭置于对立位置。家庭本位在与个人本位的比较中存在,[7]成为个体化进程的例证。"中国的法治现代化是在过度地解构'家'的意义上进行的",[8]家事法立法也被认为在二者之间摇摆,但总体上呈"由家庭主义到个人主义"的变迁,[9]家庭法也沦为私法整体意义上的私人自治法。[10] 基于二者对立,有学者将个体自由自治观念论作个体主义原则,将传统以孝为核心的差等与维稳观念论作家庭本位原则,[11]完成了家庭法

---

[1] 参见夏吟兰:《民法分则婚姻家庭编立法研究》,《中国法学》2017年第3期。
[2] 参见薛宁兰:《婚姻家庭法定位及其伦理内涵》,《江淮论坛》2015年第6期。
[3] 参见徐国栋:《中国民法典争鸣·徐国栋卷》,厦门大学出版社2018年版,第250页。
[4] 参见赵毅:《家庭法的死亡与再生:从平等主体法到弱者保护法》,《理论月刊》2013年第7期。
[5] 参见王利明:《体系化视野下〈民法典〉婚姻家庭编的适用——兼论婚姻家庭编与其他各编的适用关系》,《当代法学》2023年第1期。
[6] 参见郑晓剑:《从形式回归走向实质回归——对婚姻法与民法关系的再思考》,《河南财经政法大学学报》2012年第3期。
[7] 有学者从个人与家庭本位角度阐释家庭主义内涵。参见潘允康:《社会变迁中的家庭:家庭社会学》,天津社会科学院出版社2002年版,第377—378页。
[8] 参见李拥军:《"家"视野下的中国法制现代化》,上海三联书店2020年版,第142页。
[9] 参见易松国、陈丽云、林昭寰:《从家庭主义到集体主义和个体主义:中国离婚模式的变迁》,《南方论丛》2005年第2期。
[10] 参见易军:《私人自治的政治哲学之维》,《政法论坛》2012年第3期。
[11] 参见张剑源:《家庭本位抑或个体本位?——论当代中国家事法原则的法理重构》,《法制与社会发展》2020年第2期。

原则本位体系的初步构建。但实际上,家庭中的团体与个体在当代已非此消彼长的关系,此种分类带有对家庭本位的固化理解,也使家庭法出现私人事务法属性的理解偏差。

家族主义(Familism)一词来源于社会学学者葛学溥对于中国社会的观察,是指所有行为、标准、思想、观念都产生于或围绕着基于血缘群居的团体的利益制度,[1]在家族主义下,价值判断的一般至上原则即是"有利于家庭"。家族主义的内核是持久与稳定,其外部表现则取决于家族所处时代。封建社会的家族主义以父权主义为核心,家族秩序体现出父子、夫妇、长幼之间亲疏、主从、尊卑的特点。[2]国外古代法方面,家族亦是孕育一切人法的卵巢,古代家族法以家族依附为核心,[3]呈现出家父权统领下以团体稳定为目的的法则。虽然此种以权威人格吸收较弱者独立人格为核心的制度构造体现出与近现代个人主义截然不同的价值取向,但也难谓家族主义,而应称"家父主义"。实际上,与个人对立的家从来是指"父系、父居、父权"的家,[4]而非作为家庭成员生存场域的家。如英国家庭法是通过儿童利益最大化原则更新了父权至上原则,[5]日本法则以男女平等原则对抗父权至上原则。

家庭法之家族本位从不与家庭成员利益保护对立,只是囿于时代性,呈现出对后者不同的保护方法与程度。即使在封建社会,家父的绝对权利也对应着供养家庭成员的责任,[6]所谓个人利益在家族主义下被牺牲之论断忽视了宗法制及中央集权社会背景下,个人生存依赖于家族存续的实际情况。在大家族和扩展的家庭语境下,家族主义在一定程度上涉及家族内多人利益的平衡调整,家庭成员可能基于亲情伦理作出利益让步,但并非对个人利益的绝对牺牲。现代社会,大家族已核心化,家庭中的权利资源有更多的分配可能性,尤其在我国,"变动的核心家庭"与"变动的扩大家庭"仍然给予家庭成员个体极大的可依赖空间与重要帮助。[7]从个体化理论出发,家庭已成为为个人服务之单位。[8]所以,今日之家族主义应当是以有利于家庭为手段、以家庭成员福祉为结果的结构。而家庭法原则中个人主义与家族主义的对立,其实质上应当是家庭法现代化与

---

[1] 参见周大鸣:《凤凰村的变迁:〈华南的乡村生活〉追踪研究》,社会科学文献出版社2006年版,第330—331页。

[2] 参见王歌雅:《中国婚姻伦理嬗变研究》,中国社会科学出版社2008年版,第177页。

[3] 参见[英]梅英:《古代法》,沈景一译,商务印书馆2017年版,第100—110页。

[4] 参见沈奕斐:《谁在你家:中国"个体家庭"的选择》,上海三联书店2019年版,第27页。

[5] 参见李喜蕊:《论英国家庭法基本原则的演变》,《聊城大学学报(社会科学版)》2009年第3期。

[6] 参见[英]梅英:《古代法》,沈景一译,商务印书馆2017年版,第96页。

[7] 此处变动的扩展家庭与变动的核心家庭主要指小家庭具有一定的经济独立性,却在重要事务(如育儿、遇到危险变动)和情感方面也得到亲属网络不同程度的支持,亲属联系较为紧密。分类来源参见贝特·约伯格:《核心和扩大的家庭:一个概念混淆的领域》,《家庭比较研究杂志》第6期,第6页,转引自沈奕斐:《谁在你家:中国"个体家庭"的选择》,上海三联书店2019年版,第13页。

[8] 参见沈奕斐:《个体家庭 iFamily:中国城市现代化进程中的个体、家庭与国家》,上海三联书店2013年版,第33页。

私法化过程中财产法与婚姻家庭法在价值理念上的差异,[1]而非家庭法内部理念的动摇。

家庭法一般原则应当采"发展的家庭主义"下的价值取向,是"个人权利为基础的团体本位",区别于财产法上的利己主义,即使其核心部分处于权利本位法的《民法典》之内,利于民事主体个人的权利也只能是部分后果,而非手段。《民法典》是权利保护法,各编体系是以民事权利为中心构建起来的,婚姻家庭编对于亲属权的保护本就是以家庭存在为前提,在此意义上,支持家庭的稳定与发展就是对个人权利的维护。在体系化方面,个体与家庭的原则价值冲突本质上也应是家庭法一般原则与民法基本原则关系的冲突平衡,而非家庭法内部的价值对立。换言之,当家庭法原则已被定义且难以扭转《民法典》"次级原则"之定位时,可以专注围绕家庭本位原则构筑体系,而无须在家庭法原则体系内部划分"个人性原则"与"团体性原则"。所以,个人与团体本位的原则区分与相互关系不属于内部关系处理的重点,而被体系外部化为民法基本原则对家庭法一般适用要求问题,由家庭法原则的整体主义向心圈层体系作出正对性应答。换言之,若家庭法一般原则过分强调家庭利益而有损个人利益时,应当转而求助于民法基本原则进行平衡与救济。

对个人与家庭本位陷阱的纠偏为家庭法一般原则体系化工作指明方向,一是应当对二元构造进行扬弃,二是应当对核心价值进行强调。但对于体系化薄弱的家庭法原则理论,仍需从其他部门法原则体系建构中吸收经验。

(二)再体系化的路径选择

1. 一般原则体系化的既有路径

对于基本原则之体系化问题,法理学与各部门法领域学者有着不同见解,总体上可归纳为四种路径。

第一,"二元分类型"体系化路径。此种思路以一般原则的二元化分类为明显特征,即取相对对立的标准将诸原则分成两类,两类原则一般地位相同,互为补充。典型如前文提及的"个人本位—家庭本位"分类方法;以自由与管制为标准,划分出民法基本原则之"私的自治"与"公的管制"体系结构;[2]以环境法典"可持续发展"内在逻辑主线中的当代发展与代际利益为标准,划分为"需要价值导向"与"限制价值导向"的基本原则体系等。[3]

第二,"主干+限制型"体系化路径。此种思路以部门法的顶层观念为核心,

---

[1] 参见冉克平:《〈民法典(婚姻家庭编)〉的伦理、自治与强制》,《武汉大学学报(哲学社会科学版)》2023年第3期。

[2] 参见韩世远:《民法基本原则:体系结构、规范功能与应用发展》,《吉林大学社会科学学报》2017年第6期。

[3] 参见曹炜:《环境法典基本原则条款构建研究》,《中国法学》2022年第6期。

归纳出体现该法核心观念的基本原则作为主干,而将限制核心观念无序扩张的其他原则作为内部限制型要素予以体系化。如以民法的精神理念为私权的无限弘扬作为指引,将民法基本原则体系的主干定义为"私权保障",构建出民法基本原则之正面弘扬与负面限制型体系,[1]或者构建出权利提倡、权利行使和权利限制的主干型体系构造;[2]以维护婚姻家庭关系为主干,将婚姻法原则体系化为基本原则和辅助规范两个部分等。[3]虽然"二元分类型"中可能也存在体系内部的对立,但其与本路径的不同之处在于,是否存在核心原则,即虽然可能都是二元结构,但前者强调体系内双向制衡,后者强调单向限制。

第三,"功能性引导型"体系化路径。此种思路是以原则具体效用作为标准建构的应用型体系化构造,此处的功能可以是实践功能,也可以是理念功能。在实践方面,如以是否具有裁判功能作为标准,构造民法基本原则的"法律思想"和"概括条款"的功能体系;[4]以可诉性与强制性为界限,区分婚姻家庭法原则中的法律原则与倡导性规范等。学理方面,如基于商谈理论的逻辑梳理,阐释民事诉讼法的起点、规范、动力基本原则体系,以促进民事诉讼沟通功能的有效发挥。[5]

第四,"一般—具体序列排列型"体系化路径。此种思路遵循"演绎—公理"式的逻辑,以固定的基本法律原理为出发点,展开相对直线推理推导出上级原则和下级原则,正如拉伦茨所言,原则及下位原则可构成内在的秩序阶层,[6]具体操作中则以"基本原则"与"具体原则"的排列体系最为典型。如将亲属法原则分为一般性原则与特别原则;将民事执行法的原则体系分为基本原则与具体原则等。[7]需强调的是,所谓直线式的上下级关系体系不是各一般原则与下位原则形成的一个方向上互相平行直线,而是存在一个原则与其下位原则之间的交叉澄清过程。

2. 既有路径的可适用性评析

"二元分类型"体系化路径正确揭示了一般原则之间的差异性,但忽略了主导原则的优先性。法律原则总是在互相交互的过程中完成应用功能的发挥,[8]二元分类方法可能使得原则之间的总体差异性高过原则之间的合作性特征,可

---

[1] 参见董学立:《民法基本原则研究:在民法理念与民法规范之间》,法律出版社 2011 年版,第 119—120 页。
[2] 参见王立争:《民法基本原则专论》,安徽大学出版社 2010 年版,第 28 页。
[3] 参见陶毅主编:《新编婚姻家庭法》,高等教育出版社 2002 年版,第 58 页。
[4] 参见于飞:《基本原则与概括条款的区分:我国诚实信用与公序良俗的解释论构造》,《中国法学》2021 年第 4 期;姚辉主编:《民法总则基本理论研究》,中国人民大学出版社 2019 年版。
[5] 参见陈文曲:《我国民事诉讼基本原则的内在沟通逻辑》,《法律科学(西北政法大学学报)》2022 年第 4 期。
[6] 参见[德]卡尔·拉伦茨:《法学方法论》,陈爱娥译,商务印书馆 2003 年版,第 348—349 页。
[7] 参见谭秋桂:《论民事执行法的原则体系》,《中国政法大学学报》2023 年第 2 期。
[8] 参见[奥]弗朗茨·比德林斯基:《私法的体系与原则》,曾见、刘志阳等译,中国人民大学出版社 2023 年版。

能形成合作下的力量竞争状态。家庭法为团体法,其核心观念为"合",故应谨慎采用可能引起对立的体系化方法,如家事法新的伦理原则应当是"团结且平等",[1]而非"团结与平等"。具体而言,民法基本原则中公的管制与私的自治方法的原则体系化方法可参考性亦较低,家庭法具有超越私法之特性,其公私属性之争没有实际意义,[2]其一般原则与法律属性保持一致,并不能区分出公与私的相对分类,对公法或私法属性的过度强调,反而会影响一般原则贯穿性效用的发挥。

"主干＋限制型"的体系化路径正确揭示了某一法律领域应有核心理念的观点以及核心边界需要有所限制的事实。但其一,体系"主干"可能存在多核状态,即无法确定主要核心,如将民法基本原则的基本体系原则圈定为合法权益受保护、平等、自愿三原则,[3]就在语义上造成"民事权利"核心不显的问题;其二,就限制性体系构建的问题,在家庭法一般原则中体现为对家庭整体利益的过度强调可能侵害个人权益,即个人与家庭主义的对立问题,在前文已做澄清,潜在的体系冲突已交由民法基本原则与家庭法一般原则的关系体系予以疏解,故不属于家庭法之内部体系化的重点问题。

"功能性引导型"体系化路径正确揭示了法律原则的适用难题,却忽视了实践中原则所起到的实在作用,可能降低一般条款外其他基本原则的效用。以《民法典》第1043条为例,虽被多数教科书直接定义为倡导性规定,但在实践中仍然起到了正向的行为模式指导、逆向的行为模式禁止以及制衡婚姻家庭关系的财产法化倾向作用,[4]其基本原则的实在作用不能也不应被否定。这也直接显示出功能性标准,尤其是裁判功能性本身作为体系化标准的不周延性。实际上,所谓裁判功能体系的形成只是在制定法基本原则体系内部,各原则可参与裁判的程度与方法问题,此种分类应直接具体到某一原则的适用方法和实际功能发挥的讨论中,在体系化工作中应谨慎使用。

"一般—具体序列排列型"体系化路径正确揭示了一般原则的基础性特征,以及不同位阶法律规范中规则的可原则性。但其一,此种路径可能造成基本原则构成与基本原则内容的混淆;其二,从一般原则到具体原则的体系派生关系也值得怀疑,若强调派生关系,则一般原则具有无限扩张性,且因有明确的等级划分,难以解释某些具体原则对上位原则的突破现象。这提醒我们,家庭法一般原则体系化的重要工作之一就是要提取真正的一般原则,而非将实定法上的原则性规定表述做演绎推理式的排列组合。

---

[1] 参见张剑源:《家庭本位抑或个体本位?——论当代中国家事法原则的法理重构》,《法制与社会发展》2020年第2期。
[2] 参见李拥军:《民法典时代的婚姻家庭立法的突破与局限》,《法制与社会发展》2020年第4期。
[3] 参见于飞:《认真地对待〈民法总则〉第一章"基本规定"》,《中国高校社会科学》2017年第5期。
[4] 参见徐婧:《〈民法典〉优良家风条款的法功能预期及司法实现》,《厦门大学学报(哲学社会科学版)》2024年第2期。

3. 向心圈层构造体系的应用

通过结合家庭法自身之特性，对学界一般原则体系化的既有路径进行分析可知，家庭法一般原则的体系构建不宜直接借鉴某一固有方法，而需在借鉴已有思路的基础上探查新的体系化路径。本文认为，家庭法一般原则的体系构建应当采向心性圈层构造体系。

向心性是指同一场域内部对于核心要素的积极评价、归属性以及整体性自决。在体系内部，向心性是保证共同体始终维系统一形态并且避免分崩离析的关键因素。[1] 向心结构不同于"一般—具体序列排列型"中从一般到特殊的纵向扩展关系，也不同于"主干—限制"型的制衡关系，它强调不同要素向中心聚拢，为中心要素服务。向心与离心相对，向心强调向统一合理的方向发展，而离心追求多样性扩散发展。[2] 对于家庭法而言，个人自由的蓬勃发展形成了多元化的婚姻家庭道德格局，但多元价值碰撞也损耗了家庭法的权威性与稳定性，这要求我们摒弃价值中立的立场，对多元主义与泛滥个人主义进行节制，[3] 构建对家庭友好的法律。法律原则体系不是一个完善封闭的演绎，向心性体系化的应用是为了将新的原则与已有的原则衔接，避免家庭法在发展中原则或价值的不必要泛化与不成熟突破，[4] 即重申家庭法核心理念，在保留不同价值面向的一般原则的同时使其为中心服务，防止多元理念解构家庭。

德国农业经济学家约翰·冯·杜能在1826年出版的《孤立国同农业和国民经济的关系》一书中针对城市的空间布局和规划提出了"圈层结构"的概念，其关键要素在"圈"的整体向心性与"层"的层级差异性。[5] 圈层构造应用于家庭法一般原则体系化的优势在于：与向心性体系具有同样的同向内核观念；具有层次性特征，可以区分上位原则与具体原则；防止其他部门法原则的不当入侵。整体来看，法律体系内部的各个制度犹如一个个渐趋闭合的函数空间，[6] 通过圈层层次性的延伸，可容纳家庭法中关于夫妻与亲子关系，人身与财产关系等不同面向的具体原则内容，可形成相对封闭的外部体系，即形成防御型边界的临界点，完成家庭法一般原则上的相对独立性构建。且圈层结构具有一定的体系包容性，即通过不同圈层的延伸可容纳新的原则内容，提升核心原则对外部"新"原则的可兼容性，并使新的价值无法轻易突破家庭法本质，衍生有度，使家庭法之家庭本位成为"发展的家庭本位"而非"僵化的家族主义"或"重构的消解家庭主义"。重

---

[1] 参见高永久、冯辉：《中国式现代化进程中的团结奋斗与铸牢中华民族共同体意识》，《广西民族大学学报（哲学社会科学版）》2023年第3期。

[2] 参见刘斌斌：《著作权法制的特性——信息时代著作权法制特性的变革》，《科学·经济·社会》2006年第4期。

[3] 参见钟瑞华：《西方传统婚姻制度的当代危机：历史溯源与法治回应》，《比较法研究》2022年第6期。

[4] 参见[奥]弗朗茨·比德林斯基：《私法的体系与原则》，曾见、刘志阳等译，中国人民大学出版社2023年版，第19—23页。

[5] 参见邢文利、裴丽梅：《圈层式协同育人：研究生课程思政新模式》，《教育科学》2021年第5期。

[6] 参见张力、陈鹏：《临界点视阈下民法典继承编基本原则之建构》，《法学杂志》2017年第10期。

点在于,在家庭法一般原则圈层构造的建构下,可自觉划分出其与民法基本原则的兼容和排斥界限。需注意的是,本文在使用圈层结构时仍然在各圈层内部作出理论划分,旨在使多原则协作向心,避免内容的同质化与单一化。

四、家庭法一般原则向心圈层构造体系的展开

(一)向心核心:家庭整体保护原则

1. 家庭整体保护原则的向心功能

家庭法的家庭本位基础价值取向已为向心结构之核心指明对象——家庭保护,家庭法重叠共识下的首要价值位阶即为家庭稳定,[1]故家庭法一般原则须得以"家整体"作为主要保护对象与目的,而非突出个人利益,此谓家庭整体保护原则。在圈层结构下,家庭整体保护原则的向心功能体现在以下三方面。第一,划定目的性标准,即所有家庭法原则皆为家庭整体保护原则所辐射或向家本位聚合。所谓辐射,是指从家庭整体保护原则出发可解释出家庭法的本质原则,而所谓聚合,是指以民法基本原则为代表的其他法律原则可经由向心家本位"筛选""改造"而产生一般原则。第二,限定解释方法,即除法律明确规定外,所有家庭法规范之解释,都应以家庭整体保护为首要目的。第三,提供适用优先性标准,即当不同一般原则发生冲突时,则以家庭整体保护作为冲突缓和或选择的标准。需强调的是,家庭整体保护不是父权至上和人格差等,其丰富内涵由外层原则共同构成。

在我国法律体系中,家庭整体保护原则的直接规范载体为"婚姻家庭受国家保护"原则的规定。这也意味着,家庭法一般原则向心圈层结构,是围绕"婚姻家庭受国家保护"的制度基础所展开的。

2. "婚姻家庭受国家保护"作为核心原则的地位

第一,"婚姻家庭受国家保护"是家庭法产生的根本性原则。摩尔根在《古代社会》中曾言"家族表现为一个能动的要素"。[2] 家庭作为比国家更为古老的组织或社会制度,国家不能对其构造与权利作出创建,只得确认、保护或改造,此谓家庭法"事实先在性"。那么,对国家而言,总是要从多样的家庭形态中选择对社会最有利的家庭形象,并且为了这个家庭形象去制定政策与法律,[3]由此形成的家庭形象即"法定的家庭形象"。虽然法定家庭形象具有可变性,但国家对于家庭组织的承认确为家庭法成立之基本条件。

第二,"婚姻家庭受国家保护"是宪法所确立的家庭领域的保障原则。宪法

---

[1] 参见陈寿灿、朱赫夫:《当代中国亲属法的重叠共识》,《浙江海洋大学学报(人文科学版)》2018年第4期。

[2] [美]路易斯·亨利·摩尔根:《古代社会》(下册),杨东莼、马雍、马巨译,商务印书馆2009年版,第497页。

[3] 利谷信义编『現代家族法学』(法律文化社,1999)1—2頁参照。

作为我国家庭法构建的价值起点与依据,第49条为婚姻家庭提供了制度性保障,它要求立法者不得废除家庭制度的核心内容,[1]且应当提供各项制度以维护婚姻家庭生活秩序要求,使维持婚姻家庭生活的权利得以全面实现,保护每个合法的婚姻家庭能够正常发挥其各种功能。[2]宪法对于"婚姻家庭受国家保护"原则的确认,形成了法律保留,基于此种"默示的立法委托",婚姻家庭制度才得以授权建立,并可划定出关于家庭的基本权利范围,完成"宪法的立法具体化"。[3]在此角度上,"婚姻家庭受国家保护"是所有家庭法原则与规则存在之基础。

第三,"婚姻家庭受国家保护"是《民法典》婚姻家庭编的首要基本原则。一国之家庭法核心观念总与其原则性条款的立法位置相关,且具有一定"重申"特点。如日本虽然没有明确规定家庭法原则,但1946年《日本宪法》第24条第2款规定,有关婚姻家庭的法律应立足于个人尊严和两性本质上的平等而制订,所以其也被称作克服家庭家长制与性别歧视的先进规定,[4]在此规定下,日本明治民法的家制度被废除,家庭制度的基石原则转变为个人间的权利义务关系,[5]而《日本民法典》第2条正是对该《宪法》第24条第2款的重申,强调将个人尊严与两性本质上的平等作为解释指针,以限制第1条基本原则之内容。[6]故在日本家庭法中"个人尊严与两性本质平等"应当为首要的原则理念。我国《民法典》第1041条将"婚姻家庭受国家保护"置于婚姻家庭编原则性条款的首要位置,重申宪法规定,亦是其地位高于其他原则的有力证明。

3."婚姻家庭受国家保护"作为核心原则的特性

第一,"婚姻家庭受国家保护"作为家整体保护原则的实在表达具有最高观念性特征。无论是作为宪法原则还是作为婚姻家庭编原则,"婚姻家庭受国家保护"都应当属于法律思想与法理念层面的最高一般原则,在功能上不强调其实定法规范的单独裁判功能,[7]而重视其宣誓作用。此处的宣誓作用并非倡导作用,是强调将"理所当然"的最高理念明示,指明法律解释和司法应当坚持的正确方向,[8]以防止对于核心观念的错误理解。

第二,"婚姻家庭受国家保护"原则具有明显的跨部门法特征,但主要针对立法机关和政府。比较法上,《俄罗斯联邦家庭法典》第1条第1款规定"俄罗斯联邦的家庭、母亲、父亲和儿童均受到国家保护",在原则分类中其位于家庭、住房、

---

[1] 参见王锴:《婚姻、家庭的宪法保障——以我国宪法第49条为中心》,《法学评论》2013年第2期。
[2] 参见杨遂全:《论国家保护婚姻家庭的宪法原则及其施行》,《中国法学》2001年第1期。
[3] 参见王锴:《立法具体化是宪法实施的方式吗》,《法学论坛》2024年第1期。
[4] 辻村みよ子『憲法と家族』(日本加除出版,2016)61頁参照。
[5] [日]二宮周平「家族法理論と立法のあり方」二宮周平編『現代家族法講座第1巻個人、国家と家族』(日本評論社,2020)2頁参照。
[6] [日]近江幸治:《民法讲义Ⅰ:民法总则》(第6版补订),渠涛等译,北京大学出版社2015年版,第23页。
[7] 参见于飞:《民法基本原则:理论反思与法典表达》,《法学研究》2016年第3期。
[8] 参见李永军主编:《中国民法学》(第4卷·婚姻继承),中国民主法制出版社2022年版,第37页。

宪法、社会福利和其他一些法律领域的交汇处，[1]需要各部门法和政策共同发挥作用以实现。《德国基本法》第6条第6款亦有相似原则的规定，被解释为国家负有为婚姻家庭提供特殊保护的职责，这种职责作用于整个涉及家庭的法律制度。[2] 在此意义上，"婚姻家庭受国家保护"原则可重点发挥合法性审查的功能，即如果立法或行政机关行为侵害了公民的婚姻家庭基本权利，则可以通过本原则否认其效力。[3]

第三，"婚姻家庭受国家保护"原则在私人领域具有弱适用性特征。"婚姻家庭受国家保护"内涵相当宽泛，但不能解释为法律调整婚姻家庭中的所有关系。[4] 在私人领域强调民事主体对婚姻家庭的保护可能会在加重民事主体道德负担的同时，对身份权益作出泛化解释，造成家庭法对于道德调整的不当入侵，突破"法不入家门"的传统。在适用此原则时，法官应当借助其他原则或规则释明这一核心原则的外部边界，解释婚姻受国家保护的范围。同时，"婚姻家庭受国家保护"可作为婚姻家庭编的独特立法目的，也可作为《民法典》规范在婚姻家庭纠纷法律适用中的一般目的解释依据，从而形成双向"制约"关系。在此意义上，家庭法一般原则之向心结构展开的逻辑重点，也正是以《民法典》第1041条第1款为中心所形成的条款内外部关于制定法原则与非制定法原则的应用型序列的构建，即在圈层构造中合理归置第1041条至第1044条以及其他编有关婚姻家庭的原则性规定的体系关系，以限制与解释"婚姻家庭受国家保护"的丰富内涵。

（二）支持"家整体"的家庭外部保障性原则体系

如前文所述，家庭法一般原则不应拘泥于原则性条款的文字表述，而应真正体现家庭法的本质理念。在核心原则的向心凝聚下，本文不采取单一的法律关系划分标准，而采取目的性与来源性结合标准，提取家庭法一般原则的中间圈层内容，并以主体的身份关系为指引，将其体系化为家庭外部保障性原则和家庭内部维持性原则两部分，再将各一般原则的组成部分与具体化原则表现置于第三圈层，最终形成相对完整的圈层结构。

以家庭为核心，家庭外部保障性原则体系构成主要解决家庭法原则如何调整家庭整体与国家、政府、第三人等外部世界的价值关系，回答家庭法如何面对受外部行为调整模式影响的问题。

1. 家庭生活获国家保障救助原则

家庭生活获国家保障救助原则是"婚姻家庭受国家保护"公法效力的直接延

---

[1] Рыженков Анатолий Яковлевич, "К вопросу о классификации принципов семейного права", Вестник Томского государственного университета. Право, no. 33, 2019, pp. 207-218.
[2] [德]福尔克尔·埃平、[德]塞巴斯蒂安·伦茨、[德]菲利普·莱德克：《基本权利》（第8版），张东阳译，北京大学出版社2023年版，第246页。
[3] 参见冉克平：《论"婚姻家庭受国家保护"原则》，《法律科学（西北政法大学学报）》2024年第1期。
[4] 参见张力、丁诚：《〈民法典〉背景下身份关系协议的概念性要素》，《北方法学》2022年第6期。

伸,意为国家应当提供支持家庭生存与发展的法律制度与福利政策。家庭是社会政策、立法与服务体系的基础、核心与重要主体,[1]国家对于家庭的支持不仅来源于传统文化与个人关怀,更来源于家庭本身的生产功能。"婚姻家庭受国家保护"原则中,婚姻家庭保护在事实先在性理路下具有被动性特征,强调国家对伦理秩序的维护。但当代家庭在社会转型中的功能趋于弱化,[2]此背景下,国家需由保护模式转向支持模式,助力家庭生存与发展。家庭生活获国家保障救助原则主要由维持家庭生存和支持家庭发展两方面内容组成。在国外,前者以福利社会为基本起点,强调国家对于家庭基本功能的替代,具有去家庭化与责任社会化的特点。[3]但在我国向心家本位圈层结构下,维持家庭生存的内涵应当是帮助维持家庭基本结构与功能,国家在保持传统家庭生活关系的同时,应提供相关保障,如税收优惠与津贴发放,建设"生育友好型"社会氛围与法律体系、构建以"养育"为中心的复合型家庭政策,[4]建设以尊老为核心的养老服务体系等。支持家庭发展则强调家庭功能的再发挥,即在家庭法中强调亲属关系中抚养、扶养、赡养义务的基础性效力,加强对家庭成员互助行为和家庭环境的引导和监管,如提出精神赡养、最有利于被监护人等更高要求以促进家庭自身的发展,对于夫妻共同债务认定中,日常生活需要是否包含发展型花费的讨论也与此原则有关。

2. 家庭生活整体自治原则

家庭中正常生活是人类最基本的生活方式,[5]但家庭法也需在团体自律与国家干预之中作出原则性选择。所谓家庭自治,不只限于婚姻家庭中的意思自治和结婚自由,是指在"法不入家门"理念下家庭成员自身所拥有的家庭管理权。[6]家庭自治是家庭生活的自然状态,意味着家庭成员作为自治团体可以自行安排权利义务的行使方式,该原则的目的也在于防止家庭生活受国家过度干预,是一项"防御权"原则。[7]家庭生活整体自治原则主要具体表现为亲权自决子女教养与家庭生活和平协商两方面。对于亲权,一般会理解为父母对子女的人身及财产的支配性资格,[8]它脱胎于家长权与父权,是亲子人格差等的产物。正是由于传统亲权将子女作为父母支配的对象、父母权利的客体,所以容易造成

---

[1] 参见王丹、张桂凤、涂爱仙:《回顾与展望:中国家庭政策研究四十年综述》,《青年探索》2023年第5期。

[2] 参见唐灿、张建主编:《家庭问题与政府责任:促进家庭发展的国内外比较研究》,社会科学文献出版社2013年版,第11页。

[3] 参见韩央迪:《家庭主义、去家庭化和再家庭化:福利国家家庭政策的发展脉络与政策意涵》,《南京师大学报(社会科学版)》2014年第6期。

[4] 参见钟晓慧、郭巍青:《人口政策议题转换:从养育看生育——"全面二孩"下中产家庭的隔代抚养与儿童照顾》,《探索与争鸣》2017年第7期。

[5] 参见林建军:《国际人权公约视野下儿童家庭生活权概念的逻辑展开》,《人权》2019年第6期。

[6] 参见欧阳艳文、林少菊:《传统"家文化"与家庭暴力》,《江西社会科学》2012年第12期。

[7] 参见[德]玛丽娜·韦伦霍菲尔:《德国家庭法》(第6版),雷巍巍译,中国人民大学出版社2023年版,第12页。

[8] 参见贾一曦:《论亲权制度法的基本价值》,《学习与探索》2018年第5期。

对子女权利的漠视与损害,此时,就需要国家亲权介入以限制父母权利滥用,[1]保护家庭弱者。国家亲权理论诞生之初曾与亲权自决原则处于对立面,但时至今日,亲权的权力或权利属性已向职责转变,在被监护人利益和未成年人利益最大化原则的限制下,对于子女的教养仍应尊重亲缘伦理,以家庭为主,国家则应当起辅助与支持作用。[2] 此原则也直接体现在我国以家庭监护为主、以国家社会监护作为补充的监护制度,以及《家庭教育促进法》的基本要求与责任主体规定中。家庭生活和平协商主要指应尊重亲属团体或家庭成员对家庭事务的自治结果,比如对于分工模式的选择,对于家庭财产分配的方案等,提倡平等协商的家庭治理模式,绝对禁止把家庭暴力作为自治手段,如认可亲属给予当事人婚姻选择的建议,而禁止对婚姻自由的暴力干涉。

3. 人伦秩序安全原则

人伦秩序安全原则是基于家庭法团体稳定与财产法交易自由的不同价值而产生的,体现为身份关系对财产法及其权利模式、民事法律行为及合同行为模式的相对区隔,由身份行为类型法定与身份权利类型法定两方面构成。类型法定是家庭法最为重要的原则,表现为私人自治在家庭法中的有限适用。[3] 类型法定的正当性在于家庭法作为伦理法,在事实先在性理论下,身份之中的权利义务已由人伦和法律确定,是一种类似于物权的状态权,不允许由身份行为人依据其意思表示创设,而由法定。[4] 在身份行为中,身份效果意思是身份事实的反面,[5] 对身份关系不具有创设性,尤其不具有创设身份权的效力。但近几十年来,意思自治蕴含的个人主义、自由原则从财产法扩张至婚姻家庭法,[6] 身份行为的类型法定也出现松动,如《民法典》第 464 条第 2 款与第 1001 条的体系穿透条款,扩大了身份行为的自治空间、赋予部分"隐形身份法益"的救济可能。[7] 虽然类型法定表面以限制自由为手段,但实际上其只是为维持家庭存续,在对自由的承认与救济方式上与私法中的合同义务与侵权责任不同,例如,家庭法可能将协议约定的不忠行为违约赔偿转化为离婚时的损害赔偿,以转化方式承认当事人约定的部分效力。类型法定是身份法强制性的重要表征也是身份法存在之基石,若肆意扩大身份自由,允许无序创设身份关系,则会使家庭法覆灭而仅剩"私人关系合同"。故对于新型非典型身份关系协议及新型身份权益的保护仍应当

---

[1] [日]窪田充見『家族法——民法を学ぶ(第 4 版)』(有斐閣,2019)291 頁参照。
[2] 参见苏明月:《论家庭教育领域国家介入的能动与制约——兼评家庭教育立法》,《比较法研究》2022 年第 6 期。
[3] 参见刘征峰:《家庭法中的类型法定原则 基于规范与生活事实的分离和整合视角》,《中外法学》2018 年第 2 期。
[4] 参见张作华:《亲属身份行为基本理论研究》,法律出版社 2011 年版,第 47 页。
[5] [日]前田陽一「日本家族法の特殊性と身分行為論」二宮周平編『現代家族法講座第 1 巻個人、国家と家族』(日本評論社,2020)49 頁参照。
[6] 参见冉克平:《论意思自治在亲属身份行为中的表达及其维度》,《比较法研究》2020 年第 6 期。
[7] 参见温世扬:《〈民法典〉视域下身份权的教义重述》,《现代法学》2022 年第 4 期。

以人伦秩序安全原则作为标准,如在判断身份关系协议时,应考虑其是否具有适法性要素,即所涉利益是否为家庭法明确保护或间接承认,[1]若无适法性要素应认定为不属于家庭法调整范围或否定其效力。此外,法院在处理同性伴侣关系时将当事人作为理性经济人,[2]仅适用财产法进行裁判的做法,也是人伦秩序安全原则的表现。

(三)维持"家内部"的家庭内部聚合性原则体系

家庭法一般原则的内部保障构成主要回应家庭法原则如何指引、规制家庭内部成员关系的问题。

1. 身份关系稳定原则

身份关系稳定原则来源于亲伦关系的持续性与稳固性,根据这一原则,身份关系需经由特别程序形成,不具有或仅能在特别前提下才具有可解除性,[3]具体表现为身份发生原因程序法定以及身份关系脱离限制保障两方面。虽法律对创设性法律行为持鼓励态度,但为使行为人考虑周全,家庭法对身份行为皆有要式性要求。如在结婚问题上,非经登记不成立婚姻,当事人在完成要式程序时,就相当于作出了对身份关系稳定的认可与承诺,登记制度也提供了公示上的外部稳定性。经过登记的婚姻在家庭法上的效力则有了封闭性,[4]非法定瑕疵理由不能否认婚姻效力。对于身份关系的解除我国采审慎态度,亲子关系中,除在送养收养替代原亲子关系、收养关系解除、继父母子女关系合意解除的情形中有限承认当事人意思外,[5]法律严格限制依当事人意思消解亲子关系之可能。[6] 在婚姻关系中,诉讼离婚以"情感破裂"为家庭无法稳定的原因使得身份可消解,协议离婚中,规定离婚冷静期以便夫妻认真考虑是否消解身份关系,以最大限度维护家庭稳定。此外,离婚冷静期也是当事人离婚意愿获得完备离婚协议的最终证成的意思表示形成期,[7]对于离婚后财产与人身事务的周全安排亦可使身份关系"稳定"消灭。需注意的是,身份关系稳定原则并非稳定牺牲个人权利,而是在身份关系解除后,部分当事人在身份关系存续期间被家庭稳定所吸收的个人权利方可凸显,此时,家庭法就需为这部分权利的损耗提供救济与补偿。例如,夫妻人格利益在婚姻存续期间共同共有不可分割,直至婚姻解体,[8]个人利益则

---

[1] 参见张力、丁诚:《〈民法典〉背景下身份关系协议的概念性要素》,《北方法学》2022年第6期。

[2] 参见罗彧:《家庭中的陌生人:批判法学视野下的同性同居》,《中国法律评论》2019年第6期。

[3] 参见[奥]弗朗茨·比德林斯基:《私法的体系与原则》,曾见、刘志阳等译,中国人民大学出版社2023年版,第261页。

[4] 参见龙俊:《〈民法典〉中婚姻效力瑕疵的封闭性》,《社会科学辑刊》2022年第4期。

[5] 继父母离婚时,继子女已经成年,但继父母与成年继子女关系恶化,参照养父母和养子女的关系规定,应认为双方可协议或诉讼解除。参见最高人民法院民法典贯彻实施工作领导小组主编:《中华人民共和国民法典婚姻家庭编继承编理解与适用》,人民法院出版社2020年版,第218—219页。

[6] 亲子关系否认虽具有当事人的意思,但总体是以血缘关系本身不存在的事实为依据。

[7] 参见张力:《〈民法典〉离婚冷静期条款的适用原理:内涵与外延》,《法治研究》2022年第1期。

[8] 参见张力:《身份权的派生确权与参照保护》,《中国法学》2023年第4期。

可通过离婚经济帮助、离婚损害赔偿、家务劳动补偿制度终结清算。

2. 家庭成员本质平等原则

家庭成员实质平等是家庭法的现代性原则，具有时代性特征。平等是对传统家族法中人格差等的直接驳斥，在家庭成员本质平等原则下，家父主义已成为家庭本位之历史内涵。家庭成员的本质平等不同于民法基本原则仅强调形式与机会平等，而是追求实质与结果上的平等，主要由男女平等与家庭弱者保护两方面内容构成。身份法中的男女平等，首先表现为男女平等享有婚姻自由，平等受一夫一妻制度的限制。自由的一对一关系使得夫妻制度设计与运行具有平等的可能，家庭法中夫妻拥有独立的人格，适用同样的权利义务规定，也可平等为照顾家庭作出权利让步。若平等制度运行仍不足以弥补女性在家庭中的现实弱势地位，则需要偏向保护，特别是在身份关系消解时凸显对女性的人格保护，凸显母亲的家庭法地位，如限制男方在女方生育期间的离婚自由，在财产分割上和子女教养上照顾女方。而对于夫妻以外的家庭成员，可能因年龄、健康状况而无法自主平等地行使权利，这时则需要对未成年人、老年人、残疾人合法权益进行特别保护，对被监护人、被收养人进行利益、意愿的优先顺位保障。尤其在监护法中，最有利于被监护人原则的确立实际上就是对亲权服从状态下未成年子女权利最大化的替代表达，是对亲子平等原则的一种补齐。[1] 总而言之，平等主体与弱者保护不是处于对立紧张关系，家庭成员本质平等以民法上的平等为前提，在承认家庭成员权利能力、权利保护、法律地位平等的基础上，家庭法针对家庭成员实际生活中的可能具有的地位和权利状态悬殊作出救济性和倾斜性调整，[2] 本就是对平等制度运行的必要补充。

3. 家庭成员团结原则

在法律上，团结的一般意涵是强者对弱者的扶助，[3] 具有团体主义本位特征。比较法上，《日本民法典》第 730 条规定："直系血亲与同居的亲属，应互相扶助"；[4]《意大利宪法》第 29 条第 2 款规定："婚姻应以夫妻双方在道德上和法律上平等为基础，并应遵守法定的各种限制，以保证家庭的团结"；[5]《俄罗斯联邦家庭法典》第 1 条规定："……家庭立法的基础是加强家庭，建立互爱互敬、相互帮助、对家庭所有成员负责的家庭关系……"[6] 我国《民法典》1043 条也可以视

---

[1] 有学者认为家庭法中缺少对于亲子平等的规定，亲子之间完全没有平等依据。参见徐国栋：《父母与未成年子女关系的法哲学透视——与夫妻关系的比较》，《东方法学》2010 年第 3 期。

[2] 参见丁慧：《试论中国亲属法哲学的发展方向——兼与徐国栋教授商榷》，《法学杂志》2012 年第 7 期。

[3] 参见徐国栋：《建构我国民法的中国式团结原则——兼论我国宪法中的团结原则之建构》，《学术论坛》2023 年第 5 期。

[4]《日本民法》(2023 年版)，王爱群译，法律出版社 2023 年版，第 147 页。

[5] 姜士林、陈玮主编：《世界宪法大全》(上卷)，中国广播电视出版社 1989 年版，第 1112 页。

[6] "Семейный кодекс Российской Федерации"от 29. 12. 1995 N 223-ФЗ（ред. от 31. 07. 2023）(с изм. и доп. ，вступ. в силу с 26. 10. 2023)，https://legalacts. ru/kodeks/SK-RF/razdel-i/glava-1/statja-1/，访问日期：2024 年 6 月 13 日。

作关于家庭成员团结原则的规定。家庭法中的团结,是指家庭成员间互相扶助、相互支持以稳固家庭,在我国家庭法中主要由义务本位和优良家风建设两方面内容构成。家庭法的义务本位直接区别于民法上的权利产生逻辑,家庭法中的权利常以义务形式出现,[1]实际上也是由家庭成员因履行身份义务反射而来,且具有弱对价性特征,即义务履行不一定可换取对方等价义务,如赡养和抚养义务之间就具有非对价性。家庭法中权利义务的共同性构造优先于民法按份性构造,家庭成员在团结理念下,彼此谦让形成权利义务的协同状态,而非事事都求回报。如果说义务本位是法定的团结,优良家风与家庭文明建设就具有相当的道德延展性。虽然学界对其基本原则的定位有所争论,但从司法裁判来看,第1043条已经起到超越倡导性条款的原则性作用。[2] 第1043条为家庭成员的道德义务法定化提供了尺度,即以传统优良家风与家庭文明为标准,可补充家庭法对于部分权利义务规定的留白,如在缺少丧葬费的负担主体规定的情形下,根据传统观念和善良风俗,明确近亲属具有对逝者遗体进行妥善安置的义务;[3]突破隔代赡养的规定,明确若孙辈由老人照顾形成了事实上的抚养关系,即使直接赡养义务人仍可履行义务,孙辈也仍须对老人进行赡养。[4] 可以说,家庭法规定与优秀传统道德指明了家庭法中权利义务的"一致＋协同"关系,使家庭得以在和谐友爱的氛围中生存、发展。

五、结语

家庭法一般原则是家庭法本质观念的外化,非以民法基本原则作为来源,不应拘泥于《民法典》婚姻家庭编原则性条款的文字表述。家庭法一般原则以发展的家庭主义作为本位,与私法原则各司其职,将维护家庭稳定作为保护家庭成员个人利益的手段。在家庭法内部,各原则不处于对立或限制状态,皆为家庭整体保护之目的服务。通过构建家庭法一般原则体系,可回应婚姻家庭法回归《民法典》带来的体系化疑问,指引家庭法原则内部个人与团体本位的抉择难题。家庭整体保护的核心原则与家庭外部保障性原则体系、内部聚合性原则体系及其各自丰富内涵互相作用,形成了家庭法一般原则的向心圈层构造体系。向心圈层构造重申了家庭法之核心目的,表明了"婚姻家庭受国家保护"的目的解释要素功能以及与其他原则的制约互动关系。面对当代婚姻家庭观念的多元碰撞,我国家庭法一般原则应作出坚定回应:婚姻家庭受国家保护,家庭成员应团结维护家庭稳定。

---

[1] 参见叶英萍、李永:《民法典视域下亲属身份权之重塑》,《西南政法大学学报》2016年第1期。
[2] 笔者通过考察《民法典》颁布以来适用《民法典》第1043条的929份裁判文书得出此结论。参见丁诚:《司法裁判中的优良家风与家庭文明条款》,载谢晖、陈金钊、彭中礼主编:《民间法》(第35卷),研究出版社2024年版,第268—286页。
[3] 参见重庆市忠县人民法院(2022)渝0233民初3205号民事判决书。
[4] 参见甘肃省敦煌市人民法院(2022)甘0982民初819号民事判决书。

论单位违反性骚扰防治义务[1]

蔡立东*
张馨丹**

摘　要　《中华人民共和国民法典》(以下简称《民法典》)第1010条第2款设定单位性骚扰防治义务,强化保护单位成员性自主权,实现工作场所性骚扰治理从"政策之治"走向"规则之治"。单位性骚扰防治义务独立化带来了如何认识该义务的问题,就此形成了"安全保障义务说""合同附随义务说""一般保护义务说"的分野。鉴于单位性骚扰防治义务一方面系保护他人之法律一般性原理的场景化适用;另一方面来自强化保护单位成员性自主权的现实需求,其应被阐释为"特别保护义务"。在这一逻辑进路下,其义务违反的法律后果归于侵权责任中的一般过错责任,其中"权益"与"过错"是单位责任认定的核心标准,违法性在其中分别承担不同的结构性功能:在权益认定方面,合法权益界定了单位有责之范围;在过错认定方面,违反保护性规范确立的行为标准构成认定单位过错的重要参照。

关键词　单位性骚扰防治义务;特别保护义务;过错侵权;违法性

目　次
一、问题的提出
二、单位性骚扰防治义务性质阐释之反思
　　(一)"安全保障义务说"评析
　　(二)"合同附随义务说"评析
　　(三)"一般保护义务说"评析
三、单位性骚扰防治义务法律性质再阐释
　　(一)"特别保护义务说"的提出
　　(二)"特别保护义务说"的规范意蕴
四、单位违反性骚扰防治义务之法律后果
　　(一)单位责任的规范基础
　　(二)单位责任的范围
　　(三)单位过错的认定
五、结论

---

[1] 本文系教育部"建构中国自主法学知识体系"重大专项"中国自主法学知识体系的概念体系研究"(2023JZDZ014)的研究成果。

* 蔡立东(1969—),吉林大学教授,教育部"中国式现代化的法治轨道研究创新团队"首席专家。研究方向:民法基本理论、数据法学。

** 张馨丹(1993—),吉林大学司法文明协同创新中心博士研究生。研究方向:司法理论。

一、问题的提出

《民法典》第1010条第2款赋予单位性骚扰防治义务(以下简称单防义务),但该款构成要件不完备、法律效果不明确,无法成为独立的请求权基础。此外,由于该款并未规定法律后果,在单位未尽防治义务时是否应承担责任、承担何种责任的争议较大。[1] 目前,学界对该款的讨论主要围绕义务违反所产生的责任分歧展开。

《民法典》出台前,有观点认为单位就性骚扰行为应当依雇主责任说,承担无过错责任。[2]《民法典》第1010条第2款增设单防义务后,若仍沿袭此种观点,单位依据《民法典》第1191条规定承担责任,则《民法典》第1010条第2款可能意义全无,并就此被悬置。由此"雇主责任说"渐趋式微,单位承担自身责任的主张渐居主流。关于单位自身责任的性质,又存在"合同责任说"和"侵权责任说"的分野。

"合同责任说"认为单防义务属于保护义务,违反保护义务应承担的责任属于合同违约责任。[3] 但是国家机关与其工作人员不完全属于合同关系,作为单位的国家机关违反此类保护义务应承担的责任不能归为合同责任,其义务违反只发生侵权责任。[4] 随着讨论的增加,形成了违反单防义务的责任系侵权责任的共识。单位违反单防义务承担过错责任。[5] 在此立场下,又存在其为《民法

---

[1] 张家勇教授认为:"义务性规定要成为请求权基础,必须是一项相对性的义务规范。本款的保护对象仅为单位内部人员,不包含单位员工外的其他人……本款规定的防治义务,实际上是针对单位内部的一种管理性规范,可以将其理解为针对不特定人的保护性规范。单位违反该规定时,构成法定义务的违反,受害人可请求单位承担侵权责任,但该款本身不产生请求权。此外,本款所列举的预防、受理投诉、调查处置等措施,均不具有实际履行的可能性。就此而言,本款亦不应作为请求权基础规范。"参见法学教室《关于〈民法典〉第1010条的讨论记录》,https://mp.weixin.qq.com/s/SUV7yK8txy72DVWXkrgyZQ,访问日期:2024年10月28日。

[2] 参见杨立新、张国宏:《论构建以私权利保护为中心的性骚扰法律规制体系》,《福建师范大学学报(哲学社会科学版)》2005年第1期。田野、张宇轩:《职场性骚扰中的雇主责任——兼评〈中华人民共和国民法典〉第1010条、第1191条》,《天津大学学报(社会科学版)》2021年第4期。此外,从性骚扰行为人与被害人关系的角度也有人认为,当性骚扰行为人与受害人之间存在上下级关系,单位应当承担严格责任;当行为人与受害人不存在上下级关系,单位应当承担过错责任。参见王成:《性骚扰行为的司法及私法规制论纲》,《政治与法律》2007年第4期;卢杰锋:《职场性骚扰的用人单位责任——从〈民法典〉第1010条展开》,《妇女研究论丛》2020年第5期。

[3]《德国民法典》第241条第2款规定了雇主的照料义务,从而终结了德国学术界对违背该义务时应负违约责任或侵权责任的争议,即合同责任是保护义务的法理依据。《一般平等待遇法》第7条及第12条规定成为该条规定在劳动法反歧视领域内的具体化形态,违反《一般平等待遇法》第7条和第12条的法律后果(即该法第14条和第15条)构成了《德国民法典》第280条的具体化形态。参见赵进:《用人单位防治职场性骚扰的合同义务及违约责任——基于德国法律规定及司法经验的考察》,载刘小楠、王理万主编:《反歧视法评论》(第6辑),社会科学文献出版社2019年版,第159页。

[4] 参见刘士国:《安全关照义务论》,《法学研究》1999年第5期,第61页。

[5] 参见王利明:《民法典人格权编性骚扰规制条款的解读》,《苏州大学学报(哲学社会科学版)》2020年第4期。

典》第1165条第1款规定的一般过错责任[1]抑或《民法典》第1198条规定的违反安全保障义务的侵权责任[2]两种观点,但对于为何导向这两种责任以及二者间存在的抵牾及其成因尚待钩沉。

既有研究聚焦在责任性质及承担层面,对《民法典》第1010条第2款增设的单防义务的义务本体缺乏关切,无法回答《妇女权益保障法》等规制性规范已对性自主权进行保护,通过扩大解释单位安全保障义务也能实现对工作场所性骚扰的规制,增设该义务之规范意蕴何在。以上对违反单防义务责任性质理解的分歧源于对单防义务的法律性质界定不清晰。基于此,本文秉持义务视角,通过厘清单防义务性质,进而阐释违反单防义务的法律后果,构筑与单防义务特质相一致的单位责任认定方案。

二、单位性骚扰防治义务性质阐释之反思

解决违反单防义务责任困境的关键在于深化对单防义务性质的认知。基于对《民法典》第1010条第2款的体系解释,单防义务具有独立的法律地位。就单防义务的性质而言,目前存在三种理解,即其或为安全保障义务,或为合同附随义务,抑或为一般保护义务。

(一)"安全保障义务说"评析

目前学界不乏将单防义务与安全保障义务同等视之的观点,"安全保障义务说"认为单位违反性骚扰防治义务之责任指向以《民法典》第1198条为规范基础的侵权责任。[3]《民法典》第1010条第2款的内容具有保护性法律"订入"的属性,保护性法律为特定的社会交往规定了明确的法律义务,而违反保护性法律的侵权责任容易与其他归责事由,尤其是违反安全保障义务的侵权责任发生叠合。[4]但是,该观点存在如下需要反思之处。

首先,"安全保障义务说"具有内容上的不适当性。单防义务既包括预防和阻止义务,也包括受理投诉、调查处理等义务。义务内容比经营者、管理者或组织者所承担的安全保障义务更广。[5]《民法典》第1010条第2款首要的功能期待在于指引单位的行为,而安全保障义务的首要任务是归责,并不是规定行为义务,尤其体现为在生活场景的运用中,其行为调整功能较弱。[6]

其次,"安全保障义务说"过度扭曲安全保障义务主体及保护对象的范畴。

---

[1] 参见最高人民法院民法典贯彻实施工作领导小组编著:《中国民法典适用大全(人格权卷)》,人民法院出版社2022年版,第221页;张新宝:《单位的反性骚扰义务与相关侵权责任研究》,《中国法学》2022年第3期。

[2] 参见郑永宽:《论单位未尽防治性骚扰义务的民事责任》,《北方法学》2022年第3期。

[3] 参见郑永宽:《论单位未尽防治性骚扰义务的民事责任》,《北方法学》2022年第3期。

[4] 参见朱岩:《违反保护他人法律的过错责任》,《法学研究》2011年第2期。

[5] 参见张新宝:《单位的反性骚扰义务与相关侵权责任研究》,《中国法学》2022年第3期。

[6] 参见朱岩:《侵权责任法通论·总论》,法律出版社2011年版,第335页。

安全保障义务的主体通常限于经营场所、公共场所的经营者和群众性活动的组织者,将单位解释为安全保障义务的主体过度扩大了该义务的范围。[1]此外,安全保障义务强调对不特定社会公众的保护,单防义务则强调保护单位成员。[2]安全保障义务的成立需根据具体情境判断,尚未形成统一判断标准,[3]其常因义务主体和保护对象的不确定性而受质疑,若将单防义务理解为安全保障义务,会加剧这种不确定性,引发责任认定过度依赖个案裁量的实践效果。

(二)"合同附随义务说"评析

"合同附随义务说"将劳动关系理解为一种特别的债之关系,据此,单防义务被归为合同附随义务。[4]合同附随义务的界定主要围绕其与主、从给付义务以及保护义务的关系展开。有观点认为,合同附随义务是主、从给付义务以外的合同义务,合同附随义务又分为以促进给付利益实现为目的的忠实义务和以避免当事人人身和财产遭受损失为目的的保护义务;[5]还有观点将合同附随义务与从给付义务等同视之;[6]也有观点认为合同附随义务即保护义务,并认为合同附随义务的范围仅限于保护当事人人身和财产免受损失,而促进给付利益实现则属于从给付义务之功能范畴;[7]再有观点认为,最典型的合同附随义务即保护义务,除此之外还包括通知、保密以及竞业禁止义务。[8]单防义务仅在保护单位成员固有利益不受侵害的这一面向上,与合同附随义务具有契合性。

尽管在探讨合同附随义务的内涵时存在多元视角,但附随义务立基于诚实信用原则,"合同附随义务说"尚未切中《民法典》新增单防义务之功能。单防义务强调单位保护其成员的性别权益,此权益之保护产生自单位成员对单位的信赖。[9]相较之下,诚实信用具有较强抽象性,而对信赖的保护更关注如何提供具体的救济。[10]具体来说,诚实信用的判断一般具有道德性特征,而判断是否给予信赖保护以是否存在信赖基础、信赖行为、值得保护的信赖和信赖利益为具体标准。[11]

---

[1] 参见汪倪杰:《论先行行为与安全保障义务的关系》,《法学》2022年第9期。
[2] 参见王利明:《民法典人格权编性骚扰规制条款的解读》,《苏州大学学报(哲学社会科学版)》2020年第4期。
[3] 参见张家勇:《合同法与侵权法中间领域调整模式研究》,北京大学出版社2016年版,第217页。
[4] 参见赵进:《用人单位防治职场性骚扰的合同义务及违约责任——基于德国法律规定及司法经验的考察》,载刘小楠、王理万主编:《反歧视法评论》(第6辑),社会科学文献出版社2019年版,第159页。
[5] 参见王泽鉴:《民法学说与判例研究》(第4册)(修订版),中国政法大学出版社2004年版,第80—87页;林诚二:《民法债编总论》(下),瑞兴书局2001年版,第91—95页。
[6] 参见侯国跃:《契约附随义务研究》,法律出版社2007年版,第5页。
[7] 参见陈自强:《民法讲义Ⅱ:契约之内容与消灭》,法律出版社2004年版,第77页。
[8] 参见侯国跃:《契约附随义务研究》,法律出版社2007年版,第3页。
[9] Claus-Wilhelm Canaris, Ansprüche wegen "positiver Vertragsverletzung" und "Schutzwirkung für Dritte" beinichtigen Vertrgen, JZ 1965, 475, 479.
[10] 参见丁南:《民法上的信赖保护与诚实信用关系辨》,《法学杂志》2013年第7期。
[11] 参见余凌云:《诚信政府理论的本土化构建——诚实信用、信赖保护与合法预期的引入和发展》,《清华法学》2022年第4期。

此外,"合同附随义务说"面临以下困难:其一,合同附随义务无法产生强制履行和单独提起履行请求的法律效果。[1]若将单防义务归结于合同附随义务,易导致性自主权司法保护无法落实,进而导致对单位成员权益保护的不力;其二,合同附随义务的范围与合同之约定具有紧密关联,同类"单位—成员"间的关系可能因合同约定内容的差异而引发保护效果差距,[2]并可能导致对当事人性别权益保护不足的效果;其三,不同单位与其成员间存在不同法律关系,"合同附随义务说"可能会为未签订劳动合同的单位逃避义务履行提供可乘之机。[3]

(三)"一般保护义务说"评析

保护义务旨在维护人格尊严,其产生使合同法分享侵权法对当事人人身、财产等固有利益(或完整利益)的保护功能。[4]在给付义务与保护义务相区分的现代债法学二分原则前提下,《德国民法典》第241条第2款引入保护义务(为了区分本文使用的另一核心概念"特别保护义务",以下对"保护义务"均称"一般保护义务"),规定违反该义务将引起第280条第1款所规定的损害赔偿责任。[5]"一般保护义务说"认为,劳动关系本质上是一种特殊的契约关系,其中蕴含了单位对其成员的多重责任,这些责任超越了单纯的劳动交换,还包括了对成员固有利益之保护。鉴于性骚扰行为直接侵犯了单位成员的性自主权,属于固有利益之范畴,故保护单位成员免受性骚扰侵害的义务,属于单位的一般保护义务。[6]一般保护义务之目的在于防止当事人的人身与财产因合同的订立或者履行而遭受侵害,其核心作用在于维护特定法律关系中相对弱势一方的利益,进而保护其人格的完整性。然而,一般保护义务并非一个内涵明确且外延清晰的概念,无法精准界定具体义务的性质,难以成为厘定具体义务性质的恰当工具。若全然运用一般保护义务理论来阐释《民法典》所确立的单防义务性质,无法有效推进对单防义务性质的清晰阐释,亦难以解决与之相关的具体归责问题:

---

[1] 参见张家勇:《合同法与侵权法中间领域调整模式研究》,北京大学出版社2016年版,第199页。
[2] 即使是对同一份劳动合同来说,因劳动合同具有持续性与变动性的特点,其在履行过程中会存在不确定因素的介入,使合同最初的合意并不能涵摄劳动全部的过程。参见吴文芳、韦祎:《论劳动合同中的附随义务——兼评〈中华人民共和国劳动合同法(草案)〉的相关条款》,《法商研究》2006年第4期,第129—134页。需要补充的是,相比德、法等国家的劳动立法和司法实践中的劳动合同可以适用债法的一般规则,我国目前劳动法与民事法律的关系模式是立法领域的二元割裂与司法领域的合而为一。合同法与社会法的双重属性使合同附随义务理论在劳动关系中具有适用的空间,导致了劳动合同附随义务向合同理论借用的实践动向,但是这种借用现象使单位防治性骚扰义务在实践中表现出一定的不适应性,需予以重视。
[3] 参见谢鸿飞:《违反安保义务侵权补充责任的理论冲突与立法选择》,《法学》2019年第2期。
[4] 参见[德]克雷斯蒂安·冯·巴尔:《欧洲比较侵权行为法》(上卷),张新宝译,法律出版社2002年版。
[5] 参见迟颖:《我国合同法上附随义务之正本清源——以德国法上的保护义务为参照》,《政治与法律》2011年第7期。
[6] 参见赵进:《用人单位防治职场性骚扰的合同义务及违约责任——基于德国法律规定及司法经验的考察》,载刘小楠、王理万主编:《反歧视法评论》(第6辑),社会科学文献出版社2019年版,第157—158页。

一方面，违反一般保护义务的法律责任在不同法律体系间存在差异。关于违反一般保护义务的法律责任性质的争议，即该责任应被视为合同责任、侵权责任，还是一种介于二者之间的特定法定责任之争根植于保护义务的法理基础之中。这一议题长期以来在德国学术界备受瞩目，并引发广泛的讨论与争议，在我国同样存在着显著的分歧。[1] 有观点认为，就违反单防义务的责任而言，违约责任模式相较于侵权责任模式更为直接地为雇员的损害赔偿之诉提供了法律依据，并可以将雇员的解除合同权纳入违约后果中；[2] 也有观点认为，我国不应照搬德国合同法中的保护义务制度，应结合我国法的具体情况，原则上将对受害人固有利益受到损害的赔偿救济交由侵权责任法处理；[3] 还有观点认为，一般保护义务不应当被绝对化地界定为合同义务或侵权法中的注意义务。[4] 由此可见，依据一般保护义务来解释单防义务，首先需要着力解决一般保护义务的性质及其引发的责任性质分歧所带来的一系列问题。

另一方面，一般保护义务概念涵摄范围较广，直接以其解释单防义务不够聚焦。适用一般保护义务依赖法官运用诚实信用原则进行裁量，由此产生的不确定性会使当事人对判决缺乏合理预期，也会对司法的权威产生影响。[5] 一般保护义务的存在及其具体内涵往往需依托个案中的行为判定。具体而言，债务关系双方互动的紧密程度、一方对另一方的信赖深度，以及行为本身所蕴含的风险等级，共同构成了衡量一般保护义务存在可能性的关键标尺。概言之，随互动加深、信任增强及风险攀升，一般保护义务的存在愈发显得必要且迫切。[6]

三、单位性骚扰防治义务法律性质再阐释

回答单防义务的性质之问，实则是挖掘工作场所性骚扰防治的"事物本质"，聚焦于达成单防义务所承载的强化保护目标阐释该义务及义务体系归属，并为接续的责任配置提供前提。为了使单防义务性质的界定在实践中具备妥适性，同时确保法律适用的精确性与连贯性，有必要将单防义务明确界定为"特别保护义务"。此举不仅能够有效地切合《民法典》确立单防义务的问题意识，填补既有保护义务应对此类问题上的不足，又能实现与相似义务明确区分的效果。

---

[1] 参见迟颖：《我国合同法上附随义务之正本清源——以德国法上的保护义务为参照》，《政治与法律》2011年第7期。

[2] 参见赵进：《用人单位防治职场性骚扰的合同义务及违约责任——基于德国法律规定及司法经验的考察》，载刘小楠、王理万主编：《反歧视法评论》（第6辑），社会科学文献出版社2019年版，第155页。

[3] 参见王文胜：《论合同法和侵权法在固有利益保护上的分工与协作》，《中国法学》2015年第4期，第206页。See Basil S. Markesinis, *Foreign law and Comparative Methodology: A Subject and A Thesis*, Hart Publishing, 1997, p.268.

[4] 参见张家勇：《合同保护义务的体系定位》，《环球法律评论》2012年第6期。

[5] 参见叶榅平：《合同中的保护义务研究》，法律出版社2010年版，第1页。

[6] 参见迟颖：《我国合同法上附随义务之正本清源——以德国法上的保护义务为参照》，《政治与法律》2011年第7期。

（一）"特别保护义务说"的提出

将单防义务阐释为特别保护义务，旨在明晰性骚扰私法规制路径的制度逻辑，强调对单位成员性自主权提供更强化保护的同时，为单位履行义务提供独立标准，并为义务违反时的责任评判提供基点。通常而言，成立保护义务需要满足三方面条件：一是立基于合同产生特别结合关系；二是当事人之间产生特别信赖；三是具有特别保护之必要性。[1] 较之一般的保护义务，特别保护义务的特别之处在于以下几个方面。

其一，特别保护义务产生自如职权、职务及从属等持续性控制关系而非以合同关系为必要基础。一般保护义务脱胎于德国民法"大合同、小侵权"的格局，[2] 德国法将保护义务规定于合同义务项下，成立一般保护义务的前提条件是双方存在基于合同的特别结合关系，我国民法并未采取此种模式。将一般保护义务的法理基础归结为合同关系，也尚未形成高度共识，有观点认为一般保护义务带来了合同责任不断扩张的不利效果，导致侵权责任的实质内容被掏空，进而主张应将一般保护义务视为一种侵权法中注意义务的表现形式，并应当按照侵权法进行调整。[3]

不论是从我国法律体系的角度，还是从一般保护义务本身的角度，保护义务概念均具有突破合同关系的品性。[4] 我国侵权责任法确立了一般侵权责任条款，在这种情况下，无须像德国法那样采取扩张契约责任涵括一般保护义务的处理模式。我国可以直接依据侵权责任来认定违反特别保护义务的责任，具备通过特别保护义务的概念来阐释和界定单防义务的法理基础。

特别保护义务明确不以合同关系为要件，其赖以为基的特别结合关系并非完全来源于合同关系，因此无须将合同责任作为违反特别保护义务的责任类型。人格权编在《民法典》中单独成编化解了特别保护义务的体系难题，单防义务作为一种独立义务被设定于人格权编，为其作为特别保护义务突破合同关系提供了制度支持，违反特别保护义务之责任应归入侵权责任。

其二，特别保护义务产生自特定专属关系的具体信赖。特别结合关系产生自职权、职务及从属等持续性控制关系，而基于合同的一般信赖，以维护合同完整利益为目的，不限于固有的生命、身体、健康、所有权等，也包括部分纯粹经济利益或者精神利益。相较之下，特别保护义务保护之具体信赖主要聚焦在人格

---

[1] 参见叶榅平：《民法中的保护义务——以其具体适用为中心》，《法律科学（西北政法大学学报）》2008年第6期。

[2] 参见叶名怡：《论违法与过错认定——以德美两国法的比较为基础》，《环球法律评论》2009年第5期。

[3] 参见叶榅平：《合同中的保护义务研究》，法律出版社2010年版，第1—14页；李永军：《合同法》，法律出版社2005年版，第684页。

[4] 自保护义务起源追溯，卡纳里斯（Canaris）开创性地揭示了侵权责任与合同责任之间的一个全新视角的"第三条道路"。该理论打破了传统二元框架，指出在既定的法律框架外，还存在着一种基于交易接触而确立的具体注意义务，即保护义务。参见［奥］H.考茨欧主编：《侵权法的统一：违法性》，张家勇译，法律出版社2009年，第32页。

权益范畴。此种信赖及由此产生的合法权益不由合同的内容和强度决定,而是基于关系的基础、信赖行为、值得保护的信赖和信赖利益等标准决定。

《民法典》紧密贴合人格权编的核心意旨,就性骚扰问题单独设规,是其显著亮点之一。[1] 新设定的单防义务,其核心目的在于通过单位实现单位成员性自主权的强化保障。为了实现提供特别保护的规范意旨,单防义务保护之信赖为对人格尊严保护维持之信赖,[2] 这体现了该义务相较于一般保护义务,在维护具体信赖方面的独特性与差异性。

其三,特别保护的必要性来自规制性规范之要求。作为体系整合集成者的《民法典》吸纳了部分原属规制性规范的内容,来自公法上的义务可以通过保护性法律引致功能,构成民事侵权责任法中的行为义务标准,进而发生侵权责任法上的功能。[3]

通过采取"公法向私法订入"[4]的义务实现方式,《民法典》第1010条第2款涵盖了预防、受理投诉、调查处置等针对单位的作为义务,并通过申明行为内容,表明单防义务属于手段性义务而非结果性义务。[5] 该条款内容较为抽象,既不利于单位构建有效合规体系,也难以为法院裁断相关纠纷提供具有可操作性的认定标准。相比之下,将更为具体、细化的规制性规范引入私法义务,兼具确定性与灵活性,能够在为裁判提供行为标准指引的同时,有效避免个案裁判的恣意性。

(二)"特别保护义务说"的规范意蕴

首先,明确单防义务的构成。针对工作场所性骚扰的具体场景,单位所承担的特别保护义务可以概括为以下三个核心要素。

一是单位对其成员具有持续性控制关系。单位与成员之间的身份地位不对等是客观存在的,这种不平等性不仅体现在决策权的分配、资源的获取与利用上,还深刻影响着双方的互动模式及权益保障。此种不平等关系必然会滋生出一些难以回避的矛盾与冲突,如权益受损、信任缺失等。为了有效缓解此类由单位和成员之间不平等关系所诱发的矛盾,迫切需要从制度设计的角度着手进行妥善调和,通过合理的制度安排来平衡双方的关系,保障成员权益。根据《民法

---

[1] 参见最高人民法院民法典贯彻实施工作领导小组编著:《中国民法典适用大全》(人格权卷),人民法院出版社2022年版,第214页。

[2] 参见最高人民法院民法典贯彻实施工作领导小组主编:《中华人民共和国民法典人格权编理解与适用》,人民法院出版社2020年版,第177页。

[3] 参见朱岩:《侵权责任法通论·总论》(上册·责任成立法),法律出版社2011年版,第336页。

[4] "法典应像一部真正的法典一样,把散布于外,越来越芜杂的特别民法都搜集进来"。参见苏永钦:《私法自治中的国家强制》,中国法制出版社2005年版,第87页。

[5] "手段性义务是相对于结果性义务而言的……若结果没有实现则表明债务人在合同履行中有过错,对于由此造成的损害即须承担赔偿责任,与之相对,如果尽到必要的谨慎和注意则不应对出现的损害后果负责"。参见叶榅平:《民法中的保护义务——以其具体适用为中心》,《法律科学(西北政法大学学报)》2008年第6期。

典》第 1010 条第 2 款,单位应预防和制止成员间利用职权、从属关系等实施性骚扰,这意在防范工作场所中基于职权、从属关系产生的"性控制"。基于这种控制,若单位成员遭受"不受欢迎"(unwelcome)[1]的性行为,则构成单位的责任基础。

二是单防义务中的信赖具有特定内涵,特指保障单位成员在工作场所内性自由方面的信赖,此信赖基础产生自工作场所中的"单位—成员"关系,单位成员因信赖单位保障其工作环境安全而提供劳动等行为。[2] 具体而言,单位成员仅对在工作场所中发生的、违背其个人意愿的性行为产生保护期待,并非所有在工作场所发生的性行为都能被纳入单位的保护范畴。被性骚扰者的主观意愿是区分一般性行为与性骚扰的关键所在。[3] 单位保护信赖的具象化及信赖利益的载体是性自主权,这一权利与我国性骚扰规制法律制度所追求的首要价值是保护人格尊严高度契合。[4] 依托特别保护义务概念,通过解释具体信赖从而影响单位是否违反单防义务的判断,进而实现对单位成员性自主权的保护,弥补了《民法典》未明确规定性自主权的遗憾。[5]

三是对单位成员进行保护来自规制性规范(准确地说属于保护性规范)[6]的要求。我国工作场所性骚扰立法具有"多级分工、经验导向、话语嵌入等特点"。[7]《民法典》在内容上沿用了相关规制性规范的主要内容,[8]《妇女权益保障法》、[9]《中华人民共和国教育法》、[10]《中华人民共和国女职工劳动保护特别规定》[11]等规制性规范也包含了诸多性骚扰规制内容,共同构成了性骚扰的规制

---

[1] 美国法院解释了"不受欢迎"和"同意"的区别。也即,尽管原告和其上司发生性关系时是同意的,但并不表明原告"欢迎"上司的行为。因为当其上司以解雇和降职威胁原告与其发生性关系时,原告尽管表面上未曾抗拒,但内心对此并不欢迎。之后,美国法院对系争行为是否受欢迎采取了综合全面的审查,并发展出了以下考量标准:通常而言,被骚扰人明确表达拒绝并非构成"不受欢迎"的充分条件。只要被骚扰人不配合骚扰人的行为,如推开骚扰人、起身离开、转移话题等都可证明其"不欢迎"的态度。除非系争行为由被骚扰人主动发起,如主动与对方调情或询问对方性经历、经常开色情玩笑等。See Chamberlin v. 101 Realty Inc.
[2] 参见叶金强:《信赖原理的私法结构》,北京大学出版社 2014 年版,第 108 页。
[3] 参见郭卫华:《论性自主权的界定及其私法保护》,《法商研究》2005 年第 1 期。
[4] 参见杨立新:《民法典分则各编的核心价值是维护人的尊严》,《福建论坛(人文社会科学版)》2019 年第 5 期。
[5] "我国正在制定民法典分则,其人格权编应明确增设'性自主权',以克服我国现行立法对于性利益保护模糊、矛盾和不足的缺陷,而且不宜通过一般人格权概括地或通过其他人格权迂回地来进行保护"。参见齐云:《〈人格权编〉应增设性自主权》,《暨南学报(哲学社会科学版)》2020 年第 1 期。
[6] 保护性规范旨在保护个人或特定群体的权益,其违反通常与对特定人的义务相关,可以减轻受害人在过错判定中的举证责任。非保护性规范主要关注公共利益或一般行为规范,其违反并不直接针对特定个人的保护,因此在过错判定中一般不能减轻受害人的举证责任。参见朱虎:《规制法与侵权法》,中国人民大学出版社 2018 年版,第 201—203 页。
[7] 王理万:《性骚扰立法的中国经验与前景展望》,《妇女研究论丛》2022 第 5 期。
[8] 经过 20 世纪 80 年代末期的性骚扰立法动议,以及地方立法实验、人大代表提出议案、社团团体推动、司法实践积累、国际上的重视,最终在 2005 年将"不得对女性进行性骚扰"写入《妇女权益保障法》。参见王理万:《性骚扰立法的中国经验与前景展望》,《妇女研究论丛》2022 年第 5 期。
[9] 《妇女权益保障法》第 23 条、第 25 条。
[10] 《中华人民共和国教育法》第 30 条。
[11] 《中华人民共和国女职工劳动保护特别规定》第 11 条。

性规范体系。《民法典》第 1010 条标志着私法体系完成了性骚扰自有规范系统的构建,以该条第 2 款为载体,立法将单防义务构造成纯粹私法上之义务,[1]并在义务内容上将相关规制性规范的细化内容引入单防义务的行为义务标准,为单位实行防治行为、认定单位责任提供参照。

其次,具有体系效应。《民法典》第 8 条关于"民事活动不得违反法律、不得违背公序良俗"的规定,为违反保护他人的法律构成侵权奠定了法律基础。部分新增规则表明了法律体系中融合合同与侵权双重属性的保护机制之发展趋势,而既有法律制度无法为其提供妥善的解释方案。鉴于传统合同法的约定义务与侵权法的安全保障义务在保护个体权益方面的局限性,特别保护义务的提出极为必要。

特别保护义务的目的在于构建更为强化且专门化的保护机制,以有效应对复杂多变的权益侵害风险,从而提升对个体权益的保障水平。《民法典》中设立了专门的单防义务条款,明确了此类义务在保护个体人格权益方面的独立法律地位,传递出法律体系对现代社会新型权益保护挑战所作出的积极回应与制度创新。基于特别保护义务的构成要素,当一方处于另一方的持续性控制关系之下,若弱势方对控制方形成了具体且合理的信赖,并且该弱势方的固有权利保护同时受到规制性规范及《民法典》所规定义务的双重支持时,可将《民法典》中的相关义务视为特别保护义务,并据此进行责任的判定与归责。

四、单位违反性骚扰防治义务之法律后果

在以"义务违反"为核心构建的法律责任体系下,针对违反特别保护义务的法律后果构建,[2]需解决两个方面的问题。首先,明确界定违反单防义务所应承担责任的规范基础,这是构建责任体系的前提与基石。其次,确立这一规范基础后,需详细阐述责任认定与证明的具体操作方式,以确保责任承担的公正性和准确性。"特别保护义务说"为违反单防义务的法律后果奠定了理论基础,架构起责任认定的前提条件,同时关联起责任核心要件之认定方式。认定责任时,将特别保护义务的要件分别置入权益与过错要件中,[3]确保责任认定能够充分反映单防义务作为特别保护义务的本质特征,以达成《民法典》单独规定单防义务的立法目的。

(一)单位责任的规范基础

完成单防义务特别保护义务性质的论证后,本文开始提出的既有责任立场分歧肇因于义务性质不清的根源性问题就得到了回应。《民法典》第 1010 条第

---

[1] 参见张铁薇:《侵权责任法与社会法关系研究》,《中国法学》2011 年第 2 期。
[2] 参见迟颖:《我国合同法上附随义务之正本清源——以德国法上的保护义务为参照》,《政治与法律》2011 年第 7 期。
[3] 侵权责任的判断取决于对权益要素和行为要素的适当评价。参见张家勇:《权益保护与规范指引》,《四川大学学报(哲学社会科学版)》2017 年第 1 期。

2款赋予之独立义务地位及其作为特别保护义务的本质,决定了违反义务的责任为《民法典》第1165条规定的一般过错责任,此为单位自身责任,而非《民法典》第1191条规定的用人单位替代责任,亦非《民法典》第1198条规定的违反安全保障义务之责任。在该款责任规范下,结合特别保护义务之要件构成,产生于特别保护关系的信赖决定了保护权益之范围;自公法"订入"之特别保护必要性则决定了判断过错应参照保护性规范规定的行为标准。

首先,《民法典》第1165条第1款在逻辑上严格遵循了要件与效果之构成,为违反特别保护义务的认定提供了规则指导,同时,此规则还容纳一定的弹性空间,以适应复杂多样的实际情况。[1] 基于该款对违反作为特别保护义务的单防义务进行评价,在效果上实现《民法典》第1010条第2款在义务端与《民法典》第1165条第1款在责任端的规则连结与逻辑一致。[2]

其次,《民法典》第1165条第1款作为违反单防义务责任的规范基础,可以产生权益保护与责任控制的双重效果[3]。由于该款兼具行为规则功能和裁判规则功能,[4]一方面有利于明确单位在防治性骚扰方面的行为义务,推动单位积极实施相关行为,进而实现强化单位成员性权益保护的效果;另一方面,单位可以通过证明其履行防治行为有力来降低其存在过错之可能。

最后,在《民法典》第1165条第1款中,违法性成为违反单防义务责任认定的关键。违法性在有责性判断中具有优先性,[5]这是因为,不仅责任成立需要借助违法性界定损害是否具有可赔偿性,并且过错和因果关系要件也常被汇入违法性要件用以判断责任的成立与否。[6]结合特别保护义务性征,违法性在《民法典》第1165条第1款基础框架[7]中发挥不同的结构性功能。一方面,我国侵权法忽视权利的惯性导致"身体或者财物的物理性侵害之外的案件"面临权益保护困境,[8]违法性之功能便在于判断是否因成立特别保护关系而产生信赖,进而界定及区别受保护的权益[9];另一方面,从违法性与过错关系角度来看,行为违反保护性规范构成认定单位过错的外在参照。

单位责任问题的核心要点故此转变为对违法性在各构成要件中所扮演角色

---

[1] 参见叶金强:《〈民法典〉第1165条第1款的展开路径》,《法学》2020年第9期。
[2] 参见张新宝:《单位的反性骚扰义务与相关侵权责任研究》,《中国法学》2022年第3期。
[3] 这种因义务的加强而需对责任进行控制的平衡并非想象,美国的侵权法曾出现权利保护的范围扩大和严格责任的适用扩张带来的"侵权诉讼的爆炸",进而引发了"侵权法危机",这种"示警"引发了广泛的讨论,并出现了向过错责任的回归。参见张铁薇:《侵权责任法与社会法关系研究》,《中国法学》2011年第2期。
[4] 参见中国审判理论研究会民事审判理论专业委员会编著:《民法典侵权责任编条文理解与司法适用》,法律出版社2020年版,第11页。
[5] 参见陈聪富:《侵权违法性与损害赔偿》,北京大学出版社2012年版,第33页。
[6] 参见叶金强:《〈民法典〉第1165条第1款的展开路径》,《法学》2020年第9期。
[7] 参见叶金强:《〈民法典〉第1165条第1款的展开路径》,《法学》2020年第9期。
[8] 参见龙俊:《权益侵害之要件化》,《法学研究》2010年第4期。
[9] 王泽鉴特别指出,法学理论之所以创设违法性概念,其主要功能就在于界定及区分受保护的权益。方新军:《权益区分保护和违法性要件》,《南大法学》2021年第2期。

及其功能发挥情况的探究。确立违反单防义务责任的一般性标准,应当结合其提供特别保护的目的和单位行为认定机制的功能来探讨。[1] 就责任构成而言,违法性在权益与过错要件中分别指向不同的评价重点,在权益要件方面,通过违法性引入存在合理信赖这一要素,以此界定受到侵犯的是否为合法权益;在过错要件方面,借助违法性引入行为标准,进而形成过错的客观性标准。

(二)单位责任的范围

法益保护与行为自由之间的紧张关系是侵权法秩序的基本问题,[2]法律不会苛求单位对一切性骚扰引起的权利及利益侵害承担责任。损害赔偿的前提是对合法权益之侵害,其成立应在考虑被害人被侵害权益的种类以及加害人不法行为的严重程度的基础上综合判断。[3]

受单防义务保护的合法权益表现为性自主权,性自主权在责任判断中发挥着两方面功能。其一,性自主权成立与否的法益判断控制着单位责任的范围,将"不合法"法益拒之门外以避免单位责任无限扩大,谨防单位因对性别过度关注导致其禁止相对无害的性别相关行为,甚至造成性别歧视;其二,应受单防义务保护的合法权益借助性自主权进入责任保护范围。概言之,以性自主权成立的法律判断替代单位与成员间是否具有特别保护关系的事实判断,将现实中的各种情形纳入统一的权利语境进行衡量。

首先,以权益判断控制单位责任范围。通过违法性要件实现权益区别保护是通常做法。[4] 单位责任的负担以性骚扰行为人构成性骚扰为前提,但其造成损害并非单位全然有责之范围。[5] 工作场所性骚扰可能侵犯的法益范围具有广泛性,获得损害赔偿救济的损害必须具有内在不法性。[6] 就此而言,单位对被性骚扰人承担责任必须确定地触及法律保护的合法权益。[7]

其次,受单防义务保护的法益得以借助性自主权完成"有名化",从而进入单防义务的保护范围。合法权益的界定,关键在于判断"单位—成员"之间是否建立了特别保护关系,从而产生了合理的信赖基础。对于有保护必要性的具体信赖,其核心应聚焦于确保单位成员的性自主权得到充分保障,即自主表达性意

---

[1] 参见叶榅平:《民法中的保护义务》,《法律科学(西北政法大学学报)》2008年第6期。

[2] Vgl. Larenz, Canaris, Lehrbuch des Schuldrechts Band II: Besoner Teil, 2. Halbband, 13. Aufl., Verlag C. H. Beck,München 1994,S. 350. 转引自叶金强《〈民法典〉第1165条第1款的展开路径》,《法学》2020年第9期。

[3] 参见陈聪富:《侵权违法性与损害赔偿》,北京大学出版社2012年版,第74页。"违法性要件具有过错要件无法替代的功能,因为它可以从受害人的角度,考虑其遭受的损害是否在法律的保护范围之内。"参见方新军:《权益区分保护和违法性要件》,《南大法学》2021年第2期。

[4] 参见龙俊:《权益侵害之要件化》,《法学研究》2010年第4期。

[5] 特别保护义务性质决定了单位责任具有以性骚扰行为人之损害为前提的特质,单防义务独立性之地位决定了单位的责任范围应当进行单独认定。

[6] 参见薛军:《损害的概念与中国侵权责任制度的体系化建构》,《广东社会科学》2011年第1期。

[7] 参见[法]雷米·卡布里亚克:《论侵权法上的损害》,王鲲译,《法律适用》2008年第8期。

愿、决定是否为性行为,实现性欲望而不受他人强迫和干涉的权利。[1] 提供成立性自主权受侵害的判断规则,即可实现责任认定中的"权益"判断。性自主权在本质上属于性法益处分权,[2] 这意味着单位责任应当与被性骚扰人受侵害之法益以及被性骚扰人的主观感受适配,考察主、客观层面的要素构成及其相互关系,完成权益判断在责任判断中的嵌合。此主、客观标准能够回应性自主权特征,并适宜以动态体系实现责任确定。

其一,对被性骚扰人感知的判断构成主观层面。《消除工作场所性骚扰制度(参考文本)》第 2 条[3] 明确了以被性骚扰人的主观感受作为判断标准,性自主权是否被剥夺取决于被性骚扰人主观真实意愿的背离程度。对被性骚扰人而言,存在着敏感性与脆弱程度上的分别,[4] 甚至会因地域、文化、伦理的不同[5]而对同一行为得出截然相反的结论。被性骚扰人的主观感受通过直接影响性自主权的内容和范围继而影响单位责任的认定。

其二,对骚扰行为侵犯法益的判断构成客观层面。因承继人格权法定性与开放性之特征,性自主权被认为是复合型人格权,[6] 既包括具体人格权、一般性人格权也包括具有高度人格吸附性的工作利益。越是保持或完善人格所必需的固有利益越需要被管理,因而对物质性人格权进行公共管理的必要性高于精神性人格权。[7] 为了证明某种利益是法律上应该得到保护的利益,需要更强的主、客观要件间的协动实现补强。对相关权利、利益是否构成性自主权的侵犯,须充分考虑法典内在体系,即民法基本原则填补法律漏洞的功能,以及在价值判断上增强裁判说理的功能。[8]

依《民法典》第 1165 条第 1 款对单位归责,会产生单位与性骚扰行为人二者间责任承担关系的问题。由于侵权责任提供之救济在于填平损害,被性骚扰人

---

[1] 参见杨立新:《民法典人格权编草案逻辑结构的特点与问题》,《东方法学》2019 年第 2 期;郭卫华:《论性自主权的界定及其私法保护》,《法商研究》2005 年第 1 期。
[2] 参见李波:《性自主权的解构与猥亵概念的重构》,《中国刑事法杂志》2022 年第 6 期。
[3] 2023 年 3 月中华全国总工会女职工部、中国劳动和社会保障科学研究院联合研究出台了《消除工作场所性骚扰制度(参考文本)》,其第 2 条规定:"本制度所称的性骚扰是指,违反他人意愿,以语言、表情、动作、文字、图像、视频、语音、链接或其他任何方式使他人产生与性有关联想的不适感的行为,无论行为实施者是否具有骚扰或其他任何不当目的或意图"。
[4] 在 Meritor Savings Bank v. Vinson 案中,法官基于受害人因为害怕失去工作而被迫同意并与主管发生了性关系而判定受害人是自愿的,从而认为主管的性要求不构成性骚扰。但该案在随后上诉到联邦最高法院后被纠正,并成为美国历史上最有代表性的性骚扰案例之一。
[5] 对哪些行为是骚扰性的,取决于不同的文化,基于不同的道德、价值观和规范。See Vicki Schultz, The Sanitized Workplace, *Yale Law Journal*, Vol. 112:2061. p. 2165(2003).
[6] 参见卢杰锋:《职场性骚扰的用人单位责任——从〈民法典〉第 1010 条展开》,《妇女研究论丛》2020 年第 5 期,第 89 页。此外,《德国民法典》第 241 条第 2 款不仅保护权利和法益,而且保护一般性的利益,包括纯粹财产利益。
[7] 参见张平华:《人格权的利益结构与人格权法定》,《中国法学》2013 年第 2 期,第 48 页。此外,从规范的角度来看,《民法典》第 1005 条规定了负有法定救助义务的组织或个人对于物质性人格权侵害时的法定救助义务,证明在对物质性人格权的保护上要求更高。
[8] 参见方新军:《侵权责任利益保护的解释论》,法律出版社 2021 年版,第 160—164 页。

不应当从其所获的财产性损失赔偿中获益。因此,性骚扰行为人与单位所承担的财产性损失赔偿之总额应当以被性骚扰人所受损失为限,此时单位承担补足责任的责任范围应当是性骚扰行为人承担责任后的补充部分。除此之外,秉持单位责任独立化立场,对于非财产性损失以及精神损害赔偿,单位与性骚扰行为人之间承担的责任互不影响,分别单独认定并独立承担责任。

(三)单位过错的认定

构建单位过错认定框架,探索其实践应用路径,需首先回答何谓单位过错,明确单位过错之构成,在此基础上选择单位过错的证明路径,并在单防义务场域下构筑相应规则。

首先,单位过错之构成。单位过错源自其未能有效履行性骚扰防治的法定义务,具体表现在两个方面:一是单位行为违法性,为客观层面的直接体现;二是单位应具备的合理预见可能性,为主观层面的核心要素。[1] 其中,单位行为违法性与过错要件充足是约等关系,[2] 明确此关系界限,对于准确判断单位过错具有重要意义。一方面,保护性规范的违反可以使过错证明标准降低,减小单位成员获得救济的难度。[3] 另一方面,单位行为违法性虽为过错判断的重要考量因素,但不足以构成单位过错的充分条件,过错的判定还需结合主观层面考量,需重点关注主观层面的认定规则。

从特别保护义务性质来看,单位成员受单位保护之特别信赖具有有限性,表明单位责任应兼顾保护他人与自我承担能力间的平衡。基于合理人(reasonable person)标准[4],单位过错的主观层面应同时关注以下三个逻辑上相互关联的条件:一是单位规模的差异应成为决定其应采取何种程度及何种类型防治行为的决定性因素,通过确保防治措施的针对性和有效性,针对不同规模和性质的单位设定适当的要求,可以更加精准地落实单位的防治责任;二是单位应具备获取性骚扰事件发生信息的可能性,此类信息获取通常源于被性骚扰的单位成员向单位或其内部成员的告知;三是单位仅对"不受欢迎"型的性骚扰行为承担法律责任,强调只有当性骚扰行为明确违背单位成员主观意愿时,单位才需承担相应的

---

[1] "过错归责又可分为主观归责和客观归责。主观归责是指作为单个行为人必须就其个人行为及行为后果承担责任,包括故意和可责难的过失。此种主观归责必须考虑作为个体的行为人自身的身体、智识和情感能力。而客观归责是指依据抽象的行为标准,就具体行为人的行为,认定后果是否应当由行为人承担。二者之间最重要的差别在于作为归责的行为人原型,前者是具体的行为人,后者是抽象的人。可见,只有在主观归责的情况下,才存在真正意义上的道德可谴责性。"参见周友军:《德国民法上的违法性理论研究》,《现代法学》2007年第1期。

[2] 在保护规范的违反与过错要件的充足之间画的是约等号(≈)而不是等号(=)。参见解亘:《论管制规范在侵权行为法上的意义》,《中国法学》2009年第2期。

[3] 参见孙大伟:《违反保护性规范之过失探究》,《政治与法律》2023年第4期,第32页;朱虎:《规制性规范违反与过错判定》,《中外法学》2011年第6期。

[4] 1993年Meritor Savings Bank v. Vinson案中,美国联邦最高法院开创了"合理人"这一客观标准,并结合受害者的主观感觉,来判断其是否构成性骚扰。See Raymond F. Gregory, *Unwelcome and Unlawful: Sexual Harassment in the American Workplace*, Cornell University Press, 2004, pp. 93-102.

法律后果。

概言之,单位过错的认定涉及两个核心维度:其一,单位是否遵循了相关保护性规范定入的行为标准,此标准直接映射出单位的"外在注意"状态,即单位在外部行为层面所展现的谨慎与合规程度;其二,单位的"内在注意"与其洞察力及专业知识水平紧密相关,表征了单位在内部管理、风险评估及预防机制上的投入与成效。[1]

其次,单位过错证明路径与策略探讨。单位"行为违法性＋具有可预见性"过错格局虽然可以通过违反保护性规范提供的行为标准降低单位过错证明的难度,[2]但仅过错客观化无法完成单位过错认定,此时,在"证明"层面进行讨论具有必要性。[3]

对工作场所性骚扰单位责任证明的问题,有观点认为应当实行举证责任倒置,[4]但此观点逐渐被否弃;[5]也有观点认为应坚持"谁主张,谁举证"的证明责任规则,但应通过在证据收集上实行一些特殊的规则以实现事实证明标准降低;[6]与之相似,有观点明确否定举证责任倒置,并认为需要从证据形式、证明力等方面进行突破;[7]还有观点提出应在"谁主张,谁举证"的一般证明责任和"举证责任倒置"之间寻找方案的主张,但在具体的策略选择上仍有待细化。[8]

通过对既有方案的梳理,我们能够得出以下确定性结论:其一,降低事实证明标准,成为共识性立场。其二,在选择降低事实证明标准的具体方案时,应当遵循"谁主张,谁举证"这一基本立场前提。具体而言,需要在"谁主张,谁举证"与"举证责任倒置"之间寻求一个合适的平衡点。其三,法官能动性发挥在各种策略中均显得必要,为了确保事实推定过程中的合理性与公正性,应当寻求一种更为积极主动的规则系统避免真伪不明情况的出现,[9]同时,法官在"自由证明

---

[1] "内在注意"与洞察力及知识水平具有强关联性。参见周友军:《交往安全义务理论研究》,中国人民大学出版社2008年版,第65页。

[2] 参见[德]克雷斯蒂安·冯·巴尔:《欧洲比较侵权行为法》(上卷),张新宝译,法律出版社2001年版,第44页。

[3] 就违反保护性规范而言,当过失客观化无法为违反保护性规范与过失间的相互关联提供有效解释时,在"证明责任"层面探讨此种关系便具有了必要性。参见孙大伟:《违反保护性规范之过失探究》,《政治与法律》2023年第4期。

[4] 参见曹艳春、刘秀芬:《职场性骚扰案件的证明责任研究——兼从推定角度谈举证责任分担》,《法学杂志》2009年第6期。

[5] "应当强调的是,针对司法实践中的个案应结合案件本身具体分析,倘若简单地适用举证责任倒置,因不存在职场性骚扰行为属于消极事实,证明难度较大,举证责任倒置不仅对行为人一方过于苛刻,可能过分加大了雇主的责任,实践中也不排除有些员工出于不满或报复各种心态恶意举报投诉,并不是一种维护公平的体现。"参见刘黎、丁鹏等:《侵权范围内的性骚扰问题》,《人民司法》2023年第25期。

[6] 参见刘春玲:《性骚扰案件中的证据问题研究》,《妇女研究论丛》2006年第S1期。

[7] 参见卢杰锋:《职场性骚扰案件证明问题研究》,《妇女研究论丛》2019年第5期。

[8] 参见王理万:《性骚扰立法的中国经验与前景展望》,《妇女研究论丛》2022年第5期。

[9] 作为一种证明规则,表见证明的实质在于:将证明对象从要件事实转化为更容易证明的典型的关联事实。这样的证明减轻规则通常以"典型事实经过"为适用前提,并以盖然性较高的经验法则为基础,从而在防止法官恣意和提高判决的信服力方面发挥重要作用。参见周翠:《从事实推定走向表见证明》,《现代法学》2014年第6期。

评价的框架内形成确信时",应当依据逻辑合理地运用生活经验法则,以此简化证明过程,提高司法效率和公正性。[1]

为了精准选定具体的实施方案,有必要深入挖掘证明标准得以降低的法理根源。其中,违法性与过错的关系理论能够为单位过错证明方案的选择提供必要的理论资源和规则支持。有观点主张从是否违反保护性法律的维度进行考量,其认为,若违反保护性规范,可借助表见证明规则来推定行为人的过错存在;反之,违反非保护性规范仅能作为认定过错的证据之一。[2] 也有观点认为应采二元模式,即除特定领域可依据制定法直接推定过失外,在其他情形下,法官可通过表见证明规则来认定过错。[3] 在德国法的通说中,违反保护性规范进而实现举证责任减轻的方式是基于表见证明;而我国台湾地区和美国《侵权法重述》（第二次）则将其基于过错推定。[4] 从特别保护义务性质出发,找到切合单防义务的证明策略,是本文讨论单位过错证明方案的核心问题意识。

在选择证明路径时,应当全面考量工作场所性骚扰所具有的独特场域特性,此类事件往往仅为当事人双方知晓,这导致遭受性骚扰的单位成员难以在事发时及时留存证据,而单位在收集证据方面同样面临一定困难。[5] 针对这一特性,在确定证明策略时,需要在保障单位成员性自主权与合理界定单位责任范围之间寻求平衡,避免单位责任过度泛化。在我国司法实践中,表见证明是降低证明标准目标实现的主要手段之一,其启动的先决条件在于案件事实本身具备证明困难的特质,并且一方相较于另一方处于明显的弱势地位。[6] 特别保护义务的构成恰与此相契合。

首先,判断是否存在"单位—成员"间的特别结合关系,再根据信赖事件是否可归责于单位的风险领域,来确定信赖责任是否发生,[7] 通过这样的判断逻辑,可有效避免裁判过程中可能出现的主观恣意性。

其次,鉴于工作场所性骚扰具有隐秘性和私密性的特点,认为单位只能通过举证证明其违反保护性规范无过失而免责,却不能通过举证证明其对受保护权益（单位成员的性自主权）之侵害无过失而免责的证明路径并不合理。[8] 因为这会导致过错关联缩短,若单位仅能就防治行为无过失进行反证,鉴于此类证明通

---

[1] 参见朱虎:《规制性规范违反与过错判定》,《中外法学》2011年第6期。
[2] 参见朱虎:《规制性规范违反与过错判定》,《中外法学》2011年第6期。
[3] 参见孙大伟:《违反保护性规范之过失探究》,《政治与法律》2023年第4期。
[4] 参见朱虎:《规制性规范违反与过错判定》,《中外法学》2011年第6期。
[5] 参见陆慧文、丁戈、罗杰韬:《职场性骚扰的处理与应对——最高院181号指导案例分析》,载"金杜研究院"公众号,https://mp.weixin.qq.com/s/o7h_4xaY2Ks43LmdBPXReQ,2023年12月26日访问。
[6] 参见王刚:《实体事实证明标准降低制度的建构与规制》,《比较法研究》2024年第2期。
[7] 参见叶金强:《信赖原理的私法结构》,北京大学出版社2014年版。
[8] 若单位仅能就防治行为无过失进行反证,因该证明往往难以实现,会导致实质上接近无过错责任的责任形式,显然是不合理的。参见朱虎:《规制性规范违反与过错判定》,《中外法学》2011年第6期。

常难以达成,这将使单位实质上承担接近无过错责任,有悖公平。[1]

最后,在特别保护义务中,由于受到特别结合关系对主体间关系的约束,保护对象明确指向特定主体,由此可反向推断出产生提供特别保护必要性的规制性规范属于保护性规范的结论。

综上所述,表见证明为违反单防义务的过错证明提供了有力的规则支撑。从本质上讲,表见证明应被理解为一种证明评价,属于特殊的事实推定范畴。[2] 其运作原理在于对某一已然存在的事实,鉴于其在经验层面具有充足的盖然性,从而能够据此推断出另一事实的存在,[3] 并且,表见证明着重强调当事人能够通过反证来推翻法官的心证这一核心观念。特别是在单位是否履行相应防治义务常伴争议的情况下,单位须拥有自我证明的逻辑规则,这对于在处理此类事件时保障公平正义的实现具有关键意义。鉴于工作场所性骚扰的私密性与封闭性,为当事人的"证明"与"反证"提供更多能动性的证明空间,是有效化解工作场所性骚扰单位责任纠纷证明困境的重要举措。

五、结论

《民法典》第1010条第2款激活了单位防治性骚扰"义务—责任"系统。强调发挥法典增设该义务之制度功效的同时,在单位的责任限度上应采取相对克制的立场。在厘清单位性骚扰防治义务独立地位、辨明其特别保护义务性质的基础上,坚持单位责任为过错责任,违反单防义务请求损害赔偿的请求权基础应重新归于《民法典》第1165条,从而实现"义务端"加强与"责任端"控制之间的平衡。《民法典》第8条为违反保护他人的法律构成侵权提供了规范依据,构建特别保护义务及其义务违反时的责任认定体系,在责任认定系统中通过权益与过错引征违法性,为此类违反特殊保护义务的侵权责任认定提供了一种尝试。该"义务—责任"系统蕴含着规制性规范背后的更高主体即国家,其作为"集中化"的社会管理者,向作为社会组织的单位传递部分"职责"。这有利于激励单位采取适当预防措施,并抑制潜在加害行为动机的机制,实现对单位成员权益的实质化保障。

---

[1] 因此,过错关联缩短。即单位只能通过举证证明其就违反保护性规范无过失而免责,而不能通过举证证明其就侵害他人权益造成的损害无过失而免责的证明路径并不可取。

[2] [德]普维庭:《现代证明责任问题》,吴越译,法律出版社2006年版。

[3] 关于表见证明,学界主要存在证明责任说、证明评价说、证明尺度说和实体法说四个学说。证明责任说的代表人物拉贝尔和海恩斯马认为表见证明属于证明负担分配问题,可纠正不公正的证明责任分配;证明评价说认为表见证明是证明评价一部分,不改变证明责任和尺度,是法官根据自由心证规定对系争事实的推定;证明尺度说认为表见证明是降低证明标准手段,减轻证明所必要的盖然性要求;实体法说代表学者盖黑格认为表见证明是实体法问题,当无法证明因果关系需减轻证明时,要重新设定因果关系要件要素。其中,证明评价说为通说,认为表见证明是一种特殊的事实推定。参见张琪:《浅析德国表见证明理论及其在医疗诉讼举证责任分配中的应用》,《澳门法学》2021年第1期。

论 文

实际履行绝对优先原则的反思

任倩霄[*]
房绍坤[**]

摘　要	在违约救济体系中,实际履行处于核心地位,于债权人而言,有助于给付利益的实现;于债务人而言,意味着供与利益的保障。因此,在明确实际履行的适用顺序时,须同时兼顾合同双方当事人的利益状况,并且尽力促成合同不履行的状态在合理期间内再次趋于稳定。因《民法典》并未作出明确规定,宽限期模式与补救权模式均有可能出现。宽限期模式坚持绝对的实际履行优先原则,可为债务人的供与利益提供"一刀切"式的保护,在形式上具备简单稳定的优点,但也存在明显的适用困境,如有限的适用范围、债权人的信息判断偏差以及与原因进路的深度绑定等。相较于此,补救权模式不仅可以在一定程度上克服宽限期模式的缺陷,还可促成债务人主动补救与债权人尽快选择之间的赛跑关系。这不仅可以避免债权人的选择拖延,还可依照债务人的意愿保障其供与利益。
关键词	实际履行;损害赔偿;根本违约;宽限期模式;补救权模式
目　次	引言 一、模式选择与观点分歧 　　(一)实际履行绝对优先:宽限期模式 　　(二)实际履行并不绝对优先:补救权模式 二、宽限期模式的适用困境 　　(一)替代给付的损害赔偿之定位 　　(二)宽限期模式的有限适用 　　(三)债权人的信息判断偏差 　　(四)宽限期与原因进路的绑定 三、补救权模式的理论证成 　　(一)对不确定性的克服 　　(二)对拖延选择的预防 　　(三)债务人的判断优势 　　(四)损害赔偿的正当性 余论

---

* 任倩霄(1990—),吉林大学理论法学研究中心、吉林大学法学院讲师。研究方向:民商法学。
** 房绍坤(1962—),吉林大学理论法学研究中心、吉林大学法学院教授。研究方向:民商法学。

引言

不论是《中华人民共和国合同法》(已失效,以下简称《合同法》)施行时期,还是《民法典》颁布之后,实际履行请求权在我国违约救济体系中处于何种适用顺序,一直未有定论。有观点认为,应当严格坚守实际履行绝对优先原则,在债务人违约后,债权人须首先请求债务人实际履行并为其设定宽限期,仅在宽限期经过且实际履行未果时,方可主张替代给付的损害赔偿等其他违约救济措施。[1] 另有观点认为,结合《民法典》第582条的规定(《合同法》第111条),应当允许债权人合理选择违约救济措施,[2] 若债务人对于实际履行有自身利益,其可主动作出补救。[3] 为了便于表述,本文将前者称为"宽限期模式",将后者称为"补救权模式"。宽限期模式即为实际履行绝对优先原则的体现。在宽限期模式下,若不存在例外情形,债权人"应当"首先请求债务人在合理期限内实际履行。质言之,本文在使用"宽限期模式"这一语词时,或是指实际履行在违约救济措施中的适用顺序,或是指替代给付损害赔偿请求权的适用前提,或是指一般法定解除的宽限期模式(作为与根本违约模式的对照)。不过,上述内容均指向实际履行绝对优先原则。与之相比,在补救权模式下,虽然也认可实际履行的价值,但是实际履行并不处于绝对优先的地位。两种模式并无绝对的优劣之分,但不可否认,宽限期模式在我国存在诸多适用困境。本文通过比较宽限期模式与补救权模式各自的优劣,进而展开对实际履行绝对优先原则的反思。

一、模式选择与观点分歧

对于实际履行是否绝对优先的观点分析,价值选择属实重要,但更为关键的是,与之配套的制定法各自会有怎样的适用效果。换言之,对于实际履行的观点分歧,应当与模式选择作一体讨论,即通过何种模式来保障债务人亲自履行的相关利益。

(一)实际履行绝对优先:宽限期模式

德国学者认为,若要完全保障实际履行请求权的优先地位,进而确保债务人可通过亲自履行避免过高的成本,获得合同的对价从而赚取利润,就应当采用宽

---

[1] 参见朱心怡:《不完全履行下债权人救济途径选择权之限制》,《法学》2022年第4期,第144页;李承亮:《以赔偿损失代替履行的条件和后果》,《法学》2021年第10期,第113页;类似观点参见刘洋:《"履行费用过高"作为排除履行请求权的界限——"新宇公司诉冯玉梅商铺买卖合同纠纷案"评析》,《政治与法律》2018年第2期,第112页。作者认为,基于实际履行的优越地位,合同债务人从实际履行转为金钱赔偿时,应当设置更高的标准。不过,也有学者认为,在实际履行未被排除时,应当优先适用损害赔偿,从而有利于损害赔偿额度的准确计算。参见崔建远:《论强制履行》,《法治研究》2023年第4期。

[2] 参见杨巍:《合同通则:原理与案例》,中国民主法制出版社2024年版,第665页。

[3] 参见武腾:《救济进路下不完全履行的定位与效果》,《法律科学(西北政法大学学报)》2021年第3期,第164页;王金根:《民法典编纂背景下债务人补救权制度研究》,《财经法学》2016年第5期,第69页。

限期模式。[1] 当然，也存在不必设定宽限期的情形，即债务人拒绝履行、履行不能或者不可期待债务人履行。通过宽限期模式，可以"一刀切"地保障债务人的供与利益(亦称"二次供与权"[2])。宽限期模式的典型立法例为《德国民法典》。该法第281条第1款规定，债务人未履行或未依债务本旨履行债务的，债权人须为债务人的履行设定宽限期；若债务人仍不履行，债权人才可依照第280条第1款请求替代给付的损害赔偿。同样，《德国民法典》第437条与第634条在规定买受人与承揽人的瑕疵担保权利时也体现出此种实际履行的绝对优先地位。甚至有观点认为，在未满足宽限期要求，买受人就操之过急地自行维修时，自行维修的费用不得转嫁于债务人，原因就在于，此种擅自维修将会架空实际履行优先原则以及债务人的"二次供与权"。[3] 学理上，通过宽限期模式确保实际履行绝对优先地位的理由可以概括为如下几点。

首先，从价值评价的角度看，应当赋予实际履行以绝对的优先适用地位。一方面，这与合同严守原则相契合，债权人通过债务人的实际履行可实现合同目的并获得给付利益；另一方面，债务人亦可通过亲自履行降低履行成本从而免于高额的损害赔偿并且获得价金或者报酬。[4]

其次，实际履行优先于合同解除这一结论也可从现行法中寻得支持。依据《民法典》第563条第1款第3项的规定，若债务人迟延履行且合同目的仍有可能实现，债权人应当催告并为债务人设定宽限期，在宽限期届满且债务人仍未履行时，才可行使解除权。标的物有瑕疵的情形亦是如此，可将瑕疵履行进一步区分为瑕疵补正的迟延与瑕疵补正的不能。[5] 若债务人并未及时去除瑕疵，可看作瑕疵补正陷入迟延，解除同样须满足"经催告后在合理期限内仍未履行"这一前提。[6] 所以一般的法定解除权主要适用于如下两种情形：履行仍有可能时须设定宽限期，如原给付义务的迟延或瑕疵补正义务的迟延(《民法典》第563条第1款第3项)；履行不能或者不可期待时毋须设定宽限期(《民法典》第563条第1款第1项、第2项以及第4项前段)。对于前者，秉持实际履行的优先适用地位，在宽

---

[1] Vgl. Carsten Herresthal/ Thomas Riehm, Die eigenmächtige Selbstvornahme im allgemeinen und besonderen Leistungsstörungsrecht, NJW 2005, S. 1458.

[2] 关于债务人二次供与权之术语使用，参见[德]彼得·曼科夫斯基：《〈德国民法典〉中出卖人是否真的享有二次供与之主观权利？》，李雨泽译，载梁慧星主编：《民商法论丛》2019年第2期(总第69卷)，社会科学文献出版社2019年版。

[3] BGH, Selbstvornahme der Reparatur ohne Fristsetzung zur Nacherfüllung, NJW 2005, S. 1350; David Markworth, Die Dogmatik der Selbstvornahmetatbestände des Leistungsstörungsrechts, AcP 219 (2019), 63(96).

[4] 参见刘洋：《"履行费用过高"作为排除履行请求权的界限——"新宇公司诉冯玉梅商铺买卖合同纠纷案"评析》，《政治与法律》2018年第2期；郝丽燕：《论特定物买卖瑕疵履行时的交付替代物》，《政治与法律》2017年第9期；David Markworth, Die Dogmatik der Selbstvornahmetatbestände des Leistungsstörungsrechts, AcP 219(2019), 63(68).

[5] 类似观点参见[德]芭芭拉·道纳-利布：《再履行：一条歧路？》，胡晓静译，载张双根、田士永、王洪亮主编：《中德私法研究》(第5卷)，北京大学出版社2009年版，第21页。

[6] 相似观点参见陈诒文：《修理的买卖法构造》，《南大法学》2023年第1期。

限期届满后才可解除;针对后者,要么债务人已经无法实际履行,要么没有实际履行的必要,对此,债权人没有必要设定宽限期,可直接解除合同。[1]

再者,从体系一致性的角度来看,若合同的解除劣后于实际履行,那么替代给付的损害赔偿请求权应当同样劣后于实际履行。原因在于,某种程度上,替代给付损害赔偿与解除有相同的效果,即当事人均可从合同拘束力中得以解放。[2] 有学者认为,既然合同解除以为债务人的实际履行设定宽限期或者存在给付不能、给付拒绝等情形为前提,那么,替代给付的损害赔偿请求权也应当以此为前提。[3]

最后,若将《最高人民法院关于审理买卖合同纠纷案件适用法律问题的解释》(以下简称《买卖合同司法解释》)第 16 条与《民法典》第 713 条中的债权人(买受人与承租人)自行修理的费用认定为替代给付的损害赔偿(或恢复原状的费用赔偿),那么,依据上述两个条文规定,实际履行请求权应当优先于损害赔偿请求权。[4]

(二)实际履行并不绝对优先:补救权模式

在英美法中,损害赔偿是首选的违约救济模式,实际履行仅适用于损害赔偿无法提供充分救济时的若干特定情形,如标的物具有独特性,或者相关货物紧缺甚至断货导致无法进行替代交易。[5] 而此种违约救济模式的理论基础在于:(1)就有约束力的允诺而言,在违背允诺时,损害赔偿是允诺人应当承受的唯一且普遍的结果;[6](2)从历史发展的角度看,违约情形下债权人所享有的诉权发源于侵权法,而这也解释了为何该诉权仅仅指向损害赔偿;[7](3)买方基于买卖合同所享有的权利"主要是针对卖方的合同权利而不是针对货物的财产权利";[8]

---

[1] 不过,仍然无法否认,我国合同法对于一般法定解除并未采纳宽限期模式,《最高人民法院关于适用〈中华人民共和国民法典〉合同编通则若干问题的解释》第 26 条可作为根本违约模式的佐证。依其规定,对于开具发票、提供文件证明等非主要债务,仅在不能实现合同目的的情形方可解除。若采宽限期模式,那么,只要宽限期内没有履行,即使非主要债务的不履行并未构成根本违约,仍可解除合同。参见卜元石:《德国学者眼中的中国〈民法典〉:洞见、困惑、误读及其展望》,《环球法律评论》2023 年第 6 期;Wolfgang Ernst,in:Münchener Kommentar BGB,2012,§ 323 Rn. 12.
[2] 参见朱心怡:《不完全履行下债权人救济途径选择权之限制》,《法学》2022 年第 4 期。
[3] 相似观点参见李承亮:《以赔偿损失代替履行的条件与后果》,《法学》2021 年第 10 期,作者认为,与解除一样,根本违约时,债权人才可主张替代履行的损害赔偿请求权。
[4] 关于自行修理费用应当符合损害赔偿构成的观点,参见陈诣文:《修理的买卖法构造》,《南大法学》2023 年第 1 期。
[5] 参见潘琪:《美国〈统一商法典〉解读》,法律出版社 2020 年,第 152 页;Konrad Zweigert & Hein Koetz:《契约的履行·履行请求权及其实现》,张谷译,《金陵法律评论》2001 年第 2 期。
[6] Vgl. Hein Kötz,Europäisches Vertragsrecht,2. Aufl. ,2015,S. 296;参见 Konrad Zweigert & Hein Koetz:《契约的履行·履行请求权及其实现》,张谷译,《金陵法律评论》2001 年第 2 期,第 125 页;[韩]成升铉:《联合国国际货物销售合同公约解除制度模式的比较法史研究》,崔吉子译,《清华法学》2011 年第 5 期。
[7] Vgl. Hein Kötz,Europäisches Vertragsrecht,2. Aufl. ,2015,S. 296.
[8] 参见潘琪:《美国〈统一商法典〉解读》,法律出版社 2020 年,第 151 页。

(4)如果买受人可通过替代交易获得相同标的物,那么,强制出卖人履行可谓是浪费金钱与时间,损害赔偿完全可以满足买受人的需求,这一观念也同样适用于承揽合同与劳动合同。[1]

不过,此种法律状态在我国并无实证法支持,不论是《民法典》还是相关司法解释,均未有损害赔偿请求权优先的条文规定。换言之,在我国现行法语境下,实际履行请求权的优先地位是被认可的,只不过,须待进一步论证,是否有必要保障实际履行请求权的绝对优先地位。若须对此加以保障,则应当采用前文所述的宽限期模式;若并无必要进行"一刀切"地保障,则应考虑其他模式,即补救权模式。

所谓债务人补救权是指,在债务人违约后,其可主动提出补救(如瑕疵履行时的修理、更换或者迟延履行时的继续履行[2]),对此,债权人负有受领义务。换言之,债务人的主动补救与债权人对于违约救济的选择自由之间形成了对抗关系或者赛跑关系。[3] 在制度设计上,不同的公约或者国际示范法略有差异。具体而言,《联合国国际货物销售合同公约》(United Nations Convention on Contracts for the International Sale of Goods,CISG)第 48 条第 2 款规定了买受人的"及时回应义务",即应出卖人的要求,买受人应及时告知是否愿意接受补救。《美国统一商法典》(Uniform Commercial Code,UCC)第 2-508 条第 2 款将出卖人的补救权限定于特定场景,即出卖人在履行时有理由相信买受人不会拒收。《欧洲合同法原则》(Principles of European Contract Law,PECL)第 8:104 条与《欧洲民法典草案》(Draft Common Frame of Reference,DCFR)第Ⅲ.—3:203 条则规定了债务人补救权的排除事由,只有在迟延履行不构成根本违约时,债务人才享有补救权。不过,上述的细微差别并未影响补救权模式所呈现的总体理念:(1)债务人的主动补救不得对债权人造成不合理的负担;(2)债务人须在合理期间内完成补救;(3)债务人的补救并不影响债权人请求赔偿因违约遭受的其他损失,如迟延损害。[4]

二、宽限期模式的适用困境

可以确定的是,从《民法典》现有规定无从得知,我国到底采用宽限期模式还

---

[1] Vgl. Hein Kötz,Europäisches Vertragsrecht,2. Aufl. ,2015,S. 297-298.

[2] 此处采用了"修理、更换"与"继续履行"的表述,是遵循《民法典》第 577 条的条文字义,即区分了"继续履行"与"采取补救措施",后者所涵盖的内容即为修理与更换。但本文认为,"继续履行"的内涵与实际履行并无区别,应当包含"修理与更换"等瑕疵补正的内容。持相同观点的学者认为,"采取补救措施"并非独立的违约救济措施,而是"继续履行"适用于瑕疵履行的一种别称(参见朱广新:《合同法总则研究》(下册),中国人民大学出版社 2018 年版,第 675 页)。另有学者认为,修理、更换与重作应当属于继续履行,补救措施是一种多余的表述(参见武腾:《出卖人的违约补救权》,载梁慧星主编:《民商法论丛》第 55 卷,法律出版社 2014 年版,第 24 页)。

[3] 参见朱心怡:《不完全履行下债权人救济途径选择权之限制》,《法学》2022 年第 4 期。

[4] CISG 第 34 条与第 37 条、UCC 第 2-508 条第 1 款均对债务人提前履行时的期前补救作了专门规定,因篇幅有限,本文不再展开详述。

是补救权模式,尽管学者们将《民法典》第563条第1款第3项的规定作为宽限期模式的推导起点具备一定的合理性。[1]但即便如此,宽限期模式仍面临诸多适用困境,下文具体分析之。

(一)替代给付的损害赔偿之定位

如前所述,支持宽限期模式的重要理由在于,基于解除与替代给付之损害赔偿的同质性,应当认为,替代给付的损害赔偿也应与《民法典》第563条第1款中的解除要件保持一致。[2]而结合第563条第1款第3项,可推知,至少在迟延履行时,替代给付的损害赔偿请求权应当满足此种宽限期要求。虽然从债务人不必提供给付的角度看,解除与替代给付的损害赔偿确实具有同质性,但是,就此推论两者应当保持一样的构成要件,似乎也失之偏颇。

从内在机理看,合同解除的原因在于,债务人的严重违约行为破坏了对价平衡,通过解除可以使债权人从对待给付的义务中得以解放,进而债权人可另行缔结合同从而实现原计划的合同目的。[3]而替代给付的损害赔偿旨在填平债权人因不履行所遭受的损失。如果认为解除和替代给付的损害赔偿有同质性,同样也可以说,替代给付的损害赔偿与实际履行(原定给付)同其命运(Prinzip der Einheit der Obligation,债的一体性原则)。[4]换言之,在大陆法系中,债权的存在是债权人请求替代给付之损害赔偿的基础。[5]因此,不可在构成要件上,对解除与替代给付的损害赔偿作简单替换,也无法从《民法典》第563条第1款第3项的规定中得出,替代给付的损害赔偿以设定宽限期为前提。

除了价值赔偿,损害赔偿的方式还包括恢复原状(实际的恢复原状以及恢复原状的费用赔偿)。[6]诸多学者认为,违约损害赔偿中的恢复原状仅指恢复原状的费用赔偿。[7]而那些由债务人承担恢复原状的费用的情形,已经非常接近债务人的实际履行。例如,甲从乙处采购了地砖,在安装后才发现地砖会散发异味,因此,甲要求乙拆除地砖并承担其从丙处另行采购同等品质地砖的费用。上

---

[1] 参见李承亮:《以赔偿损失代替履行的条件和后果》,《法学》2021年第10期;朱心怡:《不完全履行下债权人救济途径选择权之限制》,《法学》2022年第4期。
[2] 李承亮:《以赔偿损失代替履行的条件和后果》,《法学》2021年第10期。
[3] 参见[韩]成升铉:《联合国国际货物销售合同公约解除制度模式的比较法史研究》,崔吉子译,《清华法学》2011年第5期。
[4] 参见黄松茂:《债务不履行损害赔偿之体系——给付不能概念之重生与再造》,《政大法学评论》2017年第151期,第60页;Horst Ehmann, Garantie-oder Verschuldenshaftung bei Nichterfüllung und Schlechtleistung?,FS-Canaris,2007,S. 169f.
[5] 参见黄松茂:《债务不履行损害赔偿之体系——给付不能概念之重生与再造》,《政大法学评论》2017年第151期。
[6] 参见李承亮:《损害赔偿与民事责任》,《法学研究》2009年第3期。
[7] 参见姚明斌:《〈民法典〉第584条(违约损害的赔偿范围)评注》,载朱庆育主编:《中国民法典评注·条文选注》(第2册),中国民主法制出版社2021年版,第244—245页。对此,亦有相反观点,参见[德]托马斯·雷姆:《替代给付损害赔偿下恢复原状与价值赔偿》,蔡增慧译,载《民商法论丛》第75卷,社会科学文献出版社2023年版,第383页。

述恢复原状的费用额度即为替代给付的损害赔偿额度,从合同目的实现的角度看,相比于解除,其效果更接近实际履行。甚至支持宽限期模式的学者也认为,通过扩张解释,补正履行应当包含安装与拆除义务,其内容虽然通过义务的履行得以确定,但确实也呈现出损害填补的特征。[1] 就此而言,仅从《民法典》第563条第1款的规定就推导出宽限期模式似乎不妥。

此外,如果认为替代给付的损害赔偿与解除应当具有同质性,那么,立法者也应当设定"给付义务消灭,对待给付义务也自动消灭"的规则(《德国民法典》第326条),从而使得守约方也能够从对待给付义务中得以解放。[2] 然而,我国现行法中并未制定此种规则。相反,我国学者认为,通过类推适用《民法典》第566条第3款,替代给付的损害赔偿与原给付义务之间具有同一性,因此,替代给付的损害赔偿与对待给付义务之间仍存在牵连性,对待给付义务也不会因为给付义务的排除而当然地被排除。[3]

(二)宽限期模式的有限适用

《德国民法典》作为宽限期模式的典型立法例,对于我国宽限期模式的研究具有重要的借鉴意义。《德国民法典》第281条第1款规定,替代给付的损害赔偿以债权人设定宽限期且债务人未在该期限内完成履行为前提。与此同时,该条第2款规定了无须设定宽限期的例外情形,即债务人明确拒绝或者存在其他正当的特殊情势。对于合同解除,《德国民法典》第323条第1款亦明确规定了宽限期模式;同样,该条第2款规定了3种不必设定宽限期的情形,即:债务人明确拒绝给付、给付之期日或期限对于债权人具有重要意义、具备特别情势。概而言之,《德国民法典》虽然设定了一般性的宽限期要求,替代给付的损害赔偿与解除均以债务人未在宽限期内成功履行为前提,然后亦为此设定了诸多例外情形。若在我国实行宽限期模式,那么须有同样的一般性规定与例外规定。

因此,须先探求我国宽限期模式的一般性规定位于何处?基于前述,可将《民法典》第563条第1款分解重组为"履行仍有可能"与"履行不能或者不可期待"两种情形。就此,似乎可得出初步结论,至少就一般法定解除而言,《民法典》对宽限期模式作出了一般性规定。然而,这一结论存仍面临诸多解释困境。首先,上述结论与《民法典》第563条第1款第4项后段有所冲突,第4项后段规定,"或者有其他违约行为致使不能实现合同目的"时守约方可解除合同,照此,第4项

---

[1] 参见朱心怡:《不完全履行下债权人救济途径选择权之限制》,《法学》2022年第4期。不同观点参见陈诣文:《修理的买卖法构造》,《南大法学》2023年第1期。该文作者认为,在买卖合同中,安装与拆卸并非补正履行的内容,不过,仍可归入买受人的财产损失。

[2] 履行不能的情形下,自动排除对待给付义务的规则与解除权有相同功能,参见[德]莱茵哈德·齐默曼:《德国新债法:历史与比较的视角》,韩光明译,法律出版社2012年版,第103页。

[3] 相似观点参见李承亮:《以赔偿损失代替履行的条件与后果》,《法学》2021年第10期。不过,也有学者认为,给付义务消灭,对待给付义务须通过解除方可消灭的立法现状构成了法律漏洞,参见王洪亮:《我国给付不能制度体系之考察》,《法律科学(西北政法学院学报)》2007年第5期。

后段的情形仍旧采用根本违约的判断标准,或者说,第 4 项仍旧采用了根本违约的解除模式。[1] 也可以说,《民法典》第 563 条第 1 款是对根本违约模式与宽限期模式的混合继受。[2] 其次,《民法典》第 563 条第 1 款第 3 项看似采用了与德国法类似的宽限期模式,或许有学者认为可类推适用该项从而在我国构建统一的宽限期模式,但是,第 563 条第 1 款第 3 项实质是对 CISG 第 49 条的借鉴,而 CISG 第 49 条第 1 款第 b 项所规定的宽限期之作用在于降低合同当事人对于根本违约的证明难度,而这与德国法中的宽限期有功能上的不同。[3] 最后,对于替代给付的损害赔偿而言,我国《民法典》中并无与《德国民法典》第 281 条相对应的规定,既未规定替代给付的损害赔偿应当以设定宽限期为前提,也未规定相应的例外情形。甚至,替代给付的损害赔偿这一概念仍须经过一定的推导,即通过《民法典》第 583 条对"与给付并行的损害赔偿"的认可推导出立法者对"替代给付的损害赔偿"这一概念的认可。综上,宽限期模式无法从现行法中寻得充分的支持。如果经过充分的利益衡量,认为在我国采用宽限期模式具有充足的正当性,那么,在《民法典》的条文安排上,还须作相应的立法修订,如为替代给付的损害赔偿的宽限期设定一般性规定,并且规定相关的例外情形。

另外,抛开域外立法例不谈,就实际履行本身的效用而言,宽限期模式在诸多场景下亦无法适用。毫无疑问,在特定物之债以及不作为之债中,债务人的实际履行最有助于实现合同目的,与之相反,对于具有可替代性且履行标准明确的行为债务以及极易从市场上获得替代交易的种类物之债而言,债务人实际履行的效用就相对减弱了。[4] 在现代的交易市场中,不仅是标准化的产品,标准化的服务也是随处可见。针对那些标准化且具备替代性的行为债务与种类物债务,若强求债权人为债务人的实际履行设定宽限期而不得直接寻求替代交易,不仅有损债权人的利益而且也不利于市场的充分竞争。

再者,债务人实际履行的效用发挥不仅受制于特定的债务类型,还受限于特定的合同类型。在那些当事人之间的信赖关系能够决定合同存续的类型中,若苛求债权人必须设定宽限期,那么,不仅有违这些合同类型的本质,而且无异于架空了立法者赋予当事人的任意解除权。[5]

与之类似,作为宽限期模式典型立法例的《德国民法典》,其仍须为保护义务违反时的合同解除作出不同于《德国民法典》第 323 条第 1 款的制度构造。《德国民法典》第 324 条规定:"若双务合同的债务人违反第 241 条第 2 款中的义务,

---

[1] 参见郝丽燕:《论宽限期设置解除合同》,载王洪亮、田士永等主编:《中德私法研究:民商合一与分立》第 15 卷,北京大学出版社 2017 年版,第 209—210 页。
[2] 参见赵文杰:《〈民法典〉第 563 条第 1 款(违约法定解除权)评注》,载朱庆育主编:《中国民法典评注·条文选注》(第 2 册),中国民主法制出版社 2021 年版,第 179 页。
[3] Vgl. Wolfgang Ernst, in: Münchener Kommentar BGB, 2012, § 323 Rn. 5; ähnlich Claus-Wilhelm Canaris, Teleologie und Systematik der Rücktrittsrechte nach dem BGB, FS-Kropholler, 2008, S. 9.
[4] 参见冀放:《实际履行制度规范模式研究》,《法学论坛》2020 年第 6 期。
[5] 类似观点参见朱心怡:《不完全履行下债权人救济途径选择权之限制》,《法学》2022 年第 4 期。

那么,在没有期待可能性时,遵守合同的债权人可解除合同。"《德国民法典》第241条第2款是对保护义务(Schutzpflicht)的规定,即"根据债务关系的内容,一方当事人负有考虑另一方当事人的权利、法益及利益的义务"。结合第323条与第324条可知,《德国民法典》根据债务内容的不同设置了不同的解除模式。针对给付义务的违反,采宽限期模式;针对保护义务的违反,则须以"没有期待可能性"为前提。之所以有此种区分,原因在于:在违反给付义务的情形中,通过设置宽限期允许债务人实际履行的目的在于,债权人可借此获得完整且适当的履行;相反,违反保护义务通常不会影响债权人获得合同履行的可能性,而是有损债权人的固有利益。[1] 换言之,《德国民法典》第324条所规定的解除权,其正当性在于合同当事人的关系存在障碍,而非当事人将提供的履行存在障碍。[2] 因此,在检验"没有期待可能性"这一前提时,须根据个案作出具体判断,如合同的标的与性质。如果某一合同对于当事人之间的信赖关系有所要求,那么,与那些非个人化的一次性交换合同相比,在违反此类合同的保护义务时,就更容易满足"没有期待可能性"的要求。[3]

综上,通过宽限期模式可为债务人的实际履行提供充足的时间保障,从而一刀切地保护债务人的二次供与利益。然而,不可忽视的是,宽限期模式的例外情形之多,有将宽限期模式去一般化的风险。针对某些特定债务类型或者合同类型中的解除,立法者仍须为此创设特别的解除事由。

(三)债权人的信息判断偏差

在宽限期模式下,债权人须根据不同的履行障碍情形作出选择。在债务人陷入永久的给付不能时,债权人不必为其设定宽限期。若债务人仅陷入给付迟延且债务人的履行可期待时,债权人则须设定宽限期从而保障债务人实际履行的可能性。此外,在债务人仅作出部分给付时,债权人还须判断对其而言,该部分给付是否已经无利益,在对其而言不利益时,可主张替代全部给付之损害赔偿或者解除合同。[4] 而上述判断要求债权人具备极高的信息判断以及信息获取能力,但多数时候,债权人仅知道债务人"未履行",无法明确知道债务人某一时刻是履行不能还是履行迟延。若债权人误以为债务人陷入履行迟延(实则债务人履行不能),进而设定宽限期要求债务人履行,那么,该种情形于债权人而言是徒然的等待,还有可能错失寻求更优替代交易的良机;若债权人误以为债务人陷入履行不能(实则债务人仍有履行可能),因此并未设定宽限期而是主张替代给付

---

[1] Wolfgang Ernst, in: Münchener Kommentar BGB, 2012, § 324 Rn. 1.
[2] Wolfgang Ernst, in: Münchener Kommentar BGB, 2012, § 324 Rn. 1; Roland Schwarze, in: Staudinger Kommentar BGB, 2015, § 324 Rn. 11.
[3] Wolfgang Ernst, in: Münchener Kommentar BGB, 2012, § 324 Rn. 7. 然而,在不少情形中,给付义务与附随义务的区分也存在困难,甚至在部分合同类型中,附随义务会被给付义务吸收,如医疗服务合同、劳动合同等。
[4] 详见《德国民法典》第281条、第323条。

的损害赔偿或者发出解除通知,那么,债权人将因此延误权利行使的时间,错失尽早催告从而使债务人陷于迟延的时间利益。[1] 在后一种情形下,若债权人误认为债务人陷入履行不能,而径自替代履行,更将产生替代履行费用能否由债务人承担的正当性问题,引起不必要的纷争。就此而言,尽管从形式标准上看,宽限期模式下的解除要比根本违约模式下的解除更加清晰明确,但从实质判断的角度来看,宽限期模式也意味着债权人常因信息不足而面临判断困境。

(四)宽限期与原因进路的绑定

如前所述,在宽限期模式下,不同的履行障碍类型将决定债权人是否应当为债务人设定宽限期。而这也意味着,宽限期模式不可避免地要与原因进路绑定在一起。所谓原因进路,是指立法者针对各种不同的履行障碍,如履行不能、履行迟延与不完全履行,分别配置相应的构成要件与法律效果。[2] 此种原因进路的立法模式或将引发如下两个方面的问题。一方面,造成某种程度上的立法资源的浪费。例如,在不满足相应构成要件时,完全履行与履行迟延将有相同的法律效果,即请求实际履行或者请求替代给付的损害赔偿。若立法者分别为两者规定法效果,将构成条文内容的重复或赘余。另一方面,引发法律适用上的困难。如对于履行迟延、履行不能与不完全履行,常常难以作出泾渭分明的界分。德国债法改革后,虽然从此种纯粹的原因进路转向救济与原因并存的混合进路,[3] 然而,现行德国法仍有强烈的原因进路色彩,在涉及对待给付义务是否随着给付义务的消灭而自动消灭(《德国民法典》第362条)、替代给付损害赔偿的适用前提(《德国民法典》第283条)等问题时,不可避免地要区分给付障碍的类型,尤其是要为履行不能专门配置诸多规则。[4] 换言之,即使在债法改革后转向混合进路的德国法中,在通过宽限期模式"一刀切"地保障实际履行的优先地位时,仍不可避免地要面临给付障碍类型的判断,而这也意味着宽限期模式与原因进路的深度绑定。

与此不同,我国现行法对于各履行障碍类型(尤其是履行不能)的构成要件与法效果并未作出特别规定。看似《民法典》第580条第1款与《德国民法典》第275条有相同之处,但第580条第1款的作用在于划定实际履行的界限,而非表明履行不能为独立的违约类型。[5] 而德国法语境中的"履行不能"的独特功能,

---

[1] 参见游进发:《债务人不履行之法律效果》,元照出版公司2019年版,第59页。
[2] 参见武腾:《救济进路下不完全履行的定位与效果》,《法律科学(西北政法大学学报)》2021年第3期;须作补充的是,作者区分了宽泛意义上的原因进路与严格意义上的原因进路。
[3] 参见黄松茂:《债务不履行损害赔偿之体系——给付不能概念之重生与再造》,《政大法学评论》第151期(2017年12月)。
[4] 参见柯伟才:《我国合同法上的"不能履行"——兼论我国合同法的债务不履行形态体系》,《清华法学》2016年第5期;武腾:《救济进路下不完全履行的定位与效果》,《法律科学(西北政法大学学报)》2021年第3期。
[5] 参见陈自强:《民法典草案违约归责原则评析》,《环球法律评论》2019年第1期。

已经被《民法典》的违约救济体系吸收或者分解。[1] 具体而言,在《民法典》第582条的自由选择模式下,替代给付损害赔偿请求权就无须以设定宽限期为前提;依据《民法典》第563条第1款的规定,给付义务消灭时,对待给付义务的存续取决于债务人是否行使了解除权。依据《民法典》第590条第1款,损害赔偿责任的免责范围取决于"不能履行"的情形,相比于给付迟延与瑕疵履行,履行不能在此并无特殊性。

概而言之,在欠缺充分的现行法支持的情况下,鉴于原因进路的天然缺陷,贸然引入宽限期模式仍然欠缺正当性。

三、补救权模式的理论证成

在补救权模式下,若债务人违约,即使履行还有可能,甚至债务人也有主动履行的意愿,债权人也没有设定宽限期的"义务",而是可以径自选择向债务人主张损害赔偿,或者在满足条件时解除合同;对于债权人的上述选择,债务人也可展开防御或者对抗,即主动进行补救,只要该补救于债权人而言并非不合理。[2] 不过,此种模式也无法从我国现行法中直接得出,就此,还须完成理论证成的作业,而能否克服宽限期模式的适用困境则是关键。

(一)对不确定性的克服

在宽限期模式下,债权人须事先判断给付障碍的类型从而决定是否有必要设定宽限期,然而,对于债务人违约的原因,债权人往往无从得知。甚至在某些情形下,即使债权人知道债务人为何不履行,仍然无法确定债务人是否陷入了履行不能,种类物买卖即为典型。可以说,何种情形下,种类物之债构成履行不能,是与宽限期模式相伴而生的问题。学理上认为,可将种类物之债区分为市场型与非市场型,后者又包括生产型与存货型。[3] 但是,此种看似清晰的分类,仍无法应对具体的交易。例如,在市场型的种类物买卖中,若要判断债务人是否陷入客观不能,还须明确判断出卖人在何种范围的市场内具有置办义务,是国际市场、国内市场还是区域市场;若要判断债务人是否构成主观不能,还须考虑是否具有客观上的期待可能性,单纯的出卖人心理障碍或者资力欠缺尚不足以构成主观不能。[4] 但是,于买受人而言,尤其是作为消费者的买受人,有时候很难判断标的物在市场中的流通情况,也难以知道出卖人是基于个人能力原因还是诸

---

[1] 参见柯伟才:《我国合同法上的"不能履行"——兼论我国合同法的债务不履行形态体系》,《清华法学》2016年第5期。

[2] 类似观点参见武腾:《出卖人的违约补救权》,载梁慧星主编:《民商法论丛》(第55卷),法律出版社2014年版,第32页。

[3] 参见孙新宽:《论种类之债的履行不能——以种类物买卖为中心》,《月旦法学杂志》2024年第346期。

[4] 参见王千维:《种类之债与给付不能:兼评最高法院九十九年度台上字第一七五三号民事判决》,新学林出版股份有限公司2016年版,第139页;孙新宽:《论种类之债的履行不能——以种类物买卖为中心》,《月旦法学杂志》2024年第346期。

如战争等不可控原因而无法完成置办义务。对于债务人状况的查明，甚至可能要持续至诉讼阶段，交由法官判断。此种不确定性，于债权人而言，极为不利；于债务人而言，也不见得全然有利。例如，在债权人误认为债务人已经履行不能而准备诉请合同解除时，债务人可能仍在等待债权人设定宽限期并且已经为继续履行作了诸多的准备。

另外，即使债权人对于给付障碍的类型作出了准确的判断，宽限期还须满足合理性要求，不可过长或过短，而这对债权人而言亦非易事，甚至可以说，对于期限的合理性要求导致了其可操作性的降低。[1] 过短的宽限期不足以让债务人作充分的履行准备，况且，债权人若根据自己设定的过短宽限期错误地认定债务人并未完成履行，从而拒绝了债务人在合理期限内作出的给付，并且过早地向其主张替代给付的损害赔偿，那么债权人将构成受领迟延；[2] 而过长的宽限期有损债权人的时间利益，同时也无法对债务人形成压力，督促其尽快履行。究其原因，在于债权人往往无从得知债务人的履行情况与工作流程，无法判断自己所设的宽限期是否合理，只能单方面承担期限设置不合理的风险。[3] 为了因应此种不确定性，学理上为债务人设定了反应义务（Reaktionsobliegenheit），即债务人应当对于宽限期是否合理作出及时的反应。[4] 如果债务人认为宽限期过短，那么其须尽快提出合理的异议，或者说，宽限期模式能否获得良好效果仍旧取决于债权人与债务人之间的合作与互动。[5]

相较之下，补救权模式能够在一定程度上克服此种不确定性。在补救权模式下，可能存在如下几种情形。第一，债权人可以直接请求替代给付的损害赔偿，从而避免对于给付障碍类型的判断，进而避免相应的不确定性以及判断错误所带来的风险。而这对债务人也不见得不利。在市场型种类物之债中，就某一具体的债务人而言，其搜寻并且置办标的物的成本不见得低于债权人替代交易的成本，或者说，对于亲自的实际履行，并非所有的债务人都有供与利益。而且，这也契合对当事人意思自治的尊重。第二，若债权人对于主张何种违约救济措施迟迟未作选择，那么债务人可以积极主动地进行补救，即提出给付，相比于债权人，债务人对于自身的履行状况以及履行能力更加了解，因此，允许其主动补救，既符合其自身利益，也可避免债权人在判断给付障碍类型以及确定宽限期合理性时所面临的不确定性。

---

[1] 参见郝丽燕：《论宽限期设置解除合同》，载王洪亮、田士永等主编：《中德私法研究：民商合一与分立》第 15 卷，北京大学出版社 2017 年版，第 218 页、第 220 页。

[2] Vgl. Elena Dubovitskaya, Fristsetzung im Schuldrecht: Neue Obliegenheit für den säumigen Schuldner?, JZ 7(2012), S. 330; Wolfgang Ernst, in: Münchener Kommentar BGB, 2012, §323 Rn. 77.

[3] Vgl. Elena Dubovitskaya, Fristsetzung im Schuldrecht: Neue Obliegenheit für den säumigen Schuldner?, JZ 7(2012), S. 329f.

[4] 参见郝丽燕：《论宽限期设置解除合同》，载王洪亮、田士永等主编：《中德私法研究：民商合一与分立》第 15 卷，北京大学出版社 2017 年版，第 221 页。

[5] Vgl. Elena Dubovitskaya, Fristsetzung im Schuldrecht: Neue Obliegenheit für den säumigen Schuldner?, JZ 7(2012), S. 333.

(二)对拖延选择的预防

若采纳实际履行绝对优先原则,那么,债权人应当首先请求债务人在合理期限内履行。但有疑问的是,若债权人迟迟不主张实际履行请求权,债务人是否只能徒劳等待?应当如何保障债务人的利益?或许有观点认为,可以通过诉讼时效制度,然而只要债权人并未请求实际履行,那么,实际履行请求权就尚未届期,诉讼时效亦无从起算。[1] 另一或许可行的路径是,依据《民法典》第620条与第621条,买受人应当及时检验标的物并且在履行不符合约定时通知出卖人,若未及时检验通知,则视为标的物符合约定。上述规定虽然可以督促买受人尽快检验通知,然而无法督促买受人在检验通知后尽快作出选择,即是否设定实际履行的宽限期。况且,《民法典》第620条与第621条被规定于买卖合同章,无法直接应用于整个合同编。

假如不采纳实际履行绝对优先原则,那么,依据《民法典》第582条,在履行不符合约定时,债权人可根据标的的性质与损失的大小,合理选择请求承担实际履行、减价等违约责任。换言之,即使不采纳实际履行绝对优先的原则,债权人仍有合理选择的"义务"。不过,第582条所谓的合理,更侧重于对于违约救济措施之选择的合理性,并未规定债权人应当在合理的期限内作出选择。此外,《民法典》第591条规定的减损规则虽然在一定程度上可以督促债权人尽快作出选择以免损失的进一步扩大,然而,若其仍旧怠于选择,最终的后果无非是损害赔偿额度的扣减,[2] 但是无法弥补债务人的其他利益,如通过完成给付尽快从合同义务中解放。

总之,现行法无法充分因应债权人拖延选择的问题,但是,从当事人利益衡量的角度来看,债权人理应在合理期限内作出选择,要么作出是否设定宽限期的选择(若采实际履行绝对优先原则),要么依据《民法典》第582条选择一种违约救济措施并向债务人主张(若认为实际履行并不绝对优先),否则将引发诸多问题。特别是在实际履行绝对优先的原则下,若债权人不作出是否设定宽限期的选择,在债务人具备履行能力与履行意愿时,徒劳的等待不仅会提高债务人的仓储成本,而且也影响债务人的其他安排。与实际履行绝对优先原则相伴而生的宽限期模式原本是为了保障债务人的供与利益,使其可通过更低的成本完成实际履行。[3] 而债权人的拖延选择则与之背道而驰,将削弱宽限期模式的规范意旨。

有鉴于此,制定法应当为债权人的拖延选择配备合理的应对措施,而允许债务人主动补救不失为一条妥当的路径。在补救权模式下,若债权人拖延选择,债务人可主动提出给付,从而避免相应的不利后果。如此,不仅可以让法律关系重

---

[1] 有学者认为,如果将"继续履行"(本文所指的"实际履行")认定为独立于原给付请求权的另一项请求权,那么,继续履行请求权应当是不定期行为。参见贺栩栩:《论买卖合同法中继续履行规则的完善》,《政治与法律》2016年第12期。

[2] 相似观点参见朱心怡:《不完全履行下债权人救济途径选择权之限制》,《法学》2022年第4期。

[3] Ähnlich Hans Christoph Grigoleit/ Thomas Riehm, Die Kategorien des Schadensersatzes im Leistungsstörungsrecht, AcP 203(2003), S. 734f.

新进入稳定状态,还可以与债权人的选择形成赛跑关系,[1]即,如果债权人并不想要债务人的给付,那么,应当在发现违约情形后尽快选择其他的违约救济措施,如替代给付的损害赔偿或者减价等。

(三)债务人的判断优势

相比于债权人,债务人对于自身的履行状况有更为精准的把握,其不仅可以判断自己处于何种履行障碍类型中,还可判断采用何种补正履行的方式更为有效,或者更有助于合同目的的实现。[2]尤其是,对于具备专业知识与行业资源的债务人而言,其可以更加精确地比较,修理与更换之间的成本高低。[3]在补救权模式下,允许债务人主动提出给付,也就意味着债务人可结合自身的判断优势,选择最低成本且能实现合同目的的补正方式,如此,既可节约资源,也可达成与宽限期模式相同的目的,即保障债务人的供与利益。[4]

不过,债务人对于补正方式的选择,不应损及债权人的利益,换言之,债务人的主动补救对债权人而言应当是合理或适当的。对此,《国际商事合同通则》(Principles of International Commercial Contracts,PICC)第7.1.4条、CISG第48条均可作为借鉴对象。[5]

(四)损害赔偿的正当性

如前所述,有学者认为,基于替代给付的损害赔偿与解除在法效果上的相似性,替代给付的损害赔偿之适用前提应当与《民法典》第563条第1款保持一致。[6]由此,对于实际履行的模式选择,实际履行绝对优先与宽限期模式的组合成为唯一选择。对此,本文难以认同,除了前文所述的诸多理由,最核心的理由还在于,

---

[1] Vgl. Marcus Schönknecht, Die Selbstvornahme im Kaufrecht: Eine Untersuchung der voreiligen Mangelbeseitigung durch den Käufer unter Berücksichtigung der Parallelproblematik im UN-Kaufrecht, 2007, S. 127ff. 对此,亦有不同观点,即《联合国国际货物销售合同公约》采实际履行优先原则,vgl. Christian Zwarg, Der Nacherfüllungsanspruch im BGB aus Sicht eines verständigen Käufers, 2010, S. 52; Thomas Riehm, Der Grundsatz der Naturalerfüllung, 2015, S. 452 ff.

[2] 参见武腾:《出卖人的违约补救权》,载梁慧星主编:《民商法论丛》第55卷,法律出版社2014年版,第5页。

[3] See Reinhard Zimmermann, The New German Law of Obligations: Historical and Comparative Perspectives, Oxford University Press, 2005, p. 100.

[4] 相似观点参见武腾:《救济进路下不完全履行的定位与效果》,《法律科学(西北政法大学学报)》2021年第3期;亦有观点认为,结合《民法典》第582条(《合同法》第11条),债权人(买受人)可以选择修理或更换,参见王洪亮:《债法总论》,北京大学出版社2016年版,第297页。

[5] PICC第7.1.4条第(1)款规定:"(1)违约方可自己承担费用进行补救,但须符合下述条件:(a)违约方毫不迟延地通知守约方其拟进行补救的方式与时间;(b)该补救在具体情形下是适当的;(c)守约方拒绝补救并无合法利益;并且(d)补救立即进行。"CISG第48条第1款规定:"在不违反第49条的情况下,即使在交货日期后,卖方仍可自费对任何不履行义务作出补救,但是,这种补救不得造成不合理的迟延,也不得使买方遭受不合理的不便,或者无法确定卖方是否将偿还其所预付的费用。不过,买方保留本公约所规定的要求损害赔偿的权利。"

[6] 参见李承亮:《以赔偿损失代替履行的条件与后果》,《法学》2021年第10期;德国学者亦持相同观点,参见[德]海因·克茨:《德国合同法》,叶玮昱、张焕然译,中国人民大学出版社2022年版,第365页。

解除与替代给付的损害赔偿有不同的内在逻辑:前者侧重于合同关系是否有必要继续维持,后者侧重于填补债权人因未获实际履行而遭受的损失。基于此种区别,解除以根本违约为前提,而不讨论可归责性;而替代给付的损害赔偿则受到可归责性的限制。[1] 即使在采用宽限期解除模式而非根本违约解除模式的德国法中,对于损害赔偿与解除,也有可归责性要件的差异。[2]

既然替代给付的损害赔偿之目的在于填补因未获实际履行而遭受的损失,那么,其构成要件的考量因素就应当集中于如下两方面:一方面,损害赔偿的范围应当有所限制,即通过可归责性要件加以限制;另一方面,获得损害赔偿的债权人能否从他处获得实际履行从而实现合同目的。如果债权人能从第三人获得相同或相似的履行,在债务人违约后径自选择替代给付的损害赔偿也就具备了正当性,而非必须等待宽限期届满且债务人未完成履行这一结果的出现。尤其是在标准化生产或者服务已然极为普遍的现代社会中,债权人不仅很容易从市场上寻得替代交易,甚至从第三人处获得履行的成本不见得高于债务人亲自履行的成本。[3] 还可能出现的情况是,在卖方迟延交货时,标的物的市场价格下跌,如果买方仍然要求继续履行,就意味着他用高于市场价的价格购买了标的物,这显然不如主张损害赔偿对其更为有利。[4] PICC 第 7.2.2 条就体现了此种考量,直接将"市场易得"作为实际履行请求权的排除事由。当然,如果合同目的之实现有赖于债务人本人的亲自履行,或者说,履行内容具有不可替代性,那么,在补救权模式下,债权人同样可通过尽快向债务人请求实际履行实现合同目的。毕竟,补救权模式虽然强调债务人的主动补救,但也并不否认债务人在各项违约救济措施中的选择自由。

另外,损害赔偿的正当性来源在不同法系中有所不同。与大陆法系不同,在英美法以及国际契约法中,损害赔偿责任之基础在于合同的担保允诺,[5] 因此,强制履行(本文所指的"实际履行")仅是例外的救济措施。[6] 换言之,在损害赔偿不足以提供充分救济的情形下,实际履行才会被考虑。[7] 就此而言,在并无充分证据证明我国违约救济体系完全继受德国法时,也很难说,在实际履行的模式选择上,宽限期模式比补救权模式更有正当性。

更为重要的是,在债务人不愿意履行时,实体法上的权利能否得到完满实现取决于强制执行措施能否充分发挥效用。违约损害赔偿多数时候体现为金钱赔

---

[1] 类似观点参见[韩]成升铉:《联合国国际货物销售合同公约解除制度模式的比较法史研究》,崔吉子译,《清华法学》2011 年第 5 期。

[2] 参见王吉中:《迟延损害催告要件的制度意义与规范选择》,《南大法学》2022 年第 5 期。

[3] 参见程坦:《减损义务对履行请求权的限制及其路径:破解合同僵局的一种思路》,《中外法学》2021 年第 4 期。

[4] Vgl. Hein Kötz, Europäisches Vertragsrecht, 2. Aufl., 2015, S. 289.

[5] Vgl. Hein Kötz, Europäisches Vertragsrecht, 2. Aufl., 2015, S. 369.

[6] 参见黄松茂:《债务不履行损害赔偿之体系——给付不能概念之重生与再造》,《政大法学评论》第 151 期(2017 年 12 月)。

[7] 参见张梓萱:《替代交易与继续履行请求权》,《南大法学》2022 年第 1 期。

偿的形式(即价值赔偿与恢复原状的费用赔偿),相比于金钱债权的强制执行,实际履行请求权的执行更为困难。出于对债务人之人格尊严与人身自由的维护,诸多实际履行请求权的执行仅能通过间接强制的方式,如艺术表演、绘画创作等。那些履行内容体现为交付标的物的请求权,看似可以通过直接强制的方式得到完满执行,在具体操作中也是困难重重,尤其是在标的物尚未特定化的时候,例如,债务人尚未购入或者生产某一标的物,直接强制执行显然不可行。[1]总之,就实际履行请求权的执行而言,直接强制与间接强制这两类执行措施能否发挥作用,很大程度上仍然取决于债务人的履行能力与履行意愿。相较之下,替代执行对债务人的依赖程度较弱,通过执行第三人履行的费用亦可实现债权人本意欲追求的合同目的。[2]不过,替代执行的适用范围有限,其仅限于具有替代性的行为义务。

余论

因现行法对于实际履行的模式并未作出明确规定,因此,有必要全面审视宽限期模式与补救权模式的优劣之处,得出妥当结论,以期为相关争议提供学理支持。不论是宽限期模式还是补救权模式,其目的均在于使得合同的履行状态在合理期间内再度稳定,但也都面临因当事人判断能力不足或者判断偏差所导致的不确定性问题,此种不确定性最终可能要延续至法院庭审阶段才得以结束。当然,在诉诸法院之前,也可尽力通过完善的制度设计加以避免,宽限期模式主要通过"一刀切"地保障实际履行的优先地位从形式上减轻债权人的判断困难,不过,某些情形下,宽限期本身对债权人与债务人而言,都有可能构成时间利益的浪费。相较之下,补救权模式更为高效,可促成债务人与债权人尽快作出行动。诸多国际契约法在文本上更加侧重于债务人的主动补救(如主动补救的适用前提与除外情形),不过,本文以为,补救权模式的核心在于促成了债务人与债权人之间的赛跑关系,债务人若要对抗债权人的选择,应当主动积极地补救,而这也可以保障其自身利益,如通过更低的成本完成履行,或者通过尽快履行,节约货物的仓储压力;而债权人若要维护自身的选择自由,也可抢先作出选择,尤其是在标的物的市场价格下跌时。

基于《民法典》的现有规定、当事人的利益判断、比较法观察等视角,可以认为,相比于宽限期模式,补救权模式是更加妥当的路径。但不可否认,补救权模式的效用发挥——保障债务人的供与利益且尽快促成合同关系的再度稳定,还有赖于补救权模式与其他制度的协调。具体而言,债务人的主动补救能否对抗债权人的解除通知?何种情形下,在债务人主动补救时债权人可以拒绝受领?履行迟延的催告要件在债务人主动补救时是否仍有必要?若无须催告,如何确定迟延损害的计算时点?上述问题的解决,一方面仍须对现行法作进一步挖掘,另一方面,还有待司法实践的进一步发展与补充。

---

[1] Ähnlich Hein Kötz, Europäisches Vertragsrecht, 2. Aufl., 2015, S. 293.
[2] Vgl. Thomas Riehm, Der Grundsatz der Naturalerfüllung, 2015, S. 40.

保证保险的销售规制
——以搭售行为的法律界定与溯源治理为中心[1]

任自力*
崔若雨**

摘　要	国内保证保险销售中存在诸多损害金融消费者基本权利、背离金融监管要求的行为,并引发了大量纠纷,相关纠纷的化解有赖于对保证保险搭售行为的有效规制,须从两个方面入手:一是应对保证保险搭售行为的含义、类型与不同规制方式进行法律界定,明确强制搭售行为的认定标准;二是应采取溯源治理方式,明确以金融消费者权益保护为核心的治理理念,不断完善金融监管与能动司法协同的治理进路,确保金融消费者的基本权利落到实处。
关键词	保证保险;金融消费者;搭售;强制搭售;溯源治理
目　次	一、保证保险搭售行为的理论基础 　　(一)搭售含义的词源考察 　　(二)搭售行为的经济学分析 　　(三)保证保险的搭售行为分析 二、保证保险搭售的特征与裁判规则考察 　　(一)保证保险搭售及其监管规则的实证分析 　　(二)保证保险搭售争议的司法裁判规则考察 三、保证保险强制搭售的认定标准思考 　　(一)强制搭售认定标准的域外经验借鉴 　　(二)规制保证保险强制搭售的域内标准思考 四、保证保险强制搭售的溯源治理进路 　　(一)坚持以金融消费者权益保护为核心的治理理念 　　(二)不断完善金融监管与能动司法协同的治理进路 结语

保证保险作为一种兼具担保功能的财产保险产品,近年来在助力国家拉动内需、促进消费、落实普惠金融政策方面发挥着重要作用。但同时,保证保险销售中也存在着诸多乱象,其中最为普遍、广受市场诟病的是相关金融机构通过强制搭售方式来销售保证保险的行为。该行为不仅背离了国家强化金融消费者权

---

[1] 本文为中央高校基础科研业务费项目"国家治理现代化与养老保险法制完善研究"(KG16184301)的阶段性研究成果。

　* 任自力(1971—),北京航空航天大学法学院教授,法学博士。研究方向:保险法、信托法。
　** 崔若雨(1997—),北京航空航天大学法学院民商法专业博士研究生。研究方向:保险法、信托法。

益保护的监管要求、侵害了金融消费者进行自主、公平交易的权利,且引发了海量纠纷。本文拟从搭售的含义界定出发,通过对保证保险销售中搭售类型与监管及司法裁判现状的实证分析,探讨对保证保险搭售行为的法律界定,并从溯源治理角度提出相应改进建议,以期实现对保证保险销售行为的有效规制。

一、保证保险搭售行为的理论基础

(一)搭售含义的词源考察

搭售,是一种"附条件的购买",是指经营者将两种商品组合销售,[1]要求购买其商品或服务的买方同时也购买另一商品或服务的行为。其中第一种商品可被称为搭售品,第二种商品则被称为被搭售品。[2] 按照部分权威词典中的解释,搭售,是指"硬性搭配着出售(多指热销商品搭配滞销商品)",[3]"将滞销商品与紧俏商品搭配在一起出售;搭售商品是损害消费者利益的行为"。[4] 搭售在英文中为"tying"或"tie-in",与之相近的常见表达为搭售合同、捆绑销售,是指出卖人与买受人约定,除非买受人同时购买不同的商品或服务才可以购买某一特定商品或服务的协议。[5] 搭售的适用范围广泛,不限于买卖合同,不仅涵盖常见的物,亦包括服务(劳务)、信贷(货币)及有价证券等。[6]

在很多文献中,搭售与捆绑销售是同义词,可互换使用。但也有观点认为二者间存在一定区别。比如有观点认为,捆绑销售涉及的产品一般是固定搭配的,而搭售涉及的产品不一定存在固定搭配,对被搭售产品的单独购买亦不存在限制;[7]捆绑销售泛指两种或者两种以上的商品以打包的形式进行销售,[8]包括将容量包装不同的同一种产品进行打包销售,[9]也包括将两种或两种以上的产品打包后,以一个特殊价格进行销售。[10] 有观点认为,捆绑销售分为纯捆绑销售和混合捆绑销售。纯捆绑销售(即搭售)是指把两个商品放在一起来销售、只有

---

[1] 参见郑鹏程:《论搭售的违法判断标准》,《中国法学》2019年第2期。
[2] 参见许光耀:《搭售行为的反垄断法分析》,《电子知识产权》2011年第11期。
[3] 中国社会科学院语言研究所词典编辑室编:《现代汉语词典》(第7版),商务印书馆2016年版,第231页。
[4] 翰林辞书编写组主编:《现代汉语大词典》,江西教育出版社2014年版,第174页。
[5] 搭售合同、捆绑销售,对应的英文表达为tying arrangement,tying agreement,或tie-in agreement。参见薛波主编:《元照英美法词典》,法律出版社2003年版,第1365页;[美]D. 格林沃尔德主编:《现代经济词典》,《现代经济词典》翻译组译,商务印书馆1981年版,第454页。"Tying,捆绑销售。金融机构以另一种金融交易为条件,如购买保险,与客户达成一种金融交易,如批准贷款,这是法律禁止的销售行为。"陆荣华编著:《精编英汉保险词典》,中国金融出版社2009年版,第1147页。
[6] 王健:《搭售法律问题研究——兼评美国微软公司的搭售行为》,《法学评论》2003年第2期。
[7] 吴汉洪、钟洲:《论搭售的反垄断争议》,《中国人民大学学报》2016年第4期。
[8] 汪蓉:《消费者态度忠诚对转换意愿的影响机制研究:基于我国移动通信市场捆绑销售案例的实证分析》,人民日报出版社2017年版,第19页。
[9] William James Adams & Janet L. Yellen, Commodity Bundling and the Burden of Monopoly, *The Quarterly Journal of Economics*, 1976, Vol. 90:475, pp. 475-498.
[10] Joseph P. Guiltinan, The Price Bundling of Services: a Normative Framework, *Journal of Marketing*, 1987, Vol. 51:74, pp. 74-85.

一个价格，消费者不能单独购买；混合捆绑销售是指把两种可以分开单独销售的商品放在一起进行销售。[1] 依此观点，搭售是捆绑销售的下位概念。

鉴于我国现行金融监管规范与司法判决中对于搭售与捆绑销售均未作明确区分，人们在日常生活中也经常对二者进行混用，故在本文以下论述中，除非另有特别说明，二者是同义语，可互换使用。

(二)搭售行为的经济学分析

从经济学角度而言，搭售行为具有正负两方面的效应。一方面，搭售行为有利于搭售实施主体整合营销资源、优化定价效率、扩大经营者市场影响力，并降低消费者的购买价格与交易成本。[2] 芝加哥学派的经济分析理论对此曾有专门论述，即搭售能够带来降低交易成本、消除双重加价、质量保证、商誉维护等诸多效率收益。[3] 另一方面，搭售也可能导致经营者滥用市场优势地位、实施垄断行为，限制交易对手的自主选择权和公平交易权，甚至可能扭曲商品交易价格、妨碍市场公平交易秩序的形成。从国际市场实践来看，因搭售多由在搭售品市场占据支配地位的经营者实施，且常涉嫌违背消费者意愿，故是欧美反垄断与反不正当竞争机关长期以来的关注对象。[4] 从国内实践来看，市场交易中的搭售现象具有普遍性，并是立法与监管部门长期以来的规制重点之一。如我国1993年颁布的《中华人民共和国反不正当竞争法》(以下简称《反不正当竞争法》)中即有针对搭售行为的明确规制，该法第12条规定，经营者销售商品，不得违背购买者的意愿搭售商品或者附加其他不合理的条件。2007年颁布的《中华人民共和国反垄断法》(以下简称《反垄断法》)第17条第5款则将"没有正当理由搭售商品，或者在交易时附加其他不合理的交易条件"列为具有市场支配地位的经营者滥用市场支配地位的情形之一。[5] 2017年，在修订《反不正当竞争法》时，立法机构考虑到《反垄断法》已对搭售行为作出规定，在《反不正当竞争法》中保留搭售不符合自由竞争要求和市场效率取向，遂将此条删除。[6] 之后，国内市场中的搭售行为主要受《反垄断法》调整，学界对于搭售的讨论也多集中于反垄断领域。但搭售行为不应仅限于反垄断领域，因其不仅涉及市场经营者之间的竞争与市场垄断问题，更直接关系到广大消费者的合法权益保护问题。在金融产品或服务销售领域，经营者实施的搭售行为，可能损及金融消费者[7]知情权、自主选择

---

[1] 李剑：《搭售的经济效果与法律规制》，中国检察出版社2007年版，第33页。

[2] See Christian Ahlborn, David S. Evans & A. Jorge Padilla, The Antitrust Economics of Tying: A Farewell to per Se Illegality, *Antitrust Bulletin*, 2004, Vol. 49:287, pp. 287-342.

[3] 参见曾兴亮、任超锋、李海明：《搭售理论：传统见解与现代智识》，《兰州学刊》2009年第12期。

[4] 吴汉洪、钟洲：《论搭售的反垄断争议》，《中国人民大学学报》2016年第4期。

[5] 2022年《反垄断法》修订过程中，该条变更为第22条，内容并无实质性改变。

[6] 参见孔祥俊：《论反不正当竞争法修订的若干问题——评〈中华人民共和国反不正当竞争法(修订草案)〉》，《东方法学》2017年第3期。

[7] 理论界对金融消费者的概念及范围素有争议，本文所述的金融消费者，是指接受金融商品或服务的自然人、法人或非法人组织。参见任自力：《金融消费者与消费者、投资者的关系界分》，《中国政法大学学报》2021年第6期。

权等基本权利的实现,进而妨碍金融市场良好交易秩序的形成。若经营者的搭售行为构成胁迫或欺诈等,还可能影响到合同本身的效力。因此,本文认为,在审视搭售行为时,应全面考虑其对市场竞争及消费者权益的影响,并应针对其不同行为表现采取不同的规制措施。

(三)保证保险的搭售行为分析

作为一种兼具担保功能的财产保险品种,保证保险具有增信融资等功能,近年来在促进国内消费市场发展、推动普惠金融与实体经济发展等方面发挥了重要作用。[1] 监管部门对于保险机构探索开展中小企业担保贷款保证保险等业务也一直持积极鼓励态度。[2] 但保证保险销售过程中,也产生了大量争议,从十几年前的汽车贷款保证保险纠纷,到近年来的消费金融纠纷以及企业融资贷款保证保险纠纷,纠纷的大量涌现给各地司法机关的审判工作带来了显著压力。相关纠纷发生的重要原因之一是保证保险的搭售问题。

保证保险的搭售,是指在信贷业务中,贷款人要求借款人同时购买指定保证保险产品(如个人贷款保证保险等)的行为。相比于传统商品销售中的搭售,保证保险的搭售具有如下特殊性。第一,实施主体具有特殊性。保证保险的搭售主要由商业银行、金融消费公司等金融机构实施。与普通企业相比,这些金融机构具有相对严格的市场准入门槛和内部风控制度,并在交易中处于优势地位。第二,法律关系较为复杂且涉及多方主体。保证保险的搭售通常存在多份合同、多方主体,具体包括作为基础法律关系主体的商品买卖双方、贷款人(商业银行等金融机构)、借款人(商品买方/投保人)、保险人(保证保险产品提供者)、网络助贷平台等信息服务提供方,并存在商品销售合同、贷款合同、保证保险合同、信息服务合同以及贷款人、借款人和保险人共同签署的三方合同等。其中的贷款合同与保证保险合同存在紧密关联,贷款人同意向借款人提供贷款的前提是借款人需购买一份以贷款银行为第一受益人的保证保险产品。第三,搭售商品的特殊性。保证保险作为搭售商品,其是一种无形商品,代表的是一种未来的服务。贷款人搭售保证保险的目的主要是针对借款人的还款能力提供担保和增信,确保借款人欠缺还款能力时,自己的贷款债权能够得到顺利清偿。保证保险合同的订立必须以基础债权债务关系(即贷款关系)的存在为原因和前提。同时,与传统民法中的担保不同,保证保险合同与贷款合同在性质上是相互独立的,贷款合同的存续和效力并不必然影响保证保险合同的存续和效力,保证保险只是为贷款合同项下债权提供担保的方式之一。[3]

---

[1] 参见谢菁、赵泽皓、关伟:《我国保证保险发展现状、困境与优化建议研究》,《金融理论与实践》2022年第6期。
[2] 参见《中国保监会、工业和信息化部、商务部、人民银行、银监会关于大力发展信用保证保险服务和支持小微企业的指导意见》(保监发〔2015〕6号),2015年1月8日。
[3] 参见任自力:《保证保险法律属性再思考》,《保险研究》2013年第7期。

近年来,国内保证保险销售中普遍存在的搭售现象,引发了消费者的大量投诉。[1] 为规范市场交易秩序,监管部门已采取相应规制措施。比如,《中国银监会关于整治银行业金融机构不规范经营的通知》(银监发〔2012〕3号)规定,银行业金融机构不得借贷搭售,不得在发放贷款或以其他方式提供融资时强制捆绑、搭售理财、保险、基金等金融产品。[2]《国务院办公厅关于加强金融消费者权益保护工作的指导意见》(国办发〔2015〕81号)规定,金融机构应充分尊重金融消费者意愿,由消费者自主选择、自行决定是否购买金融产品或接受金融服务,不得强买强卖,不得违背金融消费者意愿搭售产品和服务。[3]《中国银保监会办公厅关于开展银行保险机构侵害消费者权益乱象整治工作的通知》(银保监办发〔2019〕194号)中将强制捆绑、搭售列为银行业保险业侵害消费者权益乱象的表现形式,并要求相关银行或保险机构进行整治。《银行保险机构消费者权益保护管理办法》[4](中国银行保险监督管理委员会令2022年第9号)及《保险销售行为管理办法》(国家金融监管总局令2023年第2号)中也对保险机构强制捆绑、强制搭售保险产品的行为作出了明确的禁止性规定。从这些规定来看,监管部门并未对所有的搭售行为一概禁止,其禁止的主要是强制搭售行为。[5] 基于这些规定,我们或可得出一个结论——搭售行为本身并不必然违规,违规的是其中的强制搭售行为。毕竟,强制搭售行为违背了交易当事人的真实意愿,而合同有效的前提之一是交易双方间存在真实合意。当然,这些部门规章或规范性文件中针对保证保险强制搭售行为的具体认定仍缺乏明确标准。2023年,最高人民法院发布的《全国法院金融审判工作会议纪要(征求意见稿)》第52条中首次尝试对保证保险销售过程中强制搭售的认定标准及法律效果进行厘清,该规定虽然只是征求意见稿,但其内容亦可为相关司法实践提供一些重要参考。

二、保证保险搭售的特征与裁判规则考察

(一)保证保险搭售及其监管规则的实证分析

笔者以"搭售+保证保险"及"捆绑销售+保证保险"为关键词在"国家金融

---

[1] 如原银保监会湖南省监管局《湖南银保监局提示金融消费者——正确认识个人贷款保证保险业务》(2022年1月18日)、原银保监会山西省监管局《山西银保监局关于购买个人贷款保证保险的消费提示》(2021年3月11日)等公告通知中均提到,部分消费者反映贷款保证保险存在一些问题,包括投保不知情、强制投保、信息不透明等,影响自身权益。

[2] 参见原银监会《中国银监会关于整治银行业金融机构不规范经营的通知》(银监发〔2012〕3号)第1条。

[3] 参见《国务院办公厅关于加强金融消费者权益保护工作的指导意见》(国办发〔2015〕81号)第3条。

[4] 此办法第26条规定:"银行保险机构销售产品或者提供服务的过程中,应当保障消费者自主选择权,不得存在下列情形:(一)强制捆绑、强制搭售产品或者服务;(二)未经消费者同意,单方为消费者开通收费服务;(三)利用业务便利,强制指定第三方合作机构为消费者提供收费服务;(四)采用不正当手段诱使消费者购买其他产品;(五)其他侵害消费者自主选择权的情形。"

[5] 从这个角度来说,前述部分权威词典中将搭售解释为硬性搭配出售、是损害消费者利益的行为或者将之纳入法律禁止性行为的表述显然与国家金融监管规范的界定存在偏差。

监督管理总局"官方网站进行检索,共获取原保监会、原银保监会、国家金融监督管理总局及各地方分局发布的行政处罚信息公开表、行政处罚决定书、关于购买个人贷款保证保险的消费提示与情况通报等相关文件合计87份。[1] 通过对这些文件的梳理,可以发现保证保险搭售的具体情况及其监管规则存在如下特征。

第一,保证保险的搭售场景具有多样性。除了针对个人的车辆贷款保证保险、住房按揭贷款保证保险、日常消费品贷款保证保险,还有针对农户的扶贫小额贷款保证保险,针对企业的融资租赁贷款保证保险、小微企业贷款保证保险,以及在健康险或交强险等保险产品销售过程中搭售的保证保险等。

第二,保证保险的搭售类型包括显性搭售与隐性搭售。显性搭售,是指贷款人提供信贷服务时,利用其市场相对优势地位明确要求借款人必须购买某种保证保险,这种搭售安排表达非常明确,不生歧义。[2] 隐性搭售,是指贷款人在提供信贷服务过程中,虽未直接要求借款人必须购买保证保险,但暗藏"搭售"条件,如利用网络自动跳转、默认勾选等手段,使消费者接受其条件,购买可能对其而言并非必要的保证保险。[3] 二者相较,隐性搭售更具隐蔽性与欺骗性,但效果与显性搭售相同。[4]

第三,保证保险的搭售通常伴随着销售误导行为。比如,有监管文件将搭售明确列为销售误导的主要类型之一。[5] 有监管文件指出,部分金融机构用较小字号、默认勾选等方式,使消费者在不知情、难以察觉的情况下,出让一些权利或被捆绑搭售金融产品,此类行为是一种未经金融消费者明示同意变相强制搭售的不诚信行为。[6] 也有监管文件将强制搭售与销售误导进行了区分。[7] 本文认为,监管文件中对于搭售与销售误导之间关系的不同表述说明二者间的边界

---

[1] 最后检索时间截至2024年4月20日,鉴于国家金融监督管理总局官网上只保留了部分原银保监会及其分支机构的相关监管或处罚信息,本文所检索到的87份监管文件发布于2014~2023年,并主要集中在2020年之后,故这些文件应该只是监管部门作出或发布的监管文件中的一部分而非全部。

[2] 如原银保监会消费者权益保护局于2019年4月发布的通报中指出,某银行开办的小额无抵押贷款业务,主要面向稳定受薪人士和小微企业客户,该类客群多数有房产/车辆或有社保/寿险保单记录,除借款保证保险外,该类客户群体应有权利选择其他增信方式,但该业务借款人的授信准入条件仅为"已向相关保险公司投保个人贷款保证保险",未区分借款人信贷风险水平和授信状况,强制捆绑借款人购买指定财产公司的保证保险。参见《中国银保监会消费者权益保护局关于光大银行侵害消费者权益情况的通报》(银保监消保发〔2021〕3号),2021年2月3日。

[3] 参见原银保监会重庆市监管局《重庆银保监局消费提示四 关于互联网保险的消费提示》,2020年9月14日;原银保监会青海省监管局《关于警惕互联网销售平台金融消费套路的风险提示》,2021年10月28日;原银保监会黑龙江省监管局《黑龙江银保监局消费者风险提示:谨慎购买金融产品 防范销售误导风险》,2023年3月14日。

[4] 参见王健:《搭售法律问题研究——兼评美国微软公司的搭售行为》,《法学评论》2003年第2期。

[5] 如原银保监会黑龙江省监管局2023年3月14日发布的《黑龙江银保监局消费者风险提示:谨慎购买金融产品 防范销售误导风险》中将搭售规定为变相误导消费者、诱使消费者购买非必要产品或服务的行为。

[6] 参见原银保监会青海省监管局《关于警惕互联网销售平台金融消费套路的风险提示》,2021年10月28日。

[7] 如监管部门认定某银行的主要违法违规事实有二:一是误导销售保险产品,二是强制借贷搭售。参见原中国银保监会浙江监管局行政处罚信息公开表(浙银保监决字〔2021〕21号)。

确实存在一定的模糊性,二者的共性是都可能违背交易对手的真实意愿。

第四,监管部门处罚文件中对搭售、强制搭售、捆绑销售等术语大多未做严格区分。虽然现行监管规范中对于搭售及其含义的界定存在逐步清晰化趋势,即禁止的主要是强制搭售行为,但在近年来监管部门作出的诸多处罚文件中,对于"搭售""违规搭售""强制搭售""强制捆绑""捆绑销售"等术语大多未作严格区分。

(二)保证保险搭售争议的司法裁判规则考察

笔者以"保证保险+搭售"及"保证保险+捆绑销售"为关键词在"北大法宝"进行检索,共获取法院判决 151 份(涉及 144 个案件),其判决时间介于 2018~2024 年,并主要集中在 2020~2023 年。[1] 经分析发现,当事人在相关案件中的争议焦点主要有二:一是保证保险的销售是否构成搭售或强制搭售;二是搭售或强制搭售会否影响保证保险合同的效力。

首先,关于保证保险的销售是否构成搭售或强制搭售。根据搭售行为本身是否违反交易对手的主观意愿或者是否构成对交易对手的胁迫,可将保证保险的搭售分为强制搭售和非强制搭售两类。不论是从我国修改前的《反不正当竞争法》抑或现行《反垄断法》中关于搭售的规定来看,立法对于搭售并未采取一律禁止的做法,立法禁止的仅是其中违背购买人意愿或没有正当理由的搭售(强制搭售)。考虑到搭售行为具有的正负两方面效应,本文认为,对于保证保险搭售行为的规制应以其中的强制搭售为目标,对于交易相对人充分了解和知悉的非强制搭售行为,应充分尊重当事人的自由合意,不应将其纳入规制范畴。但从检索到的法院判决来看,法院在审理涉保证保险搭售纠纷时,很少区分搭售与强制搭售,这与监管处罚文件中未严格区分搭售与强制搭售,以及主审法官对搭售含义可能存在不同理解[2]有关。

从已有判决来看,法院在保证保险销售是否构成搭售或强制搭售问题上多持否定态度。否定理由主要包括:(1)证据不足以证明构成搭售或强制搭售;(2)贷款人有权要求借款人为其借款提供合理的担保,保证保险可以为贷款人的借款安全提供保障,减少信用风险;(3)投保保证保险是投保人基于自身资金及信用情况作出的自愿选择,投保人对于投保行为及其后果有(或应当有)明确认知。

在保证保险的线上或线下销售中,虽然"不投保、不放贷"现象在实践中普遍存在,但投保人通常很难举证证明保证保险的销售行为构成了对自己的欺骗、胁迫或强制交易,或者自己对交易存在重大误解。因为,保证保险的销售中即使存在误导或强制交易行为,销售人员也不会把该对己方不利的情形进行留痕记录,

---

[1] 最后检索时间截至 2024 年 3 月 29 日。鉴于早在 2010 年,国内法院已审理了大量汽车消费贷款保证保险案件,以及 2012 年原银监会在监管文件中已对银行业金融机构搭售保险等产品的行为进行了明确禁止,故此,涉及保证保险搭售或捆绑销售的案件数量从理论上推测应远不止 144 件。

[2] 例如,部分法官可能将搭售理解为违背交易对手意愿的强制搭售,另有部分法官则将搭售理解为包括强制搭售与非强制搭售两类。

记录下来的基本都是监管部门要求的规范化销售流程,投保人在相关文件上的签字或电子签名的真实性也通常可以得到验证或核实。基于民事诉讼举证责任规则,在投保人无法提供证据证明自己受欺诈误导、被强制交易且投保人在签署贷款合同与保证保险合同等交易文件后大多存在部分实际履约行为(如归还贷款或支付保险费等)的情形下,法院通常会以投保人本身作为完全民事行为能力人、应对自己签字等行为的法律后果有明确认知为由,认定其对投保情况属于明知和自愿、非强制性交易,[1]进而以证据不足为由对其有关搭售或强制搭售的主张不予支持。[2] 在本文检索到的 151 份判决中,只有 2 份判决(系同一个案例的一、二审判决)认定贷款人的行为构成了搭售,[3]大多数判决均认定借款人有关搭售或强制搭售的主张不成立,另有 2 份判决对于是否构成搭售未作认定,[4]其余判决中法院亦均未支持投保人提出的合同无效或应撤销主张。从相关判决的具体行文来看,法院在认定保证保险搭售时的谨慎态度与现行金融监管规范性文件中对保证保险搭售行为进行规制的实质导向具有一致性,二者关注的重点均是违背投保人真实意愿的强制搭售行为。

单从上述判决结果来看,法院的审理结果对于保证保险的投保人而言无疑是不利的。这种结果与近年来金融监管部门曾认定或处罚了大量保证保险违规搭售或强制搭售行为的市场实践虽然存在明显差异,但考虑到法院与金融监管部门距离保证保险销售市场远近的不同以及二者在解决争议中角色定位的差异,上述判决结果本身仍具有其合理性。同时,本文认为,为更有效地规制市场中广泛存在的保证保险搭售行为,法院在未来裁判中有必要进一步明晰保证保险搭售与强制搭售的认定标准,并应尽早统一其用语。例如,法院在现有 151 份判决中针对保证保险搭售的用语较为混乱,包括搭售、强制搭售、恶意搭售、违法搭售、隐形搭售、隐性捆绑搭售、捆绑销售、强制捆绑销售、强制投保等。尽管这些案件中,当事人的争议焦点与法院的审理重点均系搭售行为是否违法违规、是否会导致保证保险合同的无效或被撤销,但围绕搭售用语的混乱状态显然无益于法院裁判规则的统一,也不利于为当事人提供准确的行为指引。并且,考虑到金融监管部门近年来发布的系列监管规范中明确禁止的始终是"强制搭售"而非所有搭售行为,以及金融监管的专业性,本文认为,法院有必要适时参考相关监管规范,在未来裁判中统一使用"搭售"或"强制搭售"术语,并对二者采取不同的规制措施;在新的立法定义出台之前,则应参考最新监管规范中对强制搭售的界定,适时明晰保证保险强制搭售的含义。

---

[1] 参见广东省广州市中级人民法院(2023)粤 01 民终 5323 号民事判决书。
[2] 如江苏省常州市中级人民法院(2022)苏 04 民终 5119 号民事判决书;广西壮族自治区南宁市中级人民法院(2021)桂 01 民终 5582 号民事判决书;江苏省无锡市中级人民法院(2021)苏 02 民终 5715 号民事判决书等。
[3] 参见广东省佛山市中级人民法院(2022)粤 06 民终 5980 号民事判决书。
[4] 参见四川省成都高新技术产业开发区人民法院(2021)川 0191 民初 10556 号民事判决书;河北省辛集市人民法院(2021)冀 0181 民初 3642 号民事判决书。

其次,搭售或强制搭售行为会否影响保证保险合同的效力。从前述 151 份法院判决的具体内容来看,保证保险合同的效力问题几乎是所有案件中当事人争议的焦点。该等案件中,投保人主要是援引《合同法》(已废止)第 52 条有关恶意串通或者违反法律法规强制性规定的内容来主张保证保险合同无效,或援引《合同法》第 54 条有关重大误解、显失公平、欺诈和胁迫的规定来主张撤销保证保险合同。[1] 从该 151 份判决的结果来看,法院未在任何一份判决中否定保证保险合同的效力。其中,绝大多数法院认为,投保人提交的证据不足以证明保证保险合同存在法定或约定的无效情形,也不足以证明存在可撤销合同的重大误解、显失公平、欺诈或胁迫情形,相关保证保险的销售不构成搭售或强制搭售,保证保险合同合法有效。[2] 某同一案件中的一、二审判决虽然均认定构成搭售,但法院并未否定保证保险合同的效力。[3] 另有个别案件,法院认为,是否存在搭售行为属于涉管理性规定情形,不影响保证保险合同的法律效力,[4] 或即使存在搭售行为,也属于金融监管部门的监管范畴,并不构成保单无效的必然条件。[5]

本文认为,单从强制搭售对保证保险合同效力的影响来看,确实可能引发合同无效或被撤销两种结果。无论是依据《合同法》还是《民法典》的规定,可据以主张合同无效的理由主要包括恶意串通、违反法律或行政法规的强制性规定,可据以主张撤销合同的理由主要包括欺诈、胁迫、重大误解和显失公平。因此,投保人若想否定保证保险合同的效力,要么其能够举证证明保证保险合同签订过程中存在欺诈、胁迫、恶意串通或重大误解,证明交易违背了其真实意愿、侵害了其知情权、自主选择权和公平交易权,要么其能够证明交易结果显失公平或者交易本身违反了法律法规的强制性规定。从前述 151 份判决的信息来看,投保人提出最多的主张或抗辩是交易存在欺诈、胁迫或者违反法律法规的强制性规定。鉴于欺诈的成立需要有欺诈人故意告知虚假情况或隐瞒真实情况、诱使投保人作出错误意思表示的行为,胁迫的成立需要有投保人受非法要挟下意思表示不

---

[1] 《合同法》第 52 条规定:"有下列情形之一的,合同无效:(一)一方以欺诈、胁迫的手段订立合同,损害国家利益;(二)恶意串通,损害国家、集体或者第三人利益;(三)以合法形式掩盖非法目的;(四)损害社会公共利益;(五)违反法律、行政法规的强制性规定。"《合同法》第 54 条规定:"下列合同,当事人一方有权请求人民法院或者仲裁机构变更或者撤销:(一)因重大误解订立的;(二)在订立合同时显失公平的。一方以欺诈、胁迫的手段或者乘人之危,使对方在违背真实意思的情况下订立的合同,受损害方有权请求人民法院或者仲裁机构变更或者撤销。当事人请求变更的,人民法院或者仲裁机构不得撤销。"以上条款在《民法典》施行后失效,相关内容为 2021 年 1 月 1 日生效的《民法典》第 147~155 条、第 563 条所取代。

[2] 如广东省广州市中级人民法院(2021)粤 01 民终 23250 号民事判决书、山东省烟台市中级人民法院(2023)鲁 06 民终 8465 号民事判决书等。

[3] 参见广东省佛山市中级人民法院(2022)粤 06 民终 5980 号民事判决书。该案中,原告刘某请求确认保险合同不成立,一审法院判决驳回其诉讼请求,同时认定助贷机构第三人玖富公司(网络借贷平台)捆绑销售保险。二审法院维持了一审判决,认定一审判决认定案涉贷款产品与保险捆绑并无不当。

[4] 参见四川省成都高新技术产业开发区人民法院(2021)川 0191 民初 10556 号民事判决书。

[5] 参见辽宁省锦州市中级人民法院(2021)辽 07 民终 1527 号民事判决书。

自由、作出迎合胁迫人的意思表示。[1] 二者均需要有充分证据证明。而从保证保险销售的实践来看，投保人通常不会对签约过程中销售人员口头传达的可能带有误导性或欺诈性的信息进行录音录像取证，而后者则掌握有投保人确认知悉合同条款与内容的签字或录音录像证据，基于这些证据以及投保人作为完全民事行为能力人、对其签字行为法律后果应有充分认知，法院很难作出对投保人有利的判决结果。在投保人提出相关搭售行为违反了法律或行政法规的禁止性规定，进而对保证保险合同效力提出挑战时，因相关监管规范多为部门规章或规范性文件，而非法律或行政法规，故其挑战通常也难以得到法院支持。因此，前述法院的判决情况亦符合国内保证保险销售与审判的实际。

三、保证保险强制搭售的认定标准思考

（一）强制搭售认定标准的域外经验借鉴

在对搭售进行违法性判定及规制方面，部分国家或地区的立法可以提供重要参考。比如在美国，如果搭售协议过度抑制竞争，可根据《谢尔曼法》(Sherman Antitrust Act)第 1 条、《克莱顿法》(Clayton Antitrust Act)第 3 条以及《联邦贸易委员会法》(Federal Trade Commission Act)第 5 条认定其为非法。其中，《谢尔曼法》第 1 条[2]是对所有可能限制贸易或交易的一般性禁止规定；《克莱顿法》第 3 条[3]进一步细化了该规定，降低了适用门槛，规定若买卖、租赁契约以买受人或承租人不与其竞争对手交易为条件，予以固定价格，给予回扣、折扣等，在特定行业内实质性地限制竞争或旨在形成商业垄断，即构成违法；《联邦贸易委员会法》第 5 条[4]则采用"不公平的竞争方法"这一概念，将"直接违反反垄断法的行为""潜在的违反反垄断法的行为""使反垄断法精神落空的行为"，以及"其他违反普遍承认的公平商业行为标准和违反联邦贸易委员会认定的公共政策的行为"均纳入其中，起到补充《谢尔曼法》和《克莱顿法》的重要功能。[5]《欧盟运行条约》(Treaty on the Functioning of the European Union，TFEU)第 102 条[6]规定，禁止强加不公平交易条件的行为，包括直接或间接地强加不公平的购买或销售价格。日本《禁止私人垄断及确保公正交易法》第 2 条第 9 项[7]规定了不公平交易方法的范畴，其中涵盖了"让交易对方（包括新的持续交易方）购买与该交易无关的其他商品或服务"的行为。韩国《垄断规制与公平交易法》第 5 条[8]

---

[1] 参见朱庆育：《民法总论》（第二版），北京大学出版社 2016 年版，第 278—284 页。
[2] See 15 U.S.C. §1(1980).
[3] See 15 U.S.C. §14(1914).
[4] See 15 U.S.C. §45(1914).
[5] 李剑：《搭售的经济效果与法律规制》，中国检察出版社 2007 年版，第 281 页。
[6] See Treaty on the Functioning of the European Union, Article 102, 2008, Official Journal of the European Union.
[7] 参见日本《禁止私人垄断及确保公正交易法》（1947 年颁布，2005 年修订）第 2 条第 9 项。
[8] 参见韩国《垄断规制与公平交易法》（1980 年颁布，2020 年修订）第 3-2 条第 5 项。

将"为了不合理地排斥竞争经营者而进行交易或存在明显损害消费者利益的行为"列为滥用市场支配地位的情形。上述"不公平""不合理""不正当"等法律用语均传达了相似理念,即若交易中的搭售行为具备强制性特征时,即有规制的必要。

美国国会针对银行领域的特殊性,还专门出台了《1970年银行控股公司修正案》(Bank Holding Company Act Amendments of 1970),其第106条[1]禁止银行以客户购买银行或其附属公司的其他产品或服务作为向客户提供授信或其他服务的先决条件,即"搭售安排"。美国联邦储备系统(Federal Reserve System,以下简称"美联储")进一步规定,在认定银行搭售安排违反该第106条规定时,须证明两个基本要素:(1)该安排涉及两个或两个以上的独立产品,包括客户想要的产品和其他一个或多个独立的被搭售品;(2)银行必须强制客户从其或其关联公司取得被搭售品,作为客户得到其期望产品的条件。其中第二项即为强制性要求,以银行强加或迫使客户购买被搭售品为要件。就强制性的判断而言,美联储认为,强制性行为可能是明确的或隐含的。在某些情况下,银行的强制性行为可能从与客户之间的协议或对话中明显看出,银行向客户提供的条款或银行与客户之间达成的协议,将提供最直接的证据;在其他情况下,强制可能是隐含的,可以从交易周围的事实和情况中合理推断出来,包括客户与银行或其关联机构之间的报价、购买或其他交易的时间和顺序,以及条件或要求本身的性质等,均可作为考察对象。[2]

从上述规定可知,比较法上针对搭售的立法规定主要体现在反垄断法和公平交易法中,其中,美国、欧盟、日本针对交易中的强制搭售行为及其认定标准,均有明确的禁止性规定。本文认为,我们对保证保险强制搭售行为的禁止及其认定标准的明晰不应仅体现在部门规章或规范性文件层面,在法律或行政法规层面也应有明确体现。

(二)规制保证保险强制搭售的域内标准思考

如前文所述,国内金融监管规范对于保证保险销售的规制重点是强制搭售。保证保险销售中对金融消费者的知情权、自主选择权与公平交易权构成侵害的主要也是强制搭售,相关金融监管处罚文件中对搭售与强制搭售虽未作明确用语区分,但从规范内容上不难看出其规制对象主要也是强制搭售。因此,本文认为,对于保证保险搭售行为的规制,也应以强制搭售为中心,结合现行监管规范与司法裁判经验,对强制搭售的规制主要可从以下两方面入手。

---

[1] See 12 U.S.C. § 1972(1970).
[2] See Federal Reserve System, Anti-Tying Restrictions of Section 106 of the Bank Holding Company Act Amendments of 1970, Federal Register, https://www.federalregister.gov/documents/2003/08/29/03-22091/anti-tying-restrictions-of-section-106-of-the-bank-holding-company-act-amendments-of-1970. Last visited at 2024-10-5.

首先,应确立借款人购买保证保险的必要性标准。在判断是否构成强制搭售时,应考察借款人购买保证保险有无必要性。细言之,第一,在借款人信用状况良好(比如属于稳定授薪群体且无贷款逾期等信用瑕疵)、可自行提供或由他人提供担保,或者借款人已经以不动产或者易于变现的动产、应收账款等提供了充足担保并足以覆盖贷款风险的情况下,贷款人仍要求借款人必须购买保证保险才同意放贷或授信的,[1]应认定保证保险的购买缺乏必要性。此情形下,贷款人的行为显然已构成了对借款人自主选择权和公平交易权的侵害,应将其行为归入强制搭售范畴。第二,在借款人未能提供有效担保或担保额不足以覆盖贷款风险的情形下,贷款人虽然可以要求借款人购买保证保险,但所要求购买的保证保险额度加上借款人已提供担保的额度之和,应以不超过贷款总额为限。以汽车消费贷款保证保险为例,在机动车购买人(借款人)已经以所购置的新车辆设定抵押方式提供了还款担保时,车辆的价值与购买人支付的首付款应足以作为还款担保。此时,除非贷款人有充分证据证明购买人存在信用瑕疵或者其贷款利率不足以覆盖其放贷风险,否则,再让购车人去买一份贷款保证保险即应属于强制搭售。第三,若贷款人要求借款人购买保证保险,但未明确告知其可自由选择推荐名单之外的其他保证保险产品或者其他增信方式,或者在电子交易流程中未提供其他增信或保证保险产品选项,那么此时同样可能构成强制搭售。以某网络借贷平台的办理流程为例,借款人在操作流程中虽可自主选择是否投保保证保险,但推送页面并未告知可选择其他增信方式,也未提供其他保险产品或增信方式以供选择,或者已默认勾选了限定的保证保险产品,若借款人不选择该种保证保险就无法完成后续步骤。[2]此种情况下,借款人的自主选择权在保证保险的线上销售过程中实际并未得到尊重与保障,此种情形即应认定为强制搭售。

其次,应充分考虑贷款人与保险人是否尽到了适当性义务。根据最高人民法院2019年发布的《全国法院民商事审判工作会议纪要》(以下简称《九民纪要》)第72条规定,销售高风险等级金融产品的所有金融机构均负有适当性义务。在保证保险搭售情形下,就作为搭售产品组合一部分的信贷产品、保证保险产品(也可能包括第三方信息服务产品)中任何单一产品的属性而言,很难将之纳入《九民纪要》第72条规定的银行理财产品或保险投资产品的范畴;在对其中任何单一产品进行分别销售时,也很难将之归入高风险等级金融产品的范畴。但在对该等组合产品进行捆绑销售时,却应当将该等组合产品纳入高风险等级金融产品的范畴。毕竟,从国内保证保险搭售纠纷的发生原因来看,主要原因在于"相关信贷产品+保证保险产品+第三方服务产品"的综合成本过高,可能远超出借款人(投保人)的风险承受能力和实际支付能力。例如,不少组合产品的

---

[1] 刘贵祥:《关于金融民商事审判工作中的理念、机制和法律适用问题》,《法律适用》2023年第1期。
[2] 参见广东省广州市中级人民法院(2022)粤01民终17431号民事判决书。

综合费率远超法律允许的金融机构信贷产品24%的年化利率上限,有的综合年化利率甚至高达30%或50%以上,完全应归入高风险金融产品的范畴。而此类产品的购买人中不乏金融知识缺乏的中低收入群体,其本身的收入水平有限、抗风险能力较低,且大多不能准确理解所购买产品的综合费率或成本是多少。实践中,也正是因为贷款人与保险人均未能如实全面披露产品信息,甚至故意隐瞒相关组合产品的真实综合费率,导致借款人对自己要承担的还款责任缺乏准确认知,进而引发纠纷。《九民纪要》明确规定,法院在审理因销售各类高风险等级金融产品引发的民商事案件时,须将金融消费者是否充分了解相关金融产品的性质及风险并在此基础上作出自主决定作为应当查明的案件基本事实,依法保护金融消费者的合法权益,规范卖方机构的经营行为,推动形成公开、公平、公正的市场环境和市场秩序。故此,本文认为,在保证保险搭售情形下,作为销售方的贷款人、保险人对借款人(投保人)均应负有适当性义务。在网络助贷平台等第三方机构代理销售信贷产品或保证保险时,第三方机构未能尽到适当性义务的行为后果则应由作为销售方的贷款人或保险人来承担。

适当性义务,具体包括了解客户、了解产品、对产品与客户进行风险匹配,以及告知说明等四个方面。[1] 此义务要求贷款人与保险人均须了解其客户(即借款人/投保人)的具体情况、了解其销售产品(包括信贷产品、保证保险产品或其他服务产品)的具体情况、能够根据其客户的风险承受能力和产品的风险等级进行适当的风险匹配,同时向客户如实全面披露组合产品的风险情况及风险匹配情况。审判实践中,基于保证保险合同与贷款合同之间的相互独立性,投保人虽然无法基于保险合同要求贷款人承担适当性义务,但在保证保险搭售情形下,其完全可以基于保险人负有的适当性义务要求其承担相应法律责任;法院亦可根据《九民纪要》第73条[2]关于可以参照适用相关部门规章、规范性文件(有关禁止强制搭售)的规定来确定保险人适当性义务内容之规定,要求保险人举证证明其已经尽到适当性义务。若保险人不能提供其已经建立了对该组合产品的风险评估及相应管理制度、对投保人的风险认知、风险偏好和风险承受能力进行了测试、向投保人如实告知该组合产品的收益和主要风险因素(包括信贷产品、保证保险产品及其他服务产品的综合成本或年化费率情况)等相关证据的,应当承担举证不能的法律后果。对于保险人未能尽到适当性义务的,法院则应按照"卖者尽责、买者自负"的原则,根据保险人与投保人各自的过错情况,要求保险人承担相应的法律责任。

---

[1] 参见任自力:《金融机构适当性义务的规范逻辑》,《法律适用》2022年第2期。
[2] 《九民纪要》第73条:"在确定卖方机构适当性义务的内容时,应当以合同法、证券法、证券投资基金法、信托法等法律规定的基本原则和国务院发布的规范性文件作为主要依据。相关部门在部门规章、规范性文件中对高风险等级金融产品的推介、销售,以及为金融消费者参与高风险等级投资活动提供服务作出的监管规定,与法律和国务院发布的规范性文件的规定不相抵触的,可以参照适用。"

四、保证保险强制搭售的溯源治理进路

目前,"枫桥经验"[1]体现的溯源治理理念已深入人心。溯源治理强调通过剖析问题成因,加强矛盾纠纷的源头防控,不仅能减少诉讼增量,更有利于实现对问题的系统性解决。[2]本文认为,在保证保险的销售规制中,也应当坚持溯源治理进路,从纠纷产生源头入手,始终坚持以金融消费者权益保护为核心的治理理念,通过金融监管与金融司法的协同合作,[3]从根本上遏制侵害金融消费者基本权利的保证保险强制搭售现象。

(一)坚持以金融消费者权益保护为核心的治理理念

根据消费者主权理论,消费者用货币投票决定了行业走向,在生产中居于首要地位。[4]经济活动的根本目的即为满足消费者的需要。金融活动亦是如此,亦应以消费者为本。[5]金融消费者是金融市场的重要参与者,也是金融业持续健康发展的推动者。[6]鉴于金融产品的复杂性和金融交易活动的专业性,金融机构通常占据交易优势地位,金融消费者则受限于信息获取能力与资金实力等的不足,在交易中通常处于劣势地位,且随着各类金融创新产品的不断涌现,金融消费者的经济风险在不断增强,金融机构滥用优势地位损害金融消费者权益的事件则日益频发,[7]这些共同决定了对金融消费者进行倾斜保护已成为时代所需。

根据《银行保险机构消费者权益保护管理办法》,银行保险机构的消费者享有知情权等八项基本权利。保证保险的强制搭售行为会严重侵害金融消费者的知情权、自主选择权和公平交易权,此类行为若不能给予及时矫正,必然会导致金融消费者基本权利的虚化。以牺牲金融消费者的知情权、自主选择权、公平交易权为代价的保证保险强制搭售行为,虽然可能为金融机构带来一时的收益,但却会失去金融消费者的长久信任,无异于饮鸩止渴。[8]因此,本文认为,对保证保险搭售行为的溯源治理首先应坚持以金融消费者权益保护为核心的治理理

---

[1] "枫桥经验"是发源于20世纪60年代浙江省诸暨市枫桥镇的基层社会治理经典模式。党的十八大以来,"枫桥经验"在实践中不断丰富发展,形成了特色鲜明的新时代"枫桥经验",代表了中国共产党领导人民群众创造的预防调解化解矛盾卓有成效的治理方式。参见王斌通:《新时代"枫桥经验"与矛盾纠纷源头治理的法治化》,《行政管理改革》2021年第12期。

[2] 诉讼治理侧重于从诉讼源头进行治理,而溯源治理范围更广,倾向于一种全面、系统、深入的社会问题的治理,某种程度上,溯源治理包含了诉源治理的内容。参见薛永毅:《彰显融入社会治理责任担当》,《检察日报》2022年7月28日,第3版。

[3] 参见刘贵祥:《关于金融民商事审判工作中的理念、机制和法律适用问题》,《法律适用》2023年第1期。

[4] See Persky, J., Retrospectives: Consumer Sovereignty, *The Journal of Economic Perspectives*, 1993, Vol. 7:183, pp. 183-191.

[5] 参见黎业明:《互联网平台搭售行为违法判断标准的嬗变:从"杠杆"到"竞争对手成本"》,《经济法论丛》2023年第1卷。

[6] 《国务院办公厅关于加强金融消费者权益保护工作的指导意见》(国办发〔2015〕81号),2015年11月13日。

[7] 任自力:《金融消费者与消费者、投资者的关系界分》,《中国政法大学学报》2021年第6期。

[8] 周琳琳、史峰:《市场失灵、行为监管与金融消费者权益保护研究》,《金融监管研究》2018年第2期。

念,并将此理念贯穿在立法、司法和金融监管的全过程。在立法层面,应当进一步完善针对保证保险强制搭售的法律规则,适时在法律或行政法规层面将强制搭售行为明确为保险公司等金融机构的禁止性行为。在司法层面,应当在保证保险搭售纠纷的个案审理中充分考虑借款人(投保人)的交易弱势地位,以及金融机构是否尽到了适当性义务,在金融机构要求借款人购买保证保险产品缺乏必要性,或者金融机构未能尽到对借款人的适当性义务情形下,应依法要求金融机构承担相应的法律责任,同时要求借款人在其过错范围内承担相应的法律责任,而不应拘泥于传统审判思路,只要无证据证明借款人受欺诈或受胁迫,即认定保证保险合同有效,进而驳回借款人的诉讼请求或抗辩主张。在金融监管层面,则应加强对金融消费者的教育培训,不断强化对金融产品风险的提示和对金融消费者权益保护监管目标的宣传,并进一步明晰对金融机构的行为监管规范、完善其行为监管模式。

(二)不断完善金融监管与能动司法协同的治理进路

首先,应建立金融机构内部控制与外部监管协调统一的金融监管制度。细言之,从内部控制方面来说,金融机构应建立健全内部控制机制,主动预防及化解保证保险销售中的合规风险。其一,应确保保证保险搭售信息的充分披露。大量投保人在纠纷中表示对于保证保险的投保并不知情或了解甚少,这反映出保险人及中介机构对于保证保险搭售相关信息的披露存在不到位问题。因此,金融机构应充分履行其对金融消费者的适当性义务,充分尊重金融消费者的知情权,对搭售情形下保证保险及组合产品的核心内容与条款进行详细说明,使得金融消费者能充分了解相关产品的真实成本与风险情况,并保障其自主选择权的行使。其二,应确保销售行为的规范化。保证保险搭售多发生于信贷业务办理过程中,若无录音录像,金融消费者难以提供充分证据证明销售中存在强制搭售行为,监管部门应当进一步完善"双录"制度,将保证保险搭售情形下对搭售组合产品综合费率或成本信息的解释说明纳入"双录"范围,要求保险人及保险中介对之进行录音、录像,真实记录和保存完整销售过程,确保销售行为的规范化。其三,应进一步完善金融消费者的投诉处理机制。针对实践中相关机构在应对强制搭售投诉方面经验不足的问题,[1] 有必要细化投诉查询与处理制度,进一步优化内部投诉处理机制,提高金融消费者投诉处理的质量与效率。从外部监管方面来说,针对保证保险销售中的强制搭售问题,应加大穿透性监督检查力度,从保证保险相关组合产品的条款设计与综合费率控制方面入手,引入专业机构对保证保险搭售行为的合法合规性进行评估审核,同时加强对保证保险搭售行为的动态监测,快速发现保证保险产品搭售过程中的潜在问题,及时查处侵害金融消费者知情权、自主选择权和公平交易权的强制搭售行为,加大责任追究与处罚力度,防止金融机构或相关行为人借助保证保险搭售来进行监管套利。

---

[1] 实践中存在金融消费者已投诉但相关纠纷无法得到妥善处理,导致金融消费者选择另行起诉的案例。如山东省淄博市张店区人民法院(2021)鲁0303民初5834号民事判决书。

其次,应充分发挥司法能动性,公平保护保证保险合同交易各方的合法权益。具体可从三方面入手:第一,应贯彻与落实"枫桥经验"中的法治建设理念,重视前端防控,抓前端,治未病,预防矛盾及纠纷的产生,力求将其消灭在萌芽状态。[1] 司法机关可以通过发布相应司法解释、司法建议或指导性案例等方式,为金融机构设定明确的行为准则,使其了解强制搭售情形下保证保险合同可能被认定为无效或被撤销的不利后果,引导其在法律框架内开展业务,同时加强对金融消费者的宣传与教育,发挥能动司法在预防矛盾纠纷中的重要作用。第二,针对保证保险销售过程中交易双方可能存在的信息不对称和实质地位不平等问题,司法部门应积极独立地行使自由裁量权,发挥法官在裁判中的主导作用,依法审慎考量、综合平衡包括对金融消费者倾斜保护在内的多重因素,深入考察搭售行为是否存在违背当事人真实意思或强制交易的情形,对金融机构履行适当性义务是否到位,对信息披露是否充分等进行全面查明,必要时可适当运用消费者权益保护法理解释强制搭售行为对合同效力的影响,[2] 有效平衡交易主体间的权利义务关系,并确保裁判结果的公正性。第三,应推动多元化纠纷解决机制的建立与完善,尽可能将纠纷化解在诉前或诉外。保证保险搭售纠纷的解决非司法机关一家之责,应构建多元化共治格局,为金融消费者与金融机构提供更多的纠纷解决途径,以便更加及时、快速且低成本地化解矛盾与纠纷,[3] 这样也有助于减少司法诉讼案件数量,缓解司法压力。可以采取的具体举措包括:针对保证保险的强制搭售争议,建立线上+线下的纠纷解决机制;充分发挥民间调解的力量,尊重人民调解委员会的法律地位,通过社会化力量的参与,增强纠纷解决的灵活性与有效性;进一步完善诉调对接机制,确保诉前调解与司法确认之间的高效衔接,并明确调解协议具有相应的法律效力。

结语

保证保险在助力我国内需市场发展、推动实体经济增长等方面扮演着关键角色。但在实际操作中,部分金融机构出于短期市场利益考量,采用强制搭售的方式销售保证保险,将保证保险销售给大量风险不匹配的金融消费者,这种行为不仅侵犯了金融消费者的知情权、自主选择权与公平交易权,且对我国金融市场的稳定持续发展和诚信社会的构建都造成了不利影响。为从根源上解决这一问题,应当从保险购买的必要性、金融机构的适当性义务两方面入手,及时完善保证保险强制搭售的认定标准,同时,应坚持以金融消费者权益保护为核心的治理理念,不断完善金融监管与能动司法协同的治理模式,从纠纷产生源头解决保证保险的强制搭售问题,以便于保证保险能够真正发挥其增信融资功能,并实现金融业的良好交易秩序。

---

[1] 景汉朝:《新时代"枫桥经验"的基本问题与法治化构建》,《政法论坛》2024年第2期。
[2] 参见周樨平:《消费者保护法视角下搭售行为的规制——从最高人民法院指导性案例79号切入》,《南京大学学报(哲学·人文科学·社会科学)》2019年第5期。
[3] 袁长伟:《以新时代能动司法推动诉源治理工作走深走实》,《人民法院报》2023年8月20日,第2版。

论律师事务所证券虚假陈述的过错认定

张思玉[*]
彭真明[**]

> **摘　要**　在证券虚假陈述案件中,律师事务所基于委托代理关系通过查验文件进而对发行人行为的合法性作出法律意见书,以声誉为发行人背书确保公开披露信息的真实性、准确性和全面性。律师事务所应当承担法定的过错推定责任,享有反证抗辩的权利。过错的认定应从证券服务目的角度,根据案件具体情况灵活审慎判定,尊重律师事务所和委托人之间的信赖关系。以勤勉尽责为原则,区分特别注意义务和一般注意义务,通过危险信号判定交叉专业事项的注意程度。同时,界定重大过失以合理认定律师事务所调查深度,限缩其注意义务范围。
>
> **关键词**　律师事务所;证券虚假陈述;过错认定
>
> **目　次**　一、问题的提出
> 二、律师事务所证券虚假陈述过错认定的司法裁判立场
> 三、律师事务所证券虚假陈述过错认定的理论争议
> 　　(一)主观故意的双层表现形式
> 　　(二)过失认定的双层要素考量
> 四、律师事务所证券虚假陈述过错的认定路径与标准
> 　　(一)律师事务所注意义务之认定路径
> 　　(二)识别危险信号,完善报告义务体系
> 　　(三)限缩责任范围,确立合理信赖机制
> 五、结语

一、问题的提出

自 2021 年起,五洋债案、康美药业案等国内证券市场虚假陈述案件频发,由于其诉讼标的额巨大、侵权关系复杂以及案件类型多为证券群体性纠纷而引起社会的广泛关注。2020 年五洋债案一审判决书对证券服务机构的责任进行了全面的阐述并最终判决会计师事务所、资信评级机构及律师事务所也需承担相应比例的连带责任。该案判决一经作出,法院"让装睡的'看门人'不敢装睡"的司法态度,以及债券市场认为该案为震慑中介机构、维护债市健康发展开了好头的

---

[*] 张思玉(1995—　),南京大学法学院 2023 级博士研究生。研究方向:民商法学。
[**] 彭真明(1963—　),海南大学法学院教授,博士生导师。研究方向:民商法学。

社会反响，[1]引起学界对中介机构虚假陈述侵权责任的关注。2021年12月30日，最高人民法院审判委员会审议通过了《最高人民法院关于审理证券市场虚假陈述侵权民事赔偿案件的若干规定》（以下简称《法释〔2022〕2号》），《法释〔2022〕2号》废除了证券虚假陈述民事赔偿诉讼的行政前置程序、设置了预测性信息安全港规则、对证券虚假陈述行为、过错、因果关系等进行细化并且特别回应了司法实践中包括律师事务所在内的证券服务机构的过错认定、举证责任、免责等问题。在中国邮政储蓄银行股份有限公司与上海富诚海富通资产管理有限公司、北京市金杜律师事务所、中诚信证评数据科技有限公司、昆山美吉特灯都管理有限公司、华泰联合证券有限责任公司证券欺诈责任纠纷案（以下简称邮储案）中，[2]法院判决北京市金杜律师事务所在给付义务的10%范围内承担连带责任。该案判决书进一步对金杜律师事务所出具《法律意见书》过程中是否勤勉尽责、是否存在过错，依据法律规定进行了解释并结合案件事实详尽阐述过错认定的标准。律师事务所是否是法定意义上的"看门人"，无论是从比较法视角还是我国法律沿革的历程来看都存在争议。不同角色定位下，律师事务所应承担的注意义务范围亦有显著差异。司法实践中各法院对律师事务所的认定过错标准不一，致使律师事务所执业过程中难免对勤勉尽责的认识程度莫衷一是。明晰律师事务所责任配置的法理逻辑，探索建立律师事务所的过错认定规则有助于厘清我国证券虚假陈述案件证券服务机构主观过错判定路径，完善我国证券服务机构的自治体系，推动我国证券业健康快速发展。本文旨在通过对司法裁判立场的梳理、比较法的借鉴及相关案例的剖析对律师事务所执业过错的认定进行探讨。

二、律师事务所证券虚假陈述过错认定的司法裁判立场

司法实践中，律师事务所过错的认定与律师事务所勤勉尽责的判定具有逻辑上的一致性。依据《证券法》第163条之规定，所有的证券服务机构，包括律师事务所具有勤勉尽责之义务；如若出现虚假陈述并造成他人损害的，除可以证明自己无过错外，应当与委托人承担连带赔偿责任。依据该规定，证券服务机构已尽勤勉之责就是对自身无过错的证明。《法释〔2022〕2号》颁布后，2003年1月9日发布的《最高人民法院关于审理证券市场因虚假陈述引发的民事赔偿案件的若干规定》（以下简称《法释〔2003〕2号》）被废止。鉴于《法释〔2003〕2号》将行政处罚作为诉讼前置程序，为全面梳理证券服务机构过错认定的司法裁判立场，笔

---

[1]《全国首例！五洋债欺诈发行案判了，券商、会计师事务所承担连带赔偿责任，法院：让装睡的"看门人"不敢装睡》，载中国证券报微信公众号，https://mp.weixin.qq.com/s/JO7BAQKgBRb9lxo5VRf0aQ，访问日期：2024年5月6日。
[2] 上海金融法院(2020)沪74民初1801号民事判决书。

者先后在中国裁判文书网及北大法宝司法案例库进行了搜索,[1]发现即便在同一案件中,关于律师事务所的过错承担,行政与司法态度也并不完全一致,甚至部分案件中两者态度截然相反,较为典型的案例是ST中安案[2]、香榭丽案[3]以及五洋债案[4]。在我国首次判决中介机构承担比例连带责任的ST中安案中,证监会并未认定律师事务所的过错,也未对律师事务所进行行政处罚。在投资者诉中安科证券虚假陈述案中,法院认为律师事务所并非专业审计、评估机构,对基于专业机构评定的资产价值三性(准确性、真实性、全面性)不负责,亦驳回了原告要求律师事务所承担虚假陈述责任的诉讼请求。香榭丽案中大成律师事务所及相关律师被证监会处以没收业务收入和罚款,律师不服提起行政诉讼后,法院认为律师事务所在重大业务合同方面没有进行必要的查验、分析、判断;执行查验程序方面,也未见相关核验记录,不符合《律师事务所证券法律业务执业规则(试行)》(以下简称《律师事务所执业规则》)第4、第5、第11、第14和第26条。因此一审和二审法院皆支持了证监会的行政行为。而五洋债案中,在证监会未对律师事务所处罚的前提下,法院却认为律师事务所未对重大合同及所涉重大资产变化事项进行核查,因此要求上海市锦天城律师事务所在5%范围内承担连带责任。

上述论述表明在部分案件中,证监会与法院对律师事务所是否有过错并没有达成一致意见。不仅如此,结合证监会行政处罚及法院判决的论证过程,能够发现具体案件中对律师事务所过错的认定标准亦存在较大差异。对此,笔者选取了五个论证详细的典型案例,即香榭丽案、欣泰电气案[5]、五洋债案、ST中安案、以及邮储案作分析,以梳理实务中律师事务所的过错认定过程。

香榭丽案中,法院在审查律师事务所是否需要承担虚假陈述责任时,主要从以下两个方面进行考量:第一,相关虚假记载涉及的内容是否属于律师事务所应予核查和验证的事项;第二,律师事务所对需要进行核查的事项是否进行了审慎查验,是否尽到勤勉尽责的义务。第一项主要是查验相关事项是否属于律师勤勉尽责的义务范围,能够解决律师事务所行为与投资人权益被损害之间是否存在使责任成立的因果关系的问题;第二项主要是判定律师事务所对应当审查的事项是否已达到勤勉尽责的程度,能够为律师事务所无过错抗辩提供现实依据。

---

[1] 在中国裁判文书网中以案由系"证券虚假陈述责任纠纷"和判决结果出现"律师事务所"为搜索条件,共搜索出67份文书,其中判决书3份、裁定书52份、调解书9份;在北大法宝司法案例库中以案由系"证券虚假陈述责任纠纷"和全文出现"律师事务所承担"为搜索条件,共搜索出7份文书;在中国裁判文书网以案由系"行政处罚"、全文出现"虚假陈述"和全文出现"律师事务所"为搜索条件,共搜索出201份文书,后发现无关文书较多,又以案由系"行政处罚"、全文出现"虚假陈述"和全文出现"律师事务所"且"勤勉"为搜索条件,共搜索出15份文书。最后一次搜索时间为2024年3月3日。
[2] 上海金融法院(2019)沪74民初1049号民事判决书;上海市高级人民法院(2020)沪民终666号民事判决书。
[3] 北京市第一中级人民法院(2020)京01行初33号行政判决书;北京市高级人民法院(2020)京行终7520号行政判决书。
[4] 浙江省杭州市中级人民法院(2020)浙01民初1691号民事判决书。
[5] 《中国证监会行政处罚决定书(北京市东易律师事务所、郭立军、陈燕姝)》([2017]70号)。

在该案件中,法院提出律师事务所在重大业务合同审查、重大担保事项审查以及执行查验计划方面存在过错。业务合同审查中,应当按照重大合同的定义,抽取足够多的样本;[1]对于来源于委托人的合同,应当对其各项内容进行必要审查;对合同的查验程序应当记录在底稿中。重大担保事项审查中,应当依照查验计划以及《律师事务所执业规则》的规定。综上,法院认为律师事务所行为未尽到《证券法》和《律师事务所从事证券法律业务管理办法》(已失效,以下简称《证监会令第 41 号》)勤勉尽责义务并且行为不符合查验计划以及《律师事务所执业规则》之规定。在该案中,律师事务所勤勉尽责义务的范围涉及相关财产权利状况,包括但不限于营业收入、重大担保、关联交易、主营业务合同等事项的真实性、合法性。对于作为会计专业事项的应收账款,律师事务所是否应当审查,法院主张这是确认资产权利状况的重要途径,"在'已经关注到香榭丽应收账款的异常现象'的情况下,采取的措施只是'出具承诺函',以'因未关注内部流程规范性,所以未对业务合同的真实性产生怀疑'"的解释无法成立。此外,法院主张应当严格依据查验计划的流程、方式及标准,对内部合同签订审批的过程及规范性进行审查,并形成底稿记录在案。对业务合同真实性的审核、律师事务所审查工作的规范性皆提出了较高的要求。

欣泰电气案中,证监会在对东易律师事务所作出的《行政处罚决定书》中就律师是否勤勉尽责,亦是从两个方面予以判断:其一,是否严格按照相关律师事务所执业文件[2]的要求进行执业;其二,是否履行了必要的核查验证程序,获取足以支撑发表意见的证据材料,[3]以出具公正客观的法律意见书。在证监会关于律师事务所是否勤勉尽责的论证中,一方面认为律师事务所对委托人提供的涉及财务数据相关的文件进行审查时,未履行审慎查验的义务;另一方面认为对于引用其他专业中介机构的数据(包括会计师事务所、保荐机构等相关资料)时,对明显瑕疵具有审慎核查的义务。

五洋债券案中,法院依据《证监会令第 41 号》认定律师事务所对重大合同所涉及的重大资产变化事项关注核查不到位,存在过错。律师事务所虽然客观上确实仅对财务数据相关事项负有一般注意义务,但应当对重大异常的事项给予关注和提示。[4] 最高人民法院在再审中并未正面回应律师事务所对资产是否具有审查的义务,但也主张在有文件明确提示有重大异常的情况下,律师事务所对此应履行进一步的审查义务。[5]

---

[1] 在该案中有 73 份重大合同却只核查了 6 份,其所占比例明显是审查不够全面。
[2] 如《证监会令第 41 号》、《律师事务所执业规则》及《公开发行证券公司信息披露的编报规则第 12 号——公开发行证券的法律意见书和律师工作报告》(以下简称《工作报告》)。
[3] 《中国证监会行政处罚决定书(北京市东易律师事务所、郭立军、陈燕姝)》。
[4] 浙江省杭州市中级人民法院(2020)浙 01 民初 1691 号民事判决书。例如,债券发行条件、偿债能力的重大债权债务关系、重大资产变化等事项。
[5] 最高人民法院(2022)最高法民申 364 号民事裁定书。法院认为:"在已经知悉大公评估公司《2015 年公司债券信用评级报告》中明确提示五洋建设公司控股子公司出售投资性房产事项的情况下,对该重大合同及所涉重大资产变化事项进一步以必要的关注核查和对不动产权属履行了适当的尽职调查义务。"

ST中安案中,关于证券服务机构是否勤勉尽责,应视其是否按照相关法律法规、规章及执业规范等,对所依据的文件资料内容进行核查和验证。[1] 2019年5月31日,证监会《行政处罚决定书》中认定瑞华事务所出具的《盈利预测报告》中置入资产评估值严重虚增;2013年度经审计的财务报告因项目未招标及测算程序有误导致出现虚假记载。[2] 而华商律师事务所在该案中主要是对重大资产重组出具了《法律意见书》,因此在认定华商律师事务所责任时,基于其对涉案重大资产重组作出的定价公允的结论系合理信赖专业机构评定的结果,认定其不应承担责任。

邮储案中,法院认为律师事务所是否勤勉尽责主要体现在对基础资产真实性的核查验证方面,并且认定律师事务所在出具《法律意见书》的过程中未做到全面查验[3]、未履行惯常的查验程序[4]、未保持法律人士应有的职业怀疑[5],因此要求律师事务所承担10%的连带赔偿责任。

上述案件中法院及证监会对律师事务所的过错认定,对律师事务所是否已尽勤勉尽责义务的判定,系从形式审查和实质审查两个方面作考量与论证的。其一,形式审查。主要涉及是否按照律师执业规则制定了全面的核查和验证计划,以及是否按照计划编制的流程进行查验;其二,实质审查。一方面,对于明显属于律师事务所注意义务范围内的事项,应保持律师的职业怀疑,用律师执业惯常方式达到排除合理怀疑的程度;另一方面,对于属于其他专业机构,可能并不当然属于律师注意范围内的所涉事项,应当保持比普通人更高的谨慎程度,在遇到信息来源为非公正第三方、出现显著异常的情况时应当进行必要的关注和审查。综合上述对证监会与法院作出的处罚及判决,衍生出在对律师事务所过错判定中需要考量的四个主要问题。

第一,法院能否以证监会的行政处罚结果作为认定律师事务所有无过错的主要依据。实务中存在部分法院将行政处罚结果作为对律师事务所过错认定的主要依据,[6] 此举的正当性存疑。原因有二:其一,实务中涉及虚假陈述的行政处罚决定似乎只考虑了合规性,[7] 披露信息不符合事实即被认定违规并予以行

---

[1] 上海高院:《案例参考册:证券虚假陈述中证券服务机构的责任边界如何界定?》,载上海市高级人民法院官方公众号,https://mp.weixin.qq.com/s/PJpFth4LvuPBCq5Mls_XDw,访问日期:2024年5月6日。

[2] 中国应用法学:《全国法院优案评析 | 证券服务机构承担虚假陈述民事赔偿责任的认定》,载中国应用法学微信公众号,https://mp.weixin.qq.com/s/f-D6j-pXNhNn7kq0kv8XlQ,访问日期:2024年5月6日。

[3] 遗漏半数以上合同承租人身份查验。

[4] 未对真实访谈形成笔录且未经当事人签字确认。

[5] 对合同内容与确认书内容针对同一事项描述完全不一致、实际经营地与个体工商户经营注册经营地址不符等,未引起特别注意。

[6] 上海市第一中级人民法院(2016)沪01民初166号民事判决书。法院认为,"上海证监局既已作出《行政处罚决定书》,认定匹凸匹公司存在虚假陈述行为,并对其进行了行政处罚,则可据此认定匹凸匹公司存在虚假陈述的过错"。

[7] 丁宇翔:《证券虚假陈述前置程序取消的辐散效应及其处理》,《财经法学》2021年第5期。

政处罚。行政处罚的定责标准过低导致对行为主体的要求更为严苛,更易被认定为存在过错,进而造成对法条内涵的不合理限缩。其二,理论上行政处罚是行政机关对违反行政管理秩序的主体,以减权增义的方式予以惩戒的行为。相较于民事责任,其严厉程度更甚,实体标准要求更高。遵循"举重以明轻"的原则,[1]以及《全国法院民商事审判工作会议纪要》第85条之规定,行政处罚决定以及刑事裁判文书等可以直接证明违法行为的重大性的存在。[2]但这仅能确认存在虚假陈述的违法行为,并不能依此直接对律师事务所主观过错作出认定。因此,法院对律师事务所的过错作独立认定具有重要意义。

第二,是否需要区分律师事务所的主观过错类型。多数判决和处罚决定中对律师事务所的主观过错仅表述为含糊的"存在过错",并未明确区分证券服务机构的具体主观过错类型。此外,部分法院对于律师事务所所做的案头工作审查极为严苛,对法律文件的规范性提出较高要求,导致律师事务所的容错率较低,极有可能将一般过失及轻微过失的主观过错也纳入了可归责的范围。然而依据《法释〔2022〕2号》之规定,证券服务机构的故意与重大过失才具有可责难性。因此对律师事务所的过错认定也应限于这两种主观状态,否则将背离法条原意。

第三,对律师事务所勤勉尽责义务边界的界定不一致。具体而言,在不同的司法判决中,就某一事项是否属于律师事务所应当核查的范围存在不同的立场。实践中法院大多将所需审核查验的事项区分为律师事务所专业事项与非专业事项,但却未对区分标准作明确界定。比如涉财务相关事项,因可能存在与会计师事务所等其他证券服务机构的专业交叉,是否属于律师事务所专业范围内应当审核查验的事项存在争议。

第四,对律师事务所勤勉尽责所应达到的注意程度标准认定不一致。申言之,律师事务所对自身应当审慎核查的事项,需要达到何种注意程度才能被认定为已尽勤勉之责,进而排除适用过错原则下的连带赔偿责任,并未有统一标准。沿用上文专业事项与非专业事项的区分,对两类事项应当达到的注意程度是否采用同一或不同标准,实务中,行政机关、司法机关都未曾在法律文书说理部分对查验的具体深度要求进行明确说明。

三、律师事务所证券虚假陈述过错认定的理论争议

《法释〔2022〕2号》第1条旗帜鲜明地表明,证券市场中信息披露义务人实施虚假陈述引发的民事赔偿案件应当定性为侵权纠纷。按照《民法典》第1165条第1款之规定,"行为人因过错侵害他人民事权益造成损害的,应当承担侵权责

---

[1] 柴瑞娟、曹晨宇:《证券虚假陈述中服务机构连带责任:司法现状、现存问题与修正路径》,《湖湘论坛》2024年第5期。

[2] 陈洁:《证券民事赔偿诉讼取消前置程序的司法应对——以虚假陈述民事赔偿为视角》,《证券市场导报》2021年第5期。

任。"作为我国《民法典》侵权责任编中最重要、最核心的过错责任原则,其中的过错是令侵权人承担损害赔偿责任的唯一归责事由,既表明"有过错,或有(赔偿)责任",也有"无过错,必无(赔偿)责任"的意思。[1] 因此,对过错的认定成为侵权责任判定的重要环节。我国理论界对于过错的研究主要有主观过错说、客观过错说以及主客观结合过错说三种学说。主流观点还是主张主观过错说,认为过错是指行为人具有的应受非难的心理状态,应当分为故意和过失两种基本形态。与之对应,律师事务所的过错也应当从故意和过失两方面进行分别认定。其一,应当确保自身不存在共同欺诈行为,所出具的信息披露文件符合全面、真实、准确的要求;其二,应当严格遵守注意义务,保持审慎原则。这也与《法释〔2022〕2号》主要规定的两种证券服务机构过错形态相契合:行为人故意进行虚假陈述或明知文件存在虚假陈述而不予以指出;行为人严重违反注意义务,对虚假陈述的形成或者发布存在过失。只是上述"严重违反注意义务"所致的过失,依据《关于〈审理证券市场虚假陈述侵权民事赔偿案件的若干规定〉的理解与适用》(以下简称《理解与适用》)应解释为故意和重大过失,轻微过失不承担责任。[2] 因此,律师事务所过错的认定逻辑应当遵循以下思路。首先,区分主观故意和过失两种基本形态;其次,对过失的认定,既要实现主观状态客观化,对主观心理状态的判断演化为对客观注意义务标准的一般性研究;又要基于立法原意,对重大过失作内涵界定以及认定标准的探究。

(一)主观故意的双层表现形式

从学理上看,故意的构成应当包含认识要素,即对行为可能产生的损害后果有所认识,即"明知";以及意愿(或称为意志)要素,即对实现该后果的决意或意愿。[3] 根据《法释〔2022〕2号》第13条第1款对主观故意行为的规定,在证券虚假陈述案件中,对于故意的判断可能包含以下两层内容。其一,律师事务所与承销商、发行人等具有虚假陈述的共谋,从事了积极的欺诈行为,如虚假性记载、误导性陈述等,从而进行集体行骗。其中律师事务所可能与发行人共同实施侵权行为,也有可能构成发行人的帮助犯。其二,律师事务所意识到所服务的客户开始向市场进行虚假披露,却没有采取积极措施去制止该种行为,[4] 这是对故意行为具体表现形式的扩充。这要求律师事务所不仅不得积极实施虚假陈述行为,也需要阻止欺诈的发生,发挥"看门人"的监督作用。

"看门人"理论发轫于20世纪80年代,约翰·科菲教授将"看门人"定义为向投资者提供金融产品的核实和鉴定服务,以自己声誉为担保向投资者保证发

---

[1] 程啸:《侵权责任法》(第三版),法律出版社2021年版,第113页。
[2] 周艳、李昱、魏立:《最新证券虚假陈述司法解释对注册会计师行业的影响》,《中国注册会计师》2022年第5期。
[3] 程啸:《侵权责任法》(第三版),法律出版社2021年版,第292页。
[4] [美]约翰·C.科菲:《看门人机制:市场中介与公司治理》,黄辉、王长河等译,北京大学出版社2011年版,第245页。

行证券品质的各种市场中介机构。[1] 至于律师事务所是否是"看门人"以及是否需要承担看门人职责,美国律师事务所与美国证券交易委员会(United States Securities and Exchange Commission,SEC)之间曾因该问题发生过激烈的对抗,美国律师界主流一直避免律师事务所被强加"看门人"职责。1974 年,美国律协在《纪律规章》中的 7-102(B)(1)规则中明确,即便是客户拒绝遵守法律的时候,律师也不能披露客户的欺诈行为。[2] SEC 则认为依照 1908 年《职业道德准则》,律师有责任在发现客户有欺诈之举后去努力矫正。律师界提出辩驳,称矫正欺诈规则应让位于客户保密的规则。之后在《萨班斯—奥克斯利法案》的要求下,《律师职业行为标准》规定律师介入上市公司内控机制,对发行人进行监督并在公司内部进行梯式报告,[3]进一步明确了律师"看门人"的责任并扩大了律师的责任内容范围。目前我国理论界也基本达成共识,确定了律师事务所"看门人"的角色定位。这也与《法释〔2022〕2 号》中规定的律师事务所具有阻止披露文件中虚假陈述信息形成和发布的义务相印证。如果出现明知发行人存在虚假陈述的行为而不予指明、予以发布的情况,应当认定律师事务所主观上存在故意。

(二)过失认定的双层要素考量

过失,是指行为人对侵害他人民事权益之结果的发生应注意且能注意却未注意的一种心理状态。[4] 这种应受非难的心理状态是难以被证明的,即使借助心理科学也无法做到对行为人主观的准确认定,因此对于过失的判定,学界逐步采取过失认定标准的客观化。又言,"过失之有无,应以是否怠于善良管理人之注意为断者,苟非怠于此种注意,即不谓之有过失"。[5] 注意义务成为过失判断的基准,要求那些从事可能给他人带来损害风险行为的人,应当承担一种如同谨慎的理性人在同等情况下所应有的义务以避免这种损害的发生,[6]行为人违反注意义务即可认定存在过失。律师事务所作为证券市场上特殊的证券服务机构,基于法律对其预设的职责要求及律师职业道德的要求,在我国被认为具有一定注意义务。[7]

第一,根据审查事项内容的不同,区分注意义务类型并分别设立注意义务标准。对于侵权人过失的判定,我国采取的是客观过失理论说,以相对客观的标准

---

[1] [美]约翰·C. 科菲:《看门人机制:市场中介与公司治理》,黄辉、王长河等译,北京大学出版社 2011 年版,第 2—4 页。
[2] [美]约翰·C. 科菲:《看门人机制:市场中介与公司治理》,黄辉、王长河等译,北京大学出版社 2011 年版,第 244 页。
[3] 郭雳:《我国证券律师业的发展出路与规范建议》,《法学》2012 年第 4 期。
[4] 程啸:《侵权责任法》(第三版),法律出版社 2021 年版,第 295 页。
[5] 王泽鉴:《侵权行为》(第三版),北京大学出版社 2016 年版,第 299 页。
[6] 施天涛:《公司法论》(第四版),法律出版社 2018 年版,第 418 页。
[7] 薄萍萍:《监管创新背景下证券服务机构的功能定位》,《重庆社会科学》2021 年第 5 期。

进行认定。虽非同一名称及内涵，但无论是罗马法中的"善良家父"、英美法中的"邻人规则"还是我国采取的"合理人"及"善良管理人"理论，都是为了确立一个合理、谨慎的人，将其所具备的注意程度作为注意义务之一般标准（为行文流畅，以下统称为合理人标准）。但是，学者们逐渐认识到在不同的情况、场景下所需承担的注意义务范围及注意程度是不尽相同的，这也直接影响行为人的过错认定及责任承担。注意义务被区分为一般注意义务和特殊注意义务（也有称之为特别注意义务、高度注意义务等），其区分标准为行为人某些特定的义务，包括但不限于所从事的不同职业活动；行为所作用的对象以及年龄、受教育程度、专业知识、工作经验、技术水平等在一定程度上的影响导致行为人应负有的特殊注意义务。[1]

在注意义务标准的具体设置上，有学者认为仅需设定一个"中等偏上"的标准，实际上就是一个合理的、谨慎的人的行为标准，但也考虑到"在同一职业或行业内部，法律、道德、习惯也可能对不同的人具有不同的要求。因此，一个合理的、谨慎的人所应有的注意，还需要根据该行业和职业内部的不同的人的具体情况来决定。"[2]依循此逻辑，单一的合理人标准可能并不能贯穿适用于两种注意义务之中，学者开始区分两种注意义务的合理人标准。有学者认为应当要求一般注意义务人，尽到一个诚信善意之人的注意义务；而特别注意义务在法律法规及行业操作规程要求等情况下，应当要求义务人达到特别的注意。[3]另有学者认为特别注意义务是指特别领域中的一般注意义务，行为标准应当对标特殊职业团体中一个合理人在相同或相似条件下所应采取的行为标准，高于普通社会成员的注意水平，但也是本职业团体的中等水平。[4]此外还有以行为人职业特性为标准，将其区分为普通注意义务和高度注意义务，"普通"即指社会普通人员应有的注意义务，高度注意义务即指特定的职业者、专家所应当具有的注意义务。高度注意义务中的认定标准也并非完全一致，因不同的行业、技术职务甚至地域差异而有所不同。[5]虽然上述区分标准略有不同，但其思路内核是一致的。其一，注意义务的类型一般应分为两类。一是普通的注意义务；二是特定人群因所涉事项的专业性及特殊性，应承担的特别注意义务。其二，两类注意义务的程度应有所不同。特别注意义务因注意事项的特别规定或行为存在危险性等，应当承担高于一般注意义务的注意程度。但对于一般注意义务以及特别注意义务应达到的注意程度，也并未形成统一的标准。因为注意程度的不同，行为人所应承担的注意义务范围亦不尽相同，所以也将导致过失判定结果的不同。在证券虚假陈述案件中，学界对证券服务机构一般注意义务及特别注意义务下的过失

---

[1] 王利明：《侵权行为法归责原则研究》，中国政法大学出版社2002年版，第253—254页。
[2] 王利明：《侵权行为法归责原则研究》，中国政法大学出版社2002年版，第241页。
[3] 张新宝：《中国侵权行为法》（第二版），中国社会科学出版社1995年版，第141页。
[4] 邢会强：《证券市场虚假陈述中的勤勉尽责标准与抗辩》，《清华法学》2021年第5期。
[5] 屈茂辉：《论民法上的注意义务》，《北方法学》2007年第1期。

判定标准,有以下几种观点。其一,单一制,以合理人[1]为基准,着重强调负有专业义务的人员应当"遵守行业公认的业务标准、行为规范、操作规程,并且还须具备最低限度的本行业的特殊知识、技能和经验,"[2]具备比其标准更高的注意义务。其二,双层制,一般注意义务参照社会大众的一般注意水平加以划分;特别注意义务参照职业团体一般注意水平划分。[3]这也是目前学理上的主流观点。但对于职业团体一般注意水平的定义,有中等水平说、中等偏上水平说等。另有学者认为对于一般注意义务过失的认定不能以"专家对非专业领域尽到一般注意义务"为绝对标准而粗暴处理,应当依据具体事项的不同,结合不同专业对此事项审核的侧重点予以区分。[4]

第二,回归对立法原意的解读,梳理学界对重大过失的内涵界定,这对完善律师事务所过错的认定体系具有重要意义。除根据审查事项种类的不同进行注意义务类型的区分外,一般而言,按照注意程度的不同,学者们还会把过失大致分为三个层次,即为重大过失、一般过失和轻微过失。[5]重大过失,即行为人以极其不合理的方式未尽到交易上必要的注意;一般过失,即行为人在通常情况下的过失,未达一般诚实善意之人或合理人应达到的注意程度;轻微过失,即较小的过失,是一种可以被原谅的错误。[6]也有学者划分为重大过失、具体轻过失和抽象轻过失。[7]其一,普通人的注意,指在正常情况下,只需要轻微的注意即可预见损害结果的发生。如若违反则应当为重大过失;其二,与处理自己事务为同一注意,指行为人平日处理自己事物所用的注意标准。如若违反则应当为具体轻过失;其三,善良管理人的注意,指依其职业斟酌所用到的注意程度,这是三种注意程度中要求最高的。[8]该种区分方式是在一般情况下,试图对行为人的心理状态分级处理,以达到对行为人主观过失的程度分层。一般来说,在适用过错责任原则的侵权行为中,即便行为人仅存在轻微过失而造成损害的,依旧需要承担侵权责任,但可以在赔偿责任的裁量中作为减轻或免除的考量因素,[9]法律另有规定仅对重大过失进行法律评价的除外。在证券虚假陈述案件中,依据《法释〔2022〕2号》第13条之规定,对作为证券服务机构的律师事务所过错的认定应当包含故意及重大过失。然而,在对证券服务机构过错认定的学理讨论中,几乎不

---

[1] 合理人是指,法学家、法官所拟制出来的用以衡量所有人的行为在法律上是否合适的一个模范式标准人物。合理人的行为标准既要高于容易疏忽出错的普通人,又要低于基于职业原因负有高度注意义务的专业人士。
[2] 郭锋:《虚假陈述侵权的认定及赔偿》,《中国法学》2003年第2期。
[3] 方姝茜:《虚假陈述案件中证券服务机构注意义务的厘清与修正》,《西南金融》2023年第11期。
[4] 陈洁:《证券虚假陈述中审验机构连带责任的厘清与修正》,《中国法学》2021年第6期。
[5] 程啸:《侵权责任法》(第三版),法律出版社2021年版,第296—298页;蔡颖雯:《侵权过错认定法律问题研究》,法律出版社2016年版,第46页,第49页。
[6] 蔡颖雯:《侵权过错认定法律问题研究》,法律出版社2016年版,第46页。
[7] 王利明等:《民法学》(第六版),法律出版社2020年版,第1057页。
[8] 王利明等:《民法学》(第六版),法律出版社2020年版,第1057页。
[9] 程啸:《侵权责任法》(第三版),法律出版社2021年版,第298页。

见学者专门探讨重大过失的认定标准。一方面,可能是因为传统大陆法系民法理论中对重大过失持较为轻慢的态度;另一方面,很多国家都采纳了"重大过失等同于故意"的原则,将重大过失视为"准故意"。[1] 但基于我国证券虚假陈述的法律规定,回归主观过失认定的逻辑体系,对律师事务所重大过失的理解和认定成为律师事务所责任承担的关键。

早在2007年《证监会令第41号》第14条[2]就将律师的注意义务依业务事项的不同,区分为"一般注意义务"和"特殊注意义务",2023年《律师事务所从事证券法律业务管理办法》(中国证券监督管理委员会令第223号,以下简称《管理办法》)第15条沿用了这种区分方式。《法释〔2022〕2号》第18条亦将律师事务所责任限于其工作范围和专业领域,通过合理依赖和合理调查从而承担与之相对应的责任。有学者称证券服务机构对自身肩负的职责应尽特别注意义务,进行充分的尽职调查;对于其他机构已出具专业意见的事项应尽一般注意义务,进行审慎核查。[3] 对此,笔者认为对律师事务所过错认定应当以律师事务所专业事项与非专业事项为区分标准:专业事项应当归于特别注意义务的范围,非专业事项归于一般注意义务范围。在此基础上,分别确立一般注意义务与特别注意义务的过失认定标准。最后结合现行法律之规定,在证券服务机构的重大过失行为具有非难性的前提下,对不同义务范围下的重大过失进行界定,并探析构建不同义务范围内的重大过失认定标准之实现路径。

四、律师事务所证券虚假陈述过错的认定路径与标准

无论是证监会还是法院,对于律师事务所过错的判断主要是依据《证券法》中证券服务机构勤勉尽责的原则要求,借助相关办法(如《管理办法》)、职业规范[《律师事务所执业规则》、《中华全国律师协会律师执业行为规范》(以下简称《执业行为规范》)、《中华全国律师协会律师办理证券虚假陈述民事赔偿诉讼业务操作指引》等]确定律师事务所的义务来源,审核律师事务所在出具法律意见书时所进行的查验过程是否合法、正当、全面以达到一个"理性法律人"的标准,以及是否承担了"善良管理人"的职责。但证监会或法院根据实质重于形式、结果与过程并存的原则,[4]在认定律师事务所过错时不会止步于对法律意见书、工作底稿等形式上的审查,更倾向于从结果出发,倒查律师事务所为出具法律意见书所进行的所有工作内容。在该阶段中,其是从权利侵害的结果反推因果,以确定行

---

[1] 王利明:《侵权行为法归责原则研究》,中国政法大学出版社2004年版,第244页。

[2] 第14条规定:"律师在出具法律意见时,对与法律相关的业务事项应当履行法律专业人士特别的注意义务,对其他业务事项履行普通人一般的注意义务,其制作、出具的文件不得有虚假记载、误导性陈述或者重大遗漏。"

[3] 郭雳、李逸斯:《IPO中各中介机构的职责分配探析——从欣泰电气案议起》,《证券法苑》2017年第5期。

[4] 郭雳、李逸斯:《IPO中各中介机构的职责分配探析——从欣泰电气案议起》,《证券法苑》2017年第5期。

为是否在特定情形下达到了合理的标准。[1] 实务中，难免会出现以权利侵害作为行为违法性的判断标准，导致结果无价值的倾向。这往往要求律师事务所承担较高的注意义务，甚至可能超出律师事务所本应承担的合理范围，且裁判标准不一对于律师事务所进行合规执业亦缺乏指导性帮助。律师事务所因特殊的职业定位和职责要求，被要求承担勤勉尽责的义务，但对勤勉义务的审查标准并无进一步的规定，导致出现裁判规则不一致的适用困境。学理上，"审慎原则""专家责任""注意义务"等术语语义不清、界定不明，过于原则化的标准及要求也无法在实务中直接适用。对此，将律师事务所虚假陈述过错进行体系化解释和规则细则化，可以更好地适用于司法审判。

(一)律师事务所注意义务之认定路径

在民商法领域，无论是学理讨论还是实务，过失的认定标准往往是重点、难点，而故意的认定较少被研究。一是因为在实务中想要让原告证明对方是故意或要求被告以自己没有"故意"做某件事而成功抗辩，缺乏普遍适用的证明标准，具体实施起来是较为困难的。尤其是对于专业机构来说，通过文件审核及专业调查后出具意见书这样的重复性、流程化行为，很难衡量行为人的主观意图。不过实践中法官多将刑事案件的判决作为依据来认定虚假陈述的故意，[2]可以借鉴到证券虚假陈述案件审判中来。二是目前我国对证券服务机构虚假陈述责任的规定中仅对故意及重大过失这两种主观过错提出了归责要求，且未明确区分故意和过失下不同的责任承担。三是通说认为故意的内涵应当包括"明知"和"应知"，"应知"情况下亦可推导出行为人重大过失的主观状态。二者在实践认定中难以区分，具有同样的道德可责难性。[3] 四是由于证券服务机构的归责原则为过错原则下的过错推定理论，究其根本是以过失为基础发展起来的。在过错认定判断规则中，不再以故意与过失作为明确的界限进行详细区分。概言之，对于律师事务所的过错认定，应当在以注意义务为理论基础的前提下，提供危险信号识别规则用以区分特别注意义务与一般注意义务界限，从而对不同注意义务下之合法合规审查范围及限度作出合理的设定，大致的流程如图 2 所示。

---

[1] 廖焕国：《注意义务与大陆法系侵权法的嬗变——以注意义务功能为视点》，《法学》2006 年第 6 期。
[2] 王立：《证券虚假陈述新规研读笔记(4)："没有过错"的证明逻辑》，载金融法驿站微信公众号，https://mp.weixin.qq.com/s/rZIr0af94fC05G10iHBFTA，访问日期：2024 年 5 月 6 日。"2021 年 12 月北京市高级人民法院最新作出的一起中小企业私募债假陈述责任纠纷案二审判决中，法院认为，刑事判决书明确认定，会计师事务所在明知发行人存在财务造假的情况下，主动配合、指导发行人进行财务舞弊，存在故意，构成共同侵权，故应承担连带责任。"
[3] 杨松、刘竹：《中介机构虚假陈述责任的理论反思、实践困境与规则重构》，《河北学刊》2023 年第 2 期。

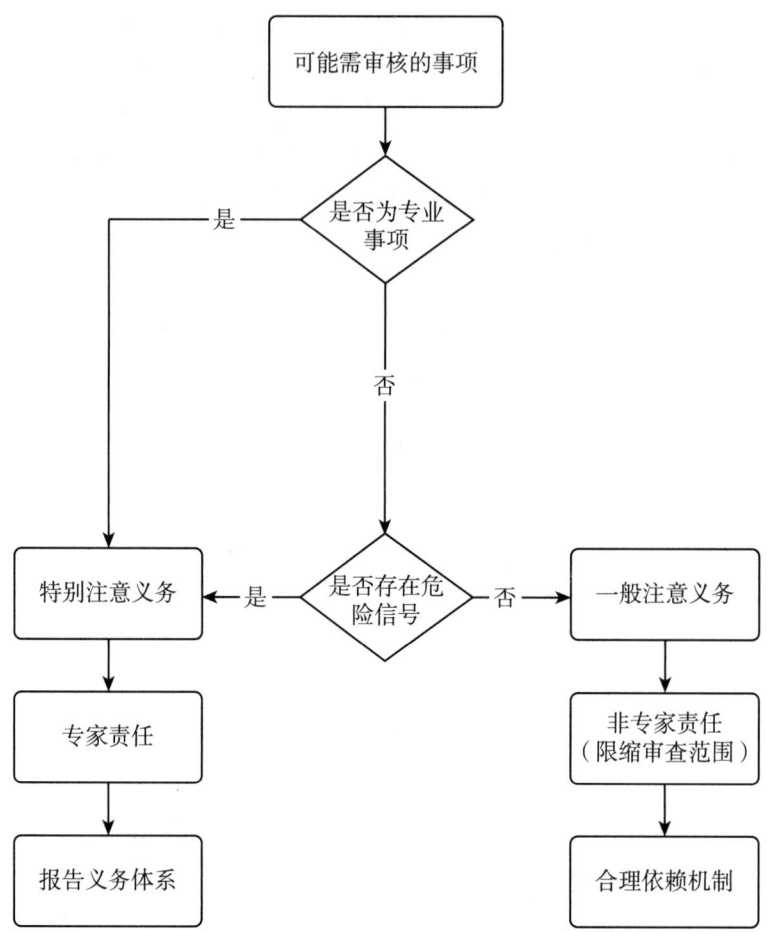

图 2　律师事务所注意义务认定流程图

(二)识别危险信号,完善报告义务体系

最早将危险信号理论运用到案件中的系 1962 年的 Escott v. BarChris Construction Corporation 案(以下简称 Escott 案),法院在对董事、承销商及会计师事务所的合理勤勉抗辩进行分析时,认为审计材料中存在大量"danger signals"(危险信号),并且对会计师事务所面对危险信号却只是提出问题而非进一步调查的行为已达到勤勉尽责程度的观点不予认可。[1] 在证券虚假陈述案件中,危险信号(danger signals),又称为红旗规则(red flags)。红旗规则作为舶来品,最早是网络服务提供者侵权责任规则中"应知要件"的判断标准,是指当侵权事实像红旗一样明显,便可推定网络服务提供者应当知晓并采取措施制止行为。[2] 对于红旗规则在网络服务侵权案件中的应用,有学者指出中美适用该规则所产

---

[1] 邢会强:《证券虚假陈述的危险信号理论》,《证券市场导报》2024 年第 1 期。
[2] 朱开鑫:《网络服务提供者注意义务研究》,对外经济贸易大学 2019 年博士学位论文。

生的法律效果并不一致：美国依据《数字千年版权法案》(Digital Millennium Copyright Act,DMCA)第512(c)(1)(A)(ⅱ)条规定,仅将红旗规则作为能否适用避风港规则的判断条件;而我国则仅侧重强调红旗规则的客观方面,将其作为过错的判定标准。[1] 在证券虚假陈述案件中,证券服务机构因本身具有审查各项材料的义务,承担专业范围内的注意义务,因此引入危险信号理论旨在为证券服务机构过错判断提供客观的判断标准。目前我国并未将危险信号理论体系化,亦未形成完善的规则架构,但实务中已存在与该理论相契合的裁判说理。香榭丽案中[2],法院认为对出现的应收账款异常现象,应当引起律师的警觉。对该事项不应仅限于形式审查(要求当事方出具承诺函等),律师应履行特别注意义务。在邮储案中[3],法院提到在资产审查阶段,对重大异常情况,应保持法律人的职业怀疑,承担特别注意义务。2023年2月,证监会修订的《证券发行上市保荐业务管理办法》第22条允许保荐机构可以合理信赖证券服务机构出具的专业意见书,但对于重大异常、重大矛盾及重大差异应当进行调查、复核,这也被认为是危险信号理论的运用。因此,司法及执法实务中,在对律师事务所注意义务范围的判定上已经使用了危险信号理论的逻辑。美国在个案判例审查中,对证券服务机构应当识别危险信号的主观状态、来源范围等持有不同的态度和意见。[4] 但在虚假陈述案件中,律师事务所首先应当对涉财务相关事项进行重点关注。其次,结合中等水平专业律师的审慎标准判定是否达到"显著异常"的程度。

《证监会令第41号》第17条对报告义务作出了规定,[5] 2023年《管理办法》第18条继续规定了这项义务,并且增加了虚假陈述的适用场景。[6] 第33条对"未按照规定要求委托人进行纠正、补充,或者履行报告义务"的作出了可能会被中国证监会及其派出机构采取措施的负面评价。这与美国《律师职业行为标准》中要求律师介入上市公司内控机制,对发行人存在的违法问题进行监督并在公司内部进行梯式报告的制度有相同的目的。梯式报告与"吹哨"提醒相配合,使

---

[1] 徐伟:《网络服务提供者"知道"认定新诠——兼驳网络服务提供者"应知"论》,《法律科学(西北政法大学学报)》2014年第2期。
[2] 根据许某的讯问笔录,其在"已经关注到香榭丽应收账款的异常现象"的情况下,采取的措施只是"要求香榭丽实际控制人叶某出具承诺函","没有关注香榭丽内部合同签订审批的流程规范性问题,所以没有因此对业务合同的真实性产生怀疑"。
[3] 租赁合同内容核实方面。金杜律师事务所对《租赁合同》进行了书面审查,并向灯都公司提供了《租金确认书》模板。但对于灯都公司与承租人签署的《租金确认书》,金杜律师事务所出具的《法律意见书》虽然分析了租金单价、面积等发生变更的原因,但是对租金总额等要素发生重大变更,以及《租赁合同》《租金确认书》约定的租赁商铺位置与承租人开设的个体工商户注册经营地址不符等重大异常情形,未保持法律专业人士应有的职业怀疑。
[4] 汤欣、张鑫渝:《证券发行保荐人的合理信赖及免责抗辩》,《证券市场导报》2023年第4期。
[5] "律师发现委托人提供的材料有虚假记载、误导性陈述、重大遗漏,或者委托人有重大违法行为的,应当要求委托人纠正、补充;委托人拒不纠正、补充的,律师可以拒绝继续接受委托,同时应当按照规定在有关方面履行报告义务。"
[6] 2023年《管理办法》第18条第2款规定,"律师发现委托人提供的材料有虚假记载、误导性陈述、重大遗漏,或者委托人有重大违法行为的,应当要求委托人纠正、补充;委托人拒不纠正、补充的,律师可以拒绝继续接受委托,同时应当按照规定向有关方面履行报告义务。"

得律师实际上协助了美国证监会对证券违法活动的监管。[1] 目前我国律师执业伦理道德体系尚不成熟,过度要求律师牺牲当事人利益将会严重侵害委托代理关系的信赖基础。我国虽然也在相应的法律文件中规定了律师的报告义务,但具体的体系构建并没有详细的理论实务研究和制度设计。报告义务的法理基础、义务主体应当是律师还是律师事务所、违反报告义务的责任应当如何承担以及履行报告义务后是否能以此进行无过错的反证抗辩等问题都是亟须思考的。

(三)限缩责任范围,确立合理信赖机制

证券发行过程中,律师事务所所需查验的文件范围边界不明、审查深度程度不一的问题一直存在。实务中为实现对证券虚假陈述的严厉打击,往往又会扩大证券服务机构的责任范围。因此,争议点常聚焦于律师事务所依据其他证券服务机构的专业意见得出的结论,是否会因专业意见的过错而被认定为涉嫌虚假陈述。在裁判文书中,也常见律师事务所会以"法律意见书的部分确认事项系基于对其他专业证券服务机构结论的信赖,对该事项的审查义务不应由律师事务所承担"作为抗辩理由。申言之,其中涉及证券虚假陈述过程中律师事务所对所需审核事项归属的理性判断。根据事项属性的不同,判断律师事务所对该事项应当承担注意义务的类型以及确立不同注意义务范围下的过失认定标准。

律师事务所作为证券服务机构,所应承担的注意义务范围及具体查验规则,首先可以从现行法律及司法解释的规定中得以明确。《证券法》要求律师事务所勤勉尽责、恪尽职守,《法释〔2022〕2号》要求证券服务机构应当履行注意义务,并且不得具有重大过失。《证券法》强调要妥善保存资料、底稿、信息,不得泄露、隐匿、伪造、篡改或者毁损,出具的文件要核查其"三性",不得有虚假记载、误导性陈述或者重大遗漏。其次,根据《管理办法》、《执业行为规范》、《中华全国律师协会律师办理证券虚假陈述民事赔偿诉讼业务操作指南》(以下简称《操作指南》)等规范文件和专业指南,大致可以对律师事务所所需承担的查验工作及要求做以下梳理。其一,查验时应坚持独立、客观、公正、审慎及重要性原则。查验方式应当多样化,以实现验证目的为要求,采取积极灵活的方式:对存在原件的相关资料及书面凭证进行查验时,需要与原件加以核对;无凭证或凭证不足时应采用实地调查、面谈等其他方式。对需要进行确权调查的事项需要向公共机构[2]查证确认的事项、通过实地调查方式查询的事项,都要将查询方式以及所调查的情况进行过程痕迹管理并形成书面笔录。同一事项从不同来源或不同查验方式获取的材料,结论不一致的应当作进一步查证。对委托人提供的材料不符合三性的或委托人存在重大违法行为,应当要求委托人纠正、补充,否则律师可拒绝接

---

[1] 郭雳:《我国证券律师业的发展出路与规范建议》,《法学》2012年第4期。
[2] 2007年《律师事务所从事证券法律业务管理办法》(中国证券监督管理委员会、司法部令第41号)第15条规定:"律师从国家机关、具有管理公共事务职能的组织、会计师事务所、资产评估机构、资信评级机构、公证机构(以下统称公共机构)……",2023年《律师事务所从事证券法律业务管理办法》(中国证券监督管理委员会令第223号)第16条也有类似规定,本文沿用该定义。

受委托并向有关方面履行报告义务。其二,法律意见书中的意见应当是结论性意见,不得使用"基本符合""未发现"等含糊措辞。应有两名执业律师和律师事务所负责人签名,加盖律师事务所印章并签署日期。其三,工作底稿要注明来源并进行签名盖章,对未签名盖章的予以说明。查验是出具法律意见的前期准备工作,工作底稿是出具法律意见后的资料留存。根据上述各项法律文件的要求,可以发现无论是从形式审查还是实质审查,对律师事务所查验工作的要求可谓是全面且深入的,甚至未免有些苛刻:查验方式须多样以探求发行文件的绝对完整性和实质真实性;意见书的出具需要在形式上无瑕疵;实质内容的审查须尽量做到事无巨细,以确保发行行为的合法合规性;法律意见书之结论应当明确并对该结论负责。

笔者认为,如果完全严格按照上述查验规则要求律师事务所的工作并以此作为律师事务所过错认定的具体标准,可能会出现三方面的负面影响。其一,不符合立法本意,导致规则与实务之间存在逻辑矛盾。其二,在看似压实律师事务所看门人责任的同时,忽略了律师事务所双层责任制的现实,可能导致行业的寒蝉效应。其三,由于各律师事务所的规模、业务性质、组织架构、地点以及律师和客户的质量存在差异,以一种僵硬的形式制定统一的准则和标准是不现实的。对此,应当限缩律师事务所之过错认定范围。

首先,依据上文的论证分析,律师作为虚假陈述案件中的法律专业服务者,应当以对法律相关的事项进行专业核查和法律分析为界,区分一般注意义务和特别注意义务范围。后者应当包括判断公司各项组织程序事项的合法合规性、公司所涉相关风险核查、对公司重要资产权属进行确权的合法性以及协助企业规范、调整和完善发行上市所涉及的法律事项等。对于部分无法分清属性、可能涉及专业交叉的事项,可以借助危险信号理论以确定注意义务的类型。也有学者表示某些事项可能并不是传统意义上的专业事项,但基于特定领域内必备的专业素质而被要求承担专业注意义务,只是与专业人士所承担的专业注意义务侧重点不同。[1] 此种考量有其合理性,但显然对行为人提出了较高的要求,实务中易被滥用,从而加重行为人的责任承担。因此应当降低事项归属的判断标准,以一般律师通常本身所具有的知识、经验,判断事项是否应当为律师事务所审慎核查,该标准也应当是下文提到的本职业团体的中等水平。

其次,应当分别对一般注意义务和特别注意义务制定合理的注意程度标准。特别注意义务中的"特别"是指特别领域中的一般注意义务,法律上对专业人士的要求中"合理的关注和勤勉"体现了专业人士在执业过程中应当保持的主观注意状态,这应达到平均的水平。具体到专业人士过失案件,是指一个中等资质和能力的从业人的标准。[2] 该标准高于普通社会成员的注意水平但不是本职业团

---

[1] 陈洁:《证券虚假陈述中审验机构连带责任的厘清与修正》,《中国法学》2021年第6期。
[2] 刘燕:《"专家责任"若干基本概念质疑》,《比较法研究》2005年第5期。

体的最高水平,而是本职业团体的中等水平。[1] 这种中等水平的确定,可通过问卷调查的方式,对国内律师事务所律师进行抽样调查,以得出一个较为公正的评判标准。[2] 应以专业人士的行为状态而不是其行为的最终结果来评价专业服务。它要求专家具有必要的专业水平,并且在执业过程中保持"合理的谨慎和注意",而不是为委托人所期望的结果提供保证。[3] 一般注意义务的标准,通常表述为社会中普通大众的注意程度。对于其他证券服务机构的事项,可以合理信赖其他证券服务机构已将相关文件进行真实、全面、准确地披露,对此仅需进行形式审查。对非法律专业相关事项的审查,应建立在对其他证券服务机构的合理信赖基础之上,除非出现重大异常情况否则应保持一般注意义务标准。换言之,专家要进行合理调查;非专家只需证明他有合理的理由相信并确实相信该陈述是真实的。[4] 另外,基于《理解与适用》中对法条的解读,还应当注意在对律师事务所过错认定的过程中,对该行为是否属于重大过失的审查必不可少。有学者借鉴德国刑法中"轻率"的犯意,辅以英美法系对"轻率"的内涵界定,认为重大过失即为"有认识的过失",其要素包括:对损害后果发生的高度盖然性认知以及对行为非正当性的认知;客观上制造了巨大的危险,其中包括损害发生的高度可能以及损害后果的现实巨大危险性。[5] 上述要素包含主观要件和客观要件,能够较好地实现对行为是否构成重大过失的评价,具有一定的可操作性。在证券虚假陈述案件中,可以排除因书面疏漏、流程错误或显著笔误等过失导致的律师事务所的过错认定。

再次,基于上述论述,实务中建议将律师事务所合法合规审核范围固定化。2023年《管理办法》第14条规定律师事务所有编制核查和验证计划的义务,并对需要核查和验证的具体事项和方式提出要求。在司法裁判中也有法院以律师事务所未按照编制核查和验证计划所列要求进行审查为由,认定律师事务所存在过错。因此律师事务所保留完整的核查流程、验证程序可以规范律师处理披露文件的行为标准和程序,以便行业和公众对客户应承担哪些责任以及律师能够为客户提供哪些帮助有更清晰的认识和期望。[6] 虽然很多判断标准的主观性较强导致需要依赖人的认知规律、判断逻辑、生活经验等进行判断,且尚无系统性规定可供律师在披露时使用,以确定其协助客户进行尽职调查的程度,[7] 可能会

---

[1] 邢会强:《证券律师注意义务之边界》,《商业经济与管理》2021年第9期。
[2] 《中证协优秀课题:债券虚假陈述中介机构民事法律责任研究》,载中证协官方微信公众号,https://mp.weixin.qq.com/s/6HLl3NHOfjz-d0Yfj0yB-g,访问日期:2024年5月6日。
[3] 刘燕:《"专家责任"若干基本概念质疑》,《比较法研究》2005年第5期。
[4] Ernest L. Folk II., Civil Liabilities under the Federal Securities Acts: The Barchris Case Part II—The Broader Implications, *Virginia Law Review*, 1969, Vol. 55:199, pp. 16-17.
[5] 叶名怡:《重大过失理论的构建》,《法学研究》2009年第6期。
[6] Victor P. Alboinit, Duee Diligence and the Role of the Securities Lawyer, *Canadian Business Law Journal* 1981, p. 259.
[7] Victor P. Alboinit, Duee Diligence and the Role of the Securities Lawyer, *Canadian Business Law Journal* 1981, p. 260.

造成不同法院对事实的认定不一致。但通过明确律师注意义务范围,基于律师现实的成本耗费及律师服务中介机构的法律目的,严格依照编制的核查和验证计划,对律师事务所的查验工作进行审查便具有了可操作性。

最后,证券服务机构所提供的服务相互交叉重叠,甚至形成互补。传统的职业区分已经模糊,而且随着工作融合性的加强,对综合性人才的需求增大,职业之间的边界很可能继续瓦解。以法律、会计和金融工作为例,它们之间的界限并没有明确划分。[1] 商事律师、证券律师必须了解和使用会计概念,因为这些概念影响到交易的结构、交易的确定、对价的形式以及商事谈判和合规等方面。而银行、证券从业资格考试也有关于证券法、公司法以及基础法律常识等方面的考点。我国对证券服务机构的注意义务普遍存在责任边界模糊和工作内容重复交叉的情况,这导致法院在对证券服务机构进行归责认定时,往往会加重其责任以维护公众投资者的利益。律师事务所在证券服务体系内,应当对法律专业事项持特别注意并对其他事项承担一般注意义务,对会计师事务所等其他证券服务机构专业事项保持合理信赖。对非法律事项的合理信赖包括对文件的合理信赖,即文件有无缺漏、单件材料之间有无矛盾。当原始材料的真实性有疑点、原始材料之间相互矛盾或者原始材料有缺漏时,应当进一步询问,不能排除合理怀疑的,应当要求重新提交材料。[2] 由于部分证券专业机构的工作内容有重叠,会存在注意义务的相互转移,[3] 在相关案例中,律师事务所往往被要求对相关会计事项、重大合同及所涉财产相关事项作真实性、完整性的查验。如果注意义务的内容不能加以限缩,那么律师事务所不仅要为高度专业的法律事项承担特别注意义务之责,还要为其他证券服务机构的专业事项承担特别注意义务,这对律师提出了过高的要求。理想的、广泛的尽职调查既昂贵又耗时,其应是合理的而非详尽的。构建证券服务机构间的合理信赖关系,有助于促进证券服务行业内部的灵活合作与风险分担。

五、结语

直接融资市场中要素优化配置的关键在于提高信息效率,使有关证券价值的信息真实且有效地传递给投资者。[4] 证券虚假陈述是证券欺诈责任纠纷中的重要组成部分,该行为破坏市场经济诚实信用原则,侵犯投资者合法权益。律师事务所在证券虚假陈述案件中是否应当扮演"看门人"的角色一直存在争论,一方面"保护投资者"的理念让证监会倾向于认为证券服务机构应当担负起更多的

---

[1] Andrew F. Tuch, Multiple Gatekeepers, 96 *VA. L. REV.* 1583(2010), p.1603.
[2] 吴宏:《"律师声明"中专家过错标准和责任形态——首例律师对"律师声明"承担专家责任案评析》,《法学》2009年第9期。
[3] 北京市高级人民法院(2018)京行终4657号行政判决书。法院认为,"公司财务会计报告中虚构应收账款的收回这一虚假记载属于会计问题,但其背后所反映的公司重大债权债务的变化是否属实的问题,则涉及公司经营的合规性和法律风险问题,属于应履行法律专业人士特别注意义务的事项"。
[4] 周淳:《证券服务机构诚信义务统合论》,《兰州大学学报(社会科学版)》2020年第6期。

社会责任,另一方面基于市场的大环境且律师事务所作为委托代理关系中的代理人,律师行业排斥对客户虚假陈述的披露。目前在我国律师事务所承担起相应的公共责任,在特殊情况下穿透律师保密义务已成趋势,但律师事务所的角色、职责往往是辅助性的,其收入也远低于保荐人和会计师事务所。[1] 在我国新兴的证券市场环境下将律师事务所列为法定的证券服务机构是为了充分发挥证券服务机构自律治理,契合证券行业良性发展的需求。我国将律师事务所的归责原则设计为过错推定是为了平衡律师事务所职业规范的双重要求:既要基于委托代理关系将维护委托人放于首位,也要遵循证券法保护投资者和维护公共利益的价值取向。鉴于实务中对律师事务所注意义务范围的扩张会导致律师事务所系统风险的增大,应当限缩律师事务所注意事项范围、降低律师事务所查验深度要求,区分律师事务所特别注意义务与一般注意义务的界限,探索律师事务所从事证券法律服务的法定赔偿最高额限制规定及律师职业保险以对冲职业风险。一方面,要形成一套较为具体和灵活的律师事务所过错判断规则及行业规范操作指南,另一方面,借鉴保险制度以对冲律师事务所因承担较高注意义务、承担较多的社会责任而面临的风险。由于篇幅所限,尚有一些重要的问题无法在文中进行充分的论证研究,需要在今后的研究中继续深入探讨,诸如律师责任保险的制度设计、证券服务机构内部信赖关系体系的构建等一系列问题。对律师事务所责任的过错认定的研究需要结合国家对证券服务机构的要求以及律师事务所行业自身的发展趋势,以大量实务案例作为基础,才能尽量避免认定标准的偏颇。

---

[1] 郭雳、李逸斯:《IPO 中各中介机构的职责分配探析——从欣泰电气案议起》,《证券法苑》2017 年第 5 期。

自媒体平台发展对"避风港"原则的冲击与重塑

冯思邈*

摘　要　在流量经济、知识经济席卷全球的背景下,文化创造无疑成为商业利益和经济发展的核心生产力。就当前的文化市场而言,自媒体平台日益成为文化创造的生力军。平台作为一种新生的著作权法律关系主体,在传统著作权法律体系中并无对其法律地位的界定,为了应对这一法律规则的空缺,"避风港"原则应运而生。由于制度的形成过程具有商业利益博弈属性,而自然的博弈过程在国际力量介入下提前结束,该原则具有原生缺陷。同时,自媒体行业的发展导致互联网文化环境、公众思想观念以及平台参与下的内容创作产业中的利益关系均发生了巨大变革,使"避风港"原则的制度缺陷完全暴露,面临理论上和现实中的困境。在法律制度难以应对的情形下,自媒体平台自发形成了替代性的处理机制,这种机制具有其产生的合理性和正当性,应当作为一种新型社会治理模式纳入著作权规范体系。

关键词　"避风港"原则;自媒体平台责任;著作权侵权纠纷

目　次　一、"避风港"原则的形成及其时代动因
　　　　　　（一）"避风港"原则的创设过程
　　　　　　（二）"避风港"原则的原生缺陷
　　　　　二、自媒体运营模式对于"避风港"原则的冲击
　　　　　　（一）网络文化生态环境的转变
　　　　　　（二）隐私权的担忧
　　　　　　（三）平台私权力的产生
　　　　　三、自媒体时代平台责任的重塑
　　　　　　（一）现实的纠纷解决路径选择
　　　　　　（二）自媒体平台所形成的社会中间层结构
　　　　　四、结语

　　随着互联网的发展与普及,社会各个领域和行业均面临"互联网+"带来的技术冲击与挑战。以资源共享、大数据分析、人工智能、云存储与云计算等技术为基础,信息时代呈现出颠覆性的社会变革特征。而法律作为一种规范社会行为的制度体系,具有典型的随时代变迁而调整的特点,具有很强的时代性特征,

---

* 冯思邈(1999—　),北京大学法学院2023级博士研究生。研究方向:知识产权法。

一个时代中坚不可摧的法条可能在另一个时代中崩塌。[1]所以,在互联网时代,文化内容创造领域的信息传播技术与商业模式变革对著作权法律体系产生了冲击。

在互联网时代,平台经济日益成为新经济体系的标志性成果与发展趋势。在知识经济领域,数字技术催生下的自媒体平台利用网络协作、万众创新的经营模式,彻底颠覆了内容创造市场的传统架构。自媒体平台创作模式打破了以往内容创造市场中"内容提供者—出版商—消费者"的产业链条关系,构建起创作者、消费者、平台之间的三元结构关系,呈现出新的多方利益主体博弈的态势。其中,平台作为一种新的市场参与主体,自媒体创作作为一种新的内容创作方式均首次出现在知识经济领域,原有著作权体系及其理论基础从未将其所引发的法律问题纳入考量。因此,厘清自媒体平台在知识产权法律框架下的权利与义务,明确著作权体系中自媒体行业的发展规范,不仅有利于规范互联网新兴行业发展,促进新模式下的知识产业的创造力迸发,对于法律规范体系的时代回应性、社会公信力提升,知识经济市场中的社会治理方式改进与创新也具有不可忽视的现实意义。

一、"避风港"原则的形成及其时代动因

根据莱斯特·梭罗的观点,面对当前的时代技术变革,那种认为知识产权保护制度只要"动动小手术",这里修修那里补补,就能解决问题的看法是完全错误的,当下的制度体系光靠小手术已经没用了,我们必须重新设计一个新的制度。[2]这种认为互联网技术和数字传输方式对于著作权制度体系具有颠覆性影响的观点在学术界并不鲜见,[3]更极端地,部分学者甚至直接质疑互联网环境知识产权的基础理论问题,从根本上否定著作权存在的必要。[4]

但在立法实践中,这种学术界的声音并未成为各国和国际组织设计规则的主流路径,立法者仍主要采取在原有著作权规则体系下另行特殊规定的局部变更方式以适应平台参与下的新的文化生产模式。即在传统著作权框架下针对包括互联网公众平台在内的各种网络服务提供者创设"避风港"原则,在其满足主体要求和履行法定义务时,免除其侵权责任,以此规避著作权侵权纠纷所带来的

---

[1] [美]劳伦斯·莱斯格:《免费文化》,王师译,中信出版社2009年版,第XIV页。

[2] 参见[美]约翰·冈茨、杰克·罗切斯特:《数字时代,盗版无罪?》,周晓琪译,法律出版社2008年版,第177页。

[3] See John Perry Barlow, Selling Wine Without Bottles: The Economy of Mind on the Global Net, in Duke Law & Technology Review, 18(2019), pp. 8-13;参见王太平:《知识产权制度的未来》,《法学研究》2011年第3期;熊文聪:《后现代主义视角下的著作权正当性及其边界——从个体权利到基于商谈的共识》,《政治与法律》2010年第6期;See also Philip J. Weiser, The Internet, Innovation, and Intellectual Property Policy, in Columbia Law Review, 103(2003), pp. 534-613.

[4] 参见[荷]斯米尔斯、斯海恩德尔:《抛弃版权:文化产业的未来》,刘金海译,知识产权出版社2010年版。[美]劳伦斯·莱斯格:《免费文化》,王师译,中信出版社2009年版。

法律风险。

这种制度创设路径并未脱离传统著作权规则体系内部的权利义务配置方式和纠纷解决方式,平台以一种完全中立的方式介入主体关系框架,既不承担事前实质性内容审查的义务,也不承担事后纠纷裁定的职责,仅需要通过红旗规则证明其事前的技术中立态度以及在事后及时履行"通知—删除"(Notice and Takedown)义务。就法律规则本身而言,这种规则创设方式符合权利义务相统一的基本原则。由于平台本身仅为内容创造者提供中立的技术支持,其并不分享内容创造行为所产生的著作权,因此不必承担权利所对应的审查义务和法律风险。但是,现实中法律制度的创设并不是单纯逻辑推演和文本分析的结果,而是深深植根于现实的社会环境和利益主体之间的冲突与博弈,对于立法正当性的分析也并不应仅停留在权利义务平衡这一浅层次价值层面,而是需要更深入的社会分析与体系研究。就"避风港"原则的立法过程而言,填补传统法律体系与社会现实之间的巨大鸿沟的,可能并非理想主义的法律分析与学理论述,而更多的是利益集团的游说和政治力量的寻租。

(一)"避风港"原则的创设过程

"避风港"原则作为一种立法创设,最早源于美国。

1. NII 背景下的强版权保护倾向

20 世纪 90 年代是美国互联网时代的开端,计算机与互联网正广泛投入民用、进入市场。1992 年,"信息高速路"(Information Superhighway)概念的提出使得这一新兴技术所具有的潜在生产力和社会变革力量进一步引起了美国社会的广泛关注。在这一背景下,克林顿政府在竞选阶段就将"信息高速路"作为其政治竞争纲领中的重要部分,承诺将通过互联网的建设形成 21 世纪美国国际竞争力与经济实力的新优势。[1] 因此,在克林顿就职后,"信息高速路"概念在互联网技术的基础上增加了政府参与的内容,形成了"国家信息基础设施"(National Information Infrastructure,NII)的概念,并针对性地成立了特别工作组(Information Infrastructure Task Force,IITF),研究出台相关国家政策与法律规范。[2] 由于 NII 在概念提出时就带有的强烈政策导向性,加之在互联网市场初建阶段,工作组专员对互联网行业技术发展、商业模式的认识非常有限,其所发布的工作报告无一例外地具有强烈的亲版权人的色彩。

具体表现为,工作组在 1995 年发布的白皮书报告中明确阐述了其基本立场。即只有版权强保护才能促进互联网产业的发展,只有扩大权利人对作品的控制权才能激励其在互联网领域创造和贡献出作品,从而使得 NII 这一"空管道

---

[1] See Jessica Litman, *Digital Copyright*, MI: Michigan Publishing, 2017, p. 72.
[2] See Jessica Litman, *Digital Copyright*, MI: Michigan Publishing, 2017, p. 73.

的集合"(a collection of empty pipes)拥有内容的填充。[1] 因此,在这种价值导向的基础上,NII专项工作过程中通过法律解释,不仅不断扩大互联网领域版权的控制范围,而且在侵权责任的分配问题上,倾向于将侵权风险分配给更具有责任承担能力且权利主张成本更低的网络服务提供者。此时,根据白皮书的意见,网络服务提供者在版权侵权争议过程中不享有任何特殊的责任承担方式和风险退出机制。

这种互联网领域版权强保护的政策导向虽然尚未形成明确的法律规则,但是在当时的判例法中已经有所体现。在1993年Playboy Enterprise Inc. v. Frena案[2]和1997年Playboy Enterprises,Inc. v. Russ Hardenburgh,Inc.案[3]中,佛罗里达州和俄亥俄州地方法院均认为,为上传受版权保护的作品的直接侵权人提供发布平台(internet bulletin boards)服务的被告,由于对于作品进行了公开展示和传播,应当同样承担直接侵权责任。1995年著名的RTC(Religious Technology Center)v. Netcom案[4]中,加利福尼亚州地方法院认为,虽然不应认为网络服务提供者应当承担直接侵权责任,但是在被告已经知道侵权行为的情况下,若仍诱导、引起或在很大程度上帮助了该直接侵权人的侵权行为,则被告应当承担共同侵权责任。[5] 由此可见,无论是采用替代侵权还是帮助侵权理论,当时法院对于平台这一新兴版权法律主体的侵权归责态度都是沿用侵权法的基本框架,实际上通过著作权的扩张解释扩大了侵权责任承担主体的范围,否认了网络服务提供者技术中立的可能性。

2. DFC的社会动员力量

1995年白皮书发布后,NII特别工作组提出的互联网领域版权强保护的立法建议即将进入立法行动阶段,然而这种呈现出强烈的亲版权人倾向的数字版权增强计划受到了众多利益相关者的强烈反对,包括图书馆团体、法学教授、公益组织、网络服务提供者、电信公司等。由于欠缺共同的商业利益和集体行动与决策能力,该部分利益团体在NII特别工作组形成工作报告时组织的听证过程中并未参与。[6] 然而,在白皮书及其可能引发的立法活动的推动下,原本价值取向与利益诉求各异的上述主体迅速形成了反对白皮书的立法建议这一统一的反对话语体系和短期斗争目标,即推动了数字未来联盟(the Digital Future Coali-

---

[1] See Information Infrastructure Task Force,Intellectual Property and the National Information Infrastructure:The Report of the Working Group on Intellectual Property Rights 10-11 (1995).

[2] Playboy Enterprises v. George Frena,839 F. Supp. 1552 (M. D. Fla. ,1993).

[3] Playboy Enterprises,Inc. v. Russ Hardenburgh,982 F. Supp. 503 (N. D. Ohio 1997).

[4] Religious Technology Center v. Netcom On-Line Communication Services,907 F. Supp. 1361 (N. D. Cal. ,1995).

[5] Religious Technology Center v. Netcom On-Line Communication Services,907 F. Supp. 1361 (N. D. Cal. ,1995).

[6] See generally Music Licensing Practices of Performing Rights Societies:Oversight Hearing Before the Subcommittee on Intellectual Property and Judicial Administration of the House Committee on the Judiciary,103d Cong. 2d sess. (February 23-24,1994).

tion,DFC)的组织与形成。[1] 因此,白皮书的发布在互联网版权领域并不仅仅意味着强版权保护主义者的阶段性成立,更重要的是,对于原本没有资格参与政策博弈过程的相对分散和弱势的相对方起到了整合和动员的作用。由此,互联网版权保护领域中大型版权持有者和大型网络服务提供平台之间对峙博弈的局面正式形成。

一方面,NII 的支持者借助政府公信力及其动员力量进行社会宣传,另一方面,DFC 借助互联网技术优势进行社会动员和组织。虽然当时以互联网平台为代表的新兴的网络服务提供者尚未形成足以与传统版权优势企业相抗衡的商业规模,但是白皮书所提出的极端的版权强化保护措施使得权利人站在了社会公众、公益组织、学者、图书馆团体等其他各种相关利益主体的对立面。这些相关主体的加入在很大程度上弥补了网络服务提供者与版权持有人之间的力量悬殊。因此,根据议价谈判理论(bargaining theory),双方的谈判地位和商谈能力基本持平,且二者的合作剩余并不显著。[2] 强版权保护方已经通过 NII 及其特别工作组提出的白皮书获得了极强的政策支持,对于此方而言,这一价值导向继续延伸至立法活动中是极其可能的,并无向 DFC 作出妥协的必要。而对于 DFC 而言,白皮书下的互联网版权环境已经到了足以颠覆其商业模式、价值观念、运营维持等基本利益的程度,因此只要阻止或拖延这一方向上的立法活动,对其而言就是有利的抗争。[3] 因此,双方始终处于谈判僵持状态,始终难以达成一致,导致互联网领域的版权立法活动难以继续推进。

3.利益博弈与制度形成

不可否认,"避风港"原则的创设为陷于无政府状态的数字领域带来了准则,[4]使得传统的著作权保护体系面对数字时代下的多方博弈局面仍得以应对,完成了著作权侵权纠纷处理机制的现代化过程。但是,"避风港"原则并非解决网络服务提供平台对于原有法律体系的冲击问题的唯一出口。

从知识产权全球治理的角度来看,打破 NII 与 DFC 之间博弈僵局的关键在于《WIPO 版权条约》(WIPO Copyright Treaty,以下简称《版权条约》)的出台,国际性利益团体的参与使得双方势均力敌的谈判地位发生了一定程度上的改变。世界知识产权组织为了应对互联网发展对版权法律体系带来的冲击与影响,希望以签订国际公约的方式调整知识产权全球治理框架,为了在新的世界版权保护体系中占据优势话语权、尽可能地保障国家优势产业发展利益。

美国积极参与并主导《版权条约》的磋商最初是由 NII 的支持者所推动的,

---

[1] Amy Kapczynski,The Access to Knowledge Mobilization and the New Politics of Intellectual Property,in Yale Law Journal,117 (2008),pp. 804-885.

[2] See Robert B. Cooter,Jr. Thomas Ulen,Law and Economics (6th ed.),2012,New York:Pearson Education,Inc.,pp. 436-437.

[3] See Jessica Litman,Digital Copyright,MI:Michigan Publishing,2017,p. 118.

[4] 参见[美]约翰·冈茨、杰克·罗切斯特:《数字时代,盗版无罪?》,周晓琪译,法律出版社 2008 年版,第 87 页。

其希望通过国际条约确定数字强保护规则,从而推动美国履行国际公约义务,形成国内法规则。这种企图将国内政策博弈转移到国际舞台上的做法引起了DFC的反对,[1]同时,由于绝大多数参与国际谈判的国家欠缺与美国相似的互联网平台行业发展情况和商业利益需求,以白皮书的立法意见为范本的一揽子主张并未成功通过。恰恰相反,由于国际条约的形成需要更强的包容性和妥协性,WIPO最终在NII主张之外采用了一种排除单纯作为"管道"的网络服务提供者的侵权责任,即"避风港原则",这一相对折中且为国家实施留下更多灵活空间的规则制定方式。[2]

这种路径选择进一步落实在制定法中,体现为1998年颁布的美国《数字千年版权法》(Digital Millennium Copyright Act,DMCA)第512条,明确阐释了"避风港"原则的适用问题,此后一直作为处理版权侵权责任纠纷中网络服务提供平台规避侵权风险的免责条款,为互联网平台行业的发展运营提供了有效法律庇护。而"避风港"原则也成为世界各国解决互联网平台责任问题的主要制度来源。欧盟的《电子商务指令》(E-commerce directives)以及我国的《信息网络传播权保护条例》《中华人民共和国侵权责任法》(已失效,以下简称《侵权责任法》)都是其中的典型代表。[3]

(二)"避风港"原则的原生缺陷

虽然"避风港"原则已经作为世界大部分法域解决互联网平台侵权责任判定问题的主要原则,且在其诞生之日起至今的二十余年中始终保持有效运行的状态和绝对主流的地位,但是,其创设之初就产生的利益集团博弈属性以及博弈提前结束的结果导致该原则具有原生缺陷。而这种缺陷在当今自媒体行业日益发展的背景下进一步暴露,从根源上导致在现实的互联网公众平台经营过程中,"避风港"原则基本被架空,其规则有效性和社会适应性存疑。

1. 外部力量介入导致博弈过程不充分

就《数字千年版权法》的颁行过程而言,新生的互联网平台主体与传统版权法律关系中的权利人之间相互博弈,各有让步,立法者也在两种对立的利益主张之间摇摆不定。《数字千年版权法》看似作为双方博弈的最终成果,应当至少在参与博弈的双方之间达成了利益平衡的状态,然而,这一法案的产生并不是利益相关方自然博弈的结果,其中存在美国外因素和全球知识产权治理所带来的外部影响介入,导致双方博弈提前结束。也就是说,《数字千年版权法》实际上是外力催生下的"早产儿",双方并未真正到达充分博弈后稳定的利益均衡状态。

---

[1] See Jessica Litman, *Digital Copyright*, MI: Michigan Publishing, 2017, p.110.

[2] See Paul Goldstein, *Copyright's Highway: From Gutenberg to The Celestial Jukebox*, 2003, Stanford, Calif.: Stanford Law and Politics, p.172.

[3] 参见朱开鑫:《从"通知移除规则"到"通知屏蔽规则"——〈数字千年版权法〉"避风港制度"现代化路径分析》,《电子知识产权》2020年第5期。

具体而言,《数字千年版权法》的颁布根源在于 WIPO 于 1996 年通过了针对数字知识产权领域的《版权条约》,在磋商过程中,美国代表提出的平台严格责任主张遭到国际社会的反对。这种反对主要基于 20 世纪 90 年代世界互联网技术以及相应产业的发展背景,在互联网领域,美国无论在技术先进程度还是产业成熟度方面都具有其他国家和地区不可比拟的发展优势。在美国出现的平台用户侵权问题可能尚未进入其他国家的视野,或者其他国家的互联网产业尚处于发展初期,其所造成的侵权风险尚不足以引起版权利益方的重视。也就是说,版权人方在互联网领域的利益需求尚未得到充分认识,而互联网行业作为一种新兴技术领域,其发展需求得到其他国家的高度重视与资源倾斜,所以,其他国家发展利益的介入无疑提升了互联网平台方的谈判地位。由于美国迫切希望在新的知识产权全球治理框架下加入其对于互联网产业全球化发展的布局与关切,面对其他国家的强烈反对,其对于严格责任的主张做出了妥协和让步,最终形成了"避风港"条款,并以此作为世界范围内平台责任判定制度构建的模板。在这一过程中,美国外因素的介入虽然本质上也属于利益权衡的博弈过程,但是显然,其他国家和地区互联网平台与版权人尚处于相对落后于美国的发展阶段,这种超时空的商榷过程掺杂了过多国家政治、国际关系因素,可能导致最终的博弈结果产生非自然谈判条件下的偏差,不公平地偏向互联网平台方。因此,制定法当中的"避风港"原则对于平台参与下的新的版权法律关系的界定并不是同一发展阶段下版权人与互联网平台行业充分博弈互动的结果,其对于权利义务的配置可能是缺乏均衡性和稳定性的。

由此可见,美国《数字千年版权法》本身是版权人保护权利的利益需求与平台规避法律风险的行业发展需求之间相互冲突和妥协的结果。[1] 然而,这种在法律的空白领域进行权益分配的博弈过程在尚未达成最优的博弈结果时就在国际外来因素的干预下草率告终,最后美国《数字千年版权法》法案的通过也仅将《版权条约》中的内容略加修改,未经深入研究和修改,以口头表态的方式落实为国内制定法。这种在利益平衡状态到达以前终止谈判的分配规则导致双方利益并不平衡,而不平衡的状态必然隐含不稳定的因素。上述立法过程特征使得"避风港"原则在设计之初就具有一定的制度局限性,在自媒体行业发展所导致的内容创作模式和主体利益关系变动的背景下,其不稳定因素可能被进一步放大。

2.将利益博弈结果作为立法依据缺乏知识产权法意义上的正当性

即使立法者作为一种博弈系统的外来者,掌握了足够的系统信息,具有足够的预见和分析能力,足以在双方现实博弈行为的基础上对于未来可能达成的最终博弈结果完成准确的分析推演,这种完全理想化的假设也只能保证"避风港"原则是社会群体博弈行为所能产生的最优规范结果。然而,将社会群体自发的利益博弈作为法律规范的来源和依据是否具有正当性,是否符合著作权法的法

---

[1] 孔祥俊:《"互联网条款"对于新类型网络服务的适用问题》,《政法论丛》2020 年第 1 期。

理逻辑,是进行"避风港"原则的制度正当性分析不可回避的重要问题。

知识产权虽然借用"产权"之名,但就其本质而言,其并不具有同财产权一样的自然权利的属性,其法律制度的正当性并不源于权利配置本身。因为作为知识产权保护对象的无形的思想创造在规则介入以前并非能够完全由创造者控制,[1]而是属于社会公众共有的,知识产权的创设将这一部分共有的社会资源进行了分割,将其中的特定部分纳入个人私有的范畴。美国《宪法》第一条第八款规定,为了促进科学和实用技艺的进步,国会有权对作家和发明家的著作和发明在一定期限内给予专有权利。这一规定明确展现了知识产权赋权的正当性基础,即该权利本身并不是目的,而仅作为促进社会发展进步的手段和工具。所以,知识产权的概念并不是自我定义(self-defining)的,而是在社会福利最大化的目标指引下应对始终发展变动的社会发展环境不断权衡和分配的结果。因此,知识产权法其实并未将无形的智力创造成果完全作为权利人支配的对象,在初始的产权分配问题上,权利人实际上并不享有完全意义上的财产权。

将社会群体之间的长期和反复利益博弈作为法律规范的来源,确实是一种在法律经济学上具有正当性的立法路径,[2]但是,这种正当性的根源在于博弈双方所主张的利益是其各自享有支配力的,即其对于其所代表的利益需求的支配和处置仅对其个人或者社会群体内部产生或益或损的影响,而不具有博弈体系之外的外部影响力。换言之,博弈互动只有在受博弈结果影响的全部主体的参与下完成,其所产生的博弈结果才具有正当性。因此,利益平衡对于法律制度而言之所以具有正当性,是因为该权利的个人支配存在正当性,具有自然权利的属性。而作为本身即为实现社会福利的工具的知识产权,这种利益平衡可能并无意义,因为参与博弈的任何一方主体都无法完全支配知识产权这一具有高度外部性的权利对象。在知识产权领域如果想要通过博弈和利益平衡的方式完成法律规范构建,需要更大范围的社会群体的组织化和参与。

然而,反观"避风港"原则的立法创设过程,其更多的考量在于版权人与平台方之间的利益需求,立法者在两种利益集团的博弈之中来回摇摆,最终选择了双方各有妥协让步的折中路径。正如上文所述,这种规则形成方式在理想条件下有可能达到相对平衡和稳定的利益分配结果,但即使是这种自然状态下最优的博弈结果,对于论证知识产权法视角下的正当性而言是并不充分的。因为著作权所牵涉的利益主体并非仅包括版权人和互联网服务提供平台,还包含内容消费者、潜在的版权人(即未来可能的内容创作主体)以及传统的出版商等等,利益内容也并非仅包括商业利益,而包含更多的教育发展需求、文化娱乐需求等多元内涵。

因此,"避风港"原则的规则形成过程仅停留在现有两方利益集团博弈的层面是远远不够的,在这一过程中形成的制度作为利益集团理性谈判的结果可能

---

[1] [美]劳伦斯·莱斯格:《免费文化》,王师译,中信出版社2009年版,第62页。
[2] See Robert Ellickson, *Oder without Law, How Neighbors Settle Disputes*, MA: Harvard University Press, 1991, p. 32.

是具有经济效率的,却并不具有作为知识产权法律制度的正当性。可以说,在这一制度的形成过程中,起主导作用的仅是经济效益与商业利益。而其真正作为知识产权法正当性基础的高阶利益——社会福利则包含更多功利主义以外的社会与人类整体追求,也并非仅局限于现有博弈过程中特定双方的利益需求,而包括更多社会主体的发展与幸福。

由此可见,"避风港"原则的制度问题主要源于两方面:第一,在参与博弈的两方主体之间并未完成充分的自然博弈过程,而是在国际力量的外界干预下选择了一种更偏向于互联网平台方的利益分配方式,导致制度欠缺稳定性;第二,存在受到制度选择决策影响但尚未参与决策过程的其他利益团体,这种对他人利益的直接支配和影响使得制度欠缺正当性,导致利益分配的过程中忽视其他主体的利益需求,不公平地偏向于参与博弈的两方主体。这种在形成之初便不平衡地偏向于互联网平台方的制度在实施过程中进一步沦为平台企业实现商业利益的工具。随着互联网行业进一步发展,互联网平台利用技术优势和商业经营模式逐渐掌握互联网平台空间中的控制与支配地位,导致"避风港"原则在运行过程中更加偏向互联网服务提供平台一方。

在实际司法过程中,"避风港"原则对于平台免责情形的限制被司法解释日益放宽。一方面,"红旗"规则的适用门槛过高,要求平台特定运营人员对于特定侵权行为具有明确的认知,[1]而这种标准完全可以通过平台获取侵权信息的模糊性和平台雇员的法律专业性欠缺的简单论证而绕开,使"红旗"规则完全被架空;另一方面,"通知—删除"义务对于权利人的通知内容及其形式作出了严格要求,[2]面对侵权人越来越隐蔽的剽窃手法和技术掩护(比如钓鱼网站和恶意网站攻击[3]),仅拥有普通的平台用户权限、一般的技术水平和法律认知水平的权利人面临较大的信息调查和论证困难,导致平台与权利人之间的义务分配与法律风险配置完全失衡。此外,适用"避风港"原则的门槛性条款(即平台若在侵权行为中获得商业利益则不得适用该原则)也在平台商业模式的发展过程中被基本完全规避,平台企业往往并不直接在内容提供的过程中获益,而是依靠用户流量获得商业价值。[4]

---

[1] See Capitol Records, Inc. v. MP3tunes, LLC, 48 F. Supp. 3d 703; UMG Recordings, Inc. v. Shelter Capital Partners LLC, 667 F. 3d 1022.

[2] 《中华人民共和国信息网络传播权保护条例》第十四条:对提供信息存储空间或者提供搜索、链接服务的网络服务提供者,权利人认为其服务所涉及的作品、表演、录音录像制品,侵犯自己的信息网络传播权或者被删除、改变了自己的权利管理电子信息的,可以向该网络服务提供者提交书面通知,要求网络服务提供者删除该作品、表演、录音录像制品,或者断开与该作品、表演、录音录像制品的链接。通知书应当包含下列内容:(一)权利人的姓名(名称)、联系方式和地址;(二)要求删除或者断开链接的侵权作品、表演、录音录像制品的名称和网络地址;(三)构成侵权的初步证明材料。权利人应当对通知书的真实性负责。

[3] 参见朱开鑫:《从"通知移除规则"到"通知屏蔽规则"——〈数字千年版权法〉"避风港制度"现代化路径分析》,《电子知识产权》2020年第5期。

[4] 熊文聪:《避风港中的通知与反通知规则——中美比较研究》,《比较法研究》2014年第4期。

由此可见，在"避风港"原则的制度形成过程中，制度选择与商业行为之间的互动关系在于外部性影响的内化。著作权侵权损害对于互联网平台而言是一种外部性的因素，与其发展利益无涉。其之所以会在一定程度上参与解决著作权侵权纠纷，是因为法律制度基于社会总体效用的考量，将版权人利益损害转化为平台自身的运营经济成本，其应当对打击著作权侵权行为作出一定程度上的努力，否则就面临法律上的不利益。由此激励其与著作权人达成合作，共同打击侵权行为。但由于政府决策信息的欠缺，制度选择并未达到利益平衡的初衷，在当前的制度运行模式下，平台可以规避上述不利益，在理性人的行为选择逻辑下，其必然不再继续承担打击侵权行为的经济成本。甚至在某种程度上，当前平台经营的商业模式使得平台与侵权人合作可以为其吸引流量，为其带来更大的经济效益。由此可见，原本"避风港"原则所期望构建的平台与权利人之间的利益平衡背景下的合作机制面临危机，虽然平台在经济利益的激励下可以达到私益的最大化，但是著作权侵权行为所带来的负外部性效应会导致社会总体福利水平的下降，导致社会层面上的政策效用评价降低。

因此，"避风港"原则对于文化创造和社会进步这一社会整体福利的支持越来越弱，利益分配的天平越来越偏向于互联网平台一方，这必然导致制度的稳定性越来越低，在利益受到不公平的对待的群体之中将产生制度变革的呼声。

二、自媒体运营模式对于"避风港"原则的冲击

自版权法诞生以来，作品生产、传播、消费的技术方法与商业模式的发展始终对该领域法律规则的变革具有不可忽视的影响力。[1] 然而，商业与技术本身并不构成法律的调整对象，法律所调整的是社会关系，[2] 只有当商业现实与技术水平对社会现实的影响力上升到社会关系的层面时，法律才应当随社会背景的变革而予以相应调整。在理想状态下，商业与技术应当仅仅作为社会背景，通过影响社会关系、参与主体和利益要求的间接方式出现在制度形成过程之中，而不应当成为决定法律价值取向和政策目标的直接甚至主导性要素。

在"避风港"原则由于本身制度创设过程中的缺陷而在运行过程中陷入困境的背景下，互联网公众平台的建设以及自媒体时代的来临无疑进一步加速了该原则的最终瓦解与失效。由于制度的原声缺陷，"避风港"原则的解构是注定的结局，而社会与时代的迅速变革则使相对抽象和隐蔽的缺陷具像化，进入社会公众的视野。

(一) 网络文化生态环境的转变

在观念问题上，自媒体时代公众对于网络著作权正当性的认知相比此前的互联网文化环境已经发生了很大的转变。

---

[1] See Jessica Litman, *Digital Copyright*, MI: Michigan Publishing, 2017, p.11.
[2] 李琛：《论人工智能的法学分析方法——以著作权为例》，《知识产权》2019年第7期。

在互联网平台建设初期,网络技术以及互联网平台服务主要用于收集、传输和分享原本处于传统出版物状态的文化创造产品。此种情况下,往往由一个已经购买具有实物载体的作品的消费者,将其合法拥有的 CD 唱片、纸质书刊或者 DVD 录影带等实物载体之上的作品转化为数字形式的信息,上传到互联网。可以说,这种用户自发对实物载体进行的数字化转化开辟了网络平台的文化传播功能,也导致最初的互联网文化产品共享是以一种免费的状态进入人们的共识观念的。因此,当传统的出版行业指控进行文化产品上传和免费下载的用户及为其提供资源共享平台的技术服务提供者时,[1]同时作为互联网用户和文化产品消费者的公众群体均选择站在了所谓的"数字盗版者"一方。站在普通消费者的立场上,这种立场是完全理性的。首先,就互联网文化特征而言,最初网络技术催生下的互联网平台引起人们的关注就是以一种自由共享、免费使用的状态,即使这种自由状态由于欠缺政府与规范的介入而存在一定的法律问题,互联网自由主义的特征也以先入为主的姿态进入人们的文化共识。因此,打击数字盗版行为在道德层面无法使人们产生内心的认可和共鸣。其次,就行为的成本收益而言,一方面,数字化的复制与传播并不会有损作品的质量,数字盗版作品可以提供与原版作品几乎一样的使用体验,且其并不受限于实物载体,可以更加便捷地获取、使用和分享;另一方面,由于传统的版权制度尚不能应对数字化的信息流通和无形的作品传播,且传播范围极大,牵涉用户数量极多,发现侵权和执法变得非常困难,[2]使得数字盗版行为处于权利人普遍弃权的灰色空间中,面临的法律风险很低。因此,无论是从道德还是效率来看,社会公众对于互联网著作权的认可度都相对较低,数字侵权成为一种社会普遍现象。

所以,在版权人相较于互联网行业本就属于弱势的情况下,社会公众的舆论导向和价值选择更加剧了双方之间的谈判地位悬殊,使得"避风港"原则在利益均衡状态被打破的情况下仍能继续运行。

然而,随着互联网技术的进一步发展和普及,直接利用网络进行内容生产创作成为重要的创作方式,网络平台也成为作品发行的主流路径之一。人们日益认识到,互联网互联互通的技术特征并不仅可以用于既有作品的数字化传播,也为社会创造了前所未有的信息与文化公平的局面。人们不仅可以自由地获取资源,也可以自由地创作与表达。可以说,互联网的出现降低了高额文化出版成本对于创作者的门槛,公众表达与作品创作成为一切互联网用户均可以负担的文

---

[1] 例如,美国唱片协会(RIAA)诉 Brianna LaHara 案中,RIAA 因 12 岁女孩 Brianna LaHara 在网络上下载免费歌曲而向其提起诉讼,要求高额罚款。大量唱片公司诉 Napster 案中,Napster 作为一个帮助用户检索互联网上的 MP3 资源的应用软件,因其对数字资源整合和分享功能使得互联网音乐产业发生了革命性的变革,短时间内吸引了大量用户,在一定程度上直接改变了当时人们的音乐消费方式。但是,因为互联网上 MP3 格式的音乐资源可以免费下载,导致用户将自己拥有的唱片数字化后可以大范围地通过互联网和分享,使得唱片行业感到商业危机,在其指控下,Napster 被迫暂停服务器运行。

[2] [美]David Vaver 著,李雨峰译:《知识产权的危机与出路》,《知识产权》2007 年第 4 期。

化行为。由此,文化创作市场进入自媒体时代,即每一个用户都有机会、有能力成为内容提供者,社会公众从此不再仅站在知识经济的消费者立场之上,而是同时具有创作者和消费者的双重利益属性。在这一背景下,保护著作权不再是法律对社会公众进行的强制性规范要求,而内化为绝大多数公众对自我利益的维护需求。虽然在既有作品的数字化传播领域,参与数字盗版行为作为公众的一种习惯性的路径依赖,短时间内并不会成为社会道德谴责的行为。但是在互联网公众平台中,文化生态环境已经发生了根本性的转变。例如,人们并不认为在互联网上免费下载电子书是一种绝对应受道德谴责的行为,但是却对于在微信公众号、微博以及其他创作平台中复制、抄袭、剽窃他人作品的行为深恶痛绝。

因此,随着自媒体时代的来临,社会公众由版权保护的对立面转变为一定程度上的版权保护主义者。在这种内容创造者阵营迅速发展壮大的背景下,原本在商业利益博弈中占据绝对优势地位的互联网服务提供平台不得不作出让步和妥协。且由于社会公众兼具消费者和平台用户的身份,为了保证用户体验、维持平台流量,互联网服务提供平台不得不将社会公众的利益需求纳入其商业行为的考量之中。所以,自媒体时代版权保护方与互联网平台又一次站上了基本平等的谈判地位,再一次的利益博弈必将展开,而"避风港"原则作为一种过分偏向于保护互联网平台利益的制度必然面临解构的风险。

(二)隐私权的担忧

隐私权是公民享有的私人生活安宁与私人信息依法受到保护,不被他人非法侵扰、知悉、搜集、利用和公开的一种人格权。[1] 随着互联网时代的到来,以互联网平台主导构建的虚拟社会不断扩张,[2] 网络空间成为人们社会生活的新维度,人们的生活方式也趋于数字化。在这一过程中,隐私权的保护范围也由现实社会扩展到虚拟的网络空间,保护客体不仅包含数字化的传统私人信息,还包含网络私人空间和私人网络行为。[3]

就"避风港"原则而言,其制度构建选择将善意中立的主观状态和"通知—删除"义务作为互联网平台主体的著作权侵权免责事由,通过明确的法定义务的履行将平台置于应诉法律风险之外。而所谓的"通知—删除"过程仅是一种暂时保全权利人利益的技术手段,完全可以在相对方发出"反删除"通知后恢复原状,且对于侵权人并无另外的惩戒,并未实质性解决纠纷、惩罚侵权和弥补损失,权利人维护著作权利益最终需要诉诸司法程序。而诉讼程序作为一种现实世界的纠纷解决机制,其程序的启动和运行均需要原被告双方作为现实世界中的真实主体形成对抗关系,其必然要求揭开互联网虚拟身份"面纱",披露真实的社会身份

---

[1] 张新宝:《隐私权的法律保护》,群众出版社1997年版,第12页。
[2] 参见王国华、骆毅:《论"互联网+"下的社会治理转型》,《人民论坛》2015年第10期。
[3] 参见钱力、谭金可:《"互联网+"时代网络隐私权保护立法的完善》,《中国流通经济》2015年第12期。

信息。这种披露义务在立法中并未明确规定，但是在实际的制度运行过程中，由于虚拟空间中的平台难以提供终局性的纠纷解决和权利保护，平台为了借助"避风港"原则退出著作权纠纷，往往通过 IP 定位等技术手段或者直接提取用户注册信息的方式轻易地将侵权人真实身份披露给司法部门和主张权利的原告方。

无论在司法程序中，还是在"通知—删除"机制运行过程中，这种看似加诸平台方的披露义务实际上对于平台来说只是一个业务操作行为，并不对其运营产生显著影响，对于互联网用户来说则隐含着网络匿名权利和自由主义氛围的巨大冲击。

此外，即使就权利人本身而言，其同样面临个人真实身份披露的风险。根据"通知—删除"义务的要求，为了保障权利人与被指控侵权人之间的利益平衡和机会均等，权利人的身份信息将被平台披露给被控侵权人，在被控侵权人提出恢复的请求时，其真实身份信息同样会被转送权利人。由此，即使在没有公权力帮助下，私人力量打破互联网匿名属性也在"通知—删除—反通知—恢复"体制的运行过程中成为可能。

近年来，互联网实名监管成为社会治理的热点，各种监管政策的出台越来越彰显出"互联网不是法外之地"的发展倾向。这表明，政府站在社会治理便利性的考量角度，更倾向于将互联网作为现实世界的映射，使其以数字化的方式模拟现实生活，保持线上线下的主体同一性。然而，互联网在诞生之初就是一个区别于现实世界的匿名平台，虽然匿名属性导致互联网在发展过程中出现了各种无政府、无监管导致的乱象，但不可否认，网络世界对于社会公众的吸引力最初在很大程度上就是源于其匿名属性所营造的自由表达空间。随着自媒体时代的来临，人们利用互联网进行表达的能力日益增强，然而政府却要以规范为由打破网络空间的匿名属性，这对于人们既已形成的互联网文化观念来说可能是难以接受的。特别地，就互联网公众平台这种主要用于内容创作与分享的互联网应用而言，人们对其匿名性的期望甚至是更高的。

就自媒体行业的互联网著作权纠纷而言，在"避风港"原则所构建的体制下，这种匿名性的打破变得更加容易，甚至仅在私人的要求下就可以轻易完成。权利人仅需凭借著作权侵权的可能迹象就可以要求平台方提供可能侵权人的真实身份信息，而平台方在毫不费力的情况下就可以将一个虚拟空间中的代码迅速锁定为世界某一角落的特定自然人。正如 Verizon 公司的首席律师威廉·巴尔（William Barr）所言，这种制度一方面意味着国会赋予了权利人一种"全面性、侵犯性、无人监督"的自我保护的力量，"这种惊人的权力甚至连警方与国家安全人员都不曾被国会赋予"；另一方面，使互联网平台成为一个"科学怪人"，"将对社会大众关于互联网通信隐私权的信息造成难以弥补的伤害"。[1]

因此，无论互联网隐私权究竟是否应当延伸到维护互联网平台匿名性的程

---

[1] 参见[美]约翰·冈茨、杰克·罗切斯特：《数字时代，盗版无罪？》，周晓琪译，法律出版社 2008 年 1 月第 1 版，第 89 页。

度,就社会公众的一般认知而言,"避风港"原则影响下的网络著作权纠纷解决机制正在无底线地入侵人们在互联网空间中原本享有的安宁生活。而当一种法律制度不被社会共识所接纳,甚至使得社会公众人人自危时,其实施成本是社会难以承担的。

在自媒体运营模式的发展过程中,互联网文化生态和人们的思想观念都在技术和市场的冲击下展现出全新的面貌。可以说,社会文化和思想观念作为一种典型的社会福利的具体化表现形式,在自媒体时代真正完成了组织化,形成了一种足以对抗商业利益需求的新生力量,日益冲击着具有商业利益属性的"避风港"原则的正当性基础。

(三)平台私权力的产生

自媒体平台的不断建设完善、平台经济模式的日益成熟,不仅在平台与用户之间的民事主体关系层面使得平台具有支配力和控制力,由工具性的客体转变为具有自主意志的权力主体。更重要的是,在社会关系层面,平台经济具有自然垄断的特点,可以较低的成本迅速聚集起大量用户,从而不断塑造出互联网领域的巨无霸企业,[1]成为社会中的"新规制者",[2]具有影响、解构与重塑社会结构与社会关系的公共性力量,即互联网平台日益具有包括版权领域在内的公共治理的能力和私权力的属性。

首先,在互联网平台的商业模式下,包括内容创作平台在内的一切互联网平台的价值均取决于其所连接的端点数量,所以用户规模成为平台发展的主要立足点和关注点。正如梅特卡夫法则所言,如一个平台中有 N 个用户,那么它对于每一个人的价值与平台中其他人的数量成正比,如平台的总价值就与用户数量的平方成正比。[3] 因此,在商业竞争过程中,平台用户规模的不断扩大成为市场竞争的必然趋势。用户规模扩大到一定程度就会使得平台不再具有单纯的虚拟网络空间的属性,而是日渐成为大众参与公共活动的重要场所。[4]

其次,用户规模对于平台而言并不仅是一种单一的竞争要素,而是可以进一步创造平台拥有者对参与主体、资源、信息、交易、数据等平台要素的掌控力。在版权领域,自媒体平台中,同质竞争与规模效应最终会将市场凝聚之后形成自然垄断,[5]导致少数网络平台的垄断地位。在这种市场结构中,头部平台不再仅仅是市场参与者,而成为新的文化生产组织者,平台通过高效的数据采集、传输和

---

[1] 韩新华、李丹林:《从二元到三角:网络空间权力结构重构及其对规制路径的影响》,《广西社会科学》2020年第5期。

[2] Kate Klonick, *The New Governors: the People, Rules, and Processes Governing Online Speech*, Harvard Law Review, 131(2018), pp. 1658-1664.

[3] [美]卡尔·夏皮罗、[美]哈尔·瓦里安:《信息规则》,张帆译,中国人民大学出版社2000年版,第154—164页。

[4] 刘权:《网络平台的公共性及其实现——以电商平台的法律规制为视角》,《法学研究》2020年第2期。

[5] 王志鹏、张祥建、涂景一:《大数据时代平台权力的扩张与异化》,《江西社会科学》2016年第5期。

处理系统重组作品创作过程,通过聚合海量的内容,平台实际上组织了供需方的网络交易,是在用技术能力引导、塑造交易秩序。[1]而这种垄断带来的平台自我赋权能力往往会进一步巩固头部平台在文化产业中的垄断地位和竞争优势。一方面,行业的垄断降低用户的选择空间,将进一步扩大平台的用户规模;另一方面,用户规模的不断扩大,随之而来的是数据收集能力和信息处理能力的提升,基于信息优势和技术优势,平台可以进一步提升其算法与代码对于用户的分析能力和吸引能力,提升其网络服务的质量和水平,从而提升其用户粘性;同时,在用户掌握绝对的消费者资源时,内容创作者的退出成本远大于交易平台的损失成本,个体的创作者已经无力承担退出平台所需要的沉没成本,一旦用户适应该种平台提供的服务,转移到其他平台就会有一个新的适应过程。在经济成本与习惯的驱动下,用户就会怠于变换平台,[2]进一步巩固平台的用户规模。因此,以微信、哔哩哔哩、小红书、抖音等为代表的网络自媒体平台巨头凭借拥有的市场、技术、信息和资金等优势在网络空间规模化扩张,俨然成了互联网经济和网络时代的"利维坦"。[3]

但是,具有行业垄断性地位的大规模平台的出现并不意味着平台方将利用这种商业与技术优势尽可能地规避版权保护责任。相反,由于自媒体平台具有市场参与者与市场组织者的双重属性,维护市场秩序是其商业经营过程中的应有之义。在平台之间的相互竞争过程中,用户竞争与资源竞争是交易平台的核心利益所在,针对资源与用户的竞争将深刻影响自律管理,从而促成了不同平台间的规制竞争。因此平台企业的市场特性会受到"奔向高端"理论的影响,对于平台而言,市场中过多的版权侵权行为等乱象会影响市场的高质量内容供给和用户的使用体验,因而平台有动机制定并执行更高的自律准则。[4]同时,平台企业出于声誉的考虑也会主动进行有效的自律规制,从而给市场参与人提供一个公平、透明、高效的市场。

由此可见,在用户需求和市场竞争的驱动下,自媒体平台的权力虽然具有自我赋权的私人属性,但是在市场秩序的维护方面同样有动机参与具有公共属性的版权市场环境治理。因此,与权力的产生相伴而生的,是市场自发形成的权力自我规制,自媒体平台的私权力已经形成了一种与政府公权力运作机制不同,但是规制效果相近的自发的社会治理形式。

综上所述,自媒体文化生产模式的崛起与互联网平台的规模化发展作为一种技术与商业现实,已经形成了一种重塑版权利益关系的变革力量。第一,自媒体创作门槛的降低使得网络版权人的群体规模迅速扩大,社会公众逐渐形成网

---

[1] 参见赵鹏:《超越平台责任:网络食品交易规制模式之反思》,《华东政法大学学报》2017年第1期。
[2] 肖梦黎:《平台型企业的权力生成与规制选择研究》,《河北法学》2020年第10期。
[3] 陈剩勇、卢志朋:《网络平台企业的网络垄断与公民隐私权保护——兼论互联网时代公民隐私权的新发展与维权困境》,《学术界》2018年第7期。
[4] Pritchard, Adam C, Markets as Monitors: A Proposal to Replace Class Actions with Exchanges as Securities Fraud Enforcers, *Virginia Law Review*, 1999, pp. 925-1020.

络知识与文化付费的观念,版权人的利益主张逐渐得到普遍性的社会认同。第二,"避风港"原则是在互联网平台的商业利益占据绝对优势地位的背景下形成的,其对于其他主体权益的忽视将推动相关主体在反对该制度的过程中完成组织化,形成共同的制度变革诉求。第三,互联网平台的规模化及其市场私权力的形成使得平台与其他主体之间并不完全处于对立的状态,而是自发地产生了共同利益,从而构成社会合作的基础。所以,"避风港"原则形成之时的社会背景已经在自媒体平台发展过程中受到了根本性的冲击,在新的社会观念、社会群体组织形式以及各方利益的博弈地位背景下,应当重新审视这一领域中的法律关系与规则设计。

三、自媒体时代平台责任的重塑

随着自媒体平台的建设和自媒体行业的发展,"避风港"原则作为平台参与下的著作权法律关系的再分配依据以及平台责任界定的主要依据,由于其商业利益博弈属性与知识产权的公共利益要求之间存在矛盾冲突,在制度形成过程中尚未予以考虑的社会文化与思想观念作为一种外部力量对其产生冲击。不仅如此,即使在博弈互动体系内部,"避风港"原则也已经出现难以应对的困境。自媒体发展模式不仅对于博弈系统的外部环境产生了深刻影响,对于博弈系统内部的利益关系也完成了重构,在这种大变革的背景下,博弈过程并不充分、博弈结果并非自然达成的制度缺陷导致"避风港"原则缺乏应对利益关系调整的灵活性和稳定性,已经在实践中被基本架空和抛弃。

(一)现实的纠纷解决路径选择

随着自媒体行业的发展,互联网公众平台越来越成为数字时代文化作品的主要来源之一,微信公众号、抖音、微博等互联网公众平台已经成为中国当代社会娱乐领域在互联网技术应用下的现象级产物。然而,这些互联网公众平台的头部企业,在进行平台运营的过程中,往往并非如"避风港"原则的设计初衷所愿,以低成本的方式履行"通知—删除"义务,从而逃避侵权责任纠纷所带来的法律风险,反而自己主动驶出了制度框架下的"避风港",选择实质性地介入著作权侵权纠纷处理过程。为了遵循现行法律的要求,平台在提供侵权纠纷解决的平台处理机制的同时,往往会并行地保障权利人启动"通知—删除"程序的路径选择权。但是,现实情况下,真正选择利用法定的"通知—删除"原则或通过司法程序维护自身权利的著作权人远少于利用平台自身投诉程序的维权者。这种大部分平台拒绝适用法定免责事由,大多数权利人拒绝采取法定维权路径的社会现实表明,"避风港"原则已经不再适应自媒体时代各方主体的利益需求,且平台与用户之间已经通过其他方式自主达成了更优的路径选择。

1. 平台的路径选择现状

以微信公众号的平台规则为例,平台不仅在既有的"通知—删除"义务以外另行开发了以技术手段为依托的原创认证功能和以合议制为基础的洗稿处理机制,即使在法律规则规定的"通知—删除"义务的框架内,平台也在法定的形式化的处理义务之外增加了平台核实判断的过程。一方面,平台增加了帮助用户低成本、高效地完成著作权纠纷实质处理的程序,为权利人的维权和侵权人的打击提供了互联网平台空间中的解决方案;另一方面,在"通知—删除"程序中加入平台的实质性判断和相应处罚机制,使得平台的立场在法律纠纷过程中不再完全处于置身事外的状态(见表1)。

表1 微信公众平台对于著作权纠纷问题的处理机制

平台	著作权纠纷解决规则	
	平台独创性的纠纷解决	"通知—删除"框架下的纠纷解决
微信公众号	1. 原创声明功能 允许微信公众账号用户自愿就发布的作品进行原创声明,系统会将作品与公众平台内已经成功进行了原创声明的作品进行智能比对,如无在先相似作品,系统会自动对作品添加"原创"标识。[1] 2. 反洗稿投诉委员会 微信公众平台邀请在微信公众平台坚持原创且无抄袭违规记录的个人作者,作为中立方对平台有争议的信息内容作出合议,协助平台评定有争议的"洗稿"内容是否存在"洗稿"。经合议认定为"洗稿","洗稿"内容将被替换为原创作者的内容,详细的合议结果也向用户公开展示。同时,也会对该违规内容对应的帐号进行相应处理。[2]	1. 投诉人提供符合要求的信息; 2. 平台通知被投诉方,被投诉方有机会承认侵权,自行删除内容或由系统清除侵权内容; 3. 经平台核实存在侵权的,清除侵权内容; 4. 经平台核实存在严重侵权的,可能会封禁账号相关功能、或注销账号处罚; 5. 若被投诉方不认可投诉理由和平台的处理结果,其有权提交申诉。平台根据申诉通知和材料,核实判断是否恢复内容。[3]

与微信公众平台相类似,绝大多数自媒体平台均在平台规则中创设了"通知—删除"义务以外的更高的平台责任标准,譬如哔哩哔哩平台对于用户进行创作力评分评级,对于创作力和影响力达到一定程度的用户提供专业维权服务,通过平台公示对于洗稿、抄袭的侵权人进行平台舆论层面的打击。[4]

就平台方而言,"避风港"原则为其设定了较低的法定义务以及对法律风险

---

[1] 《微信公众平台原创声明及相关功能使用条款》,载微信官方公众号,https://mp.weixin.qq.com/cgi-bin/announce?action=getannouncement&key=1463730026&version=1&lang=zh_CN&platform=2&token=754092859,访问日期:2025年3月8日。
[2] 腾讯法务:《微信公众平台"洗稿"投诉合议规则》,载微信官方公众号,https://mp.weixin.qq.com/s/7jICE7jFmjPUxc-XOHGb_w,访问日期:2025年3月8日。
[3] 《微信公众平台侵权投诉指引》,载微信官方公众号,https://mp.weixin.qq.com/cgi-bin/announce?action=getannouncement&key=1463730026&version=1&lang=zh_CN&platform=2&token=754092859,访问日期:2025年3月8日。
[4] 《UP主版权保护计划》,载哔哩哔哩网站,https://www.bilibili.com/opus/607296976821644178,访问日期:2025年3月8日。

的完全规避,按照法律规定的路径行事看似是一种最低成本的、最符合平台利益的选择。然而,当前互联网公众平台为何要花费大量开发和运营成本为用户设置投诉与维权机制呢?

首先,自媒体时代平台运营的商业模式致使平台与权利人之间存在利益捆绑关系。不同于互联网发展初期版权人与网络平台之间利益对立的关系,自媒体时代下平台与内容提供者处于同一个命运共同体当中。自媒体行业整体依赖于文化创新,自媒体平台依靠流量得以盈利,而流量则是用户注意力和用户黏性的量化表现,而平台吸引稳定、可持续的流量的核心要素就在于平台提供的内容质量。只有平台维护内容提供者的著作权,积极打击内容剽窃行为,该平台中的创作积极性才得以迸发,平台内容才能具有异质性、新颖性,平台才能保持可持续发展的创造力,从而保证平台对于用户的吸引力。然而,随着平台的用户规模扩大,作为仅提供中立技术的网络服务提供者,平台无法承担主动事前审查并打击侵权行为的成本,于是选择借助内容提供者维护自身合法权益的需求达成二者之间的合作,即用户通过投诉机制维护自身的著作权,平台方借助用户个人打击侵权的努力维护平台生态环境。

其次,在共同利益驱使以外,平台愿意为权利人的利益付出一定运营成本还在于权利人谈判地位的上升。如上所述,平台需要内容创造力,但是平台本身并不具有内容创造能力,其内容质量完全依赖于作为权利人的内容创造者。在自媒体行业迅速发展的时代,越来越多不同类型的互联网平台不断涌现。视频分享平台包括抖音、快手、微视、哔哩哔哩等,图文分享平台包括微信公众号、知乎、微博、小红书等,各种主要功能不同的平台在发展过程中也会努力进行外部功能的拓展延伸,譬如微信推出视频号、哔哩哔哩开辟文字专栏等。因此,互联网平台之间存在相互替代性和竞争关系,吸引优质的内容创造者成为平台核心竞争力的重要内容。因此,维护创作者的著作权,保障其合法权益,满足其利益需求虽然会导致平台运营成本上升,但相较于其所能带来的竞争优势,这种成本是平台愿意负担的。

最后,自媒体平台在社会精神文化领域具有重要的影响力,相关公权力机关对于平台生态环境与主流价值观念也提出了一定的要求。互联网头部企业对于品牌形象、商业信誉的追求也促使其保护著作权人的利益,争取社会公众主流的价值认同。

2. 权利人的路径选择

为了遵循现行法律的要求,平台在提供侵权纠纷解决的平台处理机制的同时,往往会并行地保障权利人启动"通知—删除"程序的路径选择权。就权利人而言,通过"避风港"原则下的"通知—删除"过程维护权益相比平台规则下的投诉机制,可以直接要求平台删除被控作品,无需平台进行实质性的纠纷判定。但是,现实情况下,真正选择利用法定的"通知—删除"原则或通过司法程序维护自身权利的著作权人远少于利用平台自身投诉程序的维权者。自媒体内容创作者之所以更多地选择平台机制而不是法律程序,主要基于以下两方面的考虑。

第一,自媒体时代,在技术的推动下,作品内容的创作门槛不断降低,然而著作权维权所需要的法律专业技能与诉讼成本并未随之降低。因此,司法诉讼途径对于绝大多数自媒体创作者来说是一种可望而不可即的路径选择。法定的"通知—删除"原则要求权利人向平台方发出符合法律要求的通知书,而该通知书在内容上要求的侵权取证、侵权证明对于多数没有系统了解和学习著作权法的自媒体从业者而言可能是相当困难的。对于多数公众而言,甚至并不了解法律规定中存在"通知—删除"程序这一著作权诉讼以外的可能的维权途径。而即使权利人成功完成侵权取证和侵权初步证明,在法律论证并不严谨专业的情况下,极有可能在侵权人的反通知申诉提出后,再次恢复侵权内容,被侵权人拖入来回纠缠的漫长过程中。对于自媒体平台中大多数创作者而言,自媒体内容创作只是一份兼职或者只是单纯的兴趣爱好,为了创作成本很低、创作收益也比较微薄的作品而耗费大量的时间和精力,甚至最后需要进入法律程序以结束"通知—删除—反通知—恢复"这一无法实质性解决纠纷的往复过程,是完全不现实的。相比之下,考虑到用户法律专业技能的欠缺,平台方提供的纠纷解决机制往往更具用户友好型的特征,且在互联网平台空间中即可实质性地作出纠纷处理,法律技术要求、时间成本和经济成本远低于法定程序。

第二,即使对于具有一定法律常识或者法律专业技能的权利人[1]而言,选择"通知—删除"程序并最终通过司法路径实质性解决纠纷也是一个不甚理性的选择。对于网络著作权纠纷的处理,平台与法律具有不同的价值立场,平台方是出于维护创作生态,提升内容异质性和创新力的立场,而法律则出于社会文化事业的整体发展进步的视角。在立场差异的背景下,两种不同的路径对于著作权纠纷处理的判定标准也存在较大差异。在法律框架内,独创性的判断标准可能是低于平台标准的。在自媒体时代,资源和信息的可获取性大大提升,知识经济市场中的产品也达到了一种前所未有的规模,在这种信息爆炸的背景下,人们对于产品的异质性、创新性的要求也大大提高。而自媒体运营的核心机制就在于,通过创新性的内容吸引流量,从而建立起属于自己的创作品牌,以此获得网络知名度,甚至可以通过广告推广、平台激励等方式将流量变现,获得经济上的收益。因此,在自媒体时代,创意成为知识经济领域中的一种极富价值的生产要素。然而,创意就其本质而言,一定程度上具有思想的属性,在著作权法律体系中仅保护表达而不保护思想的原则下,剽窃创意成为自媒体领域游离在法律规定的灰色区域中的投机行为。例如,各种形式的"洗稿"成为当下互联网自媒体行业中的常见现象,"洗稿"者将原作者的内容创作中包含的创意思想完全保留,而对于

---

[1] 面对自媒体创作者缺乏参与法定维权途径的能力和负担维权成本的经济实力问题,社会中已经形成专业的代理维权机构,例如维权骑士。他们为自媒体从业者提供低成本的专业法律服务,部分自媒体公众平台也出台了帮助创作者通过法律途径维权的相关举措,包括提供法律服务和承担相关成本。

表达方式进行转化和修改,这种只剽窃创意而不抄袭表达的方式在社会道德认知层面和行业生态建设层面都是被否认的,然而在法律框架下却很难对其作出消极评价。在这种法律规定与现实问题之间的张力中,自媒体平台为了保证平台的内容产出,往往会灵活性地作出打击"洗稿"的相关规定,然而法律的修改需要进一步审慎地权衡考量,在短时间内很难做出这种涉及著作权基本原则的变革。因此,选择进入"通知—删除"程序的权利人一旦进入最终的司法程序,很可能因为"洗稿"的法律属性问题难以获得著作权法的支持,导致权利人面临败诉的法律风险,甚至需要承担不当要求平台删除"洗稿"者作品的相应赔偿。在这一背景下,选择与自己具有相同立场的平台方作为纠纷处理的主体对于权利人而言是必然的结果。

如上所述,这种大部分平台拒绝适用法定免责事由,大多数权利人拒绝采取法定维权路径的社会现实表明,"避风港"原则已经不再适应自媒体时代各方主体的利益需求,且平台与用户之间已经通过其他方式自主达成了更优的路径选择。

在没有经过充分论证和对比分析的情况下,笔者不敢妄下论断,"避风港"原则这一运行二十余年的网络侵权责任划分机制对于互联网领域的各种侵权纠纷处理均已没有现实意义。但至少,在自媒体平台责任问题上,该法定原则的实施已经面临难以克服的困境。可以说,无论在社会认可度、社会问题回应性还是在时代适应性层面上,平台规则已经走在法律规范的前面。

(二)自媒体平台所形成的社会中间层结构

在互联网技术及其相关产业的发展过程中,"避风港"原则经历了形成、发展直至最终在时代背景下逐渐解构的过程,互联网平台作为一个新生的知识经济参与主体,其价值立场与参与形式随着平台功能的变化与发展而处于不断变动之中。而"避风港"原则制度设计的初衷就是在于将平台这一新生主体纳入既有著作权规范框架中,在该主体出现的情况下重新界定著作权纠纷责任的划分。因此,平台的角色定位以及法律属性是影响"避风港"原则未来何去何从的重要因素。

在"避风港"原则创设之初,立法者实际上只是将互联网平台作为一种中立的技术提供者,严格意义上,其并不构成真正的著作权纠纷法律关系中的主体,而仅作为侵权人实现侵权结果的工具和手段。然而进入自媒体时代之后,互联网公众平台的生态环境由主要聚集数字侵权人转变为致力于聚集内容提供者,其行业发展利益不再局限于规避侵权纠纷所带来的法律风险,而更多地倾向于与权利人站在同一价值立场上,追求平台内容的高质量。因此,在自媒体时代背景下,互联网公众平台所构建的版权维护机制实际上是在平台发展的商业利益驱使下完成的网络著作权人维权力量的汇聚与整合,所谓平台主导的侵权行为打击行动实际上是平台用户以选择使用平台服务的方式同意并参与的平台文化创意资源维护的集体行动。而恰恰是这种自发形成的集体力量使自媒体平台摆脱了原本工具性的地位，成为纠纷化解机制的创建者和纠纷实际化解的主导者，这种集体行动也依靠社会主流道德文化的认同、参与主体在效益上的经济性而获得了冲击和解构法律制度中的"避风港"原则的力量。

正如埃里克森所言，法律制定者如果对那些会促成非正式合作的社会条件缺乏眼力，它们就可能造就一个法律更多而秩序更少的世界。[1] 基于私人规范超越法律规范的社会现实问题，立法者亟须对此做出回应。平台主导下的维权机制究竟何以获得超越法律的效力？这种效力究竟是时代发展转型过程中的昙花一现还是具有可持续的内生发展力？

回到本文第二部分所提出的"避风港"原则的自生缺陷问题，当时制度设计的核心问题在于依赖于商业利益博弈而并非社会整体福利的考量，那么，社会整体福利的考量应当如何进入平台侵权责任划分的具体问题呢？这一问题本质上是平台的出现所必然造成的知识产权法律关系再分配，对其的解答需要回到知识产权制度设计的理论基础上进行考量。知识产权不是一种自然权利，其根源在于智力成果的产生是私人智力劳动的贡献与公共领域的文化成果相互作用的结果，将其完全纳入私人控制领域将会导致文化的公共领域趋于萎缩，最终导致社会整体文化发展的缓慢甚至停滞。因此，要求知识产权立法考虑社会整体福利因素具体来说就是平衡智力成果之中的私有和公有属性，就是寻求一种合理的规范公众有序索取公有领域资源为己所用的途径。互联网公众平台的出现其实只是将这种公众取用公共资源的行为进行了数字化处理，如最初的立法者所想，平台在本质上确实只是网络文化内容产出过程中的一种媒介性质的工具。但是，为立法者所忽略的是，自媒体时代平台的聚合力量为知识产权制度背后的公共资源取用问题提供了一个全新的规范机制，这种机制区别于国家权力主导下的法律直接完成的规制，也不同于无政府状态下人们自由形成的规则模式，而是一种互联网公众平台作为一种新生的利益聚合主体主导下的规则建构。这种机制的形成可以通过埃莉诺·奥斯特罗姆提出的"公共池塘理论"得以解释。根据奥斯特罗姆的观点，公共池塘资源用以指代一种人们共同使用整个资源系统，但分别享用资源单位的公共资源，[2] 而公共领域的文化资源恰恰是这样一种，可以为社会公众自由取用，所取用部分可以形成属于个人的作品，却没有人能够对公共领域的资源享有独占权利的社会资源类型。

在著作权法发展初期的内容生产领域，由于知识产权的客体具有无形性，具有物理形态的传统资源客体在社会分配过程中所呈现出的拥挤状态并未呈现，非独创性元素在漫长的文化和社会发展过程中长期处于并不稀缺且可再生的状

---

[1] See Robert Ellickson, *Oder without Law, How Neighbors Settle Disputes*, Harvard University Press, 1991, p.1.
[2] [美]埃莉诺·奥斯特罗姆：《公共事物的治理之道：集体行动制度的演进》，上海三联书店2000年版，第52—55页。

态,由此形成了公共领域资源自由取用的观念,并且,著作权法律体系规范的重点并不在于公共领域资源可持续性的维护,而是更多地关注创作过程所产生的私人权利界定。[1] 但是,这并不意味着内容创造成果更多地呈现私人产品的特征,而是因为传统的内容创造产业的商业逻辑和物理特征恰好导致公共领域的资源状态呈现一种良性的发展态势,因此并未引起人们的关注。一方面,在传统出版行业,智力创造成果的出版发行需要大量的人力、物力投资,文化创造因此具有较高门槛,这种经济成本上的限制使得创作活动及其对于公共领域资源的取用保持在一种可控的水平上,并不至于造成资源的过度使用和拥挤。另一方面,传统传播媒介具有传播速度和广度上的物理限制,即使是相同公共资源的取用,由于传播时间和空间的差异,相互之间也并不产生利益上的冲突和拥挤。然而,进入自媒体时代以来,这种传统生产模式对于公共领域资源占用与供给问题的良性影响被打破。技术发展和平台建设极大地降低了内容生产门槛,大量的公共资源取用者涌入著作权领域,也正是由于创作门槛降低,作为思想和创意的公共资源生产速率并未同资源取用数量的上升而提高,公共领域的文化资源的可持续状态受到威胁;同时,互联网技术带来了内容传播上的时空跨越,在信息爆炸的时代,公共资源的使用不再具有天然的时空阻隔,全世界的内容创作都进入同一内容创作市场中参与竞争,在流量经济的刺激下这种竞争变得更加激烈,"洗稿"、抄袭等搭便车的乱象也随之而来。因此,著作权体系中的公共产品属性日益显现,公共领域的资源在传统法律规制的空白领域出现了拥挤效应和过度使用的局面。[2] 在这种资源环境中,无政府状态下的自由取用会导致资源使用拥挤或者资源退化,引发"公地悲剧"或者造成"囚徒困境",因此理性的选择是通过组织的方式避免独立行动的不利后果。[3]

在现代法治社会中,法律制度已经成为一种占据绝对优势地位的社会秩序,社会主体自发形成的私人秩序只有在符合较之于法律制度的帕累托优化时才能够生存。[4] 在自媒体平台的知识产权治理过程中,国家作为"公共池塘资源"取用者群体的外部代理人,其面对新的资源取用方式所提出的"避风港"原则已经在实践中被证明难以完成制度的有效供给。在这一背景下,平台为了在互联网行业市场中吸引内容创作者,鼓励内容创新,从而获得竞争优势地位,需要站在平台中的内容创造者的价值立场上,努力帮助权利人收回经济上的创作成本,同时保持精神层面的创作激励。然而,平台作为相对中立的技术提供者,在技术上和经济成本上都很难实现全平台的实质性内容审查,也难以确定适当的具体审

---

[1] See Jessica Litman, The Public Domain, *Emory Law Journal*, 39 (1990), pp. 970-971.

[2] [美]埃莉诺·奥斯特罗姆:《公共事物的治理之道:集体行动制度的演进》,上海三联书店 2000 年版,第 56 页。

[3] 参见[美]埃莉诺·奥斯特罗姆:《公共事物的治理之道:集体行动制度的演进》,上海三联书店 2000 年版,第 10 页,第 19 页,第 52 页。

[4] [法]葛弗瑞:《重返马赛渔场:社会规范与私人治理的局限》,张鹿萍译,生活·读书·新知三联书店 2024 年版,第 9 页。

查标准。因此,部分自媒体平台创造了一种由平台内用户共管共治的集体行动模式。与此同时,资源取用者以"用脚投票"的方式选择适用社会自发形成的平台主导下的规制路径。这种集体行动虽然是自发形成的,属于非正式的规则,然而并非只有法律的规则是有效的,非正式的规则只要具有解决问题的能力,其同样具备社会治理意义上的正当性。[1]

在法律经济学中,政府是一种外生力量,政府施加干涉,以求阻止那种社会成本很高但对个人来说却是有利可图的行为,或者换句话说,政府要解决公民之间出现的集体行动问题。[2] 反之,当社会已经形成有效的问题解决机制时,法律应当对其保持尊重,保留社会自治的空间。因此,法律制度不应当停留在僵化的"通知—删除"原则的框架下,而应当以平台规则运行效果作为平台责任的评估标准,对于有能力自主解决平台内部的"公共池塘资源"配置的平台规则而言,法律不应进行过度介入。换言之,"避风港"原则不再是网络平台中知识产权治理责任的唯一分配模式,当平台已经自发成为传统政府公权力与公民私权利之间的中间层结构,成为一种对用户的集体行动具有组织效力的治理空间时,法律规则应当采取一种与平台规则进行合作的价值取向,即承认私主体的自我规制体系,并对其进行观察,在此基础上认可其规制结果,或者对其结果进行干预,但这种干预不是直接为之,而是对其进行调控或者激励。[3] 与"避风港"原则相比,在这种元规制(meta-regulation)的治理模式[4]下,法律制度不再实质性地直接介入每一次平台内的私人权利纠纷解决,[5]而是采取间接规制的方式,对于平台规则的设计、运行与效果进行监督和引导。[6]

由此可见,自媒体平台与用户之间双向选择形成的版权治理模式具有相当的正当性、合理性和有效性,在版权领域的社会治理过程中应当予以尊重。因此,非正式属性的平台机制如何与法律纠纷解决途径完成链接和配合,公权力在尊重平台规则的基础上应当如何限制平台权力的滥用与扩张成为互联网领域平台责任划分和版权领域社会治理的重要问题。在自媒体平台既已成为社会中间层并具有一定治理效能的背景下,多元共治的治理理念是解决平台治理问题的核心。

---

[1] [美]罗伯特·C. 埃里克森:《无需法律的秩序:相邻者如何解决纠纷》,苏力译,中国政法大学出版社2016年版,第4—5页。
[2] [美]埃里克·A. 波斯纳:《法律与社会规范》,沈明译,中国政法大学出版社2004年版,第5页。
[3] [英]埃科林·斯科特:《规制、治理与法律:前沿问题研究》,安永康译,清华大学出版社2018年版,第6页。
[4] Christine Parker, *The Open Corporation: Effective Self-Regulation and Democracy*, Cambridge University Press, 2002.
[5] See B. Mogan, *Social Citizenship in the Shadow of Competition: the Bureaucratic Politics of Regulatory Justification*, Ashgate Publishing Ltd, 2003, p. 2.
[6] 韩新华、李丹林:《从二元到三角:网络空间权力结构重构及其对规制路径的影响》,《广西社会科学》2020年第5期。

四、结语

本文以"避风港"原则的发展历程作为切入点,旨在探究互联网平台发展过程中,特别是在自媒体行业成为当今知识经济中的重要增长点的背景下,平台在网络内容创作产业中的地位和角色。笔者认为,"避风港"原则作为一种特定时代背景下的利益博弈产物,在自媒体时代,无论在理论分析层面,还是在现实运行层面,其制度正当性都实质上难以维系。而在"避风港"原则不断瓦解的过程中,平台自发形成了解决网络著作权侵权问题的集体行动机制,其已经在现实运行过程中形成了既有法律机制所不能比拟的优势。对于这种集体行动模式,不能因为其具有社会自发形成的非正式属性,就对其正当性进行质疑,应当尊重这种介于国家与个人之间的社会中间层构造,以此为契机推动多元共治社会治理模式的发展成熟。

算法时代的作者观与作品的独创性认定[1]

孙昊亮*
崔永进**

摘 要	在算法技术支撑下,人工智能软件参与内容生成的时代已经到来。人工智能软件的内容生成方式虽然与传统创作模式有较大差异,但生成物在表现形式上与人类创作的作品高度相似。以旧的制度规范体系审视新的创作模式存在适用上的障碍,在算法时代,为了更好实现著作权法的立法目的,在作品独创性的认定上,应当提高独创性的认定标准,在坚守作品要体现作者个性的主观要求基础上,强化从客观角度对生成物审美意义的考察。在作者观的塑造上,维护"创作者—作者—著作权人"集于一身的一元主体结构,确保软件用户作为生成过程的发起人,享有对满足作品要件的人工智能生成物的著作权,实现对人工智能创作作品的有效保护与有序传播。
关键词	算法;人工智能;作者观;独创性
目 次	一、算法时代的到来对作品独创性认定与作者观的冲击 （一）算法时代作品的独创性认定标准日渐复杂 （二）算法时代人工智能参与创作对作者观的冲击 二、算法时代的作品独创性与作者观探析 （一）算法时代的作品独创性分析 （二）算法时代的作者观分析 三、算法时代作品的独创性认定和作者观的塑造 （一）算法时代作品的独创性认定 （二）算法时代作者观的塑造 四、结语

以 ChatGPT 为代表的生成式人工智能软件在算法技术的支撑下,广泛参与到人类文化艺术领域的创作活动中,这标志着生成式人工智能时代的到来,引发了学界的广泛关注。技术层面的人工智能创作主要有两种,一种是通过程序代码赋予计算机以人类思维结构,实现作品创作的"代码定义",另一种是通过程序

---

[1] 本文系国家社会科学基金项目"算法时代的作品创作与著作权保护问题研究"（22BFX101）、"陕西省公众素质与法治国家建设研究中心""西北政法大学省部级科研机构科研项目"（SJJG202306）阶段性研究成果。

* 孙昊亮（1973— ）,西北政法大学教授、博士生导师,法学博士。研究方向:知识产权法、科技法。

** 崔永进（1994— ）,西北政法大学博士研究生。研究方向:知识产权法。

的数据训练和学习,依据数据模型进行创作的"数据训练"。[1] ChatGPT是"数据训练"模式的典型代表,即通过算法和大数据学习人类思维模式的学习型智能创作软件。从既有的实践情形看,人工智能软件已经能够生成与人类创作的文字作品、美术作品和音乐作品相近的内容,并且在不被告知是由人工智能软件创作的情况下,第三人很难进行有效的区分。这不仅对传统的创作方式带来了冲击,也给现行的法律制度带来了一定的挑战。从最早的《安娜女王法》颁布至今,新技术和新商业模式的不断涌现,对著作权法的变革提出了新的要求,基于不同价值的取舍和不同理论的影响,作品的种类不断增多,作者的范围也在不断扩大,著作权法有效地回应了各类需求,实现了著作权体系的整体稳定发展。算法时代,智能机器有从辅助人类创作的工具演变为替代人类主动进行创作的趋势,这一变化将对著作权的实施产生特定影响,以人类创作为基础的部分法律规范在算法时代有宣告失灵的可能。

独创性问题是著作权法中的基础问题,如何理解算法时代的独创性,事关人工智能生成物的可版权性认定,国内外学者对此已经展开了深刻的分析讨论,但由于各国立法和探讨语境的差异,至今仍未形成较为一致的意见。从浪漫主义理论影响下的"作者中心主义"到结构主义影响下的"读者中心主义",人们对于作品阅读和理解的理念与方式已经产生了较大的变化,算法时代的独创性判断需要完成一定程度的转型。技术的发展如此之快,软件的智能化特征和生成物能够满足产业发展现实需求的既定事实,使人们不得不开始思考是否应当从法律意义上肯定人工智能软件的作者身份。同时,自然人的创作者地位也同样需要作出界定,用户只需要通过特定的指令等即可引导人工智能软件创作形式各异的内容,此类用户能否像传统意义上的创作者一样,被认定为法律意义上的作者,也是需要立法者作出回答的问题。

一、算法时代的到来对作品独创性认定与作者观的冲击

(一)算法时代作品的独创性认定标准日渐复杂

2023年5月,以歌手"孙燕姿"名义翻唱各类歌曲的视频引发网民热议,其中《发如雪》《下雨天》等歌曲播放量甚至超过100万次,事实上,视频中的歌声并非孙燕姿本人所唱,而是由人工智能软件模仿孙燕姿的嗓音所生成。在产业发展的进程中由于人工智能较高的创作能力和输出能力,原画师成为第一批因为人工智能失业的群体。[2] 人工智能参与生成的内容,是否可以成为著作权法意义上的作品,将直接影响其参与市场交易的效率,也会对人工智能产业的发展产生影响。

---

[1] 参见吴汉东:《人工智能生成作品的著作权法之问》,《中外法学》2020年第3期。
[2] 参见《AI冲击下的原画师》,载《新京报》2023年5月5日,第A08版。

在此问题上，国际保护知识产权协会提出了就人工智能生成物版权保护进行国际协调的必要性，并强调只有存在人类干预的人工智能生成作品才能获得版权保护，美国版权局一方面否定人工智能生成内容的可版权性，另一方面又认为，对人类参与选择或者编排、能够体现其独创性的内容应该提供版权保护。[1] 对此问题，我国司法实践也作出了类似的认定，在北京菲林律师事务所与北京百度网讯科技有限公司侵权纠纷案中，法官基于报告的表现形式符合文字作品的形式要求，肯定了其独创性，但却以创作主体不是自然人，报告没有传递软件用户思想、感情的独创性表达为由，否认了人工智能生成的分析报告的可作品性。[2] 而在类似的深圳市腾讯计算机系统有限公司与上海盈讯科技有限公司侵权纠纷案中，法官基于创作过程和表现形式认可了文章的独创性，认为原告用户在数据输入、触发条件设定、模板和语料风格的取舍上的安排与选择，直接影响了软件的创作，认定人工智能软件生成的文章属于文字作品。[3] 对比上述案件不难发现，法官在审理类似案件时，倾向于将表达形式的独创性与软件用户的独创性贡献进行区分，作品最终的独创性表达是否源自人类创作者影响了最终的裁判意见。上述观点在学界的争论中表现为独创性主观标准，相关论者认为，著作权法意义上的作品应当是作者富有个性的创作，具有作者聪明才智的烙印，是其精神与意识的产物。[4] 与之相对的独创性客观标准则主张从形式上考察生成物与现有的作品的异同，[5] 对象在客观上与人类作品没有差异则可以视为作品，[6] 对于创作的主体身份不过问。[7] 不难发现，两种观点争论的焦点是作品独创性表达是否必须源自人类创作者，在分析思路上，前者注重考察人工智能生成物与人类作品的差异，以此否定其作品属性；而后者试图通过观察二者的共性实现提供版权保护的目的。两种标准犹如光谱之两端，独创性应当如何认定，是在算法参与创作时代需要回答的问题。

独创性来源的问题在人工智能软件投入使用前并不存在，因为各类作品都是人类智力劳动的产物，在独创性认定上，人们关注的焦点主要是作品独创性的有无与高低。随着算法技术的成熟，人工智能软件深度参与文字内容、图片、音乐等的创作中，人类创作者参与的痕迹不断淡化，人们便开始重新审视作品体现作者个性的要求是否合理，独创性的来源也因此成为无法回避的核心问题。实际上，著作权制度伴随着技术的发展已经呈现出"去人格化"的趋势，独创性标准呈现出文本主义倾向，[8] 这一变化与罗兰·巴特在《作者的死亡》一文中以读者

---

[1] 参见吕炳斌：《面向人工智能时代的著作权法拟制作者理论重构》，《南京社会科学》2023年第10期。
[2] 参见北京互联网法院(2018)京0491民初239号民事判决书。
[3] 参见广东省深圳市南山区人民法院(2019)粤0305民初14010号民事判决书。
[4] 参见王迁：《论人工智能生成的内容在著作权法中的定性》，《法律科学(西北政法大学学报)》2017年第5期。
[5] 参见易继明：《人工智能创作物是作品吗？》，《法律科学(西北政法大学学报)》2017年第5期。
[6] 参见袁锋：《人工智能著作权问题的文献综述》，《中国版权》2017年第6期。
[7] 参见杨述兴：《作品独创性判断之客观主义标准》，《电子知识产权》2007年第8期。
[8] 参见杨利华：《人工智能生成物著作权问题研究》，《现代法学》2021年第4期。

视角鉴赏作品的主张不谋而合,[1]因此,"作者中心主义"大有向"读者中心主义"转变的趋向,作品独创性认定标准的客观化特征也更加明显。对于最终生成物,根据何种标准界定其作品属性成为现实实践面临的一大难题,不同类型的作品的艺术水平存在较大差异,这也使得独创性的认定标准更加复杂。

(二)算法时代人工智能参与创作对作者观的冲击

在算法时代到来前,作品通常由自然人创作完成,无论是版权体系还是作者权体系,均认可创作人的作者地位,并通过立法形式确认了"创作人为作者"的原则,创作人基于作者身份享有作品的著作权,"创作者—作者—著作权人"集于一身成为共识。进入算法时代,即使是毫无绘画技能或乐理知识的用户也能进行创作,其只需要在人工智能软件中输入特定词汇,即可借助软件生成精美的图片或乐谱,这颠覆了人们对于作品创作方式的认知,作者与作品的紧密关系开始疏远,在著作权法中表现为人工智能生成物的作者是谁的讨论,换言之,"创作人为作者"这一基本原则在算法时代受到了一定程度的冲击。

事实上,这种冲击并非首次。19世纪,以电影公司为代表的商事组织开始出现,雇员为雇主创作作品成为一大趋势,为了保护投资公司的利益,在资本的推动和法院的支持下,形成和确立了"视为作者"原则[2]。"视为作者"原则的确立意味着公司基于作者身份享有著作权的合理性和正当性,"视为作者"原则维护了作者与著作权人身份关系的一致性,但"创作人为作者"原则由此产生了例外情形。我国在制定《著作权法》的过程中参考了各国立法,引入了"视为作者"原则并在《著作权法》第11条有具体体现,由于立法之初的粗糙移植,法人作品与职务作品、委托作品的使用相互矛盾。[3] 但对视听作品[4]的保护,立法者并未借鉴"视为作者"的思路,而是以法定转让的方式明确了视听作品的著作权由制片者享有,形成了非作者的主体享有著作权的例外情形。这也导致我国对作者与创作者的具体认定及二者之间的关系处理上,存在一定的争议。

算法时代人工智能软件参与作品的生成,加剧了人们对作者身份的担忧,因为人工智能软件能够在一定程度上取代人类进行相关内容的输出,且其表现形式与人类创作的作品几乎没有差异,著作权法需要面对人工智能软件对作者身份认定问题发起的挑战。笔者认为,这是传统的作者观在算法时代受到的又一次冲击。一方面,对人工智能软件能否成为著作权法意义上的作者的争论,另一方面,作者与著作权人之间关系的处理问题。对于作者的认定,有学者认为人工智能是算法而不是认知科学,人工智能科学决定了其非法律主体,法律的价值决

---

[1] 参见[法]罗兰·巴特:《作者的死亡》,载罗兰·巴特:《罗兰·巴特随笔选》,怀宇译,百花文艺出版社1995年版,第300—301页。

[2] 参见孙新强:《论作者权体系的崩溃与重建——以法律现代化为视角》,《清华法学》2014年第2期。

[3] 参见樊宇:《论视为作者原则——以中美两起著作权纠纷案为视角》,《政法论坛》2020年第2期。

[4] 即《著作权法》(1990年)中的电影、电视、录像作品,《著作权法》(2001年)中的电影作品和以类似摄制电影的方法创作的作品。

定了人工智能不具有法律主体性质,人工智能在意识、行为能力以及责任能力方面都无法成为法律关系中的主体。[1] 而反对意见中,有学者类比法人被视为作者的例证,提出可以将人工智能软件拟制为作者,[2] 也有学者提出人工智能软件通过数据挖掘、分析和运算的创作过程展现了类人化的意志能力,认为其不再是辅助创作工具,可以成为相对独立的机器作者。[3] 笔者认为这一观点有待商榷,我国著作权法设定了著作财产权和著作人身权二元权利结构,著作人身权对于作者具有强烈的人身依赖性,如果要将人工智能软件认定为作者,则需要处理好"软件作者"与著作人身权的复杂关系,如果著作权利人与作者分离,实际是"创作者—作者—著作权人"于一身原则的又一例外。传统的作品创作通常是一人完成,即便是合作创作,二者之间通常具有明显的合作创作意图。人工智能时代,从人工智能软件的形成到训练数据的输入,再到生成物的最终输出,涉及不同的主体参与并提供智力贡献,多人与机器共同参与创作的模式在传统作品创作过程中未曾出现,如果最终生成的内容构成作品,如何界定作者的身份也是一大难题。

二、算法时代的作品独创性与作者观探析

(一)算法时代的作品独创性分析

在作品独创性认定的问题上,多国立法并没有对独创性这一抽象概念作出明确的界定,而是由司法者在具体案件的裁判过程中根据个案情形作出认定。美国第八巡回法院的解释是作品必须是"原创的",不是抄袭另一件具有相同性质的作品,[4] 在猴子自拍照案中,法院以猕猴不是版权法意义上的人类作者为由,否定了照片的独创性。[5] 德国同样要求作品是人类作者独立完成的,并且要体现作者的智力或思想。[6] 两大法系在涉及独创性的认识上基本一致,均强调作品是由作者独立创作完成的,倾向于从作者的视角认定作品的独创性,[7] 呈现出"作者中心主义"的色彩。"作者中心主义"的形成是受到了浪漫主义、人格权理论、主体性哲学和传统解释学的深刻影响,浪漫主义理论认为,作者是作品的唯一来源,作品是作者人格的体现、个性的镜子和想对读者说的话,[8] 艺术作品是艺术家个性和情感的载体,艺术的本质是通过象征性的语言符号向公众传达

---

[1] 参见李爱君:《人工智能法律行为论》,《政法论坛》2019年第3期。
[2] 参见李伟民:《职务作品制度重构与人工智能作品著作权归属路径选择》,《法学评论》2020年第3期。
[3] 参见吴汉东:《人工智能生成作品的著作权法之问》,《中外法学》2020年第3期。
[4] See Anseh1 v. Puritan Pharm. Co. ,61 F. 2d 131,136(8th Cir. 1932).
[5] See Naruto v. Slater,2016 WL 362231(N. D. Cal. 2016).
[6] 参见胡开忠编著:《知识产权法比较研究》,中国人民公安大学出版社2004年版,第31页。
[7] See Jane C. Ginsburg, A Tale of Two Copyrights: Literary Property in Revolutionary France and America, *Tulane Law Review*, 1990, Vol. 64: p. 991.
[8] 参见林秀芹、刘文献:《作者中心主义及其合法性危机——基于作者权体系的哲学考察》,《云南师范大学学报(哲学社会科学版)》2015年第2期。

思想和知识的手段。[1] 代表性学者爱德华·杨格将写作分为模仿前人作品的写作和模仿自然的写作，认为后者展示的是作者的才能和独创性，是值得被推崇的写作。[2] 在浪漫主义的影响下，著作权伴随着技术的发展呈现出不断扩展的态势，且作者与作品的关系也更加紧密。作者权体系国家的立法受到了深刻影响，在独创性问题上体现为要求作品由人类作者独立创作完成，具有作者的主观创作意图，倡导从作者个性的角度分析作品的独创性。

"作者中心主义"在后期的发展中也受到质疑，以罗兰·巴特和福柯为代表的文学批评家就对其进行了批判，罗兰·巴特提倡文本和读者的价值应当得到重视，在其经典著作《作者的死亡》中谈到，事物一经叙述，裂隙便随之产生，话语便失去了原意，作者即走向了死亡，写作也就开始了。[3] 罗兰·巴特认为，文本的价值不在于作者而在于读者，读者可以在阅读中摆脱作者，产生自己的想法，获得全新的阅读自由，作者的思想被进一步淡化，文本和读者的价值被深度挖掘，即所谓的"一千个读者有一千个哈姆雷特"。作者希望通过作品传达什么样的思想是读者永远无法知晓的，读者从作品中看到的思想是读者自己的思想，而不是作品本身的思想。[4] 作者与作品关系的疏远在著作权法中表现为两大法系中著作人身权的淡化和"作者—著作权人"二元主体结构的形成。算法时代，技术的加持使得一种新的创作方式逐渐形成，并促进了"读者中心主义"的复兴，作者的创作方式不再局限于通过创作阐释个人独创性的情感和思想等，而可以采取迎合市场需求的创作模式，如电视剧《纸牌屋》在制作过程中，通过挖掘观众喜好为剧本的创作提供指引。[5] 这一创作方式的变化是从"作者中心"向"作品中心"转变的体现，作品的创作由此进入了"以作者为中心"的阐释作者思想的创作模式和"以读者为中心"的人工智能创作模式并存的时代。

当人工智能软件借助算法技术，通过深度学习参与到作品的创作中，人类独立创作作品的单一模式被打破，如果仍然机械地坚守人类智力创作这一核心要件，极易导致人工智能参与生成的所有内容均不构成著作权法意义上的作品。当大量与人类创作的作品没有差异的人工智能生成物进入市场，将导致作品传播秩序的失控。笔者赞同有学者主张的对于人工智能生成物的定性，要避免一开始就纳入主体因素进而形成逻辑循环，因为创作主体不是人，所以内容不构成作品；因为不构成作品，所以没有作者。[6] 算法时代的独创性标准的确立要破除创作主体必须是人的先入为主的内心确信，从作品本身的创作过程进行分析。

---

[1] 参见梁志文：《版权法上的审美判断》，《法学家》2017 年第 6 期。
[2] 参见杨格：《论独创性的写作》，载伍蠡甫主编：《西方文论选》(上卷)，上海译文出版社 1979 年版，第 495—496 页。
[3] 参见[法]罗兰·巴特：《作者的死亡》，载罗兰·巴特：《罗兰·巴特随笔选》，怀宇译，百花文艺出版社 1995 年版，第 300—301 页。
[4] 参见李琛：《论人工智能的法学分析方法——以著作权为例》，《知识产权》2019 年第 7 期。
[5] 参见陈璐：《〈纸牌屋〉：电视剧遇上大数据》，《中国青年报》2013 年 5 月 2 日，第 12 版。
[6] 参见王迁：《论人工智能生成的内容在著作权法中的定性》，《法律科学(西北政法大学学报)》2017 年第 5 期。

人脑的创作本身就是极为复杂的过程，人类也没有全然了解人脑的工作机理，要求人工智能精准复制整个创作过程并不现实。基于独创性来源必须是自然人的前提否定人工智能软件生成物的独创性，将导致著作权体系的彻底封闭。将人类创作物与人工智能软件参与生成物置于平等的位置，以开放的体系和统一的标准审视其独创性，才能更好应对人工智能对著作权体系产生的冲击。申言之，笔者认为，作品的独创性应当逐渐舍弃浪漫主义下的"作者中心主义"，顺应结构主义的主张，淡化作品与作者的紧密联系，兼顾从读者的角度分析其独创性。

这一主张在司法实践中已经有所体现。在"AI生成图片著作权侵权第一案"中，虽然原告是借助人工智能软件生成了图片，但图片生成的过程并非完全由软件独立进行，原告自然人通过输入大量的提示词和设定参数对图片的形成过程进行了有效的控制，且进行了后续的精准修正，最终的图片是原告选择和安排的结果，体现了原告的审美选择与个性判断，因此法官最终认定图片具备"独创性"要件，并将人工智能软件视为人进行创造的工具，原告是作品的作者，案涉图片构成美术作品。[1] 在深圳市腾讯计算机系统有限公司与上海盈讯科技有限公司侵权纠纷案中，法官结合独立创作与外在表现形式肯定了案涉文章的独创性，将软件用户在数据输入、触发条件设定、模板和语料风格取舍等方面的安排与选择过程，纳入文章的创作过程，认为其与文章有直接联系，法官据此认定案涉文章构成文字作品。[2] 通过上述案件不难发现，虽然人工智能软件介入了作品的生成中，可以代替自然人进行文字的编辑或图片的绘制，但是真正要生成满足人类使用需求的内容，仍然需要用户结合个人的想法，通过不同的方式对人工智能软件的创作行为进行控制和调整。在此过程中，自然人直接参与创作的痕迹虽然有所淡化，但是其仍然可以通过材料输入、指令的选择等方式对生成物进行反复修改以体现自己的想法与创意，且控制程度、修改的过程是可以查明的，最终作品仍然可以体现作者的个性和思想，或者说，在算法参与创作的时代，人类的个性或思想并未因为人工智能软件的参与而消失，改变的只是作者将思想转化为表达的方式，从直接创作转变为借助软件生成。法院否认菲林律师事务所借助人工智能软件生成的报告，主要原因还是在于用户的参与不足，报告没有体现出用户最基础的思想或意志。

计算机先驱研究者玛格丽特·博登将创造性分为三类：反映众所周知的想法的组合创造性、基于公认思维划定概念空间的探索创造性和重建概念空间的变革创造性，[3] 以此为参考，显然当前的人工智能还无法脱离预先设定的程序本身，只能实现组合性创造力，而不是探索性和变革性的创造力。[4] 笔者认为，人工智能软件作为高度先进的算法，虽然已经实现了极大的突破，但是未达到强人

---

[1] 参见北京互联网法院(2023)京0491民初11279号民事判决书。
[2] 参见广东省深圳市南山区人民法院(2019)粤0305民初14010号民事判决书。
[3] See Margaret A. Boden, Computer Models of Creativity, 30 *AI Magazine*, 2009, p. 23.
[4] See Selmer Bringsjord & David Ferrucci, *Artificial Intelligence and Literary Creativity: Inside the Mind of Brutus, A Storytelling Machine*, Mahwah, NJ: Lawrence Erlbaum Associates, 2000, xix.

工智能水平,仍是基于预设的规则和数据集为特定目的进行工作,内容的输出仍然需要人的参与,就像我们很难知晓口腔受到调味品的刺激后是如何与大脑中主观感受建立联系的,人工智能软件从收到指令到最终输出内容也是经历了算法不自知的过程,这种创作不是基于特定的目标,而是基于算法的高效分析对词组的特定组合优化,其行为通常不是为了表达某种思想和意愿,更没有黑格尔所倡导的内在人格。因此,对于独创性的认定应当避免要求人工智能软件以类人化思维进行创作,而应当基于作品的创作过程和表达形式,进行客观分析。对要求作品体现人类独创性的考察,应当继续坚持原有的标准,易言之,人的独创性和人工智能的独创性存在区别,要避免将二者混为一谈。

事实上,人类在很早之前就开始借助技术工具进行创作,技术的介入也会给既有的著作权体系带来冲击。以拍摄作品为例,摄影技术一经诞生就使版权制度陷入根本性困境,[1]我国摄影作品纠纷日渐增多的重要原因也在于对摄影作品的独创性认定的问题。[2] 纵观著作权法的发展史不难发现,版权作为技术之子,随着技术的发展,作品的类型和权利的内容在不断地扩大,独创性标准的模糊使得作品保护的范围大小飘忽不定,而私权的不断扩张极易导致公共领域受到不同程度的侵蚀,进而导致网络反版权现象的出现。[3] 从英国为代表的"投入技巧、劳动或判断的标准",到美国为代表的"少量创造性标准",再到法国为代表的"反映作者个性标准",不同的标准和支撑标准的理论百花齐放,并未形成统一的认识,[4]由于著作权法对作品的保护是自动产生的,因此在作品独创性认定问题上形成了不同的观点和学说。算法技术支撑下的人工智能软件参与创作,用户的参与空间变得可大可小,但在作品的最终表现形式上体现得并不明显,独创性判断标准不清导致对作者的贡献无法有效认定。厘清独创性的内涵,是解决算法时代人工智能生成物保护问题的基础。

无论是根据创作过程中付出的劳动和技巧认定独创性的"额头流汗"标准,还是主张作品是作者智慧与精神的产物,要求作品应当体现创作者的人格精神的"个性标准",[5]在数字化时代都将面临巨大的考验。笔者认为,在算法时代,人工智能参与创作将导致与人类当前创作水平相当的"作品"数量激增,如果依旧坚持旧的标准,将意味着作品保护范围的彻底泛化,侵权行为充斥在人们的日常生活中,著作权体系将面临崩塌的风险。算法时代的独创性标准降低是著作权法发展的严重倒退,将艺术作品受版权保护的条件与审美意义脱离,降低认定标准,将导致作品的泛化,并且将投资和智力劳动的投入作为作品独创性的判断标

---

[1] See Melville B. Nimmer & David Nimmer, *Nimmer on Copyright*, 2006, Matthew Bender, pp. 2-127.
[2] 摄影作品纠纷大量增加且日益复杂的原因在于独创性标准较低,导致作品的泛化。参见孙昊亮:《全媒体时代摄影作品的著作权保护》,《法律科学(西北政法大学学报)》2021年第3期。
[3] 参见孙昊亮:《网络反版权社会规范之反思》,《知识产权》2014年第11期。
[4] 参见姜颖:《作品独创性判定标准的比较研究》,《知识产权》2004年第3期。
[5] 参见易继明:《人工智能创作物是作品吗?》,《法律科学(西北政法大学学报)》2017年第5期。

准,著作权与邻接权的区分在实践中就没有任何意义了。[1] 私权利的不断扩张将导致社会公众使用作品的成本更高,最终重蹈"版权蟑螂"的覆辙。因此,提高独创性标准是算法时代作品创作与传播的现实需要,也是破解作品泛化的根本思路。

(二)算法时代的作者观分析

回溯作者权的起源,英美法系的版权法和大陆法系的著作权法,均是基于作品由个人创作的社会现实,确认了作者的法律主体身份,但在一个多世纪的发展历程中,二者受到不同理论的影响,逐渐发生了分离,演变成了今天的版权体系和作者权体系。[2] 其中,作者权体系的形成受到了黑格尔理论的影响,在黑格尔看来,万物的灵魂和命运都来自人的意志,"艺术作品乃是把外界材料制成为描绘思想的形式,这种形式是那样一种物:它完全表现作者个人的独特性。"[3]因此,作品被深深地打上了作者个性与人格的烙印,作品成为作者的人格与意志的体现,作者权体系因此充斥着浪漫主义色彩。以美国和英国为代表的版权体系,则基于现实发展的需要,淡化了作品的人格属性,冲破了"创作人为作者"的基本原则,设立了"视为作者"的制度。霍姆斯大法官在判决书中写道,如果雇员为了履行部分职责创造了某种东西,则应当归属于雇主的财产。[4] 后期出现的计算机软件虽未体现作者思想和情感,但也被纳入著作权的保护范围,导致著作权制度呈现出"去人格化"的趋势,在独创性标准上逐步演变为以作品为中心的客观判断标准。[5] 伴随着知识经济时代的到来,作品的经济价值得到了极大的彰显,在互联网技术的加持下,基于传播需要,作品的专有权属性开始淡化,[6]作者权体系受到了版权体系的影响,功利主义色彩更加突出,逐渐接受了创作者以外的主体成为著作权人。[7]

对于人工智能软件与人类创作者的关系,学界产生了截然不同的认识。"创作工具说"认为,在创作的过程中,人类的智力支撑仍然发挥了主要作用,人工智能软件与纸笔无异,本质上属于人类创作的工具。[8] "作者身份说"则认为,机器智能表现了类人化的意志能力,其不再是辅助创作工具,可能是与人类合作的机器作者。[9] 两种不同的观点虽然是围绕人工智能软件的身份展开,但实际是对

---

[1] 参加梁志文:《版权法上的审美判断》,《法学家》2017年第6期。
[2] 参见孙新强:《论作者权体系的崩溃与重建——以法律现代化为视角》,《清华法学》2014年第2期。
[3] [德]黑格尔:《法哲学原理》,范扬、张企泰译,商务印书馆1961年版,第76页。
[4] See Bleistein v. Donaldson Lithographing Co., 188 U.S. 239.
[5] 参见黄汇、黄杰:《人工智能生成物被视为作品保护的合理性》,《江西社会科学》2019年第2期。
[6] 参见李杨:《著作权法个人使用问题研究——以数字环境为中心》,社会科学文献出版社2014年版,第228页。
[7] 参见孙山:《人工智能生成内容的著作权法规制——基于对核心概念分析的证成》,《浙江学刊》2018年第2期。
[8] 参见丛立先、李泳霖:《生成式AI的作品认定与版权归属——以ChatGPT的作品应用场景为例》,《山东大学学报(哲学社会科学版)》2023年第4期。
[9] 参见吴汉东:《人工智能生成作品的著作权法之问》,《中外法学》2020年第3期。

"人类中心主义"和"去人类中心主义"的伦理之争。[1] 笔者认为,"视为作者原则"的出现,既有商人积极推动的原因,也可以视为传统著作权法的无奈妥协,即电影作品等是由团队合作创作完成的,版权归属的分散化不利于后续的使用和传播,授权于雇主利于作品的传播和使用。笔者认为,将创作者与作者、作者与著作权主体分离的二元结构属于著作权体系的例外状态,盲目在其他作品上借鉴该模式,将著作权授予作者之外的其他主体,有违著作权法的立法目的。作者属于法定身份,确定作者身份是明确著作权归属的基础,否则作者身份的确立实际意义不大,因此,将事实层面的创作者上升为法律层面的作者进而与著作权主体形成一一对应关系,应当是著作权法的一般状态,拟制作者为著作权主体可以理解为例外状态。人工智能软件参与创作,对于著作权法既有的理念和制度而言,属于未曾预料的新创作模式,但其并不必然引起法理层面的例外状态,如果以既有的理论体系能够进行有效应对,则对既有条文进行调整即可,并无寻求法理例外的必要。在可以预见的未来,对算法时代作品的作者认定,仍然应当立足于激励创新之目的,申言之,作者的确定应当具有提供鼓励的必要性和可行性。

以视听作品为例,为创作者提供激励的必要性不言自明,由于参与创作的主体数量较多,获得一致的传播授权许可并有效地进行财产分配的难度增高,信奉实用主义的版权体系基于传播的可行性更高便创造了"拟制作者"的概念。我国在后来的《计算机软件保护条例》第9条,明确规定了软件著作权属于软件开发者[2],这一做法虽未明确承认开发者的作者身份,但是避免了因视听类作品的作者与著作权人分离而出现的逻辑不周延。因此,笔者认为,对算法时代的作者之认定,仍然应当保持作者与著作权人的对应关系。对作者的判断逻辑应当是,基于鼓励的必要性确定著作权的归属,归属主体以自然人为一般状态,在授予自然人以著作权缺乏可行性时,再考虑将著作权授予非自然人的拟制作者。在自然人主体的认定方面,应当基于该主体开展了具有独创性的创作活动,并能够有效地行使权利和承担义务。

三、算法时代作品的独创性认定和作者观的塑造

(一)算法时代作品的独创性认定

算法时代,人工智能软件的出现和应用使得创作行为不再独属人类,浪漫主义理论及其影响下的"作者中心主义"受到了挑战,新的创作模式敏锐地捕捉到了读者的需求和喜好,可以为读者"定制"相关内容,复兴了"读者中心主义"。新的创作形式倾向于读者希望看到什么,而不再单是作者要表达什么,作者的个性进一步被淡化。法律对社会关系的调整是通过对人的行为的调整实现的,在独

---

[1] 参见孙占利:《智能机器人法律人格问题论析》,《东方法学》2018年第3期。
[2] 此处的开发者主要是指实际组织开发、直接进行开发,并对开发完成的软件承担责任的法人或者其他组织,参见《计算机软件保护条例》第3条。

创性标准问题上,则需要对人工智能软件的介入作出回应。对此,笔者主张逐渐舍弃浪漫主义下的"作者中心主义"的坚守,顺应结构主义,淡化作品与作者的紧密联系,兼从读者的角度分析其独创性,同时不断提升独创性的标准。

正如维特根斯坦说:"语言的界限是我们世界的界限。"[1]文化、艺术和科学领域的作品是人类共通的不同语言形式,是不同主体之间思想、文化和情感等沟通的载体。因此,笔者认为,无论人工智能技术如何发展,要求作品体现作者的思想、情感等应当是著作权法始终坚守的底线,人类关注表达的目的是探知其背后承载的思想,否则将导致作品失去其内在的价值。如易继明教授所言,人工智能技术革命可能会像机械解放人的双手一样,逐渐开始解放人类的头脑,版权退出文艺创作领域,可能会是文明退化的开始,人类文明目前无法承受这种倒退。[2] 狄尔泰也曾提到,作品是作者的生命表现,生命表现出于感觉世界,同时也是一种精神性东西的表达。[3] 笔者认为,作品的呈现不应当仅仅是文字的堆砌或者精妙辞藻的拼组,而应当是创作者在精神或思想层面智慧的表达,通过文字实现与读者的精神沟通,因此,坚持作品体现作者的思想或个性应当是不可逾越的底线。

算法时代人工智能软件的介入让作者个性逐渐淡化,对作品的独创性判断是否应当从"作者个性标准"转变为"读者标准"?笔者认为,二者并非非此即彼的存在,对作品承载内容的解读是由作者和读者共同解读实现的,罗兰·巴特笔下的"作者已死"并非字面上宣告作者思想的死亡,而是宣告创作者视角的终结,主张作者从创作的思维中解脱出来,读者同样也不必刻意去揣测作者的创作背景或创作意图,作者与读者一道去重新品读作品所传递的思想与情感,实现作者与读者的融合。因此,一部经典的作品,虽然其作者已经逝去,创作的背景已经被淡化,但当读者重新审视品读时,仍然能够从中获得直击心灵的触动,尽管这种触动会因读者的个人素养的不同而存在差异,但是这恰恰是作品永恒的表现,也是作品的价值之所在。所以,笔者认为,传统的创作环境会因作者的个人能力的不足,限制其思想和情感的表现,但在算法的加持下,作者的创作能力实现了指数级增长。对创作及独创性的理解,也应顺应创作模式的变化作出改变。类似《纸牌屋》收集上千万条数据并指引创作的方式,在算法时代真正得以实现,这实际为作者与读者之间架起了一座沟通的桥梁,作者因此得以借助软件实现作品创作方式的新突破,而在算法出现前,即使将上述千万条数据信息置于作者案前,恐怕作者也难以超越自身的局限,从中获取有效的信息以指引创作。

著作权法中的创作是作者将内心的思想或创意通过客观上可以被读者感知的方式固定于特定对象的过程,[4]传统作品创作的"构思—执行—定稿"三环节

---

[1] 参见李国山、代海强:《通向〈逻辑哲学论〉神秘主义的双重路径》,《社会科学》2012年第3期。
[2] 参见易继明:《人工智能创作物是作品吗?》,《法律科学(西北政法大学学报)》2017年第5期。
[3] 参见姚文放:《诗学模式/阐释学模式:生产性文学批评的解读方法》,《学术月刊》2022年第9期。
[4] 参见[德]M. 雷炳德:《著作权法》,张恩民译,法律出版社2005年版,第41页。

是在创作者的控制下进行的,而算法时代则是在人工智能软件的支持下进行内容生成,[1]笔者将前者总结为"控制论",认为不能以传统创作模式下形成的理论和规则考察算法时代的创作。人工智能软件在用户的指令下生成不同的内容,使得用户不必再进行手写笔画式的创作,只需要结合个人的想法对软件输出的内容作出选择并不断指导后续的调整即可生成相关内容,这是算法时代创作方式的最大变化。因此,算法时代对创作行为的理解,可以从"控制论"调整为"指导论",体现为用户通过指导软件的生成过程,将内在的思想转化为特定的表达,整个指导过程即为用户的创作行为。这种变化,与摄影师直接通过相机取景框选择取景类似,作者的参与从直接参与转化为间接指引,但并不能以传统的创作观否认新创作模式下创作者的贡献。

独创性本身是一个抽象的概念,从"独"和"创"两个方面体现出独立完成和创造性两层含义。独立完成要求作者的创作不是直接抄袭、剽窃或模仿于既有的表达,而是经过自身的构思并通过特定的方式进行表达。对于创造性的认定,有学者主张通过审美判断对人格要素进行阐释,认为审美进入著作权法领域并与作品的独创性发生联系具有必然性;创作是将审美融入作品的过程,可以通过审美阐释作者的人格要素、个性要素和创造性要素;以审美逻辑为线索的作品独创性阐释方式能够承载说理的功能。[2]艺术是一门较为抽象的学问,在审美的具体判断上,霍姆斯大法官曾发出警告:对于只受过法律训练的人来说,在最狭隘和最明显的限制之外,对一件艺术作品的价值进行评估是一件非常危险的事业。[3]对此,可以通过组合形成"艺术共同体"的方式进行评价,由艺术家、公众和艺术产品其他从业者等组成,通过对作品形式、作者和读者的审美解读形成共同一致的审美方法,包括如何界定具有审美意义的艺术形式,对于特定的艺术创作特征如何共享,艺术价值的高低如何评判等。[4]此处的"艺术共同体"实际上与专利法所言的"本领域普通技术人员"和商标法所言的"相关公众"类似,不是由特定的主体组成,而是根据作品类型由不同人员组成的理性群体。"艺术共同体"即前文所述的从读者的角度分析作品独创性的体现,是一种较为客观的分析方式,倡导从单一的作者个性考察向作者个性与读者感知并存的方向转变,避免了单一地从作者的视角分析的不足。独立完成和创造性是两个不同的判断,读者标准不再对作品的来源是作者还是人工智能软件作出区分,而是基于文本展开,符合独创性概念的规范性特征,避免了与描述性特征的混淆。[5]即便是深受"浪漫主义理论"影响的德国,其在司法实践中,也开始从读者的角度分析作品中

---

[1] 参见张金平:《论人工智能生成物可版权性及侵权责任承担》,《南京社会科学》2023年第10期。

[2] 参见王国柱:《著作权法中作品独创性的审美逻辑》,《法学研究》2023年第3期。

[3] See Bleistein v. Donaldson Lithographing Co., 188 U. S. 239, 250(1903).

[4] See Daniel McClean, Piracy and Authorship in Contemporary Art and the Artistic Commonwealth, in Lionel Bently, Jennifer Davis & Jane C. Ginsburg eds., *Copyright and Piracy: An Interdisciplinary Critique*, Cambridge University Press, 2010, pp. 311-313.

[5] 参见李忠诚:《论算法创作下独创性的判断标准》,《大连理工大学学报(社会科学版)》2021年第6期。

的作者个性,通过对专业人士的咨询,判断作品是否充分体现作者的个性。[1] 如德国学者雷炳德所说,不是由作者体现作品,而是在作品中体现与作品有关的作者人格。[2]

不可否认的是,实践中的绝大多数作品都蕴含作者的一些创造性的火花,作者的表达并不需要以高度创新或令人惊讶的方式呈现即容易获得认可,因此,笔者主张提升独创性标准。算法技术让每一个用户都有可能成为才华横溢的作者,因此,作品的独创性认定标准的提高,有利于将简单借助算法生成的"作品"排除在著作权保护范围之外。具体言之,就是要求创作者举证证明自身在作品创作过程中作出了精心安排,最终作品的呈现是其特定创作意图的反映。如 AI 图片案中[3],原告举证证明其在创作中通过大量正向提示词和反向提示词的输入,对图片的整体风格和各个微观部分的色彩、线条、比例、神情等进行了多次的调整和筛选,最终呈现了图片。原告无论是在创作前还是创作过程中,对图片的最终呈现具有特定的布局和细节考量,以此证明其个人思想和个性,否则类似菲林律所只提供关键词、完全依赖软件生成的内容,虽然在读者视角下具有独创性,但是从作者个性化创作角度出发,并不具备独创性,不能构成作品。

(二)算法时代作者观的塑造

算法时代,将人工智能软件应用到创作中已经成为不可逆转的发展趋势,相关生成物被大量投放到产业中也只是时间问题。面对人工智能软件密切配合下生成物的海量输出,著作权法如果依旧抗拒技术的介入,则预示着著作权体系将在算法时代失灵和被抛弃。因此,笔者认为应当继续发挥著作权法的激励作用,明确作者的地位和权利,让人类的创作在算法时代实现新突破。换言之,通过著作权法的激励作用,引导人工智能创作朝向有序的方向发展,这也是著作权法的使命。

在既有的分析中,有论者主张借鉴法人制度,授予人工智能以法律人格,[4]或借鉴雇佣制度的拟制作者设计,将人工智能软件拟制为作者,[5]或者借鉴法定转让的方式,在确认人工智能软件具有著作权后,将相关权利转让给合同约定的一方主体。[6] 笔者认为上述观点并不具备可行性。在民法的基本原理中,主体与客体相互对应,显然不能彼此互换,人工智能软件已经成为著作权法保护的客

---

[1] 参见[德]图比亚斯·莱特:《德国著作权法》,张怀岭、吴逸越译,中国人民大学出版社 2019 年版,第 27 页。

[2] [德]M. 雷炳德:《著作权法》,张恩民译,法律出版社 2005 年版,第 112 页。

[3] 参见北京互联网法院(2023)京 0491 民初 11279 号民事判决书。

[4] See Colin R. Davies, An Evolutionary Step in Intellectual Property Rights—Artificial Intelligence and Intellectual Property, 27 *Computer Law & Security Review* 601, 2011, p. 617.

[5] See Kalin Hristov, Artificial Intelligence and the Copyright Dilemma, 57 *IDEA: The Journal of the Franklin Pierce Center for Intellectual Property* 431, 2017, pp. 446-447.

[6] See Colin R. Davies, An Evolutionary Step in Intellectual Property Rights—Artificial Intelligence and Intellectual Property, 27 *Computer Law & Security Review* 601, 2011, p. 617.

体,因此不能成为民事法律关系中的主体。[1] 此外,将软件视为作者,通过激励软件以达到创作的目的也与现实发展明显不符,人工智能算法仍然只是智能机器而已,有学习材料、网络和电力的支持,其可以不断地进行学习和创造,并不需要像人一样,提供明确的法律地位和利益进行激励。如黑格尔所说,权利,尤其是财产权,是为那些具有自决权的人保留的,这些人的自决权植根于向外表达其主观意志的能力,即他们的欲望和需求。[2] 换言之,法律调整的是人与人的社会关系而非技术或财物,技术冲击的实际上是代表着不同利益的自然人的利益与法律地位。在当前的技术背景下,仍然应当基于更好地处理人类关系的最终目的,因此,作者的认定还是应当回到自然人的角度进行讨论。

有论者结合我国法人作品中未实际参与创作的主体可以成为著作权法中的作者,提出以代表所有者意志创作为理由,将著作权归属于人工智能软件的所有者。[3] 也有论者结合著作权法的制度发展历史,认为保护作者和激励机制只是正当性的符号性表达,版权法的真正目的是保护投资者,[4] 因此应当将著作权授予投资者。笔者将上述意见统一认定为非创作者的作者观。也有论者认为,人工智能的程序员拥有他们编程的人工智能软件所生成的"作品"的所有权。[5] 笔者认为,程序员也不能轻易被认定为人工智能创作物的作者。实际上,主张将上述主体认定为作者的主要目的仍是为了鼓励创作,但笔者不敢苟同。软件开发的投资人固然需要投入大量资金支持软件开发工作,但软件本身已经受到著作权保护,其通过授权使用,就能够获取大量的使用费,足以达到版权激励的目的,就像相机公司制造相机,其并不需要通过主张照片的著作权以获得激励。同时,从经济方面看,投资者对人工智能软件所创造的每一个作品均主张版权,需要大量的统计,成本实在过高;用户无法获得自己经过精心构思创作的作品的版权,其使用软件的积极性将大大降低,也不利于软件投资者获得高额的回报;从侵权的角度讲,任何一件作品都存在侵权的可能,要求未直接参与作品创作的投资者承担责任,也难谓合理。对于购买了软件的软件所有者,即便是公司行为,也可以通过法人作品的相关规定取得相关权利。程序员作为人工智能软件的开发者,其编码的水平直接决定了软件的智能化水平和创作的程度,这是关涉创作水平的底层逻辑。程序员作为软件的开发人员,有可能构成软件著作权上的作者,但不能因此主张其对人工智能创造的产品的权利。软件的创作逻辑是程序员设计的,但软件的创作过程却是程序员未知的,软件根据输入的学习材料进行深度

---

[1] 参见[德]汉斯·布洛克斯、[德]沃尔夫·迪特里希·瓦尔克:《德国民法总论》,张艳译,中国人民大学出版社 2012 年版,第 456 页。
[2] See David A. Duquette, Hegel: Social and Political Thought, *Internet Encyclopedia of Philosophy*, https://iep.utm.edu/hegelsoc/#H6.
[3] 参见熊琦:《人工智能生成内容的著作权认定》,《知识产权》2017 年第 3 期。
[4] 参见熊琦:《著作权法中投资者视为作者的制度安排》,《法学》2010 年第 9 期。
[5] See Robert C. Denicola, Ex Machina: Copyright Protection for Computer—Generated Works, 69 *Rutgers University Law Review* 251, 2016, p. 265, 271, 275.

的学习并不断优化,在指令的指引下生成特定的内容,这些都与程序员没有直接的联系。换言之,程序员在开发程序方面的独创性贡献与最终软件输出的产品所蕴含的独创性贡献,本质上是不同的。就像 Photoshop 软件的开发者不能对合成图片主张作者身份一样,程序员也不能主张对软件生成物的作者身份。如果用户在初始内容输出后,又手动进行了直接的修改和完善等,难道要主张最后的作品是程序员与用户的合作作品吗?权利和义务是相互统一的,在侵权责任上,根据"实质性非侵权用途"标准,要求程序员承担软件生成物的侵权责任也是不合理的。诚然,程序员需要被激励进行软件开发等工作,但并不应通过对人工智能软件生成物主张版权获得激励。笔者认为,人工智能软件的创造性成果不能等同于程序员创造力,二者之间并不存在必然的因果关系。同时,在软件版权属于开发者而不属于程序员的前提下,基于程序员对软件的智力贡献对作品主张版权,整个逻辑体系也并不周密。因此,程序员并不具备成为人工智能软件生成物的作者的合理性。实际上,这也反映出我国近年来在著作权法方面呈现出的作者权弱化现象,表现为非作者本位模式、合同约定模式和雇佣作品扩张等,作者身份的弱化将导致作者创作动力减弱,作品的竞争力、完整性和经济价值降低,社会公共利益受到侵蚀。[1]

  如拉兹所强调,自治只有追求善时才有价值,[2]法律也不应当成为资本的语言和权势的工具。[3]笔者认为,使用人工智能软件将个人构思转化成特定表达的用户应当被认定为作者。我国著作权法虽然兼有两大法系的特点,但是在作者权利保护方面,作者权体系的色彩更浓,通过著作人身权在作者与作品之间构建起了密切的关系。笔者并不赞同将非创作者的法人或非法人组织等拟制为作者的观点,主张应当坚守作品依赖创作者产生的基本现实,避免轻易否定创作者的身份。且从整个创作过程看,是人工智能软件的用户激发了整个生成过程,并对原始输出内容进行后期的编辑、润色、修改,进而转化为具有一定独创性和商业价值的产品,从而促进了作品的产生。并且结合前文所述的案例看,无论是文字类的文章或报告还是图片,能够产生实际经济价值的内容都是在用户精心指导下形成的,且在诉讼中,原告举证证明内容的生成过程已经是司法实践的必要组成部分,对于用户的参与程度和智力贡献等,完全可以进行有效的考察。因此,用户应当成为作品的作者。从权利义务的运行方面看,用户作为指导内容生成和内容使用的主体,也具备承担可能存在的侵权责任的可行性。从现实利益最大化的角度看,如果用户为使用软件支付了费用,但产生了没有商业价值的产品,这将会降低其使用软件的积极性,于人工智能软件产业的整体发展也无益。鉴于当前人工智能生成物与人类创作的作品在形式上很难进行有效的区分,如

---

[1] 参见周贺微:《"失控"的著作权:作者弱化的著作权自治考察》,《华中科技大学学报(社会科学版)》2022年第6期。
[2] 参见朱峰:《拉兹:法律权威的规范性分析》,黑龙江大学出版社2013年版,第11页。
[3] 参见冯象:《政法笔记》,江苏人民出版社2004年版,前言。

果其可作品性得不到认可,用户完全可以主张该作品由个人创作完成,这显然于现有的权利体系与传播秩序无益。无论是音乐、图片还是报告、文章或设计图等,用户在软件输出初始生成物后,其完全可以自行进行进一步的修改,最终呈现令其满意的作品,用户也将无可争议地成为著作权法意义上的作者。

从域外经验看,作为世界智力成果产出和知识产权保护头号大国的美国,习惯于对知识产权保护不强的国家大加干涉和制裁,但是在本国司法实践中对合理使用制度保持着宽松的适用环境,为本国公众对智力成果提供较为自由的使用空间,同时,美国版权局在《版权登记指南》中也承认,如果用户对其最终的生成物进行了选择或者编排,则可体现独创性并获得版权保护,[1]这也有利于美国保持其在文化艺术领域的全球霸主地位。于我国而言,我们已经进入全民创作的时代,强化对创作者权益的保护,有助于激励创作者的积极性,为作品的创作和传播使用等创造良好的法治环境。

四、结语

算法时代,人工智能生成物在表现形式上与人类创作的作品高度相似,这改变了以往作品只能由自然人进行创作的现实,传统著作权体系在算法时代的适用面临多重困境。无论立法是否承认人工智能生成物的可作品性,其已经代替人类创作作品并成为相关产业的组成要素,这是不争的事实。如果著作权法依旧保持既有的制度体系不变,将会对人工智能产业、作品使用方式和传播秩序等产生不容小觑的影响,并将对人类已经构建的文化艺术世界造成反噬。借助工具进行创作和生产是人类进化的标志,借助人工智能工具进行创作更是未来发展的趋势,在这个过程中,人类直接参与的成分将减少,更多由工具替代,但工具始终没有脱离人类的控制,整个创作过程仍然是在人的指导下完成的。换言之,在弱人工智能时代,用户仍然是驱动软件进行作品创作的关键主体,人工智能软件的生成过程实际上是算法支撑下的排列组合,因此,在独创性的认定上,应当适当淡化"作者标准",兼顾"读者标准"。具言之,对作品的独创性认定应当提高现有的标准,在主观方面,继续坚守作品应当体现作者的个性或思想,同时在客观方面,以客观的"艺术共同体"的视角,从创作过程和表现形式,对作品的审美进行分析,以体现作品的独创性,当用户的思想与人工智能软件生成物的表达之间具有特定的联系,则应当认定作品具有独创性。对于作品的归属,应当保持传统著作权法构建的"创作者—作者—著作权人"的身份同一性,尽量避免例外状态下的分离;在作品的创作过程中,用户直接指引了人工智能软件的生成过程,最终生成物也是用户个性和意志的体现,基于鼓励创作的目的,应当确认用户的作者身份并以此确保其享有著作权,这也与传统的权利归属体系一脉相承,同时在侵权责任认定方面,也避免了让未实质参与创作的其他主体承担责任。

---

[1] Library of Congress & Copyright Office, Copy right Registration Guidance: Works Containing Material Generated by Artificial Intelligence, 37 CFR Part 202.

评 论

债权人代位权的程序法理[1]
——《合同编通则解释》第 33~41 条诉讼评注

吴英姿*

摘 要 《合同编通则解释》第 33~41 条关于债权人代位权诉讼程序规则的新司法解释,体现了代位权诉讼的程序法理。代位权诉讼的诉讼标的是债权人的代位权主张,债权人提起代位权诉讼的主体资格源自其固有的债权保全权能,不属于诉讼担当。债务人(被代位人)只能以无独立请求权第三人身份参加诉讼。法院对代位权诉讼的管辖权不受当事人的仲裁协议、管辖协议的影响。根据纠纷成熟与非既往原则,债权人须提供初步证据证明代位权纠纷具有可诉性,并就其代位权主张的法律要件事实承担证明责任。被告(相对人)单纯否认无须举证,但援引对立规范提出抗辩的,应当就对立规范的要件事实承担证明责任。代位权诉讼系属将发生实体法上的临时保全效果。代位权诉讼的生效裁判对主债权、次债权关系的判断,对基准时前的法律关系有既判力。

关键词 债权人代位权诉讼;诉讼标的;纠纷可诉性;证明责任;既判力范围

目 次
一、形式要件:诉的要素与法院管辖权
　　(一)诉讼标的:债权人的代位权主张
　　(二)原告主体适格:与诉讼担当的区别
　　(三)被代位人的诉讼地位:无独立请求权第三人
　　(四)法院审判权:与仲裁协议、管辖协议的关系
二、实质要件:代位权纠纷可诉性与被告妨诉抗辩权
　　(一)代位权纠纷已成熟
　　(二)代位权纠纷非既往
　　(三)代位权诉讼的起诉证据
　　(四)被告的妨诉抗辩权
三、证明责任分配

---

[1] 本文系国家社科基金重大项目"民法典与民事诉讼法的协同实施研究"(22&ZD206)的阶段性研究成果。
* 吴英姿(1968—),南京师范大学法学院教授,中国法治现代化研究院研究员。研究方向:民事诉讼法、司法制度。

> 四、诉讼系属效果与裁判效力
> （一）诉讼系属的实体法效果：临时保全效力
> （二）裁判的效力范围
> （三）代位权诉讼与破产制度、参与分配制度的衔接
> 五、结语

按照我国《民法典》第 535 条规定，债权人行使代位权的法定方式是提起代位权诉讼（以下简称"代位权诉讼"），意在"防止当事人以保全债权为名，采用不正当的手段抢夺债务人的财产，影响社会生活的安定"[1]。那么代位权诉讼程序是否匹配民法的制度逻辑，将直接关系到立法目的实现与实体法效果。2023 年 12 月 5 日开始实施的《最高人民法院关于适用〈中华人民共和国民法典〉合同编通则若干问题的解释》（法释〔2023〕13 号，以下简称《合同编通则解释》）第 33～41 条对债权人代位权诉讼程序规则作出新的司法解释。该解释既传承了合同法时代最高人民法院的司法解释——《最高人民法院关于适用〈中华人民共和国合同法〉若干问题的解释（一）》[已失效，以下简称《合同法解释（一）》]的基本规定，以保证司法稳定性；又新增和实质修改了若干规则，以期统一法律适用，完善代位权诉讼规则。[2] 新解释确立的程序规则力求体现债权人代位权的实体法逻辑，贴合代位权诉讼的程序法理，符合程序相称原理。从程序法理角度对新司法解释作进一步解读，有助于理论与实务在重要问题上形成共识、确保法律适用统一，保证债权保全与代位权纠纷解决双重目标的实现。

债权人代位权程序法理的主线是诉讼要件，即债权人提起代位权诉讼应当满足哪些条件才能成立一个合法的诉，法院才能对本案行使审判权并作出实体裁判。诉讼要件是实体法规定与程序法要求的交汇点，具体表现在起诉条件上。债权人提起代位权诉讼不仅要符合诉讼法上关于民事之诉的合法性的一般条件（程序条件），还要符合《民法典》规定的代位权的行使条件（实体条件）。将程序条件与实体条件糅合起来，可以将代位权诉讼要件分为形式要件与实质要件两个方面。形式要件要求代位权诉讼满足"诉的要素"和"审判权要素"要求，采用形式标准进行判断。实体要件是指纠纷可诉性（也即可裁判性），主要是针对实体法规定的"主债权"和"次债权"两个条件的成熟性与非既往性，采用实质标准进行判断。代位权诉讼要件原理为此类诉讼的起诉证据、诉讼系属法律效果、裁判效力等系列程序规则的设置奠定基础。本文以代位权诉讼的诉讼标的识别为逻辑起点，以《合同编通则解释》第 33～41 条的评注为线索，阐释债权人代位权的程序法理，分析代位权诉讼的程序规则。

---

[1] 王利明、杨立新、王轶、程啸：《民法学》（第六版），法律出版社 2020 年版，第 619 页。
[2] 参见陈龙业：《代位权规则的细化完善与司法适用》，《法律适用》2023 年第 12 期。

一、形式要件:诉的要素与法院管辖权

诉的要素由主体要素与客体要素组成,即当事人须具有符合法律规定的诉讼主体资格,且提出了具体明确的诉讼标的(有具体的诉讼请求、原因事实和法律理由),才能构成一个完整的诉。[1] 围绕代位权之诉的要素争议较大的问题主要有四个:(1)诉讼标的是什么;(2)债权人原告资格的合法性基础;(3)被代位人(债务人)的诉讼地位;(4)次债权当事人的仲裁协议或管辖协议能否影响法院审判权。其中,诉讼标的识别是诉的要素分析的逻辑起点,为后面三个问题的解决奠定基础。

(一)诉讼标的:债权人的代位权主张

对代位权诉讼的诉讼标的,学理上的认识经历了一个反思与修正的过程。最初提出的"一元论"以债权人主张的"债务人与相对人之间的债权债务关系"为诉讼标的,[2] 把实体法规定的债权人行使代位权的法定条件理解为起诉条件。《合同法解释(一)》第18条第2款规定:"债务人在代位权诉讼中对债权人的债权提出异议,经审查异议成立的,人民法院应当裁定驳回债权人的起诉。"这表明当时最高人民法院对代位权诉讼的诉讼标的的界定就是一元论,将主债权关系作为起诉条件进行理解。但其中隐含一个悖论:法院分明对代位权是否成立作出了实体判断,用裁定方式作出程序性处理的合法性何在?程序保障是否存在漏洞?如果法院以诉讼请求没有事实和法律依据作出实体处理,判决又没有就诉讼标的(次债权关系)作出实体判断,其逻辑是否自洽?

"一元论"的本质是把代位权行使对象等同于诉讼标的,混同了"权利客体"与"争议/裁判对象"两个概念,未能完整体现实体法关于债权人代位权行使条件的要求,也不符合代位权的制度逻辑。按照这种认识界定代位权诉讼的诉讼标的,会导致代位权实现的诉讼程序与实体法规定脱节,不利于发挥债权人代位权的制度功能。而用裁定驳回起诉方式处理主债权不符合条件的代位权诉讼案件,债权人任何时候都有再次提起代位权诉讼的权利,难以防范债权人滥用代位权频繁提起诉讼程序,这会对债务人及其相对人造成困扰,浪费司法资源。

在认识到一元论的问题后,学界提出了"二元论",认为"债权人的代位权主张"和"次债权关系"都是代位权诉讼的诉讼标的。[3]《民法典》明确了代位权的

---

[1] 参见吴英姿:《诉讼标的的分类识别研究——从诉讼标的的概念操作化开始》,《当代法学》2024年第4期。

[2] 参见[日]高桥宏志:《民事诉讼法:制度与理论的深层次分析》,林剑锋译,法律出版社2003年版,第217页;杨建华:《问题研析:民事诉讼法(三)》,三民书局有限公司2001年版,第1467页;吴英姿:《代位权确立了民诉法怎么办——债权人代位诉讼初探》,《法学》1999年第4期。

[3] 参见陈荣宗等:《代位诉讼既判力之研究》,载《民事诉讼法之研讨(二)》,三民书局有限公司1990年版,第6页;赵钢、刘学在:《论代位诉讼》,《法学研究》2000年第6期;李蓉:《债权人代位权诉讼理论问题研究》,《河北法学》2001年第1期。

行使效果是"直接受偿规则",这更加增强了二元论的自信。[1] 然而,"二元论"在诉讼标的数量上无法自圆其说。按照诉的基本原理,当事人基于一个诉讼标的可以提出数个诉讼请求。但如果当事人只提出了一个诉讼请求,绝对不可能有数个诉讼标的。在代位权诉讼中,原告提出的是一个完整的诉讼请求(即行使债权人代位权),何以形成了两个诉讼标的?诉讼标的的数量上的问题连带地导致被代位人的诉讼地位难以确定:如果主债权关系也是诉讼标的,那么债务人就应该是被告;又或者在债务人同意债权人主张的情况下,应当作为共同原告。但这与债务人已经"被代位"的实体法地位不相匹配。此外,二元论者无法就债权人胜诉与败诉时既判力主观范围不一致的问题作出圆满解释。[2]

债权人代位权诉讼标的的识别上的困惑,很大程度上要归咎于诉讼标的的理论中的"诉讼法说"(也称"新说",包括一分肢说、二分肢说)关于诉讼标的的概念界定与识别标准的理论缺陷,该说将请求权基础从诉讼标的中抽离,导致诉讼标的空洞化,无法有效识别代位权诉讼的诉讼标的。旧实体法说中的诉讼标的的定义符合人们关于审判对象的普遍认知,内涵与外延一致,契合民事审判中的请求权基础思维,[3] 且为我国司法实践普遍接受。[4] 以旧实体说中的诉讼标的的概念为核心概念,围绕当事人实体权利主张这个中心,综合诉讼请求、原因事实和法律理由三个指标性要素,运用请求权基础思维方法识别当事人诉请的实体规范类型,可以顺利开展诉讼标的的识别作业。[5] 就债权人代位权诉讼而言,双方当事人争议的对象是债权人是否有权代位行使债务人的债权。从请求权基础角度来看,债权人提起诉讼的请求权基础规范是《民法典》第535条规定。虽然法律要求债权人必须以诉讼方式行使代位权,但不能将代位权理解为诉讼法上的权利。代位权是法律赋予债权人的固有权利,与代理权来自权利人授权有本质不同,与连带责任人履行全部债务后向其他连带责任人行使的代位求偿权也不是同一种权利。[6] 作为债权的保全权能,代位权在性质上属于请求权。

总之,代位权是一个独立的、完整的民事权利。代位权诉讼的诉讼标的就是债权人的代位权主张,[7] 其构成要素是:(1)诉讼请求是要求法院准许其代位债务人对被告行使债权;(2)法律理由或请求权基础是《民法典》第535条关于债权

---

[1] 参见唐力:《〈民法典〉上代位权实现的程序规制》,《政法论丛》2023年第1期。

[2] 如日本学者三月章主张,由于债权人与债务人存在对立抗衡的关系,只有在对债务人有利(即债权人胜诉)的场合,代位权诉讼判决才对债务人产生扩张的效果。参见[日]高桥宏志:《民事诉讼法:制度与理论的深层次分析》,林剑锋译,法律出版社2003年版,第218页。

[3] 关于请求权基础思维,参见王泽鉴:《民法思维——请求权基础理论体系》,北京大学出版社2009年版;吴香香:《请求权基础:方法、体系与实例》,北京大学出版社2021年版。

[4] 最高人民法院修改后民事诉讼法贯彻实施工作领导小组编著:《最高人民法院民事诉讼法司法解释理解与适用》,人民法院出版社2015年版,第635页。

[5] 参见吴英姿:《诉讼标的的分类识别研究——从诉讼标的的概念操作化开始》,《当代法学》2024年第4期。

[6] 参见林诚二:《民法债编总论——体系化解说》(下),瑞兴图书股份有限公司2001年版,第168—169页。

[7] 参见刘明生:《民事诉讼法实例研习》,元照出版有限公司2013年版,第154页。

人代位权的规定;(3)原因事实是第 535 条规定的成立代位权应满足的法律要件事实,包括债权人对债务人的债权合法、确定且已届清偿期;债务人怠于行使其到期债权及其从权利;债务人怠于行使权利的行为影响债权人的到期债权实现;债务人的债权不是专属于债务人自身的债权。[1]

从诉讼标的数量上看,代位权主张是一个完整的权利主张,是一个诉讼标的。主、次债权都是代位权诉讼标的的构成要素。不能把次债权关系从代位权中切割出来,视为一个单独的诉讼标的。法院在审理时,要完整地审理代位权的法律要件是否成立,认定相关法律要件事实,既要审理主债权是否到期合法、数额确定,也要审理次债权是否真实存在、合法有效,是否专属于债务人自身,还要审理债务人是否构成怠于行使债权的行为,以及是否影响到债权人债权实现。判定代位权成立的,同时判令由债务人的相对人向债权人履行义务。这是一个诉的裁判结论。

采用旧实体法说中的诉讼标的概念,依请求权基础规范确定诉讼标的,不会因为立法关于代位权行使效果采取"入库原则"抑或"直接受偿原则"而有不同结论。有学者认为,在"直接受偿规则"下,代位权的行使同时解决了两个法律关系中权利义务实现的问题,代位权诉讼的确定判决须就两个法律关系作出判断并有既判力,相应地存在两个诉:一个是确认之诉,即确认债权人是否享有代位权;另一个诉是给付之诉,即债权人请求相对人向自己履行义务。[2] 这种理解存在两个问题,一是脱离了代位权的请求权基础来认知代位权诉讼标的,没有正确理解诉讼标的与诉讼请求、原因事实、法律理由的关系,也不符合实践中债权人诉的声明(主张行使代位权)的实际情况;二是夸大了直接受偿规则在代位权规范中的地位,以为"入库规则"下代位权诉讼的目的是实现债务人的债权,无形中否定了代位权作为一个独立的民事权利的存在价值,与民法"债权保全"的制度目标相悖。而以二元诉讼标的推论代位权诉讼有两个诉,将引发一系列结构性问题,包括债权人、债务人、相对人的诉讼地位如何确定,代位权诉讼与主债权诉讼、次债权诉讼的相互关系是什么(是否构成重复诉讼),代位权确认之诉胜诉而次债权给付之诉败诉,其既判力范围是否一致,判决理由是否自相矛盾等。

明确债权人代位权诉讼的诉讼标的是债权人的代位权主张后,就可以理解,代位权诉讼与债权人就主债权关系争议起诉债务人的案件诉讼标的并不相同。债权人先起诉债务人的诉讼系属后,债权人认为有必要提起代位权诉讼保全债权的,可以另案提起代位权诉讼。考虑到两个诉讼的诉讼标的存在交叉重叠,为避免矛盾判决,《合同编通则解释》第 38 条规定,债权人向人民法院起诉债务人后,又向同一人民法院对债务人的相对人提起代位权诉讼的,在对债务人提起的诉讼终结前,代位权诉讼应当中止。

同理,代位权诉讼的诉讼标的也不同于债务人就次债权纠纷起诉其相对人

---

[1] 参见王利明等:《民法学》(第六版),法律出版社 2020 年版,第 687—688 页。
[2] 参见唐力:《〈民法典〉上代位权实现的程序规制》,《政法论丛》2023 年第 1 期。

的案件的诉讼标的。但是,债权人提起代位权诉讼后,债务人对相对人提起的诉讼应当受限。因为从相对人的角度来看,债权人行使代位权向他提出的诉讼请求,与债务人行使债权向他提出的诉讼请求是实质相同的。要求被告同时遭受双重追诉,不仅不符合实体法的精神,而且与程序法上的公平原则相冲突,还会占用过多司法资源。从代位权行使条件角度来看,债务人通过起诉相对人主张权利,至少在外观上表明"怠于行使"债权或从权利的条件不满足,但又不能确定债务人之后是否撤回起诉,恢复怠于行使权利的状态。因此,还需要有相应的程序规则加以应对。下文再做详细分析。

在债权人提起代位权诉讼后,债务人就次债权中超过代位请求数额部分起诉其相对人的,与代位权诉讼没有任何冲突。只是考虑到法院在两个案件中都需要对次债权法律关系进行审查判断,为避免矛盾判决,《合同编通则解释》在第39条规定,"在代位权诉讼中,债务人对超过债权人代位请求数额的债权部分起诉相对人……在代位权诉讼终结前,债务人对相对人的诉讼应当中止。"规定中止债务人对相对人的诉讼,而不是中止代位权诉讼,体现出司法解释优先保护债权人债权实现的价值选择,有助于防范债务人利用此种方式阻碍代位权诉讼,妨碍债权保全制度功能的实现。

明确了债权人代位权诉讼的诉讼标的是原告的债权人代位权主张,就不会在相对人对主债权行使抗辩权时如何裁判的问题上产生困扰。依据债权人代位权原理,被告可以主张债务人对债权人的抗辩权,也可以主张自己对债务人的抗辩权。无论哪一个抗辩主张成立,都表明原告的主张不满足实体法规定的代位权行使条件,属于诉讼请求没有事实和法律依据的情形。对此,法院应当作出实体判断,用判决方式驳回原告诉讼请求。《合同法解释(一)》规定用"裁定"方式"驳回起诉",是诉讼标的识别错误的结果,不符合代位权程序法理。《合同编通则解释》第40条第1款对此作了实质修改,规定人民法院经审理认为债权人的代位权主张不符合法律规定的代位权行使条件的,应当"(判决)驳回诉讼请求"。

明确代位权诉讼的诉讼标的,对识别重复诉讼具有重要意义。重复诉讼判断的难点在于诉讼标的同一性的识别。诉讼标的同一性有形式同一与实质同一两个层次。诉讼标的的形式同一比较容易识别。如果前后诉的诉讼标的的三个要素(诉讼请求、原因事实和法律理由)在外观上相同,那么就可以判断前后诉的诉讼标的同一。诉讼标的的实质同一是指当事人在前后诉提出的权利主张所依据的事实和法律争点本质相同或共通,哪怕诉讼标的的要素形式上不相同,也可以判断前后诉的诉讼标的同一。[1] 在代位权诉讼情形下,如果债权人第一次提起代位权诉讼时,因不满足实体法规定的行使代位权的条件(比如代位行使的债权专属于债务人自身,或者债权人对债务人的债权尚未到期等)而败诉,事后还可以用新的事实(比如主张代位行使非专属于债务人的债权,或者债权人对债务人的债

---

[1] 参见吴英姿:《诉讼标的的分类识别研究——从诉讼标的的概念操作化开始》,《当代法学》2024年第4期。

权已届清偿期等)再次主张代位权。由于原因事实发生变化,后诉的诉讼标的与前诉不同一,属于新的案件,不构成重复诉讼。《合同编通则解释》第 40 条第 1 款后半句"但书"规定"不影响债权人根据新的事实再次起诉"指的正是这种情形。如果债权人提起一次代位权诉讼,因不满足法定条件而未获得支持,之后都不允许再次提起代位权诉讼的话,必将损害债权人诉权,也不符合债权保全的立法目的。

科学识别代位权诉讼的诉讼标的及其数量,有助于正确把握此类诉讼的共同诉讼形态。一个债权人对一个债务人的一笔债权,同时向债务人的数个相对人提起代位权诉讼,且法院合并审理的,因向每一个相对人提出的都是一个独立的代位权主张,具体数额也与该相对人对债务人的债务数额相对应,因此是数个独立的诉。合并审理时构成普通共同诉讼。法院须对各个诉的案件事实和法律理由分别审理、作出裁判,在裁判主文中应分为多个判项,逐一作出判决。[1]

同理,在数个债权人以债务人的同一相对人为被告提起代位权诉讼的情形下,每个债权人都有自己的代位权基础,诉讼标的都是独立的。法院认为可以合并审理的话,构成普通共同诉讼。债务人对相对人享有的债权不足以清偿其对数个债权人负担的债务的,人民法院应当按照债权人享有的债权比例确定相对人的履行份额,但是法律另有规定的除外。数个债权人对同一债务人的相对人提起的代位权诉讼构成类似必要共同诉讼的观点,[2]没有认识到不同债权人行使自己的代位权所提起的诉讼有各自独立的诉讼标的。

(二)原告主体适格:与诉讼担当的区别

代位权诉讼标的的识别对于诉讼主体适格问题具有基础性意义。在诉讼标的一元论时期,诉讼法学者认为,债权人提起代位权诉讼的主体资格或行使诉讼实施权的合法性依据,是基于实体法上的代位权而对债务人的债权享有管理处分权,因而在诉讼地位上属于诉讼担当。所谓诉讼担当,也谓之诉讼信托,是一种实体权利归属者与诉讼实施者分离的现象,即非争讼法律关系主体代替该主体或与之共同行使诉讼实施权,诉讼的实体结果归属争讼法律关系主体的诉讼制度。在诉讼担当情形下,实体权利归属者是实质当事人,诉讼参与者是形式当事人。诉讼担当的制度目的在于解决实质当事人没有能力或没有动力进行诉讼,导致争议无法获得司法救济的问题。[3]诉讼担当有几个突出的特征:一是诉讼目的在于保护被担当人利益;二是以有法律规定或当事人授权为前提;三是既判力扩张及于被担当人。一元论认为,债权人提起代位权诉讼系为主张债务人的债权,其原告资格系基于代位权而对债务人的债权享有管理处分权,属于法定

---

[1] 参见最高人民法院(2021)最高法民再 50 号民事判决书。
[2] 参见[日]伊藤真:《民事诉讼法》(第四版补订版),曹云吉译,北京大学出版社 2019 年版,第 441 页。
[3] 参见邵明:《现代民事之诉与争讼程序法理:"诉·审·判"关系原理》,中国人民大学出版社 2018 年版,第 115 页。

的诉讼担当;[1]至于法院判决的实体结果客观上由债务人承受,则是既判力扩张的表现。然而,基于下列理由,用诉讼担当原理解释债权人与被代位人的关系并不贴切。

首先,债权人提起代位权诉讼的目的不是为了债务人的利益,毋宁说是为了自己的利益——债权保全。债权人行使代位权的实质是"代替"债务人,但不是"为了"债务人。债权人作为代位权本来的利益归属主体,其本身就具有固有的当事人适格。[2] 无论在代位权实现的法律效果上采取"入库规则"还是"直接受偿规则",均不改变债权人与债务人之间的利益对立、争议对抗关系。债权人的诉讼实施权来自其所享有的债权人代位权,而不是对债务人的债权实施管理权,不存在诉讼实施权主体与争讼法律关系主体不一致的问题。

其次,债权人代位债务人提起诉讼行使的是自己的权利,是实质当事人,不需要当事人授权。法定的诉讼担当,是指法律规定以形式当事人代表实质当事人行使诉讼实施权的情形,如公益诉讼原告、集体劳动争议诉讼的原告(工会)、破产管理人等。意定的诉讼担当,是指依据实质当事人授权而获得诉讼实施权的情形。为防止形式当事人以诉讼为营利手段,法律限制意定的诉讼担当范围,即只有法律有明文规定的情形才允许意定的诉讼担当。[3] 如《民事诉讼法》第56条规定的人数众多的当事人选定代表人,再如《证券法》第95条规定的特别诉讼代表人等。虽然代位权诉讼名为债权人"代位"债务人提起的诉讼,但这种代位在本质上并非民事诉讼法规定的诉讼代表人,不是债权人"代表"债务人行使债权请求权,而系债权突破债权相对性向外延伸的表现。

最后,代位权诉讼判决不会发生既判力扩张问题。在代位权诉讼判决支持原告诉讼请求的情形下,裁判主文包含两个判项,一是原告有权行使债权人代位权,二是被告履行债务后,主债权和次债权双双消灭。这个结果客观上导致被代位人的实体权利义务关系发生变化的法律后果。但这不是诉讼法上的既判力扩张的法律效果,而是《民法典》规定的实体法效果。区别裁判的实体法效果与既判力扩张的关键在于效果发生的依据或原理。实体法效果以《民法典》规定为准。代位权行使的结果是采用"入库规则"还是"直接受偿规则",其法律效果自然不相同。而既判力的本质是程序效力,是当事人对程序经过所产生的后果必须予以承认和接受、不得随意推翻要求重来的约束力。排除当事人再争议的正当性来自程序保障。受他人间生效判决扩张约束的主体范围非常有限。只有那些虽然没有参加诉讼但在法律上被视为获得了妥当代表的人才能受既判

---

[1] 参见[日]高桥宏志:《民事诉讼法:制度与理论的深层次分析》,林剑锋译,法律出版社2003年版,第217页。

[2] 参见[日]高桥宏志:《民事诉讼法:制度与理论的深层次分析》,林剑锋译,法律出版社2003年版,第219—220页。

[3] 参见邵明:《现代民事之诉与争讼程序法理:"诉·审·判"关系原理》,中国人民大学出版社2018年版,第116—117页。

力扩张。为避免既判力不当扩张,法律应当对可能发生扩张的情形作出明文规定。[1]

总之,债权人提起代位权诉讼既不是法定的诉讼担当,也不是意定的诉讼担当。他是为保全自己的债权提起诉讼,是适格原告。

债权人成为适格原告的另一个条件,是其主张代位行使的债权不是专属于债务人自身的债权。"非专属性"要件是代位权的客体要件。但在诉讼要件上,该要件决定了债权人有无提起代位权诉讼的主体资格。所谓专属于债务人自身的债权,是指只能由债务人自己行使,不能由他人自由行使的权利。通常是涉及身份关系、具有较强的人身专属性的权利。《合同编通则解释》第34条罗列了几种典型的专属于债务人自身的权利。其中"劳动报酬请求权"是专属于债务人自己的请求权,不能扩大解释。例如,通常诉讼主张提及的建设工程价款可能包含承包人或实际施工人需要支付给建筑工人的工资,但最终受益主体并非实际施工人,不能将其理解为"专属于债务人自身的债权"。[2]

(三)被代位人的诉讼地位:无独立请求权第三人

持代位权诉讼标的一元论者认为,在债权人提起代位权诉讼时,债务人也不会丧失其当事人主体资格。因此,债权人与债务人都可以成为原告。在二者共同提起诉讼时系类似必要共同诉讼。[3]但是,这样安排被代位人的诉讼地位,无疑与债权人的利益相冲突,也与债务人怠于行使权利的代位权行使条件不符。以债权人的代位权主张作为代位权诉讼的诉讼标的,符合逻辑的推论是,只有债权人才有诉讼实施权。

对于次债权而言,既然代位权诉讼不属于诉讼担当,债务人不因债权人行使代位权而失去诉讼实施权。如果债务人以相对人为被告,就次债权提起诉讼的话,与代位权诉讼相比,无论是诉讼主体还是诉讼客体,在形式上都不相同。因此,代位权诉讼并不排斥债务人的诉权。但是,债务人不能以共同原告的身份参加代位权诉讼。因为就代位权的本质而言,其核心是债权人代位债务人行使其对相对人的债权或担保物权等从权利。法院为处理代位权纠纷,必然要对次债权法律关系进行审理。而且债权人代位权的实现,将产生主债权和次债权在代位权实现范围内一并消灭的结果。因此,代位权诉讼的诉讼标的与债务人对相对人的债权之诉的诉讼标的部分重叠。债权人通过代位权诉讼向被告提出的给付请求与债务人向相对人提出的给付请求内容同一。当事人关于次债权部分的

---

[1] 例如,我国台湾地区所谓的"民事诉讼法"第401条:"确定判决,除当事人外,对于诉讼系属后为当事人之继受人者,及为当事人或其继受人占有请求之标的物者,亦有效力。对于为他人而为原告或被告者之确定判决,对于该他人亦有效力。前二项之规定,于假执行之宣告准用之。"
[2] 参见最高人民法院(2020)最高法民再231号民事判决书。
[3] 参见[日]高桥宏志:《民事诉讼法:制度与理论的深层次分析》,林剑锋译,法律出版社2003年版,第220页。

事实争议和法律争议也是共通的,可以认定诉讼标的实质相同。[1] 故代位权诉讼无法兼容债务人为原告、相对人为被告的诉讼。

有学者认为债务人与债权人、相对人是两两对立的关系,尤其是在直接受偿规则下,债务人有可能既不同意债权人的主张(如认为债权人的代位权不成立),也不同意相对人的主张(如认为应向自己履行债权),因此可以作为有独立请求权第三人参加诉讼。[2] 这种看法混淆了"对原告主张之否定"与"提出独立请求权"两种不同的主张。根据前面对代位权诉讼构造的分析,被代位人没有可能对代位权(诉讼标的)提出独立的请求权,不存在以有独立请求权第三人身份参加诉讼的可能。所以,被代位人只能以无独立请求权第三人身份参加诉讼,他无论是同意当事人一方的意见[3],还是反对任何一方当事人的意见[4],被代位人参加诉讼不构成独立的诉,不会改变诉讼标的之性质与数量。

关于被代位人是否应当参加诉讼的问题,《合同法解释(一)》将之归于法院裁量权事项。该解释第16条第1款规定,法院"可以"根据审理案件的需要通知债务人参加诉讼。然而,与其他案件中的无独立请求权第三人是否受裁判结果影响具有不确定性不同,代位权诉讼的特殊性就在于,如果法院认定原告代位权成立,就应当判令被告直接向原告履行义务,必然对债务人的权利义务产生直接影响。这种情况下,如果不通知债务人参加诉讼,保障其法定听审权和异议权,有违程序保障基本要求,徒增第三人撤销之诉、案外人申请再审等衍生案件风险。而且《民法典》第535条第2款规定,"债权人行使代位权的必要费用,由债务人负担"。债权人的这部分诉讼请求是直接针对债务人的,法院将直接判令债务人承担相关费用。因此,《合同编通则解释》第37条第1款规定,债权人提起代位权诉讼未将债务人列为第三人的,人民法院应当追加债务人为第三人。债务人经合法通知无正当理由拒不到庭的,法院可以缺席判决。[5]

(四)法院审判权:与仲裁协议、管辖协议的关系

诉的合法性条件中的审判权要素,系指法院对所受理的纠纷可以行使审判权。法院审判权合法的基础有二,一是主管意义上的合法,指的是法院受理的是法律上的争议,不是行政管理事项、社会自治事项,以防司法权不当干预行政权

---

[1] 关于诉讼标的实质同一的判断方法,参见吴英姿:《诉讼标的的分类识别研究——从诉讼标的的概念操作化开始》,《当代法学》2024年第4期。
[2] 参见蒲一苇:《〈民法典〉第537条(债权人代位权行使效果)诉讼评注》,《法学杂志》2023年第3期。
[3] 例如,"杨某彪、西吉县教育体育局债权人代位权纠纷案"中,第三人参加诉讼,同意原告诉讼请求。参见宁夏回族自治区西吉县人民法院(2022)宁0422民初2220号民事判决书。在"张某奎、李某昭等债权人代位权纠纷案"中,第三人参加诉讼,同意被告答辩意见。参见天津市第二中级人民法院(2022)津02民终8414号民事判决书。
[4] 例如,"苏某、苏某婵等债权人代位权纠纷案"中,第三人认为自己与被告是股权转让合同关系,不是债权债务关系,原告不能行使债权人代位权。参见广东省广州市中级人民法院(2023)粤01民终24487号民事判决书。
[5] 参见北京市通州区人民法院(2021)京0112民初18016号民事判决书。

和社会自治权。在司法权内部分工层面,主管还指法院受理的是民事法律纠纷,不是行政纠纷或刑事案件。二是法院对所受理的案件有管辖权。法院管辖权与仲裁机构管辖权是择一关系。如果当事人协议选择通过仲裁机构解决纠纷,法院对该纠纷没有管辖权。那么,次债权关系中当事人之间有仲裁协议的情形下,法院对代位权诉讼有无管辖权?此问题曾经给实务造成困扰。肯定仲裁协议对法院管辖权发生影响的裁判理由不一:有的以相对人对债务人的抗辩可以向债权人主张为由,认可次债务人有权以仲裁协议对代位权诉讼提出妨诉抗辩;有的参照债权转让时仲裁协议效力及于受让人规则,认可仲裁协议对债权人的约束力。[1] 否定仲裁协议影响法院对代位权诉讼审判权的裁判理由主要是:仲裁协议是当事人的合意,债权人并非仲裁协议一方当事人,不受协议约束;而代位权是法定权利,且法律规定债权人只能通过诉讼方式行使代位权,相应地,法院对代位权诉讼的管辖权也来自法律的强行规定,不受次债权当事人达成的协议影响。[2]

最高人民法院司法解释持否定立场。《合同编通则解释》第36条明确,债权人提起代位权诉讼后,债务人或者相对人以双方之间的债权债务关系订有仲裁协议为由对法院主管提出异议的,人民法院不予支持。代位权诉讼的程序法理可以证成次债权当事人达成的仲裁协议不影响法院对代位权诉讼的管辖权。由于代位权诉讼的诉讼标的不是次债权债务关系,而是债权人代位权主张,法院审理代位权诉讼,与仲裁机构审理次债权纠纷并不冲突。同样的道理,债权人与债务人之间或者债权人与相对人之间的管辖协议,均不能影响法院对代位权诉讼的管辖权。

在确定管辖连接点方面,要从代位权纠纷的性质或诉的种类入手进行分析。代位权属于债权保全,虽然规定在合同编,但并不限于合同之债。因此代位权纠纷可以是合同纠纷,也可以是其他债权纠纷,关键看债权的性质。如果是合同之债的代位权纠纷,适用民诉法关于合同纠纷特殊地域管辖的规定,即合同履行地和被告所在地法院都有管辖权。但代位权本身因没有"合同履行地"这个要素,因此只有被告所在地可以作为管辖连接点。如果是其他债权的代位权纠纷,则适用一般地域管辖规则,即被告所在地法院为管辖法院。因此,《合同编通则解释》第35条第1款明确,债权人依据民法典第535条的规定对债务人的相对人提起代位权诉讼的,由被告住所地人民法院管辖,但是依法应当适用专属管辖规定的除外。

二、实质要件:代位权纠纷可诉性与被告妨诉抗辩权

诉讼要件中的客体要素包含实质标准,要求当事人争议的、请求法院裁判的

---

[1] 参见曲昇霞、朱愈明:《仲裁协议抗辩能否对抗债权人代位权之诉?——以矛盾裁判为视角的分析》,《扬州大学学报(人文社会科学版)》2018年第6期。
[2] 参见王利明:《论仲裁协议对代位权行使的影响——兼评〈合同编通则解释〉第36条》,《广东社会科学》2024年第1期。

纠纷具有可诉性(即可裁判性),即有必要且能够通过民事诉讼程序处理的纠纷。大陆法系的"诉的利益"与英美法系的"纠纷的可诉性/可裁判性"概念表达的都是诉的合法性的实质要件。所谓诉的利益,就是当事人有通过诉讼解决纠纷的必要性,或者说当事人会从法院的审理裁判中获得解纷的好处;从法院角度看,诉的利益是指法院动用司法资源对特定案件进行审理、作出裁判能够取得解决纠纷的实际效果,避免浪费公共资源。如果说必要性、实效性的标准比较模糊,那么纠纷可诉性的标准相对具体,更好识别。而纠纷可诉性包含以下几个维度:第一,要求诉诸法院的纠纷是具体的争议,即涉及法律权益对立的当事人之间具体法律关系的争议。第二,要求诉诸法院的案件是具有法律意义的争议,是适合依据法律作出裁判的争议,不属于纯学术性的观点分歧、情感纠纷或纯粹的政治问题。第三,纠纷必须是现实存在的。纠纷现实性包括纠纷成熟标准和非既往标准,将当事人臆想的、已经解决掉的纠纷排除在司法救济范围之外。

(一)代位权纠纷已成熟

不成熟的纠纷不具有可诉性。纠纷成熟原则(ripeness doctrine)要求当事人只能将现实存在的、真实发生的纠纷提交法院裁判。司法不能处理当事人臆想的"纠纷",或仅是对未来发生纠纷可能性的担心。对于法院而言,动用司法资源处理一个民事案件须产生实际的效果,即确实能够用法律解决一个纠纷,否则就是对公共资源的浪费。对于当事人而言,只有在损害已经出现、不寻求司法救济就无法解决权利不确定或利益遭受损失的困境时,才有必要提起诉讼。否则不仅挤占稀缺的司法资源,导致真正有解纷需要的当事人没有机会接近司法,而且令另一方当事人无缘无故被拉入一场诉讼,显然是不公平的。纠纷成熟原则体现了司法规律,是由司法权的有限性决定的。[1] 因为不成熟的纠纷缺乏作出司法判断所需要的事实基础,当事人之间的权利义务关系还没有发生或者没有定型,谈不上对它进行法律评价;或者"就目前来讲形成损害结果还太遥远,不足以证明花费司法资源是合理的。"[2] 法院在这种情况下作出裁判,其效果充其量是给当事人未来如何形成法律关系提供"咨询意见"。这将超出司法权作用的范围。

纠纷成熟度标准是实质性的。一般情况下,法律不会为民事权利的行使设置过多的条件。但是,为了平衡权利人与义务人的利益,或者为了保护需要特别照顾的利益,法律会对某些权利的行使附设条件或期限。这些条件或期限就成为此种请求权纠纷的成熟条件。《民法典》对债权人行使代位权规定了实体条件。其中"债权人对债务人享有的债权已经到期"和"债务人对相对人享有的债权已经到期"两个条件包含纠纷成熟条件,即债权到期系纠纷成熟的标准。之所以要求主、次两个债权都要满足到期条件,是因为代位权针对的是债务人怠于行

---

[1] 参见吴英姿:《司法的限度:在司法能动与司法克制之间》,《法学研究》2009年第5期。
[2] See Susan Bandes, The Idea of a Case, 42 *Stanford Law Review* 227(1990).

使权利的损害债权的消极行为,此种行为只是导致债务人的财产不能及时增加。在债权人对债务人的债务未到期的情况下,债权人很难确定债务人是否具有足够的责任资产清偿债务。法院也很难判断债权人是否有必要行使代位权。因此,除法律有特别规定外,[1]债权人应在主债权履行期届满后行使代位权。代位权针对的是债务人的消极行为。而次债权也必须到期,否则谈不上债务人怠于行使的问题。[2]

债权人行使代位权还须满足的一个条件是"债务人怠于行使其债权或者与该债权有关的从权利,影响债权人的到期债权实现"。该条件也隐含纠纷成熟要求,指向次债权到期和对主债权损害结果的发生,即债务人因怠于行使自己对次债务人的权利,导致自己无力清偿对债权人的债务,客观上给债权人实现债权造成障碍。如果债务人怠于行使权利没有产生妨碍债权实现的后果,或者债务人有其他责任财产可供实现债权,债权人都没有必要提起代位权诉讼。

如果在债权人提起代位权诉讼前或者提起诉讼后的合理时间内,债务人提起仲裁或诉讼主张次债权的,表明代位权纠纷可能还不成熟,法院不能受理;已经受理的,不能开始实质审理,而应裁定中止诉讼。《合同编通则解释》第36条第二句规定:"债务人或者相对人在首次开庭前就债务人与相对人之间的债权债务关系申请仲裁的,人民法院可以依法中止代位权诉讼。"之所以规定"中止诉讼"而不是裁定驳回起诉,一方面,基于实体法上的考虑,即仲裁裁决的实体结论可能影响代位权成立与否、行使范围的判断;另一方面,基于程序法上的考虑,即债务人或者相对人申请仲裁的行为只能初步证明债务人不存在怠于履行债务的情形,不能排除债务人随后又撤回申请,恢复怠于行使权利状态。

在仲裁程序终结时,仲裁机构作出了实体裁决,无论是支持债务人的债权主张,还是驳回其仲裁申请,法院都应当裁定恢复代位权诉讼程序。理论上讲,债务人申请仲裁,且仲裁程序完成,说明债务人怠于行使权利的状态已经消失,债权人不需要继续行使代位权,法院应当终结代位权诉讼程序。但不容否认的是,在债权人提起代位权诉讼之时,至少在债权人看来,债务人处于怠于行使权利的状态,而且已经对债权的实现产生了不利影响。因此,债权人有提起代位权诉讼的必要(诉的利益)。而在法院受理代位权诉讼后,即产生诉讼系属的程序效力。该程序效力应当得到尊重,不因债务人另案起诉或申请仲裁而被否定。有学者认为,法院应当区分仲裁裁决对债务人的债权主张支持与否分别处理代位权诉讼程序。如果仲裁裁决支持债务人的债权主张,法院应恢复代位权诉讼程序。反之,如果仲裁机构经审理确认债权不存在,或者债务人的申请没有事实和法律依据,裁决驳回债务人的请求的,法院应当终止代位权诉讼。[3]该理解并不符合

---

[1] 指《民法典》第536条规定的债权未到期情形下的保存行为。
[2] 参见最高人民法院(2022)最高法民再308号民事裁定书。
[3] 参见曲昇霞、朱愈明:《仲裁协议抗辩能否对抗债权人代位权之诉?——以矛盾裁判为视角的分析》,《扬州大学学报(人文社会科学版)》2018年第6期;王利明:《仲裁协议效力的若干问题》,《法律适用》2023年第11期。

诉讼程序规则。一是因仲裁案件与代位权诉讼案件的诉讼标的不同,关于次债权纠纷的仲裁裁决对代位权纠纷没有既判力,不能排除债权人对代位权纠纷的诉权,也不能影响法院对代位权诉讼的审判权;二是债权人并未参与仲裁程序,法院直接以仲裁结论终止债权人提起的代位权诉讼,无异于要求债权人承认仲裁结论,不符合程序保障原则,对债权人而言是不公平的。即便在仲裁裁决认定次债权存在情形下,法院也不能直接以该裁决结论作为裁判依据。正确的处理方法是,在仲裁裁决程序终结后,法院应当裁定恢复诉讼程序,把次债权作为争议焦点,组织当事人进行陈述辩论。当事人可以将仲裁裁决作为证据证明其主张的事实。根据《最高人民法院关于民事诉讼证据的若干规定》(法释〔2019〕19号)第10条第2款的规定,作为仲裁案件当事人,债务人和相对人对于仲裁裁决认定的事实不能进行相反陈述。又由于仲裁裁决作为生效法律文书,其证明案件事实的证明力很高,对于债权人而言,除非其能够提供相反证据足以反驳该事实认定结论,法院原则上不会作相反的判断。

(二)代位权纠纷非既往

如果债务人与相对人之间就债权实现达成协议,并有公证债权文书,债权人是否可以提起代位权诉讼?公证债权文书没有既判力,不能排除当事人诉权。但从诉的利益角度看,公证债权文书是法定执行名义,当事人可以直接向法院申请强制执行。法院动用审判程序重新形成执行名义属于浪费司法资源,因此没有进行诉讼的必要。《最高人民法院关于当事人对具有强制执行效力的公证债权文书的内容有争议提起诉讼人民法院是否受理问题的批复》(法释〔2008〕17号,已废止)曾规定,"债权人或者债务人对该债权文书的内容有争议直接向人民法院提起民事诉讼的,人民法院不予受理。"就是基于这个道理而作的解释。但如前所述,公证债权文书只是对当事人债权债务关系事实的证明,并不能排除当事人对公证债权进行争议、寻求司法救济的权利。法院对此类争议一律不予受理可能违法剥夺当事人诉权。因此,《最高人民法院关于公证债权文书执行若干问题的规定》(法释〔2018〕18号)对此重新作出解释,指出债务人认为公证债权文书存在不予执行情形的,可以提起诉讼,当事人同时就公证债权争议提出诉讼请求的,人民法院可以一并裁判;债权人、利害关系人认为公证债权文书载明的民事权利义务关系与事实不符,或者公证债权文书具无效、可撤销的,可以就公证债权文书涉及的民事权利义务争议直接向法院提起诉讼。该解释同样适用于债权人代位诉讼,即债权人认为债务人与相对人之间的公证债权文书有上述事由之一的,可以作为利害关系人提起诉讼,一并主张代位权。

有观点认为,可以直接通过代位执行实现债权,即依照《最高人民法院关于人民法院执行工作若干问题的规定(试行)》第七部分"被执行人到期债权的执行"的相关规定在代位执行中加以解决。因此认为,在次债务有公证债权文书情形下,不存在启动代位权诉讼程序的必要性与实效性,债权人没有诉的利益。只有在公证债权文书确有错误,人民法院裁定不予执行,而债务人怠于向人民法院提起诉讼实现债权的情况下,债权人在符合代位权行使的其他条件要求时可以提起代位权诉讼。[1]但如果认同代位权诉讼的诉讼标的不是债务人与相对人的债权关系的观点,那么,代位权诉讼不应当受次债权公证债权文书的影响。因为公证债权文书也具有相对性,只能约束次债权双方当事人,对主债权人没有法律效力。主债权人不能以公证债权文书为执行名义申请执行。在主债权尚无生效法律文书作为执行名义的情况下,债权人无法启动执行程序,根本没有机会申请法院对债务人的到期债权采取执行措施。因此,不宜以次债权有公证债权文书否定债权人提起代位权诉讼的诉的利益,否则同样会导致债权人代位权制度的目的落空。

(三)代位权诉讼的起诉证据

起诉证据,是指当事人向人民法院提起民事诉讼时用于证明其起诉符合法定的起诉条件的证据。《最高人民法院关于民事诉讼证据的若干规定》(法释〔2019〕19号,以下简称《民事证据规定》)第1条规定:"原告向人民法院起诉或者被告提出反诉,应当提供符合起诉条件的相应的证据。"从诉权的绝对性角度看,法律不能为当事人行使诉权附加任何条件。但是,司法权的作用范围是有限的,并非所有的"纠纷"都能通过诉讼途径解决。司法是公共产品、稀缺资源。当事人行使诉权也要本着诚信原则,依法行使诉权,不得滥用权利。法院在受理当事人起诉时,需要通过审查起诉证据,对当事人请求裁判的纠纷进行"可裁判性"审查,避免那些无法通过司法途径解决、不具有可诉性或可裁判性的纠纷占用宝贵的司法资源;还要对当事人请求解决的纠纷是否为民事纠纷、是否属于法院适用民事诉讼程序处理的范围等问题作出初步判断,按照民事、行政、刑事诉讼程序进行识别与分流,防止程序空转。法院要在遵循诉权保障基本原则的基础上,严格按照民事诉讼法关于起诉条件的规定,以起诉阶段诉的合法性要求为标准,对起诉证据进行审查判断。因代位权的特殊性,债权人提起代位权诉讼时,不仅要证明其所提起的诉讼在一般意义上满足《民事诉讼法》第122条规定的起诉条件,而且要证明其起诉符合《民法典》规定的代位权行使要件,具有诉的合法性。

其中较为复杂的是代位权纠纷成熟性的证明,即"因债务人怠于行使其债权或者与该债权有关的从权利,影响债权人的到期债权实现"的证明。从文义解释角度看,《民法典》规定的"怠于行使权利"是指权利人应当行使而且能够行使权利却不行使,在外观上表现为债务人能够通过诉讼或仲裁方式向相对人主张权利,但一直不采取这些方式主张权利。[2]"影响债权实现"是指债权人无法从债务人的责任财产实现债权,外观上表现为债务人没有偿债能力,责任财产不足清偿。由于"怠于行使权利"属于消极事实,和"没有偿债能力""责任财产不足清偿"之间的因果关系也属于主观判断的"内界事实",通常存在证明难的问题。而

---

[1] 参见陈龙业:《代位权规则的细化完善与司法适用》,《法律适用》2023年第12期。
[2] 王利明等:《民法学》(第六版),法律出版社2020年版,第687—688页。

且对于债务人是否行使过权利,债权人难以搜集到证据。债务人只要表示曾经向相对人主张过权利,就可以构成妨诉抗辩。因此,如何判断代位权纠纷成熟和条件成立成为实践中的难题。而不解决这个问题,代位权诉讼将难以发挥债权保全效用,代位权的制度目的将会落空。为了解决债权人证明难和法院判断难问题,《合同编通则解释》把"怠于行使"解释为债务人能够通过诉讼或仲裁的方式向相对人主张权利,但一直未采取上述方式向其主张权利的情形。具体而言,该解释第 33 条规定,"债务人不履行其对债权人的到期债务,又不以诉讼或者仲裁方式向相对人主张其享有的债权或者与该债权有关的从权利,致使债权人的到期债权未能实现的",人民法院可以认定为《民法典》第 535 条规定的"债务人怠于行使其债权或者与该债权有关的从权利,影响债权人到期债权实现"。该解释本质上是用积极事实、外界事实把纠纷成熟标准外部化,提供一种客观而明确的证明标准,降低债权人起诉门槛。[1]

在证明标准上,起诉证据只要达到初步证明的程度即可。所谓初步证明,即表明待证事实的存在有一定可能性,值得(在实质审理阶段)进一步争辩,就完成了说服负担。[2] 法院对起诉证据的审查方式是形式审查,即根据原告诉状记载事项和当事人口头声明事项进行审查判断,不需要对整个案件进行实质审理后才作出判断。所以,不要求债权人在提起代位权诉讼时提交确实充分的证据来证明代位权纠纷成熟、满足民法典规定的代位权成立的要件。债权人能够初步证明债务人延迟给付,或主观上陷入支付不能状态即可,不需要证明债务人处于资不抵债状态或符合破产条件,[3] 也不要求债权人先获得确认主债权关系的生效法律文书并以此作为起诉证据。《合同编通则解释》第 40 条第 2 款规定:"债务人的相对人仅以债权人提起代位权诉讼时债权人与债务人之间的债权债务关系未经生效法律文书确认为由,主张债权人提起的诉讼不符合代位权行使条件的,人民法院不予支持。"

债权人提起代位权诉讼,也不需要证明次债权的具体数额。只要原告初步证明次债权或其从权利存在即可满足起诉条件。[4] 代位权制度的主要目的在于解决债务人怠于行使次债权时如何保护债权人权利的问题。如果行使代位权需要以次债权确定为前提,在债务人怠于确定次债权的情况下,债权人客观上无法行使代位权。如此,将导致代位权制度目的无法实现。同理,债权人提起代位权之诉,并不以债务人与次债务人之间的债权债务关系明确无争议为条件,人民法院应当对债务人与次债务人之间的债权债务关系进行审理。次债务人提出的抗辩是否成立,应是在代位权诉讼中予以解决的问题。

---

[1] 参见王利明:《论代位权的行使要件》,《法学论坛》2001 年第 1 期。
[2] 参见最高人民法院(2019)最高法知民辖终 289 号民事裁定书。
[3] 参见黄茂荣:《债法通则之三:债之保全、移转及消灭》,厦门大学出版社 2014 年版,第 8 页。
[4] 参见最高人民法院(2022)最高法民再 16 号民事裁定书。

(四)被告的妨诉抗辩权

与诉的合法性条件相对应的,是被告的妨诉抗辩权。所谓妨诉抗辩权,是指被告以原告提起的代位权诉讼不符合诉的合法性要件为由,要求法院不予受理或驳回起诉的权利。从平等保护债务人诉的利益角度看,债务人和相对人行使妨诉抗辩权门槛不宜过高。只要他们提起诉讼或申请仲裁,在外观上表明债务人正在积极行使债权,就可以成立妨诉抗辩。债权人在提起代位诉讼前后或同时,又向债务人另案提起诉讼的,也可以构成被告行使妨诉抗辩权的理由。

当事人可以在诉讼的任何阶段行使妨诉抗辩权,只要法院认为债务人与相对人的诉讼与仲裁行为表明债务人已经在积极行使权利,代位权诉讼没有必要继续进行下去,可以终结诉讼程序。然而,这样处理可能给债务人、相对人滥用妨诉抗辩权提供机会。为平衡债权人诉权与债务人、相对人妨诉抗辩权利益,避免债务人、相对人滥用妨诉抗辩权阻止代位权诉讼的顺利进行,《合同编通则解释》采取了两个措施,一是以开庭审理期日为时间节点,为债务人和相对人启动诉讼与仲裁程序阻止法院受理代位权诉讼设定了一个合理期限。开庭审理意味着代位权诉讼已经进入实质审理阶段,债务人和相对人的妨诉抗辩将无法产生阻止代位诉讼进行的程序效力。二是采用中止诉讼程序的方式,为代位权诉讼的继续进行保留可能性。《合同编通则解释》第36条规定:"债权人提起代位权诉讼后……债务人或者相对人在首次开庭前就债务人与相对人之间的债权债务关系申请仲裁的,人民法院可以依法中止代位权诉讼。"中止是暂时停止,如果仲裁程序终结后,债权人发现债务人有不当延长债务期限,或者不申请强制执行,存在怠于履行债务可能的,有权申请人民法院恢复本案审理程序。

诉的合法性属于程序事项,如果按照纠纷不成熟处理,法院应当裁定驳回起诉。当事人在纠纷成熟任何时候,都可以再次提起诉讼。因此,要注意区分债权人代位权实体要件在什么情况下属于诉的合法性要件,在什么情况下属于胜诉要件。一般情况下,法院在起诉与受理阶段着重按照诉的合法性进行审查,要求当事人提供起诉证据,证明提起的代位权诉讼符合实体法和程序法规定的起诉条件,满足纠纷已经成熟的要求。在实体审理阶段,法院应当将代位权成立要件作为诉讼标的进行实质审理,当事人应当按照证明责任要求举证、质证,法院依据证据能够证明的事实,用判决方式作出实体判断。

三、证明责任分配

《合同法解释(一)》第13条第2款规定"次债务人(债务人的债务人)不认为债务人有怠于行使其到期债权情况的,应当承担举证责任。"《合同编通则解释》删除了这一规定。这意味着,代位权诉讼当事人的证明责任分配应当遵循《最高人民法院关于适用〈中华人民共和国民事诉讼法〉的解释》关于证明责任的一般规定。这一修改符合证明责任分配的基本原理。

证明责任分配规则是典型的实体与程序合一问题,其运作原理是以当事人的"主张—抗辩"为基点,以双方争议焦点为坐标,根据当事人主张的事实与法律依据等要素确定分配方案的规则体系。[1] 其中包含的审判技术是:以当事人攻防结构为基本框架,将实体规范进行类型化分析,分为原告攻击的规范工具与被告防御的规范工具。前者通常是实体法中的基本规范,即民事主体符合哪些条件就拥有什么权利的规定,可以称为"权利生成规范"。后者通常是对立规范,包括权利妨害规范、权利消灭规范和权利限制规范。按照"主张者举证,否定者不举证"的一般原则,原告主张某种权利的,应当为该权利的法律要件事实承担证明责任。被告对原告的诉讼请求和法律理由单纯表示否定的,无须举证,但被告用原告主张的限制、妨碍、消灭规范来对抗原告的诉讼请求和法律理由的,就是提出了抗辩主张,需要就对立规范的法律要件事实负证明责任。要让证明责任规则的运用符合实体法逻辑,需要正确识别被告的答辩意见究竟是单纯否定还是提出了抗辩。诉讼上当事人的否定也称反驳,其特点是被告只是否认原告主张的事实和法律依据,没有提出相反的法律规定进行对抗。抗辩则表现为援引对立规范提出自己的事实和法律理由。可见,被告是否援引对立规范作为其相反意见的依据,是识别否定与抗辩的标志。

《民法典》第535条关于债权人代位权的规定,就包含了"基本规范—对立规范"的完整结构。该条第1款第1句"因债务人怠于行使其债权或者与该债权有关的从权利,影响债权人的到期债权实现的",是关于代位权成立条件的基本规范。该条第3句"但是该权利专属于债务人自身的除外"是代位权生成的妨碍规范。第535条第2款第1句"代位权的行使范围以债权人的到期债权为限"是对代位权的限制规范。准确认识《民法典》第535条关于债权人代位权的规定中的基本规范与对立规范,"按图索骥"对被告答辩意见进行分析,很容易识别被告是否提出了抗辩,是否应当承担证明责任。债务人怠于行使其对相对人的到期债权或相关从权利属于代位权基本规范的构成要件,应当由债权人承担证明责任。如果债务人或相对人不认为有怠于行使到期债权情况的,属于否定,无须举证。法院应当根据债权人提供的证据判断该要件是否可以认定。被告只有主张"该权利专属于债务人自身""代位权的行使范围超过了债权人的到期债权"等,援引对立规范进行争辩,才属于抗辩。《合同法解释(一)》要求被告在否认债务人怠于行使到期债权的事实时承担证明责任,是对证明责任分配规则的错误运用。

不承担证明责任一方当事人有证据时,也会提交法院,以提高自己的胜诉可能性。此时法院需要区分本证与反证并分别加以认定。区分标准是提供证据者是否为承担证明责任者。本证是指对待证事实负有证明责任一方当事人提出的、用于证明待证事实的证据。反证是指对待证事实不负证明责任的一方当事人,为证明该事实不存在或不真实而提供的反驳证据。在证明负担上,反证与本证有显著差异。按照证明责任的内涵,本证的证明标准是"证明",即应当达到说

---

[1] 参见吴英姿:《证明责任的程序法理》,《南大法学》2020年第2期。

服法官,让法官对待证事实形成内心确信的程度。因提供反证者是不承担证明责任的一方,反证的证明标准要低得多——只要能动摇法官对本证的内心确信,对本证的证据能力或证明力产生合理怀疑,使待证事实陷于真伪不明状态即可。对于反证方来说,没有本证或者本证证明任务未完成时,他完全不需要提出相反的证据即可坐享其成;而反证只要证明存在其他可能性,动摇法官对本证的内心确信,即告成功。在"中核中原公司与武汉体院代位权纠纷案"中,中核中原公司认为其债务人卓峰建设集团怠于行使其对武汉体院要求支付工程款的债权,影响其债权实现,提起代位权之诉。法院认为,原告提供的证据不足以证明卓峰建设集团对武汉体院享有 2 亿元的到期债权。相反,被告武汉体院和第三人卓峰建设集团提供的《担保函》《委托代建合同》《协议书》等反证,表明他们之间可能是 BOT 模式的联营关系,因此认为原告行使代位权的主张不能成立。[1]

当然,并非所有案件都能借助直白的"基本规范—对立规范"法律条文结构将被告的抗辩识别出来。有的案件需要结合当事人具体争议、借助系统解释的方法"抓取"被告的抗辩。这种情况下识别被告是单纯否定还是提出了抗辩主张的方法,是看被告主张的事实是否独立于原告主张的事实,是否提出了一个新的法律依据、主张了一个新的法律关系。例如,"萧山国贸与港龙公司、广发上海分行、亚财同星公司债权人代位权纠纷案"中,被告港龙公司并不否认原告主张的委托贷款关系的存在,但主张该笔贷款的性质是亚财同星公司海外投资方的投资款,而且其已经通过其他方式与投资方结清了欠款。其就是在主张一个新的原因事实和法律关系,属于抗辩,应当承担证明责任。[2]

四、诉讼系属效果与裁判效力

实体法规定的代位权行使的法律效果不同,代位权诉讼系属的法律效果和裁判效力范围也会不同。以法国民法典为代表,传统民法典确立的"入库规则",强调债权保全的本质是保全债务人责任财产,从而保全债务人对所有一般债权人的总括偿债能力,侧重于一般债权实现的平等性。按照该规则,某个债权人行使代位权的效果是,债权人行使代位权所取得的财产应当"入库",即归属于债务人,或者相对人只能向债务人清偿,然后所有债权人再从债务人责任财产中平等受偿。按照入库规则,行使代位权的债权人不能先于其他债权人获得受偿,除非法律有特别规定。这意味着债权人行使代位权并获得胜诉裁判后,即便申请强制执行,也不能就相对人财产直接受偿,还必须起诉债务人获得执行名义,在执行程序中请求对债务人的到期债权强制执行。与法国民法典确立的"入库规则"不同,我国民法典采用"直接受偿规则",即行使代位权取得的财产直接归属于债权人。该规定采取"先到先得"原则,实际上赋予了行使代位权的债权人优先受偿权,鼓励债权人积极行使权利。这些效果需要与诉讼上的保全、既判力客观范围、

---

[1] 参见最高人民法院(2019)最高法民终 824 号民事判决书。
[2] 参见最高人民法院(2014)民四终字第 31 号民事判决书。

对被执行人债权执行等程序规则相衔接,以完整诠释债权人代位权的程序法理。

(一)诉讼系属的实体法效果:临时保全效力

按照民事诉讼法原理,人民法院受理民事案件(即诉讼系属),会发生实体法和程序法的双重法律效果。实体法效果如诉讼时效中断,程序法效果包括诉讼法律关系生成,法院对本案获得审判权,当事人不得再就同一案件向其他法院起诉等。《合同编通则解释》第41条规定:"债权人提起代位权诉讼后,债务人无正当理由减免相对人的债务或者延长相对人的履行期限,相对人以此向债权人抗辩的,人民法院不予支持。"该条规定的是代位权诉讼系属的实体法效果,即民法典上的债权保全效果。这种保全效果是指,在法院受理债权人代位权诉讼后,被代位的债务人不得实施处分债权(包括抛弃、免除、让与债权,或在债权上设定抵押权、质权等从权利)足以妨害代位权实现的行为。代位权制度的立法目的在于债权保全,其本身即具有保全功能,实质上是债权对外延伸的自我保护权能。那么代位权诉讼就应当发挥保障该制度目标实现的作用。这种保障作用不仅体现在裁判生效后,而且应当向前扩展到诉讼系属之时。虽然在法院受理代位权诉讼案件时,尚未对代位权是否成立进行实体审理,但是,如果在债权人提起代位权诉讼后还允许债务人任意处分债权,可能导致债权人将来虽然胜诉却仍然无法实现债权,无疑将折损代位权制度的比较优势。债权人不如选择起诉债务人,在获得执行名义后,申请执行债务人对相对人的到期债权更加可靠。如此,必将消减债权人利用代位权制度的积极性,亦使代位权制度失去存在价值。例如,"中科盛创公司与华电物资公司、建行秋涛支行等代位权纠纷案"中,中科盛创公司对华电物资公司提起代位权诉讼,主张行使华创公司对华电物资公司的债权。诉讼过程中,建行秋涛支行同意华创公司以争讼中的债权设定质押。法院认为,华创公司在诉讼过程中在争讼债权上设定质权的行为,构成无权处分行为,建行秋涛支行的质权虽然已依法登记,但依然不能对抗代位权人中科盛创公司的权利。〔1〕如果债务人在代位权诉讼期间要求相对人履行债务的,其应告知法院或债权人,法院可以通过提存等方式保全该债权。相对人对此负有容忍义务,如果其擅自向债务人履行债务给债权人造成损失的,应承担赔偿责任。〔2〕

代位权诉讼的保全效果具有临时性,仅在诉讼过程中有效。如果经法院审理判决驳回债权人诉讼请求,保全效果即解除。这种临时保全的效果与实体法上的临时禁令、诉讼法上的诉讼保全有相似之处,但这是三个不同的制度。实体法上的禁令是实体权利自我防卫权能的外化形式,是以排除妨害为目的的防御性请求权实现的制度化方式。禁令制度的功能侧重于预防或及时制止侵权行为,让民事权利恢复圆满状态,防止发生无法弥补的损害结果。临时禁令的本质是事先救济和暂时救济。"事先"既指损害结果发生前,也指实体审判结果形成

---

〔1〕 参见最高人民法院(2021)最高法民申266号民事裁定书。
〔2〕 参见最高人民法院(2014)民提字第223号民事判决书。

前;"暂时"意味着禁令给权利主体的救济效果是应急性、临时性的,通常是有期限的。诉讼保全以保全将来生效裁判执行为目的。作为诉讼法上的程序规范,其标的以单纯的程序事项为限,保全裁定仅产生程序上的约束力。禁令申请条件中的"不及时制止被申请人的行为将使申请人的合法权益受到难以弥补的损害"与《民事诉讼法》第104条规定的诉前保全的适用条件之一"情况紧急,不立即申请保全将会使其合法权益受到难以弥补的损害"在文字表述上雷同。但是,纯粹程序意义上的"情况紧急""难以弥补的损害",与实体意义上的相同概念所包含的法律含义是不相同的,法院审查的标准与判断方法也不一样。[1] 至于代位权诉讼系属所发生的临时保全效果,其效力来源于债权的保全权能。这种效果不需要以法院发布禁令或作出保全裁定为前提,只要债权人提起的代位权诉讼符合诉的合法性要件、被法院受理,即产生此等效力。

同时,代位权诉讼与诉讼保全制度并不冲突,各有其不可替代的功能,可以并行不悖。作为原告的债权人在提起代位权诉讼之前或诉讼中,均有权依照民事诉讼法规定的条件和程序,向法院申请保全作为被告的相对人之财产。债权人完全可以根据自己的情况,在对诉讼成本与收益的关系进行利益最大化的考量后,选择适用代位权诉讼或诉讼保全。同时,代位权诉讼系属所发生的保全效果并不优先于诉讼保全、执行措施的保全效果,债权人并不会因提起了代位权诉讼而享有担保物权意义上的优先权。《民法典》第537条第2句规定:"债务人对相对人的债权或者与该债权有关的从权利被采取保全、执行措施,或者债务人破产的,依照相关法律的规定处理。"换言之,在代位权诉讼系属之前,相对人的财产已经在另案中被采取保全措施或执行措施的,保全裁定或执行命令的法律效力不受法院受理代位权诉讼的影响。

(二)裁判的效力范围

在代位权行使效果采"入库规则"的国家或地区,代位权行使所取得的财产应当归属于债务人,成为全体债权的共同担保。行使代位权的债权人无优先受偿权,仍须与其他债权人一起参与分配。债权人如要满足其债权,须经债务人任意清偿,或经另案对债务人提起诉讼并对债务人责任财产强制执行来实现。[2] 这体现了代位权诉讼标的"一元论"的逻辑。按照这个逻辑,债权人是对相对人提出履行请求,而非对债务人行使请求权;法院确认债权人与债务人之间的债权,只是对代位权行使的先决法律关系的判断;判决结果应当是关于次债权的给付判决;判决效力的客观范围仅限于次债权法律关系。我国民法典采"债权人直接受偿规则"的立法意图在于"调动债权人行使债权的积极性,强化对债权实现的保护力度","使代位权制度既具有防止债务人责任财产减少的保全功能,又能

---

[1] 参见吴英姿:《民事禁令程序构建原理》,《中国法学》2022年第2期。
[2] 参见林诚二:《民法债编总论:体系化解说》(下),瑞兴图书股份有限公司2001年版,第182页。

在一定程度上达到促成债权实现的效果"。[1] 有学者因此认为,直接受偿规则"使得代位权的制度本旨从债权保全转向债权实现""从根本上改变了代位权诉讼的构造""形成不同的制度模式和运行机制"。[2] 实际上,《民法典》规定的"直接受偿原则"改变的只是相对人履行债务的方式,体现了实体法对平等保护债权人债权实现的价值追求方面的不同理解,并未改变代位权制度"债权保全"的制度本旨。

但不容否认,相对于入库规则,债权人在行使代位权后,不需要另行起诉债务人以获得执行名义,也不需要通过向债务人主张抵销迂回地实现债权,这的确是改变了入库规则下代位权诉讼的运行机制。其中最为突出的改变是:在代位权成立的情形下,裁判主文必须明确代位权行使对主债权和次债权的影响或后果,这意味着债权人胜诉判决的既判力客观范围,必然及于主债权法律关系和次债权法律关系,无论代位权诉讼原告胜诉还是败诉。当然,代位权诉讼的裁判既判力客观范围以当事人主张和争议的债权范围为限。因债务人对相对人的债权范围小于债权人的债权,债权人行使代位权后债权未能获得全部清偿的,仍然有权就未获清偿部分向债务人提起债权诉讼。同理,债务人对相对人的债权数额超出代位权请求的数额的,债务人就超出部分可以另行起诉相对人。如果法院以代位权不成立为由判决驳回债权人诉讼请求的,判决主文中不会有涉及主债权与次债权实现的判项。该判决的既判力客观范围仅限于债权人的代位权主张。至于既判力发生的基础,由于主债权是代位权成立的条件之一,同时也是代位权诉讼的诉讼标的构成要素,法院判决对主债权的判断当然被既判力客观范围所覆盖,无须借助争点效理论来"补强"裁判效力范围的正当性。那种认为"债权人的债权和债务人对次债务人的债权并非诉讼标的,法院关于这两项债权成立与否的判断不发生既判力"[3]的观点会导致代位权诉讼标的和既判力客观范围空洞化。

在既判力主观范围方面,传统民事诉讼理论基于入库规则和诉讼担当法理,认为债权人代位权行使结果完全由债务人承受,因此既判力应扩张至债务人。也有学者主张限制扩张说,认为胜诉判决的效力才会扩张至债务人。[4] 根据本文前面的论证,诉讼担当并不能合理解释债权人与债务人之间的代位关系。而以债权人的代位权主张为诉讼标的,法院围绕债权人与债务人、相对人的代位权纠纷进行审理,主债权与次债权的争议事实和法律理由,均构成诉讼标的的组成要素。因此,债权人、债务人及其相对人均属于诉讼标的的主体。只是因为三方利益均存在对立冲突,不宜将债务人简单列为原告或被告,只有无独立请求权第三人最为契合他的诉讼地位而已。最终,无论法院认定代位权成立与否,裁判结

---

[1] 黄薇主编:《中华人民共和国民法典释义(中)》,法律出版社2020年版,第1031页。
[2] 蒲一苇:《〈民法典〉第537条(债权人代位权行使效果)诉讼评注》,《法学杂志》2023年第3期。
[3] 蒲一苇:《〈民法典〉第537条(债权人代位权行使效果)诉讼评注》,《法学杂志》2023年第3期。
[4] 参见[日]高桥宏志:《民事诉讼法:制度与理论的深层次分析》,林剑锋译,法律出版社2003年版,第217页。

果当然对债务人有约束力。从程序保障与程序效力角度看,要求法院在审理代位权诉讼时必须通知债务人作为第三人参加诉讼,可以保障其法定听审权。在给予其相应程序保障的前提下,要求其承受判决效力约束,符合正当程序要求。

在既判力时间范围方面,鉴于民事法律关系存在发展变化的可能,故发生既判力的判决只确认特定时刻的权利状态,而不是面向未来约束所有的权利状态。由于法院判决主要是根据当事人提供的诉讼资料作出判断,以事实审法庭辩论终结时(也即双方当事人在诉讼进行中能提供新的诉讼资料的截至时刻)为基准时,判决认定的当事人在这一时间点的权利义务关系具有既判力。在这个时间点之后,当事人权利义务可能发生变化,确定判决对发生变化的当事人权利义务关系不具有既判力。因此,当事人因基准时后新的事实而致权利义务关系发生争议的,可以提出新的诉讼。代位权诉讼的生效裁判对主债权、次债权关系的判断,无论是否定还是肯定主、次债权关系,都只对该基准时前的法律关系有既判力。假如法院以不符合代位权行使条件而判决驳回债权人诉讼请求的,之后任何时候,只要债权人认为发生新的事实,满足了代位权行使条件,均可以再次提起代位权诉讼,而不构成重复诉讼。

(三)代位权诉讼与破产制度、参与分配制度的衔接

在被告不主动履行生效裁判文书确定的义务时,代位权行使的法律效果还需要通过强制执行予以实现。从债权人直接就债务人的相对人财产受偿的角度看,债权人提起代位权诉讼,在获得执行名义以后申请对相对人采取强制执行措施,与债权人对债务人提起债权诉讼,在获得确定裁判文书后申请执行债务人的到期债权,两种路径可能殊途同归,结果都是对债务人的相对人强制执行。但这并不意味着代位权诉讼成了制度冗余。代位权诉讼天然具备的保全效力,是普通债权诉讼所不具备的。问题是如何理解行使代位权的债权人的优先受偿权?在执行程序中,代位人是否有优先于其他申请财产保全或强制执行人实现债权的权利?

《民法典》规定的直接受偿规则,要求由债务人的相对人直接向债权人履行债务,只是让行使代位权的债权人获得了优先于其他一般债权人的受偿机会,体现了鼓励权利主体积极行使权利的立法精神。但法律并没有将这种优先受偿的机会等同于担保物权、建设工程款优先受偿权意义上的优先权。[1] 按照《民法典》第537条规定的精神,应当兼顾保护代位权与债权平等实现双重目的,按照债务人是否处于资不抵债状态,区分处置。正常情况下,行使代位权的债权人有优先于其他一般债权人受偿的机会。如果债务人已经处于资不抵债的状态时,应当适用参与分配、破产制度,以实现代位人与债务人的其他债权人的平衡保护。如此,可以将代位权的实现与参与分配制度、破产制度衔接起来。如果法院在审理代位权诉讼案件时,发现债务人资不抵债的,需要兼顾债务人的其他债权

---

[1] 参见黄薇主编:《中华人民共和国民法典释义》(中),法律出版社2020年版,第1031页。

人利益,维护无代位权介入时对债务人适用参与分配制度、破产制度的法律效果。法院可以在判决主文中提示,本判决的执行应当将代位权行使获得的财产作为债务人的责任财产,按照参与分配制度的相关规定处理,合理斟酌债权人行使代位权对保全债务人责任财产的贡献。[1]

五、结语

站在实体法与程序法交叉视角,以诉的合法性为线索,运用请求权基础思维,可以很好地把握代位权诉讼的程序法理。代位权诉讼合法性条件包括形式要件和实质要件。形式要件即诉的要素齐备、法院审判权合法。代位权作为《民法典》规定的一项独立的民事权利,本质上是债权固有的权能。代位权诉讼当事人争议的、请求法院裁判的权利主张是代位权本身。主债权、次债权均为代位权的构成要件,也是代位权诉讼标的的构成要素。以此为逻辑起点,可以很好地解释债权人具有原告的主体资格,不属于诉讼担当的情形,而是为自己的权利提起诉讼。被代位人不可能对代位权提起独立的请求权,但案件处理结果与其可能有利害关系,只能以无独立请求权第三人身份参加诉讼。考虑到法院认定代位权成立的裁判结论所产生的实体效果实际由债务人承受,法院应当通知其参加诉讼,以保障其法定听审权。主债权、次债权当事人之间的仲裁协议、管辖协议不影响法院对代位权诉讼的管辖权。但因诉讼标的存在局部重合,为避免矛盾判决,在当事人提起仲裁后,法院应当中止代位权诉讼。代位权诉讼合法的实质要件即纠纷要具有可诉性。主债权到期、次债权到期和债务人怠于行使债权并对债权实现造成影响都包含纠纷成熟条件。但当事人之间的公证债权文书不会导致代位权纠纷失去实际意义。

代位权规范具有"基本规范—对立规范"的完整结构,运用请求权基础思维识别被告是否提出抗辩,可以正确判断被告是否以及对哪些事实承担证明责任。代位权诉讼确定判决的既判力覆盖代位权主张、主债权法律关系和次债权法律关系,对债务人有约束力。当事人因基准时后新的原因事实对变动后的债权关系主张代位权的,可以提起新的诉讼。法院以债权不符合代位权行使条件而判决驳回债权人诉讼请求的,之后任何时候,只要债权满足了代位权行使条件,债权人均可以再次提起代位权诉讼而不构成重复诉讼。《民法典》关于代位权行使效果的"直接受偿规则"虽然赋予债权人优先于其他未行使代位权的债权人的受偿机会,但并非担保物权、建设工程价款优先受偿权意义上的优先权,其实现须兼顾参与分配、破产制度的法律效果。

---

[1] 参见最高人民法院(2020)最高法民再 231 号民事判决书。

公司越权担保中相对人审查义务研究

马士鹏 *
赵万一 **

摘　要	2023年修订的《公司法》并未针对公司担保作出实质性修改，实证研究发现，公司担保案件聚焦于公司越权担保行为的效力认定，而其难点在于相对人审查义务的标准认定。过往研究忽视了公司法功能空间下有限责任的投资工具性及法定代表制下的固有法秩序，使公司担保案件成了民商事审判疑难案件。新《公司法》第15条应成为外部相对人履行形式审查义务的依据，同时也应为公司内部控制越权担保提供功能空间。同时，法院应当通过类型化的方式对越权担保行为人、审查相对人分别进行区分，明确相对人的审查义务。
关键词	公司越权担保；相对人审查义务；信赖保护；公司法功能
目　次	一、问题的提出 二、越权担保相对人审查义务的理论反思和重构 　　（一）越权担保相对人审查义务的理论反思 　　（二）越权担保相对人审查义务的理论重构 三、越权担保行为效力的实证考察 　　（一）实证考察的思路：以越权担保行为的动机与目的为角度 　　（二）公司越权担保典型案例实证分析 　　（三）公司越权担保法律行为的实证分析 四、越权担保相对人审查义务的分类确定 　　（一）公司法定代表人越权担保时相对人的审查义务 　　（二）一般代表人越权担保时相对人的审查义务 　　（三）职业代理人越权担保时相对人的审查义务 五、结语

一、问题的提出

公司担保多属于无偿行为，其目的是实现特定的债权，体现出从属性、补充性及单务性等特征，因此公司担保行为通常具有高度风险。但公司是以营利为目的的社团法人，当公司为他人债务提供担保时，无法从担保权人处取得相应的

---

* 马士鹏（1980—　），西南政法大学民商法学院博士研究生。研究方向：民商法学。
** 赵万一（1963—　），西南政法大学民商法学院教授、博士生导师。研究方向：民商法基础理论、公司法、破产法。

对价,在债务人未履行债务时,还要以公司财产为债务人承担代偿责任,由此决定,公司为他人债务提供担保本身并不具有经营性质或营利性质,在一定程度上背离了公司的设立本旨和存在目的。[1] 为了确保公司对外担保行为的合法性、合规性和审慎性,防止公司管理层滥用权力,损害公司及股东利益,同时保护债权人的合法权益,维护市场交易安全和经济秩序的稳定,2023 年修订的《中华人民共和国公司法》(以下简称《公司法》)第 15 条规定:"公司向其他企业投资或者为他人提供担保,按照公司章程的规定,由董事会或者股东会决议;公司章程对投资或者担保的总额及单项投资或者担保的数额有限额规定的,不得超过规定的限额。公司为公司股东或者实际控制人提供担保的,应当经股东会决议。前款规定的股东或者受前款规定的实际控制人支配的股东,不得参加前款规定事项的表决。该项表决由出席会议的其他股东所持表决权的过半数通过。"该条基本沿用了 2018 年《公司法》第 16 条规定的公司担保规则。有观点认为,该条的立法目的是规范公司内部的意思决定程序,因此其挑战对象是公司的内部法律关系而非公司与相对人之间的外部法律关系。[2] 然而,在审判实践中,对《公司法》第 15 条的规范性质、公司担保合同的效力及相关主体的法律责任等方面都存有争议,公司担保类案件成为民商事审判领域的疑难案件。在重庆捷尔医疗设备有限公司与中国工商银行股份有限公司重庆九龙坡支行公司担保一案中,重庆市高级人民法院一审认为,公司担保决议对外不产生法律效力,未经过公司决议的担保行为有效;而最高人民法院二审认为,未经过决议的担保属于越权行为,加之中国工商银行没有尽到形式审查义务,构成非善意,因此公司担保合同无效。[3] 可见,不仅法院对公司越权担保类案件的裁判思路尚不一致,而且在学术研究上,对于越权担保合同的效力、相对人是否具有审查义务、能否构成表见代表(理)等问题也同样存在分歧。

长期以来,公司越权担保的裁判分歧与学术争论受到人们的广泛关注。2023 年修订的《公司法》并没有对公司担保的法律规则进行实质性修改,该制度在审判实务中的问题仍然存在。公司越权行为不仅在公司内部具有违法性,也对外部市场交易安全产生严重威胁。[4] 根据 2020 年《最高人民法院关于适用〈中华人民共和国民法典〉有关担保制度的解释》的相关规定,《公司法》第 15 条通过公司决议机制来限制公司越权担保行为的规则需要与《中华人民共和国民法典》(以下简称《民法典》)第 170 条、第 171 条、第 504 条一并考虑才能确定公司越权担保合同的法律效力。公司担保行为需要经过公司决议程序,法定代表人、代理人未经过决议程序擅自提供担保,构成无权代表(理)。在未经过公司追认前,担保合同对公司不发生效力。公司担保的决议具有外部效力吗?这一直是

---

[1] 高圣平:《担保法前沿问题与判解研究(第四卷)——最新担保法司法政策精神阐解》,人民法院出版社 2019 年版,第 366 页。
[2] 钱玉林:《公司法第 16 条的规范意义》,《法学研究》,2011 年第 6 期。
[3] 参见最高人民法院(2019)最高法民终 877 号民事判决书。
[4] 曹兴权、杨士民:《论公司法定代表人与其他人员越权的差异》,《河北法学》2022 年第 5 期。

存在争议的,实务中既要基于合同法的逻辑审查交易的细节要件,也需要根据相对人是否履行审查义务进而判断其是否善意。为了有效解决这一问题,学理上研究相对人是否应承担审查义务以及如何界定其审查义务的范围和标准具有重要意义。本文以此角度展开讨论,以求教于学界同人。

二、越权担保相对人审查义务的理论反思和重构

(一)越权担保相对人审查义务的理论反思

1.规范分析理论的反思

规范分析理论亦可称为代表权限制说,主要围绕《公司法》第15条的规范性质展开讨论,理论争议在于该规定是管理性强制规定,还是效力性强制规定。该观点认为,公司是否通过股东大会或董事会的决议来为第三方债务提供担保,是公司内部的决策流程,不应成为担保交易中外部相对人必须遵守的规则。外部相对人没有义务审查公司内部的担保决策,因为这样做会严重威胁交易的安全性,违背了诚信和公平的原则。[1] 因此,公司担保是否经过了股东大会或董事会的决议批准,不应影响担保合同的有效性。从公司治理的角度来看,这种"内部—外部"严格区分的规范分析理论显然忽视了公司担保中外部监督的重要性。《公司法》第15条只在公司内部有效的观点虽然看到了公司担保意思形成的组织决议特征,也看到了决议的内部监督机制在防止董事或者经理滥用代表权力违规担保上的重要作用。但是,外部监督力量对规制公司越权担保行为亦必不可少,而担保权人作为外部市场的相对人承担必要的审查义务即为外部监督的体现。"内部—外部"效力区分理论明显具有片面性,既忽视了公司治理中市场交易主体外部监督的功能和重要性,也违反哲学层面"外因通过内因起作用"的常识。另外,这种观点也不符合因果关系法则,因为对内有效并不能成为对外无效的原因。对内效力必然会成为外部相对人审查进而证明其善意的重要内容,可见规范分析理论的观点太过陈旧。如果坚持规范分析理论,外部相对人无须承担审查义务,这显然不利于公司中小投资者权利的保护与公司现代化治理能力的提升。

2.相对人形式审查义务理论的反思

相对人形式审查义务理论认为,当公司对外提供担保时,外部相对人应当对公司内部决策程序进行形式上的审查,以确保担保行为符合公司法和公司章程的规定。这种审查通常包括根据公司章程的规定检查公司是否已经通过股东大会或董事会的决议,以及参与决策的股东或董事是否具有相应的表决权。[2] 法律要求相对人进行形式审查的目的是保护公司及其股东的利益,防止公司管理

---

[1] 高圣平、范佳慧:《公司法定代表人越权担保效力判断的解释基础——基于最高人民法院裁判分歧的分析和展开》,《比较法研究》2019年第1期。
[2] 高圣平:《公司担保相关法律问题研究》,《中国法学》2013年第2期。

层滥用职权,损害公司资产。但值得一提的是,形式审查义务理论在实践中也面临着诸多挑战与问题。

首先,要求相对人进行形式审查可能会增加交易成本,影响交易效率。在快节奏的商业环境中,相对人可能没有足够的时间和资源详细审查公司的内部决策程序。此外,即使相对人进行了形式审查,也难以完全避免因公司内部决议程序的瑕疵而导致的担保合同无效的风险。其次,形式审查义务理论可能会对交易安全产生负面影响。如果相对人因为担心担保合同无效而拒绝交易,可能会导致一些原本有益的交易无法进行,从而影响市场的流动性和活力。此外,过分强调形式审查义务可能会忽视实质审查的重要性,即相对人应当关注担保行为是否符合公司的真实利益和商业目的。最后,相对人形式审查义务理论在处理公司担保中的信息不对称问题时也存在局限。在实践中,公司管理层可能比外部相对人更了解公司的财务状况和担保风险。如果仅仅依赖相对人的形式审查,可能会忽视管理层可能存在的道德风险。

在公司越权担保中,相对人审查义务理论的主要任务是为平衡公司内部决策程序与交易安全之间的矛盾,以及合理界定相对人在交易中的注意义务等问题提供理论指导。根据《全国法院民商事审判工作会议纪要》第 18 条的规定,公司担保中相对人对与担保相关的文件负有形式审查义务,否则可认定担保相对人主观恶意,不满足适用表见代理(表见代表)制度的构成要件,该担保合同应被认定无效。因此,根据《民法典》第 504 条的规定,相对人在接受公司提供的担保时,应当关注法定代表人的代表权限,审查诸如公司章程、内部的担保决议等文件。这种审查义务是基于法律规定的注意义务,而非基于公司章程的对外效力。相对人的审查范围应当包括担保决策机构、该担保决策机构的决议,以及公司章程中对单项担保限额的规定。可见,公司越权担保中相对人的审查义务是法定的,且应当限于形式审查。这种审查义务的设定,旨在平衡公司内部决策程序的保护与交易安全之间的矛盾,同时确保相对人的合理注意义务得到履行。

从越权担保中相对人审查义务理论的功能来看,审查义务主要与善意的判断相关,而善意在内容上属于对主观心态的描绘,[1]主观性的本质属性导致审查义务在认定上存在难以确定标准的技术困难,但是这并不意味着我们对此束手无策、毫无作为。我们应该看到,善意必须与当事人的行为相联系才有意义。[2]要精准确定《民法典》170 条职务代理中的"善意相对人"中"善意"的具体内容,或者明确《民法典》172 条"相对人有理由相信"的具体理由,都需要更为精细化的理论为司法实践提供指引。为此,我们可采用综合考虑主客观因素的哲学视角,要减少对"善意"这一主观要素判断的不确定性,就必须全面审视交易的实际情况和权利的外观信任。在此基础上,通过提炼、整合和形成一系列标准化的理论,才可逐步减少善意判断标准的模糊性。因此,我们可以转换视角,一方面,将对

---

[1] 吴国喆:《善意认定的属性及反推技术》,《法学研究》2007 年第 6 期。
[2] 吴国喆:《善意认定的属性及反推技术》,《法学研究》2007 年第 6 期。

相对人的主观善意的认定转化为对越权担保行为人的身份、行为目的与动机的考察,将一般理性人的合理审查义务的具体内容予以法定化、制度化。另一方面,需要将相对人的身份进行类型化并抽象出不同类型的一般理性人,赋予其不同的审查义务标准,进而实现善意认定过程主要部分的客观化、标准化。值得特别说明的是,本文对相对人审查义务的研究从两个维度展开理论分析,一是公司担保行为人的维度,二是相对人自身的维度。

3.表见代表理论的反思

在适用表见代表制度审理公司越权担保案件时,有观点认为:"只要相对人未尽通常情形下的注意义务,就可认定其不属于善意相对人,不存在适用表见代理的制度空间。"[1]但这种认识是存在偏差的。第一,忽视了表见代表与表见代理在制度上的本质差异;第二,未精细区分表见代表制度中权利外观要件和善意标准的区别,误将本为权利外观要件的第三人形式审查义务理解成善意标准的构成要件,导致二者之间功能的混淆与错位。

从民、商事表见代表的制度差异来看,后者的权利外观形成机制不同于前者。就公司越权担保这一具体情形而言,在法律特殊规定的条件下,相对人的审查义务伴随着权利外观形成过程的始终,其不履行审查义务,公司代表人的越权担保行为即不具有代表公司的权利外观。其权利外观识别机制具有商法技术上的复杂性,形成于第三人依据《公司法》第 15 条进行的法定形式审查过程之中。因此,相对人主张表见代表的前提是必须依据《公司法》第 15 条履行审查义务,这种义务因《公司法》有明确规定而具有法定的推定公知属性。换句话说,相对人履行《公司法》第 15 条要求的审查行为是一项法定义务,其功能是在公司越权担保中形成权利外观和信赖利益。

综上所述,公司越权担保行为与一般民事担保行为相比,存在民、商事行为区分意义上的差异,充分理解前者的特殊商行为的特征,精准把握其非常规特殊行为的概念内涵,才能充分理解公司担保这一事务本体的复杂性;而规范分析理论、形式审查义务理论皆有不足,表见代表理论存在认识上的偏差,进一步导致问题的繁杂,进而形成公司越权担保案件中的裁判分歧和理论争议,急需理论上的创新予以回应。

(二)越权担保相对人审查义务的理论重构

1.公司类型差异对相对人审查义务的影响

从组织法逻辑来看,作为财富组织体的公司是创造和积累人类财富的工具。值得注意的是,公司之间的组织能力呈现出明显的差异,这从单一业主公司到有限责任公司,再到股份有限公司以及公开上市公司所呈现出的递增趋势中可见一斑;相较于一般的民事主体,那些组织特征更为突出的公司,其商业性质也更

---

[1] 石冠彬:《论公司越权担保的认定标准及法律效果》,《法商研究》2020 年第 2 期。

为显著。就公司的组织化程度对相对人审查义务的影响而言,组织化程度越低的公司,相对人需要承担的审查义务越少,而组织化程度越高的公司,相对人则需要承担更多的审查义务。就组织化程度低的公司而言,无论是法定代表人、董事长还是总经理,这些职位可能由单一成员兼任或由家族成员分别担任。鉴于这一实际情况,只要相关方能够证实这一点,就无须强迫外部相对人履行法定的审查责任。这是因为这种情况并不触及公司法中对忠实义务的要求,也不涉及对社会公共利益的维护。相反,应当更加注重保障交易方的安全利益。

2. 越权行为人身份差异对相对人审查义务的影响

就公司越权担保交易中行为人身份的差异而言,对越权担保中相对人的善意考察需要遵从公司的组织法逻辑。公司决议有效应满足有决议权限、程序合法、表决意思真实、内容合法、合乎规约、不侵害成员合法权益这六项要件。[1]《公司法》第 15 条从公司决议行为形成团体的意思表示这一逻辑出发,通过在决议的过程中对行为人进行限制来实现,该思路可以称为限制决议行为的制度逻辑。因此,本文采用公司内部层级管理体系作为分析框架,将公司越权担保行为者划分为法定代表人、普通代表、职务代理人、普通员工及公司外代理人,重点对比他们在"相对人应当知道内容"方面的差异。接着,本文围绕表见代理中的"善意"、职务代理中的"善意无过失"以及表见代理中的"相对人有合理信任"等主观要件,进行系统化和具体化的探讨。研究的意义在于通过理论创新,解析公司越权担保行为与"应知内容"理解上的模糊性问题,并构建理论以指导人们作出有意义的决策,力图在司法审判中精确确立相对人审查义务标准。此外,若公司越权担保行为不构成表见代理,相对人如何主张损害赔偿? 在借鉴《民法典》第 171 条的同时,还须根据不同职务身份所形成的信赖外观差异,进行类型化分析,从而为无权代理和职务代理中的无权代理责任分配提供法律依据。

3. 形式审查义务规制的目标:限制公司为实际控制人担保

为非法定代表人中的实际控制人或者控股股东的借款提供担保,无论是相对人还是公司,明显需要承担更大的风险。事实上,作为实际控制人或控股股东,本应该成为法定代表人,其不愿意显名的举动明显动机不纯。与之相比,法定代表人则是在显名的情况下作出担保行为,越权担保被发现进而被追责的风险概率很高,因此该类型的越权担保整体风险不大。而后者就存在诸多法律漏洞可利用:其一,通过展示其为实际控制人的证据,如掌握公司的公章,可以很容易取得相对人的信赖,越权担保行为造成的损失最终不是转嫁给其他股东就是损害了相对人的债权,至少可以指使名义上的法定代表人以《公司法》第 15 条为理由赖账,此时法律将不光彩地成为"帮凶";其二,从相对人注意义务的角度而言,相对人需要尽到更重的注意义务,立法也应该为相对人应对此种复杂的情况提供必要的指引和帮助。实际控制人的隐名融资借款行为赖账的风险明显高于

---

[1] 徐银波:《决议行为效力规则之构造》,《法学研究》2015 年第 4 期。

显名融资行为,那么法律要求相对人承担重于前者的审查义务实际上会起到加重后者融资成本的功能,有利于减少实际控制人隐名从事不良行为的危害。因此,公司为非法定代表人的公司实际控制人或控股股东的借款提供担保,立法应当要求相对人承担形式审查义务。

4.形式审查义务应为权利外观要件而非善意判断要件

在构建形式审查义务的基础上,需纠正表见代表制度存在的理论偏差,通过"善意"判断制度防止越权担保行为人利用《公司法》第15条实施不诚信行为。实务中,表见代表制度适用的认识偏差是将形式审查义务视为善意判断要件,正确的做法是将其作为权利外观要件,只要相对人履行法定的形式审查义务,应当推定担保有效。对此,有学者敏锐地提出:"对公司登记信息、章程及相关决议进行形式审查即可认定存在代表权表象,除非公司证明被担保人为恶意,否则构成表见代理"，[1]本文深表赞同:其一,将其作为权利外观要件更有利于制度建设,在制度逻辑上也更为顺畅。其二,形式审查义务在立法上相对容易明确,通过标准化的技术处理可以在保障交易安全的同时而不损失效率,更为重要的是,有利于与实质审查义务相关联的善意标准在司法实践的探索中不断得到完善,与之对应的理论研究更为精细,最终使得公司越权担保案件的裁判结果更加公平。

三、越权担保行为效力的实证考察

(一)实证考察的思路:以越权担保行为的动机与目的为角度

实践出真知,对越权担保的法律行为进行实证考察是展开制度建构的基本前提。在法理学上,对法律行为的研究是法学研究的关键所在,因为人的行为总是与其目的、欲望、意识、意志相联系的。[2]马克思曾说:"对于法律来说,除了我的行为之外,我是根本不存在的,我根本不是法律的对象。"[3]而行为总是受一定的动机和目的支配的,公司越权担保行为也是如此。所谓动机,是指直接推动行为人去行动以达到一定目的的内在动因;马克思·韦伯指出:"动机就是意向的相互关系,在行为者本人或者观察者看来,这种意向的相互关系似乎是一种举止的意向上的原因"。[4]康德指出:"有理性者与世界的其余物类的分别就在于有理性者能够替自己立个目的。"[5]由此分析可以看出,不对越权担保行为的动机展开分析,只对法律规范进行解释论研究在方法论上是略显片面的。

本文未采用对《公司法》第15条进行规范解释的传统方法,转换研究视角,聚焦对越权担保行为人的动机与目的的考察,在此基础上形成对越权担保行为

---

[1] 杨代雄:《公司为他人担保的效力》,《吉林大学社会科学学报》2018年第1期。
[2] 张文显主编:《法理学》(第五版),高等教育出版社2018年,第140页。
[3] 《马克思恩格斯全集》(第一卷),中共中央马克思恩格斯列宁斯大林著作编译局译,人民出版社1956年版,第16—17页。
[4] [德]马克斯·韦伯:《经济与社会》(上卷),林荣远译,商务印书馆1997年版,第45页。
[5] [德]康德:《道德形上学探本》,唐钺译,商务印书馆1957年版,第51页。

进行类型化的细化以及对越权担保法律现象的理论描述。在案例的收集方面，本文通过广泛的检索选取了 62 起与公司担保有关的司法案例作为实证研究的对象。

(二)公司越权担保典型案例实证分析

从相对人的角度可以将 62 例案例区分为自然人、银行、公司三个类型，其中相对人为自然人的案例最多，为 40 例，相对人为银行的有 9 例，相对人为公司的有 13 例。

1.相对人为自然人的越权担保案例分析

相对人为自然人的案件有 40 例，占比高达 64.5%；这 40 件中，从担保的目的来看，有 4 例属于为股东股权的担保，占比为 10%，剩下的 36 例为高利贷借款的担保，占比为 90%；从内外部关系来看，相对人为公司内部人的案例有 5 例，其中除前述 4 例股东股权的担保外，还有 1 例为公司董事借款的担保，[1]剩余 35 例皆属于借款型的对外担保。

对 35 例对外担保行为人的动机进行考察，其中为法定代表人借款提供担保的有 19 例，判决担保合同有效的有 12 例，[2]无效的有 7 例。[3] 从法院认定担保合同无效的理由来看，有 3 例认为《公司法》(2018 年修正)第 16 条是效力性强制规定，1 例为保护国有企业的资产，1 例涉及上市公司的投资者利益，2 例认为相对人有形式审查义务，相对人不审查决议构成非善意，担保合同无效。另外，为非法定代表人借款担保的有 16 例，其中为法定代表人的近亲属借款担保的有 6 例(2 例为儿子，2 例为女儿，2 例为亲兄弟姐妹)，法院判决担保合同皆有效；为实际控制人借款担保的有 5 例，其中 4 例判决担保合同有效，1 例因相对人在之前的交易中审查过决议而本案未审查，导致担保合同无效；为股东或高管但非实际控制人的担保有 4 例，一般存在伪造公章的特征，4 例均判决担保合同无效；1 例为国家机关工作人员借款的索贿性担保，判决担保合同有效。[4]

2.相对人为银行的越权担保案例分析

相对人为银行的案件有 9 例。其中，为法定代表人借款担保的有 4 例，判决担保合同有效为 2 例；无效的也是 2 例，其中 1 例为上市公司，且案发时间离现在较久。与借款人关联关系并不明确的案例有 2 例，均判决担保合同有效。明确为非关联担保的有 1 例，因法定代表人签名、公章均系伪造，判决担保合同无效。为非法定代表人的股东、实际控制人担保的有 2 例，表现为母公司担保和实际控

---

[1] 参见浙江省诸暨市人民法院(2015)绍诸商初字第 2211 号民事判决书。
[2] 参见浙江省杭州市中级人民法院(2015)浙杭商终字第 2508 号民事判决书、河南省周口市中级人民法院(2015)周民终字第 02822 号民事判决书等 12 份判决书。
[3] 参见天津市河北区人民法院(2015)北民初字第 827 号民事判决书、江苏省高级人民法院(2015)苏商终字第 00560 号民事判决书等 7 份判决书。
[4] 参见安徽省合肥市中级人民法院(2015)合民一终字第 04237 号民事判决书。

人担保,均判决担保合同有效。总的来看,有6例判决担保合同有效,3例无效。

3. 相对人为公司的越权担保案例分析

相对人为公司的案件有13例。其中属对内相对人的只有1例,其担保的目的是为股东的股权转让债权担保;其余12例均为借款型的对外担保,其中相对人为专业性担保公司的有3例,小额贷款公司1例,政府名下的资管公司1例;名为一般公司实质为专业金融公司1例,典当行1例,也就是说,有7例为实质上的专业金融公司,有5例为一般的普通公司。

从担保的动机来看,为法定代表人借款担保的3例,2例判决担保合同有效,[1]1例判决担保合同无效。[2]为实际控制人担保的有3例,2例判决担保合同有效,[3]1例判决担保合同无效。[4]为公司控股股东担保的有3例,皆判决担保合同有效。[5]为国有企业的公司高管担保的有1例,判决担保合同有效。[6]为法定代表人的母亲借款担保的有1例,判决担保合同有效。[7]为股东借款的关联担保的有1例,判决担保合同无效。[8]总的来看,3例判决担保合同无效,9例判决担保合同有效。

总结来看,62例案例中,以对外担保的案例为主,共有57例。其中为法定代表人借款担保的案件有26例,占比42%,16例判决担保合同有效,10例判决担保合同无效。为非法定代表人担保的有31例,其中为法定代表人近亲属借款担保的有7例,父母子女关系型有5例,2例为亲兄弟姐妹关系,皆判决担保合同有效;为实际控制人或者非法定代表人的控股股东担保的有13例,11例判决担保合同有效,2例判决担保合同无效;为非控股的股东或者高管担保的有6例,均判决担保合同无效;为其他目的的担保有3例,关联关系难以判断的案例有2例,均判决担保合同有效,1例为国家机关工作人员利用职权的索贿型担保,判决担保合同无效。对内担保的5例,3例判决担保合同无效,2例判决担保合同有效,法院在对股权转让案例中要求相对人承担的注意义务明显强于借款案例。

---

[1] 参见上海市第一中级人民法院(2015)沪一中民四(商)终字第2459号民事判决书,本案法定代表人作为高利贷中介为借款方担保,判决担保合同有效;四川省成都高新技术产业开发区人民法院(2015)高新民初字第213号民事判决书,系法定代表人为原控股股东借款的担保,判决担保合同有效。

[2] 参见最高人民法院(2016)最高法民申2633号民事裁定书,认定担保合同无效。

[3] 参见江苏省无锡市中级人民法院(2015)锡商终字第00761号民事判决书,判决担保合同有效;浙江省绍兴市中级人民法院(2015)浙绍商终字第954号民事判决书,为名为无关联但实质为实际控制人提供的担保,判决担保合同有效。

[4] 参见最高人民法院(2019)最高法民申2439号民事裁定书,为大股东实际控制人担保,认定担保合同无效。

[5] 参见江西省景德镇市中级人民法院(2014)景民二初字第472号民事判决书;浙江省杭州市中级人民法院(2015)浙杭商终字第1084号民事判决书;浙江省杭州市余杭区人民法院(2015)杭余商初字第1838号民事判决书。

[6] 参见内蒙古自治区赤峰市中级人民法院(2015)赤商终字第139号民事判决书。

[7] 参见山东省济南市市中区人民法院(2013)市商初字第1148号民事判决书。

[8] 参见最高人民法院(2019)最高法民申2228号民事裁定书。

(三)公司越权担保法律行为的实证分析

公司担保本身即为特殊的商事行为,行为人不可能随随便便为他人的借款等债权提供担保,其主观上应是极其谨慎的,现实中几乎没有人会为与其没有社会关系的人提供担保。上述 62 例案例中呈现的担保动机基本验证了上述认识,从实证反映的情况看,我们可以得出如下三点结论。

第一,从 5 例对内担保的案例来看,1 例为公司高管作为债权人接受公司为其债权的担保,此种情况下应该严格要求高管举证证明其为善意相对人,而法院却要求公司提供证明,该判决明显有问题,为高管的债权担保显然更容易引发道德风险,理论上此类行为应该被严格控制。而从 4 例为原股东转让股权的债权担保来看,法院要求原股东承担的是一种实质审查义务,本文认为该裁判思路具有合理性。

第二,从担保的目的来看,90%的案例发生在融资借款领域,其中 48 例涉及民间高利贷融资,占比高达借款案例的 84%,这反映我国中小企业向银行融资难的客观现实。

第三,相对人为公司的情形反映了中小企业融资的一般规律。首选的融资渠道为银行贷款,但现实条件下银行贷款为稀缺资源,很难获得的情况下退而寻求民间自然人借贷;但自然人放贷有其局限性,其风险的识别和管控能力较弱,若借款主体民间信用不佳或者有风险较大的借款需求,民间借贷难以满足其需求时,会寻找专业的担保公司、小额贷款公司、典当行或者实质上类似这些机构的公司融资,这些机构也就是我们常说的影子银行。这些主体的风险控制能力比自然人乃至银行更高,11 例案例中有 8 例判决担保合同有效,其风险控制水平可见一斑。从借款双方的表现来看,双方之间都很熟悉业务流程,不过相对人一般在法律业务上技高一筹,表现为借款方频繁收购公司、实际控制人隐名、商业模式复杂等。从案例研究中发现,有的实质上有关联关系,但在法律上特殊处理为非关联关系的借款担保有 4 例;[1]表现出借贷双方联手坑原股东的有 2 例,[2]坑新股东的也有 2 例,[3]体现了认缴资本制下股东认缴出资的风险加大。

四、越权担保相对人审查义务的分类确定

(一)公司法定代表人越权担保时相对人的审查义务

根据《民法典》及相关司法解释的规定,公司的法定代表人、董事和总经理被

---

[1] 参见最高人民法院(2016)最高法民申 2633 号民事裁定书;最高人民法院(2019)最高法民申 2439 号民事裁定书;浙江省绍兴市中级人民法院(2015)浙绍商终字第 954 号民事判决书;江苏省无锡市中级人民法院(2015)锡商终字第 00761 号民事判决书。

[2] 参见江西省景德镇市中级人民法院(2014)景民二初字第 472 号民事判决书;浙江省杭州市余杭区人民法院(2015)杭余商初字第 1838 号民事判决书。

[3] 参见浙江省杭州市中级人民法院(2015)浙杭商终字第 1084 号民事判决书;四川省成都高新技术产业开发区人民法院(2015)高新民初字第 213 号民事判决书。

视为公司的代表,其他员工则因公司授权或委托职务,成为公司的代理人,以此明确了公司代表行为和职务代理的规则。[1]值得重点指出的是,即便是在表见代表的情况下,法定代表人的越权担保行为与那些不具备法定代表人资格的董事、总经理等一般代表人的越权担保行为也是不同的。在大陆法系中,法定代表人是一个法律概念,而在英美法系中,虽然没有与其完全对应的职位,但董事和经理等职位在实际操作中承担着类似的职能。[2]根据公司法的规定,董事会成员、高级职员和公司秘书均被视为公司的代理人。就我国而言,依据《民法典》第61条的规定,法定代表人的行为视作公司法人的行为,因此法定代表人在代表公司对外交往时,具有更强的代表权外观。第三方基于这一法律常识,将法定代表人的行为等同于公司的行为。为了保障交易的安全,在尊重私法自治原则的前提下,一般不存在法定代表人越权的问题。

但公司担保不同于公司一般的常规业务,属于一种非常规的特殊业务类型。当公司为他人债务提供担保时,无法从担保权人处取得相应的对价,在债务人未履行债务时,却要以公司财产为债务人承担代偿责任,由此看来,公司为他人债务提供担保本身并不具有经营性质,在一定程度上背离了公司的设立本旨。[3]在法定代表人超出职权范围提供担保的情况下,相关方需要评估"法定代表人的担保决定是否忠诚于公司,是否侵害了非控股股东的利益"。根据公司的性质,对于不具有典型组织特征的封闭公司,这种审查责任可能完全不存在。以前述62起越权担保案例为例,其中31起涉及封闭公司为法定代表人个人贷款提供担保。这些公司在实质上更接近一人公司,缺乏公司应有的组织特征,而更多体现为法定代表人的个人财产和有限责任的工具。在这些案例中,相对人不具有法定审查责任,因为没有需要保护的公共利益;若为体现出组织性的非上市公司,该义务为监督法定代表人作出公司担保行为的同时是否履行了对公司的忠实义务;对于上市公司而言,相对人在审查法定代表人忠实义务履行情况的基础上,还应增加对金融安全和市场秩序的一般关注责任,这一责任应参照证券监管机构的行政规定,并通过《民法典》第10条关于习惯法的规定,实现公法与私法的衔接。[4]

(二)一般代表人越权担保时相对人的审查义务

公司越权担保中的一般代表人是指除了法定代表人之外的公司机关成员,如执行董事、总经理等高级管理人员。公司一般代表人构成了公司法人机关的核心部分,虽然他们不具备法定代表人那样的权威性,但在对外交往中,他们仍然拥有较高程度的可信度和代表性。基于职务的重要性,一般代表人的信赖外

---

[1] 参见钱玉林:《民法总则与公司法的适用关系论》,《法学研究》2018年第3期。
[2] 参见杨汝轩:《论中国公司代表人制度改革——以两大法系比较研究为视角》,《河北法学》2012年第11期。
[3] 高圣平:《担保法前沿问题与判解研究(第四卷)——最新担保法司法政策精神阐解》,人民法院出版社2019年,第366页。
[4] 曹兴权、杨士民:《论公司法定代表人与其他人员越权的差异》,《河北法学》2022年第5期。

观很强,相对人有理由将其行为与公司行为视为一体予以信任。需要强调的是,《公司法》对董事、高级管理人员的忠实义务作出了明确的禁止性规定,与法定代表人一样,一般代表人也负有法定的忠实义务。那么,基于公共利益保护的需要,相对人承担的法定审查法定代表人行为是否忠实的义务在一般代表人的场合当然适用。另外,我们还须考虑基于信赖外观的下降,对相对人应当承担的比法定代表人越权担保更大的注意义务该如何明确的问题。鉴于其职位的关键性,一般代表人通常具有较高的信赖度,使得外界有充分理由将其行为等同于公司的行为,并给予信任。必须指出,《公司法》明确规定了董事和高级管理人员的忠诚义务,这与法定代表人所承担的义务是一致的。因此,为了维护公共利益,要求相对人对一般代表人的越权担保行为进行审查也具有正当性。只是,鉴于信赖度的相对降低,我们还需探讨如何明确相对方在面对一般代表人越权担保行为时所需承担的更高标准的审查义务。

与法定代表人越权担保的情形相比,一般代表人越权担保中相对人审查义务的内容有所不同。面对一般代表人的越权担保行为,相对方应依法承担监督该代表人是否恪守忠诚职责的义务,这有助于提升信任度,根据之前的分析,我们可以了解到,在一般代表人越权担保的情况下,相对人必须对一般代表人在关联担保交易中的忠诚度进行审查。特别要指出的是,相对人在审查时无须考虑公司的类型,其有责任依法对一般代表人的关联担保行为是否违背忠诚义务进行审查。此外,在非关联性的越权担保情形中,虽然相对方没有明确的法定监督职责,但他们仍应承担一定程度的审慎监督责任,这通常意味着他们应进行形式上的审查,以弥补一般代表人与法定代表人在信任度上的差异。相对而言,如果行为人是法定代表人,相对人则不需要承担这种形式上的审查责任。

(三)职业代理人越权担保时相对人的审查义务

职务代理人通常指的是公司的中级管理层或位于高层代表与中级部门经理之间的高层副职人员。他们对外行使职务时的信任度会因部门的不同职责而有所差异,如果他们的职务本身并不足以产生信任,那么他们的信任度应与普通员工相当,需要通过额外的授权文件或公司公章来增强信任。当职务代理人代表公司表达担保意愿时,根据《民法典》第 170 条关于职务代理的规定,相对人应承担比对一般代表人更为严格的审查责任。在公司越权担保的情况下,一个合理的相对方应能凭借常识判断,这些中级管理层通常不具备代表公司进行担保的权力,因此,通常应视相对人为恶意,不构成表见代理,从而认定越权担保行为无效。

通过前述分析可知,在公司越权担保的案例中,对接受担保的相对人而言,其对法定代表人、普通代表人和职务代理人分别作出越权担保行为时的信任度不同,总体来说呈现递减的趋势,对应地,相对人所承担的审查责任也应呈现递增趋势。这意味着,随着信任度的降低,相对人需要更加严格地履行审查义务,以确保其行为的合法性。非法定代表人无代表公司的权力,其行为理应引起相对人的警觉,此时的注意义务应该高于法定代表人的情况。相对人的审查责任既包括法律规定的旨在保护公共利益的审查义务,也包括法官根据具体情况自由裁量的、可能涉及复杂和模糊形式的审查义务。

另外,值得一提的是,以相对人的自身身份为标准,相对人可以区分为银行、公司与自然人三种类型,也可以分为内部相对人与外部相对人。对于银行等金融机构,基于其强大的商主体身份,其具备承担审查义务的能力与水平,在银行等金融机构为相对人的公司越权担保案件中,应严格把握银行履行相对人审查义务的标准,以保护公司其他中小投资者的合法利益。而对于其他的民事主体,可以基于弱者保护的法理,在标准的把握上对其课以略低于金融机构的审查义务。但需要重点指出的是,在民法典禁止高利贷的导向下,过往依靠留下的资金需求敞口只能依靠银行等金融机构加大对中小企业的放贷来填补。因此,为了引导金融机构为中小企业放贷,应该降低其业务的成本,故不应该要求金融机构承担过于复杂的审查义务,相反应该尽可能降低金融机构的审查注意义务,保障金融机构资金的安全。就内部相对人与外部相对人的区分逻辑来看,内部相对人应该承担比外部相对人更严格的注意义务和审查义务,这是基于其内部知情人的客观身份决定的。

五、结语

萨维尼认为法学有两大任务:一方面必须系统地理解法律,另一方面必须历史地理解法律。[1]从历史的角度来看,《公司法》第15条的对外效力大抵经历了"合同直接无效—相对有效、回避审查义务—明确负有审查义务—无审查义务—有条件的审查义务"的否定之否定的过程。[2]从法律追求的最佳行为范式来看,相对人也应该有条件地承担形式审查义务。[3]法律的目的将决定法律生长的方向,任何完整的法律规范在规范事实构成与法律效果的联系中总是存在着法律人的价值判断。[4]解决公司越权担保问题,需要克服传统理论的缺陷,突破理论创新的难点。在处理公司越权担保案件中,法院应当通过类型化的方式对越权担保的行为人、审查的相对人分别进行区分,明确相对人的审查义务。如此,能较好地克服相对人审查义务制度设计的难点,由此既能建立相对人履行审查义务的法律预期,又能实现遏制越权担保行为发生的规制效果。

---

[1] 参见[德]弗里德里希.卡尔·冯·萨维尼:《论立法与法学的当代使命》,许章润译,中国法制出版社2001年版,第37页。
[2] 郭志京:《中国公司对外担保规则特殊性研究——兼论民法商法思维方式的对立统一》,《当代法学》2014年第5期。
[3] 吴飞飞:《公司担保合同行为的最佳行为范式何以形成——公司越权担保合同效力认定的逆向思维》,《法学论坛》2015年第1期。
[4] [德]伯恩·魏德士:《法理学》,丁小春、吴越译,法律出版社2003年版,第55页。

AIGC版权保护的独创性标准研究

徐慧丽*

摘　要	独创性是判断版权保护适格性的基本概念。版权保护是否以自然人作者为前提，形成了独创性认定的主观标准和客观标准。主观标准严格要求作品与作者人格相关联，典型如大陆法系下作者权体系。客观标准更注重对作品经济权利的保护，典型如受英美法系下的版权体系。两类版权保护标准应对AIGC，均存在保护乏力的现象。中国版权法兼受作者权体系人格主义与版权体系功利主义思想的影响，独创性标准的本质趋于原创性，即要求作品源于自然人的独立创作，且对创造性仅作最低要求。应对AIGC的版权法之问，这种原创性应调整为工业版权下客观化的独创性标准。从原创性到工业版权独创性，调整的关键在于创造性程度的提升。
关键词	AIGC；独创性；人格主义；功利主义；工业版权
目　次	一、问题的提出 二、独创性主观与客观标准之争的版权理论归因 三、二维视角：版权体系与作者权体系 　（一）版权体系下的独创性客观标准 　　1. 英国：AIGC符合独创性 　　2. 美国：审慎态度 　（二）作者权体系下的独创性主观标准 　（三）二维视角下独创性认定标准评析 四、创造性提升：从原创性到独创性 　（一）传统作品独创性标准的原创性本质 　（二）工业版权体系下独创性的客观化 　（三）创造性程度的提升 五、结语

一、问题的提出

2024年7月，世界知识产权组织发布《生成式人工智能专利态势报告》。该报告指出，中国专利申请人申请的生成式人工智能专利数量居全球第一。[1] 市

---

* 徐慧丽（1988— ），中国移动设计院专利中心高级咨询顾问。研究方向：知识产权法。
[1] WIPO：https://www.wipo.int/web-publications/patent-landscape-report-generative-artificial-intelligence-genai/assets/62504/Generative%20AI%20-%20PLR%20EN_WEB2.pdf

面上的秘塔、跃问、Kimi、DeepSeek等生成式人工智能应用蓬勃发展,给人们生产生活带来诸多便利。作为新质生产力的支撑和保障,知识产权尤其是版权制度如何为人工智能生成内容(AIGC)提供保护,目前仍然存在很大的争议。作品版权保护的适格性判断中,独创性是最根本的考察标准。AIGC版权保护的认定,独创性也是门槛性质的概念。[1] 如果AIGC满足独创性标准,则根据保护投资者利益、雇佣关系、邻接权,甚至法律主体等理论,可进一步解释作品的权责归属问题。否则,AIGC应当进入公共领域,供社会公众自由使用。

独创性的解释空间相对灵活,没有统一量度。长期以来,法学理论与司法实践的关注点主要在于独创性高度,即对创造性程度的要求。从英美法系"额头出汗原则"、大陆法系要求作品必须具有"一定的创作高度",到美国最高院Feist案中确立"最低程度的一点创造性",以及国内学界倾向于主张版权法无须对创造性作过高要求[2][3][4],创造性程度始终被视为衡量独创性的关键[5]。随着AIGC应用日益广泛,独创性的另一重争议逐渐浮现,即创作来源是否仅限于自然人。一种观点认为,独创性仅考察作品本身是否由创作者独立完成,并且具有一定程度的创造性,而无须考察创作来源,可以归纳为独创性的客观标准,即从作品客观呈现来认定独创性。另一种观点认为,独创性强调作品是作者人格的延伸,要求作品必须源于自然人,且体现自然人创作者的个性特点。此处的独创性是一种与创作主体相关联的概念,从主观视角考察作品内容是否体现自然人创作者的个性,可归纳为独创性的主观标准。

关于AIGC版权保护的讨论,因独创性认定标准的差异,而存在明显分歧。大部分学者主张采纳独创性客观标准赋予AIGC以版权保护,也就是仅考察作品内容是否具有独创性,而不考察作品来源。例如:吴汉东认为,作品内容只要由机器人独立完成,即满足独创性;[6] 易继明进一步指出,独创性应当向客观标准倾斜,从形式上考察作品内容,而不用纠结于创作行为是否源于自然人;[7] 陶乾也认为,AIGC达到人类作品水平时,独创性就应得到认可,无须考虑成果来源的主体身份。[8] 另一部分学者则主张作品满足独创性,须以反映创作者人格与个性为前提,AIGC并非源于自然人,因此无法满足独创性。例如:李琛主张,当

---

[1] See Shlomit Yanisky-Ravid & Luis Antonio Velez-Hernandez, Copyrightability of Artworks Produced by Creative Robots and Originality: The Formality-Objective Model, *Minnesota Journal of Law, Science & Technology*, Vol.19, Issue 1, 2018, p.16.
[2] 参见李扬:《知识产权法基本原理(Ⅱ)——著作权法(修订版)》,中国社会科学出版社2013年版,第34页。
[3] 参见李玉香:《独创性的司法判断》,《人民司法》2009年第13期。
[4] 参见姜颖:《作品独创性判定标准的比较研究》,《知识产权》2004年第3期。
[5] 参见李伟文:《论著作权客体之独创性》,《法学评论》2000年第1期。
[6] 参见吴汉东:《人工智能时代的制度安排与法律规制》,《法律科学(西北政法大学学报)》2017年第5期。
[7] 参见易继明:《人工智能创作物是作品吗?》,《法律科学(西北政法大学学报)》2017年第5期。
[8] 参见陶乾:《论著作权法对人工智能生成成果的保护——作为邻接权的数据处理者权之证立》,《法学》2018年4月期。

符号组合源于人类之外的人工智能时,探讨独创性不能只依据创作结果,还应当分析作品来源;[1]熊琦指出,AIGC 的内容虽然在客观上满足独创性对最低程度创造性的要求,但"独"的判定须以人类的行为为基础;[2]刘艳红则认为,作品应当是情感、审美的表达,机器缺少人类之间的共情心和同理心,无法理解作品创作的内在思想,因此 AIGC 不符合独创性要求。[3]

概念是对象的属性在观念中的呈现,而法律概念则是进行法律思维和推理的根本环节。[4]独创性作为版权保护的核心概念,因创作者个性关联、创造性程度模糊而形成多重理解。不仅是 AIGC 版权保护相关探讨存在独创性认定问题,过去关于独创性主观标准与客观标准的争议其实一直存在。诸如编译作品、计算机软件、数据库等内容难以体现创作者个性特点,涉及独创性判断时,也曾一度引发关于独创性主观标准与客观标准的争议。基于创作来源的独创性主观与客观标准之争是版权制度发展变化中的一个历史遗留问题,只是在 AIGC 场景中变得尤为激烈。本文从各国版权制度的比较分析出发,结合版权法的哲学理论基础,探讨独创性标准相关争议的纾困之道,同时尝试对 AIGC 的独创性认定作出回应。

二、独创性主观与客观标准之争的版权理论归因

独创性与其他版权制度规定一样,源于版权法的哲学理论基础。大陆法系与英美法系版权法在独创性方面受不同哲学思想影响,判定标准存在着较大差异。[5]中国历史长河中文学艺术创作成果璀璨夺目,却并未致力于版权制度的发展。直到 20 世纪 90 年代,在改革开放的背景下,为了获得西方技术与资本的支持,消除西方国家对中国知识产权保护不力的担心,我国才开启一系列知识产权立法修法活动。[6]版权制度的初期发展具有一定的被动性。在迅速与国际接轨的外部压力下,版权立法初期大量借鉴国际条约与国外版权法规定,因"博采众长"产生了条文之间的一些逻辑矛盾。[7]例如,权利内容受大陆法系人格主义思想的影响,不仅保护作者的财产权利,也强调对署名权、发表权等人格权利的保护;创作主体受美国制度的影响,又引入法人作品。具言之,大陆法系"二元说"权利体系,以作品应当与作者人格有关联为前提;源于英美法系的法人作品制度则以功利主义思想为基础,无伦理人格的法人也可被视为作者,作品与作者人格无关。"二元说"权利体系与法人作品制度之间,存在作品是否关联于作者人格的差异。

---

[1] 参见李琛:《论人工智能的法学分析方法——以著作权为例》,《知识产权》2019 年第 7 期。
[2] 参见熊琦:《人工智能生成内容的著作权认定》,《知识产权》2017 年第 3 期。
[3] 参见刘艳红:《人工智能法学研究的反智化批判》,《东方法学》2019 年第 5 期。
[4] 参见雷磊:《法律概念是重要的吗》,《法学研究》2017 年第 4 期。
[5] 参见曲三强主编:《现代著作权法》,北京大学出版社 2011 年版,第 46 页。
[6] 参见曲三强主编:《现代著作权法》,北京大学出版社 2011 年版,第 15 页。
[7] 参见王迁:《著作权法借鉴国际条约与国外立法:问题与对策》,《中国法学》2012 年第 3 期。

法人作品与作者人格的关联,是现行版权法条文的逻辑矛盾点之一。这种矛盾逻辑直接表现为法人作品场景中,署名权、保护作品完整权与修改权等人格权利如何安排的困境,更深层次则形成了版权法中独创性主观标准与客观标准之间的冲突。英美法系对著作人格权的保护主要体现在案例法中,条文法中保护人格权的规定非常有限。在有限的著作人格权保护规定中,法人主体被排除在权利主体范围之外,因而不会带来法人作者适用著作人格权的困难。大陆法系作者被严格限制为自然人。法人无伦理人格,不能被视为作者,也不存在非自然人作者适用著作人格权的尴尬。中国版权法则强调法人作品与法人内部实际创作者之间的联系,以解释作品中的人格,进而解释法人作者适用著作人格权的正当性。行使著作人格权的法律主体,则通常为实际创作者之外的群体,如法人机关成员。由此看来,面临法人作者适用著作人格权的困境,现行著作权法尚能勉强应付。

在AIGC版权保护的独创性认定中,源于版权法基础理论的逻辑矛盾却难以调和。现行著作权法没有明确独创性的具体标准。支持客观标准的学者倾向于从英美法系的思想理解独创性,即只要求"独立完成"与"最低程度的一点创造性",而不再强调独创性与作者人格之间的关联。[1] 持主观标准的学者则从大陆法系的作者权角度,强调作品应为作者人格的延伸,才有可能满足独创性。[2] 关于作者人格如何解释,有观点强调,作品必须源于自然人作者,有的要求作品中须反映有作者的思想、情感、价值观念等,还有观点主张作者的人格体现为作者的创作意图。

立法与理论上的模糊性,带来司法实践中的分歧。北京互联网法院在2018年"菲林诉百度案"中,主张机器自动生成的报告在形式上满足独创性,但又附加"文字应由自然人创作完成"的条件,因而判定涉案报告不是著作权法意义上的作品。[3] 2023年"文生图"案中,北京互联网法院延续这一思路,主张"机械性智力成果"应当被排除在独创性之外。[4] 深圳南山区人民法院在2019年"腾讯诉盈讯案"中,则将独创性定义为"是否独立创作及外在表现上是否与已有作品存在一定程度的差异,或具备最低程度的创造性"。[5] 通过分析涉诉文章的生成过程,该院指出文章中的表达由主创团队个性化地安排与选择决定,具有独创性且属于版权法所保护的作品。在前一案件中,法院先是认可了机器生成内容在形式上的独创性,继而又附以自然人创作者的限制,实质上是采用了独创性主观标准。在后一案件中,法院则对独创性作出客观标准的解释,同时绕开针对机器生成内容的独创性分析。在各方对独创性主客观标准理解不一致的基础上,很难

---

[1] 参见李扬:《知识产权法基本原理(Ⅱ)——著作权法(修订版)》,中国社会科学出版社2013年版,第34页。
[2] 参见冯晓青、冯晔:《试论著作权法中作品独创性的界定》,《华东政法学院学报》1999年第5期。
[3] 参见北京互联网法院(2018)京0491民初239号民事判决书。
[4] 参见北京互联网法院民事判决书(2023)京0491民初11279号。
[5] 参见广东省深圳市南山区人民法院(2019)粤0305民初14010号民事判决书。

对AIGC的法律属性作出准确判断。

版权法理论基础糅合状态下,除了独创性的主客观标准争议,创造性程度的问题也依然存在,进一步增加了AIGC独创性认定的难度。大陆法系要求作品反映作者的人格与个性,因而需要达到一定高度的创造性,英美法系则只要求作品有最低程度的创造性即可。中国版权法对创造性程度的要求如何确定,尚未达成一致结论。在司法实践中,"独立完成"的要素更多是对事实情节作判断;"创造性"要素则属于带有主观价值的法律评价,带来了具体案件中审判结果的不确定性。典型如网络游戏直播画面所涉版权争议。在"炉石传说案"中,法院认为游戏操作形成的动态画面不符合独创性标准,原因在于"玩家的选择是基于实用或效率性赢得比赛的选择,而非基于美学或表达性目的所作的个性化选择"。[1] 在"梦幻西游案"中,法院却判定游戏连续动态画面具有独创性,原因在于文字片段、美术形象、音乐作品等游戏素材的组合,体现出了游戏开发者"富有个性的选择与安排"。[2] 同为游戏开发者设置规则与素材、玩家调用素材推动游戏进程,不同法院对游戏动态画面的独创性裁定得出截然相反的结果。对于AIGC等新型作品而言,独创性认定存在更大程度的不确定性。

三、二维视角:版权体系与作者权体系

中国著作权法关于AIGC独创性的认定存在主客观标准和创造性程度的不确定性。域外版权法基于各自法律传统,或者建立于英美法系思想架构之上,或者严格采纳大陆法系的人格主义规范体系,也或多或少面临AIGC独创性认定的挑战。总体而言,英美法系国家偏重作品经济价值的实现,独创性采纳客观标准。大陆法国家注重对作者权利的保护,独创性采纳主观标准。溯本求源,对二维视角下典型国家独创性认定标准的思想源流与AIGC版权适用现状开展分析,可能为中国版权法独创性的梳理提供有益启示。

(一)版权体系下的独创性客观标准

1. 英国:AIGC符合独创性

英国独创性认定的客观标准可以为AIGC所满足。版权体系下的英国强调对作者经济权利的保护,以"对作品的客观投入"为独创性的判断标准。[3] 1710年《安娜法》是世界上第一部版权法,废除了出版商的特许权,转而赋予创作者以财产权。但是,从《安娜法》到现行版权法,条文法中均无独创性的具体规定。作品是否符合独创性的判断留给了法院。早期英国法院以"额头出汗原则"(sweat of the brow)为版权保护的判断标准。1916年University of London Press v. University Tutorial Press案中,法院指出独创性要求作品源于作者,而不是对其他

---

[1] 参见湖北省武汉市中级人民法院(2017)鄂01民终4950号民事判决书。
[2] 参见广东省高级人民法院(2018)粤民终137号民事判决书。
[3] 参见曲三强主编:《现代著作权法》,北京大学出版社2011年版,第47页。

作品的抄袭[1];1964年Ladbroke v. William Hill案中,法院指出,对作品独创性的判断应当考虑作品所投入的技巧、判断与劳动[2]。经过一系列的案例解释,独创性认定的标准被归纳为两个要素:一是作品源于作者,而不是对其他作品的抄袭;二是作品中必须投入作者的技巧、判断与劳动。[3] 无论是过去的额头出汗原则,还是现行独创性标准,均未对创作来源施加限制。1988年《版权、外观设计和专利法》第9条规定作者为创作作品的人,但在特定情形下作者也有可能为录音制品制作者、电影制片人或主要导演、广播制作者、出版者等。该法第11(2)条关于版权原始主体的规定中,亦明确雇佣作品在无相反约定的情况下,权利原始归属于雇主。由此可见,创作主体既有可能不是作者,也有可能不是权利主体。这实际上是版权体系注重保护投资者利益的体现。因版权法已对权利主体作明确界定,独创性认定过程中,仅对作品形式与内容进行考察,无须对主体要素作重复考量。独创性客观标准的立法思路在1988年《版权、外观设计和专利法》第9(3)条关于计算机生成作品的规定中进一步得到了印证。依据该条款,计算机生成作品以"为作品创作作出必要安排的人"为作者。换言之,当创作的来源并非人类而是计算机时,AIGC同样有可能符合独创性标准,并获得版权保护。

英国版权法的哲学理论基础经历了从劳动价值论向功利主义转变,随之独创性也从主观标准转变为客观标准。版权制度萌芽于英国,发展初期以洛克的财产权劳动学说为正当性基础。创作作品被视为智力性劳动,创作者因智力劳动而享有作品的财产权。判断作品是否可版权的标准被形象地描述为"额头出汗原则"。洛克理论中的"劳动"不是简单的机械运作,而须源于人类对自己身体的所有权。一个人对自己的身体享有所有权,身体产生的劳动属于他自己,并使特定物脱离自然安排的状态,成为自己的财产。[4] 故而"额头出汗原则"下的作品只能来源于对自己身体享有所有权的自然人。在第二次工业革命后,版权客体在经济增长过程中的消费功能凸显,作品被更直接地视为商品,而不仅仅是作者的劳动结晶。[5] 受功利主义思想的影响,英国现代版权法的目标价值更多考虑人们在作品中的客观投入能否获得相应回报。作者范畴从自然人扩展为自然人和法人团体,权利主体也增加了电影制片人等投资者群体。计算机生成作品被纳入版权客体范围,以作出"必要安排"之人为作者,则意味着版权法意义上的作品创作来源不再局限于自然人。若AIGC既非对现有作品的抄袭,又融入机器的自主选择、判断及运转工作,则能够获得版权法保护。

2. 美国:审慎态度

美国版权法虽然隶属于受功利主义影响的版权体系,但暂未明确AIGC能

---

[1] See University of London Press Ltd v. University Tutorial Press Ltd,[1916] 2 Ch. 601,610.
[2] See Ladbroke (Football) v. William Hill (Football) Ltd,[1964] 1 ALL ER 465,466.
[3] 参见李玉香:《独创性的司法判断》,《人民司法》2009年第13期。
[4] 参见[英]约翰·洛克:《政府论》,杨思派译,中国社会科学出版社2009年版,第163页。
[5] 参见熊琦:《著作权法中投资者视为作者的制度安排》,《法学》2010年第9期。

否满足独创性要求。跟英国一样,条文法未对独创性作出明确规定,而是由法院在司法实践中探寻适用于独创性的法律原则,以避免生硬法条与灵活现实之间的冲突。[1] 早期司法案例沿袭了英国法律传统,以"额头出汗原则"判断作品可版权性,从而利用版权奖励作者的辛勤劳动。随着版权护对象的认识不断深入,法院逐渐形成了自己对独创性的理解。1884 年 Burrow-Giles v. Sarony 案关于艺术照片可版权性的纠纷中,法院主张照片存在对姿势、背景、模特、照相效果的选择与判断,这些元素结合起来足以满足独创性要求。[2] 1951 年 Alfred Bell v. Cataldo Fine Arts 案中法院指出,作者作出的贡献不是微不足道的变化,有一点点源于作者自身的创作内容时,即可满足独创性要求。[3] 最终在 1991 年 Feist 案中,联邦最高院推翻"额头出汗原则",确定独创性才是版权保护需满足的实质标准,要求作品由作者独立创作,并具有最低程度的创造性(some minimal degree of creativity)。[4] Feist 案确立的独创性标准虽然对创造性程度要求不高,但有效地统一了联邦各巡回法院之间不一致的独创性标准。

美国版权制度在逐渐厘清独创性标准的过程中,对主体要素的探索相对有限。条文法方面,《美国法典》版权法规部分,没有对法人之外的作者或权利主体范围作细节性规定。仅版权局内部指南文件《美国版权实践纲要(第 3 版)》[Compendium of U. S. Copyright Office Practices(3d ed. 2021),以下简称《实践纲要》]明确作品只能由人类创作,纯粹由机器或机械程序生成的作品无法在版权局获得注册。[5] 在实践中,美国哥伦比亚特区联邦地区法院在 Thaler v. Perlmutter 案中认定,人类作者是获得版权保护的必要组成部分。[6] 值得注意的是,《实践纲要》作为行政机构发布的规范性文件,不具有强制约束性;Thaler v. Perlmutter 案也处于上诉程序,未有定论。在拒绝为 AIGC 提供版权保护的论证中,《实践纲要》和 Thaler v. Perlmutter 案限制创作来源为自然人的参考依据均含 Burrow-Giles v. Sarony 案。该案中最高院分析照片可版权性问题,论及作者时使用了"他"(he)、"公民"(citizen)、"居民"(resident),"源于作者的智力构想"(original intellectual conceptions of the author)等字眼。据此,版权局及法院推断自然人属性为创作来源的必要条件。Burrow-Giles v. Sarony 案的判决形

---

[1] 参见李响:《美国版权法:原则、案例与材料》,中国政法大学出版社 2004 年版,第 42 页。

[2] See Burrow-Giles Lithographic Company v. Sarony, 111 U. S. 53, 60(1884).

[3] See Alfred Bell & Co. v. Cataldo Fine Arts, Inc. , 191 F. 2d 99, 102-103(2d Cir. 1951).

[4] See Feist Publications, Inc. v. Rural Telephone Service Co. , 499 U. S. 340, 345(1991).

[5] 《版权实践纲要》第 313.2 条规定,作品必须由人类创作,否则没有资格获得版权保护;版权局不会登记自然、动物或植物产生的作品,也不会登记据称由神灵、超自然生物创作的作品;如果作品在没有人类作者干预与创造性输入的情况下,由随机或自动化运行的机器、机械程序生成,版权局同样不会予以登记。See Compendium of U. S. Copyright Office Practices § 313.2(3d ed. 2021): To qualify as a work of "authorship" a work must be created by a human being…Similarly, the Office will not register works produced by a machine or mere mechanical process that operates randomly or automatically without any creative input or intervention from a human author.

[6] See Stephen Thaler v. Shira Perlmutter et al. , No. 22-1564 (BAH) (D. D. C. Aug. 18, 2023).

成于1884年,美国最高法院在判决书中解释道,1802年版权法案未纳入照片作为版权客体的原因在于摄影术尚未发明。类似地,19世纪的法官受技术视野的局限,也无法预料到法人、人工智能等非自然人作为创作来源的情形。美国版权法独创性认定采纳主观标准还是客观标准,以及AIGC能否成为美国版权法意义上的作品,仍取决于上诉法院,甚至是美国最高法院的最终裁定。

美国的版权体系受功利主义思想影响,更加重视对作品经济权利的保护。与作者权体系国家视版权法为人类自由精神的保护神不同,美国保护版权的目的在于给作者和出版商们经济上的激励,或者说是物质利益上的诱惑,以促进科技及文艺创作领域的繁荣,从而实现全社会公共福利的普遍提高。[1] 18世纪,美国从英国独立初期,沿袭的是英国版权制度。宪法制定者们在赋予国会以制定版权法的权力时,已将功利主义作为版权保护的依据。[2] 故而美国版权法的目标首先是激励创新与追求社会公共福利,其次才是赋予个人自由分享与使用的空间。由此看来,非自然人创作的作品能否满足独创性应当取决于知识进步与社会利益提升的目的能否实现,而不是创作来源是否为自然人。很多美国学者分析AIGC可版权性时,均主张从客观角度来观察作品,若难以区分源于人类还是机器,即可满足独创性。[3] 相关司法案例与条文法规定暂时缺位的情况下,尚无AIGC符合独创性标准的明确法律依据。版权局和法院则立足近期AIGC版权实践,倾向于从主观标准角度解释独创性,秉持相对审慎的态度。

(二)作者权体系下的独创性主观标准

不同于版权体系下独创性判断侧重将作品与先前作品进行比较,作者权体系国家的独创性标准立足于作品与作者人格之间的联系。[4] 欧盟成员国在欧盟多边条约的指引下,通过案例调整,形成了趋于一致的独创性主观标准,典型为法国与德国。

《法国知识产权法典》中没有对独创性的含义作具体规定,仅在第L112-4条关于标题的保护中提到了独创性要求[5],对独创性的解释则主要呈现在法院案例中。最高法院早期将独创性解释为"表现在作者所创作作品上的反映作者个

---

[1] 参见李响:《美国版权法:原则、案例与材料》,中国政法大学出版社2004年版,第12页。
[2] 参见[美]朱莉·E. 科恩、莉蒂亚·P. 劳伦·罗斯、L. 欧科迪奇、莫林·A. 奥洛克:《全球信息经济下的美国版权法》,王迁、侍孝祥、贺炯译,商务印书馆2016年版,第9页。
[3] See Shlomit Yanisky-Ravid, Generating Rembrandt: Artificial Intelligence, Copyright, and Accountability in the 3A Era-The Human-like Authors Are Already Here-A New Model, *Michigan State Law Review*, Vol. 7, Issue 4, 2017, p.721; see also Andrew J. Wu, From Video Games to Artificial Intelligence: Assigning Copyright Ownership to Works Generated by Increasingly Sophisticated Computer Programs, *AIPLA Quarterly Journal*, Vol. 25, No. 1, 1997, p.148.
[4] 参见曲三强主编:《现代著作权法》,北京大学出版社2011年版,第49页。
[5] See Intellectual Property Code, Article L112-4, https://www.wipo.int/edocs/lexdocs/laws/en/fr/fr467en.pdf, last visited:2020-10-08.

性的标记",后续案件中法官们所使用的表达方式虽有所不同,如"作者个性的烙印""作者个性的反映",但对独创性概念的理解基本相同。[1] 总体而言,独创性要求作品反映作者独特的人格与个性。同时,版权法不认可法人作者,对作品也均以"思想作品"(works of the mind)来描述,强调作品的思想性与精神性,以及对作者人格权的保护。若作品并非源于自然人,则无法满足独创性。由此可见,法国独创性作为创作努力中的个性标记,衡量标准具有主观性。[2] AIGC 源于机器而非自然人,无法满足主观标准下的独创性。

德国同样采纳了独创性主观标准。虽然《德国版权与邻接权法》没有对独创性作具体规定,但第 2(2)条将作品定义为"作者自己的智力创作",紧接着第 7 条将作者定义为"作品的创作者"。[3] 德国民法注重对人格的尊重,通常认为上述条款意味着版权法意义上作品的创作者只能是自然人。该法第 64 条关于版权存续期的一般规定,也仅设定了"作者死后 70 年"的情形。由此可见,《德国版权与邻接权法》实际上是以作者仅限于自然人为默认前提。在权利归属相关条款中,该法也排除或规避了非自然人成为作者的可能性。例如,第 69b 条明确雇佣关系下的创作,雇主仅享有作品的经济权利,从而排除了法人成为作者的情形。作品要满足独创性,创作来源也只能是自然人。正如德国教授乌尔里希·勒文海姆所解释的,独创性应包括以下特征:第一,必须有产生作品的创造性劳动;第二,作品中应体现人的智力,思想或感情内容必须通过作品传达出来;第三,作品应体现创作者的个性,打上作者个性智力的烙印;第四,作品应具有一定的创作高度,它是著作权保护的下限。[4] AIGC 虽然是机器模仿人类的智力进行创作,但无法传达机器的"思想或情感",机器在生成内容的过程中也不存在"个性"可言,不符合第二、第三项特征,因此在无法满足独创性。

法国、德国等作者权体系国家的版权法,以人格主义思想为哲学基础,注重保护作者权利。18 世纪末,法国大革命以"天赋人权"为旗帜,完成了出版者特许权向作者权的过渡;德国哲学家康德、费希特等人则提出了作品反映作者人格的理论。[5] 在这些思想观念的影响下,版权法以作品为作者人格的延伸,将作品定义为作者灵性感受的创作物,以及作者思想与愿望的表现形式。[6] 作品是人的大脑的创作,而负载在作品中个性化的思想、情感,就成了作者人格的体现。因此除了自然人,缺乏思想、情感与灵性的法人、动物,均没有资格创作版权法意义上的作品。在当时的思想环境中,唯自然人有创作资格的版权法似乎并没有什

---

[1] 参见李玉香:《独创性的司法判断》,《人民司法》2009 年第 13 期。
[2] 参见[法]克洛德·科隆贝:《世界各国著作权和邻接权的基本原则——比较法研究》,高凌瀚译,上海外语教育出版社 1995 年版,第 6 页。
[3] See German Act on Copyright and Related Rights, Section 2(2), 7, at http://www.gesetze-im-internet.de/englisch_urhg/englisch_urhg.html#p0018, last visited: 2020-10-08.
[4] 参见[德]乌尔里希·勒文海姆:《作品的概念》,郑冲译,《著作权》1991 年第 3 期。转引自胡开忠:《知识产权法比较研究》,中国人民公安大学出版社 2004 年版,第 31 页。
[5] 参见李明德、许超:《著作权法》,法律出版社 2003 年版,第 15—16 页。
[6] 参见史文清、梅慎实:《著作权诸问题研究》,复旦大学出版社 1992 年版,第 35 页。

么问题。随着版权客体范围逐渐扩大,数据库、编译作品、计算机程序、使用说明书等实用功能作品大量出现。功能性作品往往肩负实用功能,但不承载或很少承载作者情感、气质,注重实现思想功能而非表现作者个性。[1] 实用功能作品中很难找到作者的个性,若要坚守"作品体现人格"的立场,也仅剩下创作源于自然人这一条线索了。作者权体系的人格主义思想基础,也是当前我国学者秉持独创性主观标准的主要依据。随着知识产权领域功利主义思想的扩张,作者权体系的人格主义思想基础不断遭受冲击,面临着是否为AIGC让步的抉择。

(三)二维视角下独创性认定标准评析

无论是版权体系下的独创性客观标准,还是作者权体系下的独创性主观标准,都在持续遭到信息科技带来的冲击。域外国家沿袭各自法律传统形成的独创性虽然在主观标准与客观标准方面的争议较少,但应用于AIGC,也存在一些不足之处。

版权体系独创性倾向于既不限制创作来源,也不要求作品具有较高程度的创造性。这种宽松的独创性标准带来宽泛的版权保护范围,可能过度挤占公众自由使用的空间。英国与美国属于文化输出国家,在优势的国际贸易地位背景下,将国内保护标准推广为国际规则,可获得巨额利润回报,文化产业逐渐成为国家经济发展的重要支柱。版权强保护带来的是国家整体经济实力强化与公共福利提升,进而使得公民个人权利与公众利益在更高层次的支点上重新达到平衡状态。另外,英美国家版权法的最初起源是洛克的劳动价值论。洛克对财产的阐述,则始于那个时代人们所理解的观念,即上帝把土地给了世人。[2] 西方国家宗教思想对版权法长期的渗透与影响,使得法律具有神圣性与信仰性。即便宽松的独创性标准限缩了人们使用公共领域内容的权利,人们也愿意凭借对法律的信仰接受这套制度。高强度的版权法因而得以顺利在社会上普及与推行。

对于其他国家而言,过于宽松的独创性将带来版权保护范围过度扩张,对公共领域形成不当限制,从而破坏个人私权与公众利益之间的平衡。尤其是AIGC,机器理论上能够不间断创作新内容,带来作品数量爆炸性增长。如果将创造性较低的内容也纳入版权保护范围,无疑会束缚其他创作者的手脚。同时,受版权保护的作品数量过多,还有可能带来制度的异化效果。例如,某些商业实体大量购买作品,或与权利人捆绑,通过发起侵权诉讼或以侵权诉讼相要挟,从而获得盈利的"版权蟑螂"现象。[3] 版权异化现象不仅造成司法资源浪费,还使人们对制度产生怀疑与反感。因此,美国还秉持审慎态度,尚未通过司法判例接

---

[1] 参见曲三强主编:《现代著作权法》,北京大学出版社2011年版,第118页。
[2] 参见[美]罗伯特·P. 莫杰思:《知识产权正当性解释》,金海军、史兆欢、寇海侠译,商务印书馆2019年版,第63页。
[3] 参见易继明、蔡元臻:《版权蟑螂现象的法律治理——网络版权市场中的利益平衡机制》,《法学论坛》2018年第2期。

纳 AIGC 符合独创性的客观标准。

作者权体系下版权法源于人格主义思想,对人格要素作严格要求。除了作品的创造性以人格特征为区分标准,创作来源也仅限于自然人这一类主体。人格主义思想的代表人物为康德、费希特、黑格尔等人。他们的哲学态度是先验唯心主义,"这种哲学进路的特点是赋予人的智力以巨大的强力和力量,并且认为经验实在在很大程度上是由人的思想所构设或产生的观念形成的"。[1] 受 18、19 世纪蒸汽机时代技术视野的限制,哲学家们无法预料数百年后,人们会开发机器来模仿"人的智力",并且机器也能够通过学习来获得经验,形成选择、判断与决策能力。例如,在黑格尔的法哲学理论中,人对物享有所有权,源于"人有权把他的意志体现在任何物中,因而使该物成为我的东西";人和物的区别就在于"人具有这种权利作为它的实体性的目的,因为物在其自身中不具有这种目的,而是从我意志中获得它的规定和灵魂"。[2] 无民事行为能力的儿童,虽然理性尚未成熟,但拥有冲动、倾向等形式的意志,因此也能实施创作行为,并享有作品版权。而在人工智能自主生成的诗句中,并没有体现人类意志。因此传统哲学难以解释 AIGC 的法律属性。

人格主义思想影响下的版权法,在 AIGC 兴起之前,应对不断出现的新类型作品,已经显得捉襟见肘。最初作品被认为是"作者生来就享有的人身权利在新法律关系中的具体反映",这种人身属性要求"作品应体现创作者的个性"且"作品应具有一定的创作高度"。[3] 对"创作高度"的要求使得优秀的文字、艺术、戏剧等作品获得保护而得以传承,创造性较低的内容则被排除在版权保护范围之外,既节约了法律资源,又激励着民众不断创作出更加优质的作品。随着实用功能作品的出现,作品表达中反映作者个性的创造空间越来越有限。为了缓冲技术发展带来的冲击,德国在对艺术作品作较高要求的基础上,通过司法判例形成了"小硬币标准",对数据库、计算机程序等例外情况,"只要具备了最小的独创性/创造性就已经满足作品的独创性要求"。[4] 然而,德国关于最小独创性的相关法律条款被认为与其他法律规定相矛盾,并且这些条款对不同类型作品存在不公平对待,因而引起了宪法争议。[5] 不仅如此,主观标准下的独创性限制了作者只能是自然人,企业组织员工创作的内容无法以法人作品的形式在市场中运营。在创作集团化、资本依赖性增强的现代社会,集体创作的作品与人格联系淡漠,但财产利益重大,应当由投资者取得版权,才能实现利益平衡,有效推进作品

---

[1] [美]E.博登海默:《法理学:法律哲学与法律方法》,邓正来译,中国政法大学出版社 2017 年版,第 82 页。

[2] 参见[德]黑格尔:《法哲学原理》,范扬、张企泰译,商务印书馆 1961 年版,第 60 页。

[3] 参见吴汉东、曹新明、王毅、胡开忠:《西方诸国著作权制度研究》,中国政法大学出版社 1998 年版,第 41 页。

[4] 参见[德]雷炳德:《著作权法》,张恩民译,法律出版社 2004 年版,第 116 页。

[5] 参见[德]雷炳德:《著作权法》,张恩民译,法律出版社 2004 年版,第 116 页。

的市场化。[1] 虽然我国《著作权法》立法初期参考德国的基本制度建构,后期引入法人作品造成了一些制度上的尴尬,但也并非全无道理。采纳法人作品制度的确有利于提升作品流通市场的传播与交易。僵化地坚持独创性的主观标准,无异于在并不稳固的人格主义基础之上,忽视新技术发展给版权法带来的冲击。

四、创造性提升:从原创性到独创性

AIGC 在作品流通市场中传播与交易,使得独创性判断的相关争议,成为各国版权法不得不面对的问题。如前文所述,独创性争议由来已久,只是在 AIGC 的语境中凸显。在作者权体系下,AIGC 独创性判断中的人类参与度、权利归属及法律依据如何阐释,均为棘手问题。版权体系则完全排除了独创性对 AIGC 的适用。中国版权制度缺乏统一的哲学思想基础,条款之间存在逻辑矛盾,AIGC 带来的独创性争议更加难以调和。在版权制度实践中,独创性标准的内涵逐渐趋于原创性,即仅考察作品是否源于作者本身的创作,而不苛求创造性程度。为了更好地适应新技术新作品,这种以原创性为本质的独创性标准,应当超越作者权基础,调整为工业版权体系下客观化的独创性认定标准。而独创性标准调整的核心,则在于创造性程度的提升。

(一)传统作品独创性标准的原创性本质

传统作品可版权性的判断中,创造性程度是造成独创性标准飘忽不定的主要因素。创造性作为一种抽象概念,无论以人格还是个性来衡量,都难以制定一项明确标准。这也是各国版权法普遍面临的问题。中国著作权法理论基础糅合则使得不同创造性程度的独创性标准一度兼存。在司法实践中,不同的法官持有各自的价值判断,倾向于采纳不同的创造性要求,曾对相似案件得出不同的裁判结果。作者权体系下的法国、德国虽然坚持人格主义思想基础,也未能就创造性程度高低的判定标准作出清晰阐释。曾有学者主张,区分不同类型作品的创造性空间,从而适用不同程度的独创性标准。例如,胡开忠主张,多数大陆法系国家将作品区分为创造性发挥余地较大的文学、艺术作品和创造性发挥余地较小的地图、示意图、目录、通讯录等作品,分别适用较高与较低的独创性;[2] 赵锐建议,根据作品创作空间的不同,采取区别对待原则,综合考虑社会习惯、公众接受能力和产业政策来具体评判不同类型作品的独创性。[3] 然而,创造性与创作空间都是极为抽象的概念,不同作品如何分类尚难以界定,遑论制定一套明确的阶梯型独创性标准。知识产权的无形性带来权利边界的模糊化,比传统财产权利客体更需要明确的预见性,而模糊的原则条款则会加剧法律的不确定性。[4]

---

[1] 参见李琛:《质疑知识产权之"人格财产一体性"》,《中国社会科学》2004 年第 2 期。
[2] 参见[德]乌尔里希·勒文海姆:《作品的概念》,郑冲译,《著作权》1991 年第 3 期。转引自胡开忠:《知识产权法比较研究》,中国人民公安大学出版社 2004 年版,第 33 页。
[3] 参见赵锐:《作品独创性标准的反思与认知》,《知识产权》2011 年第 9 期。
[4] 参见崔国斌:《知识产权法官造法批判》,《中国法学》2006 年第 1 期。

为了增强独创性判定中的统一性与预见性,版权实践倾向于采取类似美国版权法中"最低程度创造性"的要求,避免对创造性高低作定量判断。

传统作品独创性认定仅对创造性程度作最低程度要求,而在创作来源方面,则倾向于采纳作者权体系下的主观标准,即创作来源仅限于自然人。虽然版权法并无明文规定,但受保护的文学、艺术内容是一个"精神"的世界。作品常常被视为作者与读者之间的精神交流。人工智能、动物,乃至于神灵、大自然,很难与人类产生这种思想交流。即便是人工智能的深度学习,或者动物、大自然偶然形成具有美感形式的内容,都缺乏自然人的经验与生命的体验,属于无精神内核的表达。现行版权法的游戏规则是由自然人以现有知识为基础,在循序渐进的学习过程中,结合个人体验与生命经验来添加创造性内容。法人作品虽然在名义上将法人视为作者,最终仍追溯至实际创作的自然人,因此符合创作来源为自然人的规则。AIGC 也有可能成为自然人创作的基础,进而实现人类文化繁荣的目标,但终究属于无精神内核的外壳式表达,因创作来源非自然人而难以兼容于现行版权保护体系。

综上,传统作品版权实践中的独创性判断,实质为原创性标准。传统作品所遵循的版权法规则,虽然保留了作者权体系版权法对创作来源为自然人的要求,但摒弃了对复杂创造性程度的判断,转而采取"最低程度创造性"的要求。原创性最基本的内涵就是作品来源于作者,而不是抄袭、剽窃、篡改他人作品的结果,强调作品源于作者的主观创作性活动。[1] 英语中"独创性"(originality)的词源 origin 意为"原点",本身就具有"起源"或"源于"的意义。早期财产权劳动学说形成的"额头出汗原则"不仅是要保护作者的智力劳动,同时也要保护作者通过自身劳动所得到的独立创作成果。只是独立创作的智力劳动涵盖范围比较宽泛,容易造成权利人对公共领域思想的垄断,因而才发展出独创性标准中对创造性的要求、"思想/表达二分法原则"等,将版权保护对象中的纯思想内容、事实内容等剥离出来,以实现权利人与公众之间的利益平衡。然而,独创性标准中的创造性概念边界模糊,不同类型作品蕴含的创造性有所不同,给独创性标准判定带来较大的不确定性。因此,功利主义下版权体系的独创性标准仅要求作品具有最低程度的创造性。我国的实践同样倾向于对创造性作最低程度的要求,并且作品应当由自然人独立完成。例如,教授确定一项主题,学生各自独立完成文章。这些文章只要不存在抄袭、剽窃,就足以满足独创性,而不论得分孰高孰低、质量孰优孰劣。这种以原创性为本质的独创性标准,已经在司法判例中有所体现。北京市高院在"央视诉暴风案"和"新浪诉天盈九州案"均主张,独创性标准应当只作有无创造性的定性判断,而避免作创造性高低的定量判断。[2]

以原创性为本质的独创性标准,在传统作品环境中能够消解创造性程度方

---

[1] 参见卢海君:《论作品的原创性》,《法制与社会发展》2010 年第 2 期。
[2] 参见北京市高级人民法院(2020)京民再 127 号民事判决书;北京市高级人民法院(2020)京民再 128 号民事判决书。

面的争议。同时,原创性仅对创造程度作最低程度的要求,也可能带来版权保护范围的扩展。尤其是在当前的全民创作时期,各类短视频、体育赛事直播、电子游戏直播、网络表演直播等内容层出不穷。创作往往需要参考和借鉴现有作品。当原创性仅考察作品是否源于自然人创作者,而不计较作品质量优劣时,版权法将较低创造性的内容也纳入保护范围,有可能形成对后续创作者的束缚,打消创作积极性。好在当前法律实践中各项法律制度与原则的分流作用,勉强能避免公众空间的过度限缩。这种分流作用至少包括三个层次。第一个层次,利用思想与表达二分法原则将智力创作成果中的思想要素剥离出来。不仅是抽象的观念、创意、构思,计算方法、数学概念、实用功能、商业方案等也都属于思想的范畴。当智力创作成果的表达与思想较为紧密时,也有可能在混同原则、场景原则的限制下,被排除到版权保护范围之外。第二个层次,对智力创作成果作公共领域内容的考察。超过保护期的作品将进入公共领域,客观事实、时事新闻、竞技体育活动等也都属于公共领域内容。智力创作成果中包含的这些内容,即便具有独创性,也仍然可以为公众所自由使用。第三个层次,在权利人享有版权的基础上,利用合理使用、法定许可、强制许可等制度对智力劳动成果的权利加以限制。此外,在司法实践中版权所有者滥用权利时,还有可能受到反垄断法或反不正当竞争法的限制。个人权利与公众利益得以重新实现平衡。

然而,以原创性为本质的独创性思想,面临智能时代 AIGC 的冲击,却又陷入主观标准和客观标准的争议。原创性以作者权为基础,限制创作源于自然人,AIGC 被排除在版权保护体系之外。机器在电源充足供应的条件下,可以 24 小时不间断运行,从而生成基数巨大的 AIGC。作品数量增加,或者说稀缺性的丧失,并不意味着社会价值归零。当 AIGC 具有较高的创造性,所承载的文学、科学或艺术信息可以为他人参考、借鉴时,就能产生对应的经济价值与社会价值。以 AIGC 为基础,社会公众可以更轻松地制造衍生产品,或开展二次创作,从而丰富社会资料库。这在某种程度上也是知识产权法前景机制的实现。事实上,生成式人工智能带来的创作效率提升,已经改变了多个行业的数字内容生产模式,如影视行业的剧本创作、角色与创作空间扩展、影片剪辑等。由此看来,AIGC 有保护的必要性。以原创性为本质的独创性标准,则面临无法为 AIGC 提供妥善保护的困难。

(二)工业版权体系下独创性的客观化

以原创性为本质的独创性标准,若直接客观化,即放开创作源于自然人的限制,可能给传统版权体系造成过重的负担。AIGC 属于无精神内核的外壳式表达,创作无须结合生活经验或生命体验。生成式人工智能基于大规模文本数据的预训练,总结模式、规律,学习规则,继而利用转移学习,将理解和生成能力扩展应用于其他任务。[1] 在质量方面,AIGC 的平均水平暂时未能明显超越自然

---

[1] 参考黄峻、林飞、杨静等:《生成式 AI 的大模型提示工程:方法、现状与展望》,《智能科学与技术学报》2024 年 6 月。

人。但在数量方面,自然人创作的速度与人工智能的工作效率不可同日而语。充足的电源和语料库供给,理论上能够让人工智能 24 小时不间断地产生新内容,就好像是自然人创作游戏的"外挂"。保护精神内容的传统版权法如果纳入这些无精神内核的外壳式表达,现有版权内容体系将"洪泛式"膨胀。换言之,对 AIGC 中低质内容提供保护,制度成本将远远超过社会价值,并无太大意义。应对独创性认定的主客观争议,建议在工业版权体系下采纳创造性程度提升的客观化标准。

"工业版权"是郑成思教授在 20 世纪 80 年代提出的概念。彼时智力创造的保护分为两大领域:工业、技术领域的智力创造受工业产权保护,包括专利、商标、植物新品种等;文学、艺术领域的智力创作则受版权法保护。然而部分智力成果在形式上为版权保护的作品,同时又兼具实用功能而进入工业生产领域,如工业品外观设计、计算机软件、集成电路布图设计等,造成工业产权与版权法交叉保护的重叠或空白。因此,郑成思教授提出"工业版权"概念,以专门立法形式为实用功能作品提供特别版权保护。[1] 工业版权的保护对象是具有实用功能、可复制的表达,权利主体为创作者或投资者,可见工业版权在本质上属于一类特殊的版权。工业版权的保护路径则是在版权法和专利法、商标法、不正当竞争法中分别选择适当内容,构成新的权利保护体系。[2] 计算机软件版权保护立法初期,日本试图从本国利益出发进行单独立法而提出《程序权法》草案,就是采取了工业版权的思路。《程序权法》草案的条款内容,如获取权利应通过政府机关登记程序、保护期不宜过长、程序开发者修改现有程序被拒绝授权可通过裁决实施强制许可等,都是从软件自身特点出发,综合专利法和版权法的优势特点而提出。[3] 郑成思教授也主张采用专门的工业版权法,针对计算机软件整体特点制定一部专门法规。[4] 在美国的强势影响下,计算机软件的工业版权保护未能付诸实施,而是采纳了格格不入的传统版权体系。随着计算机软件立法的争论渐渐平息,工业版权理论相关研究也逐渐式微,而对于软件版权保护的质疑之声却不绝于耳。面对 AIGC 给独创性以及版权制度带来的挑战,工业版权理论或许能够提供一个化解思路。

AIGC、计算机软件、数据库,以及当前单独立法的集成电路布图设计等,作为具有实用功能的创造性表达,更适合统一纳入工业版权保护体系。传统版权法保护具有精神内核的创造性表达,实用功能作品通常缺少这种精神内核。例如,AIGC 源于机器,并非自然人内心世界或精神的表达,就属于没有精神内核的外壳式表达。但 AIGC 在实践中业已应用于多形态多产品,被自然人广泛借鉴或参考以创作新内容,同样能起到激励创新或促进文化繁荣的作用。生成式人

---

[1] 参见何炼红:《工业版权研究》,中国法制出版社 2007 年版,第 2 页。
[2] 参见郑成思:《工业版权与工业版权法》,《法学研究》1989 年第 1 期。
[3] 参见应明:《计算机软件的版权保护》,北京大学出版社 1991 年版,第 24—26 页。
[4] 参见郑成思:《计算机、软件与数据的法律保护》,载刘家瑞编:《郑成思知识产权文集 版权及邻接权卷(二)》,知识产权出版社 2017 年版,第 836 页。

工智能技术的开发目的本质上不在于精神的抒发,而是服务于实用的经济目的。类似地,计算机软件也属于缺乏精神内核的外壳式表达。软件所承载的实用功能属于专利法保护的对象,并非版权法关注的精神内核。从版权视角来看,程序代码作为文字表达所承载的思想,比如 int 表示整数,break 表示跳过特定程序段,继续执行后续指令等,是程序开发者与机器之间的"单向交流",而不是人类之间的精神交流。简言之,具有实用功能的计算机软件跟 AIGC 一样,缺乏传统版权法所要求的精神内核,只是具有作品形式的外壳式表达。这些实用作品的开发往往需要投入大量资本,也能产生较强的经济意义,具有保护的必要性。相较于传统版权法,工业版权保护体系或许能够更好地胜任保护目的。例如,现行知识产权法赋予集成电路布图设计的保护仅要求满足独创性或原创性、保护不延及思想或方法、权利产生需要履行登记手续等,该权利体系本身即为介于工业产权与版权之间的"工业版权"。[1]

工业版权体系适用客观化的独创性标准,不再要求创作来源仅限自然人。传统版权法中创作被认为是最能体现智力精神劳动的环节,创作者的地位高于投资者,而版权产业中创作只是一个环节,创作何种作品、作品的组织与发行等都需要依靠投资者根据社会需求调整。[2] 投资者才是实用功能作品创作、传播与产业发展中的关键角色。实用功能作品仅具有作品形式上的表达,而无作者精神的内核,与创作者之间的人格关联也十分微弱,因而适合应用功利主义思想下的独创性客观标准。工业版权独创性采取客观标准,得以将 AIGC 纳入保护范围。进一步地,工业版权所保护的实用功能作品无精神内核,不对作品提供精神权利或人格权保护,也无须对 AIGC 的著作人格权进行解释。实际上,将著作人格权赋予软件等商业性或实用性作品,可能产生著作人格权保护对商业自由的干预,妨害对国家经济发展非常重要的产业增长。[3] 工业版权对实用功能作品的保护采取独创性客观标准,则可避免著作人格权过度保护对产业发展带来的不利影响。

(三)创造性程度的提升

在创造性程度方面,工业版权独创性应当在传统版权原创性的基础上加以提升。尤其是 AIGC,形成于机器对现有作品数据库的深度学习基础上,创作效率极高。对创造性较低的内容一概给予保护,无疑会增加行政登记与管理负担,在实用功能领域也产生不了太大的经济价值。设置相对较高的独创性门槛,有利于排除缺乏经济价值的平庸作品到工业版权保护范围之外,留给公众以充足的使用空间。创造性的定量判断是十分困难的任务。工业版权体系下独创性标准中创造性程度的提升,判断方式可以向保护实用技术方案的专利法靠近。专

---

[1] 参见刘银良:《知识产权法》,高等教育出版社 2010 年版,第 354 页。
[2] 参见[英]约翰·洛克:《政府论》,杨思派译,中国社会科学出版社 2009 年版,第 84—87 页。
[3] 参见梁志文:《著作人格权保护的比较分析与中国经验》,《法治研究》2013 年第 3 期。

利法对创造性的判断以技术方案满足新颖性为前提,再以"所属领域的技术人员"为参照系,判断专利申请中的技术方案对于所属领域的技术人员来说是否显而易见。[1] 工业版权跟传统版权一样强调独立创作,不要求新作品与现有作品之间存在显著差异,故无须作新颖性考察。判断作品是否具有足够程度的创造性,可直接采取"理性人"(reasonable person)为参照,即一位理性人对作品产生的总体印象不同于该理性人对现有作品产生的总体印象。[2]《集成电路布图设计保护条例》第4条第1款对布图设计独创性的规定中,要求"布图设计在布图设计创作者和集成电路制造者中不是公认的常规设计",就采取了类似判断思路。智能社会的实用功能作品几乎都与信息技术息息相关,审查创造性程度的工作,还可以由计算机系统辅助完成。例如,计算机软件、AIGC等均为电子化内容,由计算机辅助审查系统将这些内容与现有作品的功能乃至底层代码进行比对,若存在相似作品,则不予保护。

以原创性为本质的传统版权独创性标准,则相对缺乏提升创造性程度的可行性。若不对新作品进行创造性程度审查,创作者和人工智能所有者将难以在海量内容体系中,判断新作品是否符合较高创造性程度的要求。对新作品进行创造性审查,则违反了"作品一经创作即自动获得保护"的原则。不仅如此,传统作品形式多种多样,如美术作品、舞蹈作品等。难以由计算机系统对具体内容的创造性程度作辅助审查。自然人审查员在海量内容的判断中,面临着巨大的工作量和准确度方面的挑战。AIGC等实用功能作品与自然人创作的文学、艺术作品仅在形式方面有相似性,但各自具有不同的属性,不宜适用完全相同的制度。

工业版权在传统版权原创性的基础上提升创造性程度,有望协调AIGC引发的独创性争议。传统版权法以人格主义为思想基础,保护自然人原创的普通作品,包括自然人作品与自然人集合创作的法人作品、集体作品等。作品质量或普通或优秀,其中的创造性表达均承载有自然人创作者以个人经验或生命体验为基础的精神内核。这些创造性表达都有获得版权保护的必要性。因此普通作品的独创性标准仅作最低程度的创造性要求,同时也避免再对作品创造性艰难地作定量判断。与创作者精神关联性较弱的实用功能作品则由工业版权法来保护,其中独创性标准仅从客观角度考察作品内容,无须限制创作者须为自然人。实用功能作品的法律保护旨在实现作品的经济价值而非人文价值,属于典型的功利主义思想。但创造性标准与英美法国家的独创性客观标准仍然有所不同,仅保护创造性程度相对较高、更具经济价值的作品,体现了更为纯粹的功利主义思想。在这样一套独创性标准下,AIGC明确纳入工业版权体系,独创性判断的不确定性与争议基本消失。

不仅我国,其他国家也需要这样一套独创性标准。作者权体系国家坚守人格主义思想,将AIGC排除在法律保护范围之外并非长久之计。独创性主观标

---

[1] 参见尹新天:《中国专利法详解》,知识产权出版社2011年版,第263页。
[2] See William W. Fisher III, Recalibrating Originality, *Houston Law Review*, Vol. 54, No. 2, 2016, p. 464.

准不断遭受着新技术的冲击。实用功能作品的目标是实现特定功能,很难体现作者的性格、情感、气质等人格要素。《德国版权法》针对不同类型作品设置了相对严格的独创性标准与"小硬币标准"。然而,实践中对两类标准的区分十分困难。固守现行独创性主观标准,可能构成对技术发展的阻碍。对普通作品与实用功能作品适用的独创性加以区分,才有可能解决版权法当前面临的困境。版权体系虽无人格主义思想源流,但近年来也越来越重视对文学艺术作品精神权利的保护。在这种趋势下,适用独创性标准同样需要区分承载自然人精神的普通作品和仅承载经济价值的实用功能作品,赋予AIGC以明确的工业版权保护。

五、结语

面对AIGC的版权法之问,在寻求具有广泛社会价值的技术理性时,"应在法律制度重构中坚守立法目标,实现激励创新、规制风险的制度理性"。[1] 版权法的立法目标是通过赋予创作者以有限的私权保护,激励创新,最终促进社会精神文化内容的繁荣。数智化时代,在传统作品原创性的基础上,提升创造性程度,形成客观化的工业版权独创性,有助于维护版权制度的基本目标与主要制度构成。传统版权法的独创性适用于自然人创作的精神文化内容。AIGC等具有作品形式但注重实现特定功能的实用作品,则纳入工业版权体系,避免动摇传统版权法保护作者人格权与财产权的二元权利体系根基。另外,工业版权的独创性适用于实用功能作品,对创造性程度较低的内容不予保护,为后续创作提供更加宽松的资源环境,有助于激励创新,发挥实用功能作品的产业经济价值。

过去关于工业版权的努力,在美国的强势主导下宣告失败。当今中美人工智能产业各具规模。中国产业建立于人工红利带来的数据资源优势之上,无须以免费开放形式换取大模型的训练养料。相反地,知识产权制度天然的激励机制,将为领先企业在人才、资源、技术方面提供丰富资金。生成式人工智能在中国如何保护,应当立足于本土产业实践和法律原理,不宜盲从他国政策趋向。为构建中国特色知识产权话语体系,AIGC独创性的探讨提供了工业版权保护的第二次契机。

---

[1] 参见吴汉东:《人工智能生成作品的著作权法之问》,《中外法学》2020年第3期。

个人信息转移权：规范演变与权利构造[1]

冯泽华*
侯毅博**

摘　要	数字经济背景下，数据自由流动日趋加速，信息主体对个人信息转移至其他个人信息处理者的权利意识亦愈强烈，确立并保护个人信息转移的权利业已成为数据法治建设的制度诉求。不论是欧盟的数据可携权，抑或是我国的个人信息转移权，其权利演变的历史脉络皆从利益诉求向法律权利转型。权利属性关系到个人信息转移权的权能和价值，也决定了该项权利构成的内在机理。个人信息转移权兼具人格权与财产权的权利属性，应是一项综合性的新兴权利，能更好地因应个人信息权的多维结构，充分展现我国个人信息转移权的制度理性，进而优化个人信息法律保护体系。从权利主体、权利客体和适用条件三个维度检视个人信息转移权的权利构造，是正确行使个人信息转移权的关键，亦是明确数字市场主体行为边界的圭臬，有助于完整呈现我国个人信息转移权的法治图景。
关键词	数字经济；个人信息转移权；数据可携权；GDPR
目　次	一、个人信息转移权的滥觞与演变 　（一）滥觞与确立：从数据可携权说起 　（二）中国的立法因应：个人信息转移权的诞生 　（三）从利益诉求到法律权利：信息主体的现实需要 二、个人信息转移权作为综合性新兴权利的法理逻辑 　（一）人格权：以信息自主权为基础 　（二）财产权：以数据要素市场竞争为背景 　（三）综合性权利的法理意涵 三、个人信息转移权的权利构造 　（一）权利主体 　（二）权利客体 　（三）适用条件 四、结语

---

[1] 本文系司法部法治建设与法学理论研究部级科研项目"粤港澳大湾区数据跨境流动的法治评估体系研究"（22SFB5009）的阶段性成果；深圳市哲学社会科学规划2024年度青年课题"新质生产力视域下粤港澳大湾区数据知识产权协同保护机制研究"（SZ2024C016）；广东省本科高校教学质量与教学改革工程建设项目"广东工业大学—广州市政务服务数据管理局社会实践教学基地"（粤教高函〔2024〕9号）。

* 冯泽华（1991—　），广东工业大学全球治理与区域国别研究院研究员，广东工业大学数字经济与数据治理重点实验室分室"数据法治与大数据治理实验室"执行主任，广州数据法治研究中心特约研究员。研究方向：数据治理、行政法学。

** 侯毅博（1997—　），广东培正学院法学院教师。研究方向：宪法学、行政法学。

个人信息作为推动数字社会转型升级的"新能源"业已成为社会共识，而数据流通实现了数据社会化利用，进而优化数据权利的合理配置。[1] 在良性的市场竞争环境中，个人信息的合法转移将会高效能地发挥数据流通的价值，因而引起越来越多的网络运营者或个人信息处理者的高度关注。《中华人民共和国个人信息保护法》（以下简称《个人信息保护法》）第45条第3款正式确立了"个人信息转移权"，[2] 为个人信息在不同的网络运营者间自由流通奠定了规范基础。一般认为，个人信息转移权滥觞于欧盟《一般数据保护条例》（General Data Protection Regulation, GDPR）的第20条，[3] 其称个人信息转移权为"数据可携权"（Right to data portability），主要涵摄个人信息的获取和传输两项权能。作为一项新兴权利，我国个人信息转移权是指个人信息主体享有将其个人信息转移至其指定的任一信息处理者的权利。可见，个人信息转移权的核心在于信息主体对其信息的控制。一方面，强调信息主体对其自身信息的流向享有选择权，这是信息自由流通的前提；另一方面，依赖对个人信息的精确调整，能够冲破个人信息处理者对该信息垄断的藩篱，更好地实现数据流动的价值，进一步契合数字经济发展的治理逻辑，提升我国参与国际数字经济市场的竞争力。

基于"加快数字中国建设"[4]和"充分发挥数据要素乘数效应"[5]的新时代背景，我国数据顶层设计不断优化。2022年12月《中共中央 国务院关于构建数据基础制度更好发挥数据要素作用的意见》[6]明确提出"保障数据来源者享有获取或复制转移由其促成产生数据的权益"。这就意味着，我国不仅在立法上正式确立个人信息转移权，还不断在政策中落实对个人信息转移权的保障，并以此建立起适应数字经济高质量发展的规范体系。但我国法律规范上所确立的个人信息转移权仅存在于一项条款中，具体实践中如何落实亟待从法理上予以解释。纵观法学理论界对该项权利的现有研究，多数集中于对欧盟数据可携权的关注

---

[1] 高富平：《数据流通理论——数据资源权利配置的基础》，《中外法学》2019年第6期。

[2] 在我国法学界，"个人信息转移权"又称为"个人信息可携带权""个人信息可携权""个人数据可携权"等。

[3] General Data Protection Regulation, Article 20(1). 原文是 The data subject shall have the right to receive the personal data concerning him or her, which he or she has provided to a controller, in a structured, commonly used and machine-readable format and have the right to transmit those data to another controller without hindrance from the controller to which the personal data have been provided, where: (a) the processing is based on consent pursuant to point(a) of Article 6(1) or point(a) of Article 9(2) or on a contract pursuant to point(b) of Article 6(1); and (b) the processing is carried out by automated means. 详见 https://data.consilium.europa.eu/doc/document/ST-5419-2016-INIT/en/pdf，访问日期：2024年1月20日。

[4] 《中共中央 国务院印发〈数字中国建设整体布局规划〉》，《人民日报》2023年2月28日，第1版。

[5] 《国家数据局等部门关于印发〈"数据要素×"三年行动计划（2024—2026年）〉的通知》，载中华人民共和国国家互联网信息办公室官网，http://www.cac.gov.cn/2024/01/05/c_1706119078060945.htm，访问日期：2024年1月20日。

[6] 《中共中央 国务院关于构建数据基础制度更好发挥数据要素作用的意见》，《人民日报》2022年12月20日，第1版。

以及我国如何对其进行本土化改造,近来的法学研究亦从权益冲突、[1]适用具体规则冲突[2]等诸多方面深入检讨。不难发现,鲜有从基础理论上就该项权利的权利配置予以解构。在前述背景下,个人信息转移权必须从基础理论上回答几个问题:个人信息转移权的权利属性为何?实践中适用个人信息转移权的具体构造应当如何展开?只有从法理上厘清个人信息转移权的这些基础问题并形成共识,才能建构相应的权利保护制度,更好地适应数字经济发展。因此,本文拟以个人信息转移权的规范演变为切入点,探析其作为一项综合性新兴权利的法理逻辑,并从多维角度检视个人信息转移权的权利构造,借以明晰该项权利的具体适用条件。

一、个人信息转移权的滥觞与演变

部分法律规范于社会、政治、法律等制度的历史背景与社会环境中产生和发展,是人们对其基本功能特征逐步观察和思考的产物。[3] 对个人信息转移权的研究,无法回避对其历史演变过程的考察。遵循由个人的利益诉求发展为法律权利的脉络,发轫于GDPR的数据可携权能够为当前个人信息转移权厘清演变逻辑并提供立法参照。

(一)滥觞与确立:从数据可携权说起

数据可携权被GDPR正式确立之前,在实践中早已呈现出萌芽状态,可追溯至1996年美国《电信法》规定的号码携带权,而后,2002年欧盟所发布的《普遍服务指令》(Universal Service Directive)也正式明确电话号码可携带(number portability)的规定。[4] 电话号码可携带仅涉及电信资源的监管,其目的是促使运营商提升服务水平,既降低消费者的转网成本,也降低运营商的运营成本,[5]

---

[1] 有学者指出个人信息转移权会与原处理者权益和其他主体权益(如个人信息权益、隐私权、商业秘密等)发生冲突。参见黄炜杰:《个人信息可携带所涉之权益冲突与规则适用》,《地方立法研究》2023年第3期。有学者则认为会在数据主体、数据处理者以及第三人之间存在多元权益冲突。参见袁若梓:《挑战与应对:论数据可携权的现实困境与破解》,《上海法学研究》2022年第1期。亦有学者则专门就个人信息转移权与数据所有者的知识产权冲突展开研究。参见朱真真:《数据可携权与知识产权的冲突与协调》,《科技与法律(中英文)》2022年第5期。

[2] 有学者基于利益衡量方法,提出应当调适个人信息转移权与知情同意规则之间的冲突。参见阙梓冰:《涉他个人信息携带中第三人同意的坚守与修正》,《福建师范大学学报(哲学社会科学版)》2023年第5期。亦有多位学者就个人信息转移权的客体适用范围开展具体研究。参见文立彬、邹瑛:《个人信息转移权客体范围和实现方式的反思与修正》,《重庆邮电大学学报(社会科学版)》2023年第2期;孙跃元:《数据可携权权利客体研究:结构、效果与中国化》,《河南财经政法大学学报》2022年第3期。

[3] [美]E.博登海默:《法理学:法律哲学和法律方法》,邓正来译,中国政法大学出版社2017年版,第478页。

[4] 卓力雄:《数据携带权:基本概念,问题与中国应对》,《行政法学研究》2019年第6期。

[5] Stefan Buehler & Justus Haucap, Mobile number portability, *Journal of Industry, Competition and Trade*, Vol.4, 2004, pp.223-238.

本质上属于用户电话号码数据可携带服务。[1] 事实上，数据可携权的有关概念滥觞于 2007 年成立的数据可携带组织或称数据可携带项目（DataPortability. org 或 The Data Portability Project），旨在研究无限制转移数据的解决方案。[2] 在该组织的倡议下，部分数据平台自愿尝试转移数据，其中就包括海量数据的处理者 Google 和 Facebook（现已更名为 Meta）。例如，Facebook 提供一款网络工具（web-tool），用户不仅可以通过该工具下载自己分享的个人信息，还能下载 Facebook 平台的数据，包括日志活动、通常不可见的信息（诸如广告推送、IP 登录地址）等。[3] 此后，小型软件供给商的产品中也逐渐迈出数据可携带的步伐。[4]

出于保护个人信息涉及个人权利的现实需要，法律层面自然不能忽视对数据可携带的监管。2010 年，知名隐私权组织——电子前哨基金会（Electronic Frontier Foundation）建议将数据可携带或者数据自由（data liberation）纳入"社交网络用户隐私权法案"（A Bill of Privacy Rights for Social Network Users）中。[5] 2012 年，欧盟公布 GDPR 草案，正式启动数据保护的立法改革，数据可携权首次以权利的方式进入法律的规制视野。几经争议，2016 年 4 月欧盟会议最终通过 GDPR，数据可携权正式被法律确立。同年 12 月，欧盟第 29 条数据保护工作组（Article 29 Working Party）发布《数据可携权指南》（Guidelines on the right to "data portability"），[6] 面向数据可携权后续实施的具体症结提供操作方案。2018 年 5 月 GDPR 生效，数据可携权正式进入实践阶段。此后，欧盟的相关数据立法也对数据可携权作进一步规制。2022 年 2 月，欧盟公布《数据法案：关于公平访问和使用数据统一规则的法规提案》（Data Act: Proposal for a Regulation on harmonised rules on fair access to and use of data，以下简称《数据法案》）。[7]《数据法案》于 2023 年 6 月同欧洲议会和理事会达成

---

[1] 2019 年 11 月，工业和信息化部印发《携号转网服务管理规定》，我国正式实施携号转网，经过几年的实践，可以发现携号转网有助于营造电信运营商的良好竞争生态，增强了消费者对电信服务提供商的选择权。

[2] Barbara Van der Auwermelen, How to Attribute the Right to Data portability in Europe: A Comparative Analysis of Legislations, *Computer Law & Security Review*, Vol. 33, No. 1, 2017, pp. 57-58.

[3] Commission Staff Working Document, Online Platforms Accompanying the Document Communication on Online Platforms and the Digital Single Market, https://eur-lex.europa.eu/legal-content/EN/TXT/PDF/?uri=CELEX:52016SC0172(Last visited on February 15, 2023).

[4] Helena Ursic, Unfolding the New-Born Right to Data Portability: Four Gateways to Data Subject Control, *SCRIPTed*, Vol. 15, No. 1, 2018, pp. 42-48.

[5] Kurt Opsahl, A Bill of Privacy Rights for Social Network Users, https://www.eff.org/deeplinks/2010/05/bill-privacy-rights-social-network-users(Last visited on February 15, 2023).

[6] Article 29 Data Protection Working Party, Guidelines on the right to "data portability" (wp242rev.01), https://ec.europa.eu/newsroom/article29/items/611233/en(Last visited on February 15, 2023).

[7] Data Act: Proposal for a Regulation on harmonised rules on fair access to and use of data, https://digital-strategy.ec.europa.eu/en/library/data-act-proposal-regulation-harmonised-rules-fair-access-and-use-data#:~:text=Data％20Act％3A％20Proposal％20for％20a％20Regulation％20on％20harmonised, while％20preserving％20incentives％20to％20invest％20in％20data％20generation (Last visited on February 24, 2023).

政治协议。[1] 2023年11月,欧洲议会正式通过《数据法案》,12月22日在欧盟官方公报(Official Journal of the European Union)发布,并于2024年1月11日生效。[2] 具体而言,《数据法案》就数据可携权的适用进行了补充和细化,旨在赋予个人和企业对自身数据享有更多的控制权,可以轻松实现在不同的服务中复制或转移数据,同时促进个人与第三方之间数据的可携带,[3] 可视其为"加强版"的数据可携权。总体观之,当前欧盟数据可携权的法律实践并未对其数字经济发展产生负面作用,反而进一步增强了欧盟在数据权利上的国际话语地位。[4]

(二)中国的立法因应:个人信息转移权的诞生

近年来,我国是否可以引进以及如何引进欧盟数据可携权一直是学界讨论的热点问题。[5] 而聚焦法律实践,立法的推进较为有限。在2017年国家标准《信息安全技术 个人信息安全规范》(GB/T 35273—2017)中,第7.9条是关涉"个人信息主体获取个人信息副本"的规范,明确要求在面对个人信息主体的请求且技术允许时,个人信息控制者应当将符合规定的个人信息副本转移给第三方,这可以视为我国在个人信息转移权上的初步尝试。随后2020年修订的《信息安全技术 个人信息安全规范》(GB/T 35273—2020,以下简称《规范》)替代

---

[1] European Data Act enters into force, putting in place new rules for a fair and innovative data economy, https://digital-strategy. ec. europa. eu/en/news/european-data-act-enters-force-putting-place-new-rules-fair-and-innovative-data-economy(Last visited on January 12,2024).

[2] 根据《数据法案》第50条规定,本法案应在欧盟官方公报公布之日起第20天起生效。但需注意的是,《数据法案》第50条所规定的生效和适用属于分阶段生效。在一般情形下,《数据法案》中的绝大多数条款将在2025年9月12日以后适用,属于《数据法案》范围内的组织将在2025年9月12日之前适应新的要求;同时,对于过渡期较长的例外情况该条亦提出了特别规定。

[3] 《数据法案》细化了数据可携权的具体规定,对这种细化以序言第35项为例进行说明,其明确授予个人用户访问和向第三方提供使用产品或者相关服务所产生的任何数据的权利,不论该数据性质为个人数据,还是主动提供或被动监测所得的数据,抑或其处理的法律依据为何。如果数据持有人和第三方无法就前述此类条款达成一致,则不应以任何方式阻止该数据主体行使数据可携权。同时,该法案还允许数据持有人可以获得来自第三方(而非个人)的合理补偿。参见 Data Act,Recital 35, https://eur-lex. europa. eu/legal-content/EN/TXT/?uri=CELEX%3A32023R2854&qid=1706859698246,访问日期:2024年1月20日。

[4] 冯泽华、王依菲:《个人信息转移权的确立动因与生成条件》,《青年记者》2022年第11期。

[5] 关于是否引进,主张引进的部分观点认为,我国互联网企业若要参与欧盟等确立数据可携权的国际市场就必须积极引进这一权利,参见化国宇、杨晨书:《数据可携带权的发展困境及本土化研究》,《图书馆建设》2021年第4期。反之,有观点认为数据可携权超出了传统反垄断法的规制范围和个人信息自决权的一般性要求,非我国之所必需,参见谢琳、曾俊森:《数据可携权之审视》,《电子知识产权》2019年第1期。亦有观点认为,欧盟有关规定尚有争议,与我国关于个人数据权属的实践存在一定冲突,且会增加企业压力,目前不宜确立数据携带权,参见卓力雄:《数据携带权:基本概念、问题与中国应对》,《行政法学研究》2019年第6期。关于如何引进,有观点认为,我国若要引进数据可携权应当结合具体场景确定数据携带权的边界,参见丁晓东:《论数据携带权的属性、影响与中国应用》,《法商研究》2020年第1期。也有观点认为欧盟数据可携权面临的障碍在我国可以通过适当的法律适用调整进行规避,参见付新华:《数据可携权的欧美法律实践及本土化制度设计》,《河北法学》2019年第8期。

2017年国家标准,其中第8.6条虽与前述第7.9条相差无几,但需注意的是,2017年该条位于"个人信息的使用"一节,而2020年则属于"个人信息主体的权利"。可以发现,个人信息转移的立法定位已经由个人信息处理者(或控制者)的义务过渡为个人信息主体的一项权利。

随着立法进程加快,《个人信息保护法(草案)》于2020年公开征求意见,但其中并无个人信息转移权的相关规定,直到草案第三次审议,全国人大宪法和法律委员会才在研究后建议增加个人信息转移权的相关规定。[1] 2021年8月20日,《个人信息保护法》正式通过,个人信息转移权被写进第45条第3款,由此成为一项法律权利。从体系解释进路考察,第45条位于《个人信息保护法》第四章,该章是以"在个人信息处理活动中的主体性权利"为核心的规范群,足见个人信息转移权是属于个人信息权的子权利。之所以确立个人信息转移"权"的法律形式,是因为作为一项权利,可以通过对权利属性与权利构造的进一步探析,形成更为具体的且兼顾可操作性的制度设计,并依托法律规范基础培育个人信息转移权的生成要件。如此一来,便可加快培育权利生长的中国土壤,以此推进我国数据法治建设。一方面,有助于加强我国个人信息权益保护,为我国公民提供更多样化的权利选择,并以权利基础为落脚点设置具体的权利内容。另一方面,我国数据立法秉持以"安全"为主的立法倾向,[2]个人信息转移权的出现有助于释放数据要素的价值并推动新一轮数字经济变革,从规范层面为我国参与国际数据"竞争战"打牢坚实基础,进而捍卫数据主权。

(三)从利益诉求到法律权利:信息主体的现实需要

由规范层面观之,无论是国家标准抑或专门立法,个人信息转移权已成为法律权利,而权利背后的要求是值得注意的。[3]数字经济高速发展的今天,互联网的个人信息不计其数,优质、高价值的个人信息更是各行各业加速发展的"财富"资源。个人信息之上不仅涉及满足各行业信息需求的商业利益,也存在满足信息主体表达、选择、交换等的个人利益。伴随着个体独立意识和权利意识增强,信息主体在转向"数字公民"的过程中会产生两方面利益需要。一方面,基于个人发展的自由,信息主体需要转移其个人信息以促进社会交往,这既是信息主体自我全面发展的表达自由,又是其融入互联社会的选择自由。另一方面,愈来愈多的信息主体觉察到自己于个人信息之上的利益有被侵害的风险,逐渐产生转移自身个人信息以维护自身利益的需要。这两种需要最终都将外化为信息主体向社会表达的利益诉求。利益是各项权利之基础,"权利自身不外是一个在法律

---

[1] 全国人民代表大会宪法和法律委员会:《关于〈中华人民共和国个人信息保护法(草案)〉审议结果的报告》,载中国人大网,http://www.npc.gov.cn/npc/c30834/202108/a528d76d41c44f33980eaffe0e329ffe.shtml,访问日期:2023年8月23日。
[2] 冯泽华、刘向东:《数据可携权的国际模式与中国进路》,《青年记者》2023年第4期。
[3] [美]罗斯科·庞德:《通过法律的社会控制》,沈宗灵译,商务印书馆2010年版,第59页。

上受保护的利益"。[1]信息主体不断向数字社会表达利益诉求的过程就是其诉求逐渐演化为法律权利的过程,而个人信息转移权等新兴权利要获得法律形态上的认可,均须通过利益诉求的表达。唯有如此,信息才能先是利益的载体,而后作为权利的客体,[2]并经由作为目的概念的法不断探索,最终呈现为保障个体利益实现的法律权利。

沿着信息主体现实诉求的法治进路,个人信息转移权同隐私权一样,都是保护人类个性自由发展所必需的权利,[3]是一项由利益诉求向法律权利蜕变的新兴权利。今天,各国数据法治建设正如火如荼,普遍的立法趋势是加深个人信息转移权的个人权利色彩。据统计,2000~2019年,全球已增加了102部个人信息保护法,[4]其中自然不乏个人信息转移权的相关规定。自2019年以来,许多国家和地区都在制定或修改法律过程中引入个人信息转移权(部分整理如表2所示)。质言之,从自身的利益诉求到个人法律权利的发展演变可以探知,个人信息转移权的诞生无疑是为了因应数字经济发展的社会现实和个人"数字公民"身份转换的利益诉求。

表2 近年来部分国家和地区确立个人信息转移权的立法概况[5]

国家/地区	法律名称	立法时间	具体规定
澳大利亚	《2019年财政法修正案(消费者数据权)法案》[Treasury Laws Amendment (Consumer Data Right) Bill][6]	2019年	根据CDR相关立法,消费者可以向第三方共享自身的银行、能源和互联网等的交易信息。消费者具有两种获取途径,一是直接请求获得自然人可读的个人数据副本;二是请求经认证的第三方获取机读格式的个人数据副本。
美国(加利福尼亚州)	《加利福尼亚州消费者隐私法》(California Consumer Privacy Act)	2020年	2018年该法出台并赋予消费者转移(transmit)其个人信息至另外一处的权利,2020年修正案对可转移个人信息的格式和消费者行使权利的限制作了进一步规定。

---

[1] [德]鲁道夫·冯·耶林:《为权利而斗争》,郑永流译,法律出版社2012年版,第21页。
[2] 李晓辉:《信息权利研究》,知识产权出版社2006年版,第112页。
[3] Zanfir Gabriela, The Right to Data Portability in the Context of the Eu Data Protection Reform, *International Data Privacy Law*, Vol. 2, No. 3, 2012, pp. 149-151.
[4] 参见中国信息通信研究院互联网法律研究中心编著:《个人信息保护立法研究》,中国法制出版社2021年版,第39页。
[5] 本表对法系的分类以中华人民共和国商务部"全球法规网"(http://policy.mofcom.gov.cn/jwfg/index.shtml)对各国法律体系的说明为准。表内立法文本源自各国立法机关或政府部门官网。
[6] 此处的澳大利亚《消费者数据权法案》包括其后续制定的一系列立法文件,如《消费者数据权利规则》(Consumer Data Right rules)就包括在内。

续表

国家/地区	法律名称	立法时间	具体规定
新加坡	《个人数据保护法（2020年修订）》[Personal Data Protection (Amendment) Act 2020]	2020年	2020年修订法案在第6B部分中引入数据可携性(data portability)义务。
赞比亚	《数据保护法》(The Data Protection Act)	2021年	第65条明确规定数据可携权(Right to data portability)，基本上与GDPR保持一致。
尼日利亚	《尼日利亚数据保护法案》(Nigeria Data Protection Bill)	2023年	在该法案第六章主体权利部分，第38条明确列举了数据可携权(Data portability)。
巴西	《一般数据保护法》(General Data Protection Law)	2019年	第18条第5项规定在不涉及商业和工业秘密的情形下，数据主体有权明确请求将数据转移给其他服务提供商或产品提供商。
阿拉伯联合酋长国	《个人数据保护法》(Personal Data Protection Law, Federal Decree Law No. 45 of 2021)	2021年	第14条规定数据主体有权以结构化和机器可读的方式获取其提供给数据控制者进行处理的个人数据。同时还规定只要满足技术可行的条件，数据主体有权要求将其个人数据转移给另一数据控制者。
印度尼西亚	《个人数据保护法》(Personal Data Protection Act)	2022年	第35条明确数据可携权的行使条件以及权利限制情形。
韩国	《个人信息保护法》(Personal Information Protection Act, 2023)	2023年	第35—2条明确数据主体可以要求符合相关规定的个人信息控制者向其传输(transmit)符合条件的个人信息。
加拿大	《2022年数字宪章实施法案》(Digital Charter Implementation Act, 2022)〔1〕	2022年	该法案包含《消费者隐私保护法》《个人信息和数据保护法庭法》《人工智能和数据法》三项立法，其中在《消费者隐私保护法》中规定应个人要求处置个人信息，必须在可行情况下尽快通知其已将请求信息转移给的任何服务提供商，并确保该服务提供商已处置该信息。

---

〔1〕 该法案于2023年4月24日二读，现已提交下议院（House of Commons）审议，详见https://www.parl.ca/legisinfo/en/bill/44-1/c-27，访问日期：2024年2月4日。

续表

国家/地区	法律名称	立法时间	具体规定
以色列	《隐私保护法》（Protection of Privacy Law,5741-1981）及其相关条例[1]	相关条例最新颁布的时间为2023年	在相关条例中明确允许数据转移的情形与条件，此外以色列还于2021年拟订将数据可携带纳入数据主体权利的草案，并征求公众意见。

二、个人信息转移权作为综合性新兴权利的法理逻辑

权利属性关系到权利的权能和价值，也决定了该项权利构成的内在机理。厘清个人信息转移权的权利属性，是明晰该项权利构造的前提和基础。目前，国内外学界对个人信息转移权的权利属性尚未达成共识，较早进行立法尝试的欧盟及欧洲法院亦未明确数据可携权的法律属性，对其是人格权、财产权抑或是新型权利尚有争议，这将无助于构建个人信息转移权的法律体系。基于个人信息转移权具有保障信息安全和促进数据市场竞争等法律价值，可从人格权和财产权的双重维度证成个人信息转移权系一项归属于个人信息权利的新兴的个人权利。

（一）人格权：以信息自主权为基础

我国对个人信息的认定以"识别说"为通说，这意味着，凡是个人信息都能直接或间接识别出该公民的身份特征。申言之，个人信息作为"数字公民"人格尊严的表现形式之一，必然蕴含着识别该信息主体身份的人格要素。因而，可从以下三个层次论证个人信息转移权所蕴含的人格权的权利属性。

第一，个人信息转移权是个人信息权利的一项子权利，二者的人格权属性一脉相承。由《个人信息保护法》的立法目的观之，立法机关在第三次审议《个人信息保护法（草案）》时就专门在第1条增加"根据宪法，制定本法"的规定，在规范层面将个人信息权利上升为宪法权利。这是因为数字社会数据权力运作的维系，个人信息权利是重中之重，现代国家须以维护人格尊严为基础建构个人信息保护法律体系。[2] 其宪法意义在于面对社会转型时，赋予具有人格意义的个人以生存所必不可少的基本权利和自由，可以将其作为受法保护之利益，也可以将其作为受宪法保障的权利之一。[3] 基于此，《个人信息保护法》中包括个人信息

---

[1] 以色列在《隐私保护法》下还颁布了许多相关条例，如《隐私保护（转移数据至国外数据库）条例》[Privacy Protection(Transfer of Data to Databases Abroad)Regulations,5761-2001]、《隐私保护（数据安全）条例》[Privacy Protection(Data Security)Regulations,5777-2017]、《隐私保护（关于从欧洲经济区转移数据至以色列的说明）条例》[Privacy Protection Regulations(Instructions for Data that was Transferred to Israel from the European Economic Area),5783-2023]等。

[2] 戴激涛：《作为宪法权利的个人数据受保护权》，《人权》2021年第5期。

[3] [日]芦部信喜：《宪法》（第六版），[日]高桥和之补订，林来梵、凌维慈、龙绚丽译，清华大学出版社2018年版，第92页。

转移权在内的个人信息权利与《宪法》"国家尊重和保障人权""公民的人格尊严不受侵犯""公民的通信自由和通信秘密受法律的保护"等宪法规范建立起联系，一体化保障"数字公民"之人格权益。

第二，个人信息转移权是个人存在"信息证明"的权利，孕育于信息自主权。置身于数字社会的语境下，个人信息已成为个体存在之象征，公民不可避免地要交出部分个人信息以换取参与网络交流和融入互联社会的机会。[1] 个人信息的"交出"则多以平等的契约关系为前提，这就意味着公民对自愿交出的个人信息享有决定权。这种决定权发轫于德国的信息自主权(the right to informational self-determination)理论。根据1983年德国人口普查案，德国联邦宪法法院将个人信息自主权界定为一般人格自由权，[2] 其中自然包括控制个人信息转移至何处和以何种方式转移的权利，目的在于保障公民对个人信息的享有、使用和处理等，以免公民的人格尊严遭到侵害。值得一提的是，主体对自身信息的控制正是个人人格利益之体现，[3] 这也是我国《民法典》将"个人信息保护"纳入人格权编之价值所在。

第三，个人信息转移权是为保障自身权利而提供救济的新兴权利，是对信息自主权的强化。随着个人持有个人信息的自由被更具参与性的信息自主权取代，信息自主权成为一项积极权利，享有这项权利，公民也就掌握了在信息处理各阶段的话语权，[4] 而个人信息转移权的诞生则增强了信息自主权的权能。[5] 公民行使个人信息转移权旨在加强对自身个人信息的控制性，是维护个人信息的救济渠道，亦即为了其一般人格尊严而转移个人信息的正当性权利。如若不能根据公民请求转移其个人信息至指定的信息处理者，将会丧失公民对自身个人信息的控制，损害公民的信息自主权的同时，亦不能有效保护"数字公民"的人格尊严，导致建立在信息自主权理论之上的权利体系沦为废墟。综上所述，个人信息转移权服务于"以人民为中心"的人格权保障目的，[6] 具有鲜明的人格权色彩。

(二)财产权：以数据要素市场竞争为背景

在数字经济背景下，个人信息转移权除具有人格权的属性外，是否还具有财产权属性？有学者认为，由于《个人信息保护法》的立法目的与个人信息流动和

---

[1] 杜承铭：《数字社会个人信息被遗忘权的宪法权利属性、边界与国家义务》，《广东社会科学》2022年第1期。
[2] German Federal Constitutional Court：BVerfGE 65,1-Volkszählung,https://www.servat.unibe.ch/dfr/bv065001.html#Rn003(Last visited on September 27,2023).
[3] 王利明：《人格权法》(第三版)，中国人民大学出版社2021年版，第369页。
[4] Purtova,N. N., *Property Rights in Personal Data：A European Perspective*,Uitgeverij BOX-Press,2011,pp.8-9.
[5] Eva Fialová,Data Portability and Informational Self-Determination,*Masaryk University Journal of Law and Technology*,Vol.8,2014,pp.45-47.
[6] 张新宝主编：《〈中华人民共和国个人信息保护法〉释义》，人民出版社2021年版，第361页。

市场竞争秩序的建构无关,竞争法领域的规制实际交由《中华人民共和国数据安全法》(以下简称《数据安全法》),因而个人信息转移权仅关涉信息主体利益,并不旁及市场主体利益。[1] 换言之,《个人信息保护法》上的个人信息转移权与数据流动、公平竞争无关。[2] 此种观点值得商榷,可从以下两点理由分析。

第一,立法目的条款的本质并非限缩法律解释,而是在客观性的基础上为法律解释方法提供指引。尽管《个人信息保护法》的立法目的条款最终并未采纳原草案中的"保障个人信息依法有序自由流动",但仍保有"促进个人信息合理利用"的规范表述。《个人信息保护法》的制定体现出法价值的不断融合并趋于合理,整个法律依然秉持最初的立法目的。删除并不等于否定,而是经由利益衡量后精炼表达立法原意,亦即根据条文最终呈现出来的外在表现形式,立法目的的客观化程度较高。[3] 再则,即便《数据安全法》第7条存在保障数据有序自由流动的立法表达,但该法载明的立法目的是"促进数据开发利用",与《个人信息保护法》之"利用"目的如出一辙,二者互为补充,共同规制个人信息的自由流动,对市场竞争秩序的规范自然是其中的应有之义。此外,在国家数据局等部门正式发布的《"数据要素×"三年行动计划(2024—2026年)》中,与征求意见稿相比较,可以发现删去了数据要素"非竞争性"的表达,由此也可以看出国家层面肯定数据要素的竞争性。个人信息转移权在推动数据要素流通、发展新质生产力上的作用不容忽视,因而对加快培育数据要素市场具有重要意义。

第二,权利的性质受法律规范影响,而法律规范是时代背景的现实映射。规制数字经济,仅依靠《个人信息保护法》或《数据安全法》,均不能完整呈现个人信息转移权的法治面貌。这是因为,数据法治的核心问题之一是数据社会化利用,而这必须通过流通和共享达至集聚和匹配数据资源的目标,唯有如此,数据才有生命。[4] 个人信息转移权的提出就是为了实现这种流通或再利用,进一步而言,其不仅仅是规范个人信息处理者在信息上的使用,更是为挖掘数据资源本身的价值,其未来的适用场景甚至可以涵盖元宇宙等场域。据此,《个人信息保护法》的立法目的与市场主体利益存在关联。但不能否认的是,个人信息转移权除了可以被市场化、商业性地利用以外,仍有其他方面的价值。

在数据要素市场竞争的前提下,个人信息转移权难以跳脱财产权的附加属性。首先,个人信息转移权作为一项权利,受社会经济条件的影响较大。按照马克思的观点,"权利决不能超出社会的经济结构……"[5]自农业经济、工业经济后,数据逐渐成为主要生产要素,数字经济倒逼全球社会经济结构和市场竞争结构的重塑。我国目前虽然对数据和信息进行"二分",但不可否认个人信息仍是

---

[1] 许可:《诚信原则:个人信息保护与利用平衡的信任路径》,《中外法学》2022年第5期。
[2] 张新宝:《〈中华人民共和国个人信息保护法〉释义》,人民出版社2021年版,第361页。
[3] 刘风景:《立法目的条款之法理基础及表述技术》,《法商研究》2013年第3期。
[4] 高富平:《个人信息保护立法研究》,光明日报出版社2021年版,第10页。
[5] 《马克思恩格斯全集》(第十九卷),中共中央马克思恩格斯列宁斯大林著作编译局译,人民出版社1963年版,第22页。

数据资源的重要组成部分。根据国务院2022年1月12日发布的《"十四五"数字经济发展规划》,我国数据要素市场体系已初步建立,[1]利用个人信息作为数据流以激发市场主体创新活力并推动经济发展,已是大势所趋。其次,从价值化路径看,个人信息附加价值高,于经济利益领域表现显著。[2] 即便当前个人信息的权属暂无定论,但可以明确的是个人信息并非实物,且独立于信息主体。鉴于个人信息具有可复制性,其可以通过交换和流转等方式不断丰富其价值。个人信息转移权允许个人便捷地离开原来的服务并接受新的服务,使个人能够在数字经济中享受其个人信息的无形财富(immaterial wealth)。[3] 质言之,个人信息转移权促使个人信息交换价值更充分发挥出来,进而产生新的财产性利益,满足数字经济下个人信息商品化的趋势。最后,个人信息转移权通过赋予信息主体控制其自身信息的流转,促进了个人信息处理者间的有序竞争。在数据要素市场中,个人信息是竞争力的体现。个人信息的转移过程本身就附带各种竞争利益的争夺,而个人信息转移权一方面可以遏制个人信息处理者肆意扩张个人信息的控制范围,另一方面可用于监管数字行业中的不公平竞争行为或滥用市场支配地位的行为,[4]以增加个人信息处理者保护义务的方式规范数据要素市场竞争的有序性。综上所述,财产属性虽与其人格权属性相比较弱,但是在国际数据市场竞争环境的主导下,国家数据主权依赖个人数据主权的支撑和表达,[5]财产权属性作用的发挥不可小觑。

(三)综合性权利的法理意涵

根据前述,以信息自主权为基础的个人信息转移权自始至终都具有人格权属性,而依托数据要素市场竞争的时代背景,个人信息转移权的财产权属性随之愈发显著。因而,要在"数字经济发展"的宏大叙事下准确把握个人信息转移权的独特法理意涵。需要注意的是,对个人信息转移权的理解偏向任何一面都是不合适的,质言之,不能囿于人格权或者财产权,而应在信息主体的利益诉求与数字经济发展的时代背景中把握权利意涵,并按照保护个人信息的立法目的,深度融合个人信息转移权的规范和实践,进一步凝聚发展个人信息转移权的共识。因此,个人信息转移权是具有人格权和财产权双重属性的综合性权利。

之所以强调其综合性主要是因为保护法益之特殊性。《个人信息保护法》的立法目的在于保护个人信息权益,该权益包括基于个人信息所享有的各种权利

---

[1]《国务院关于印发"十四五"数字经济发展规划的通知》,《中华人民共和国国务院公报》2022年第3号。
[2] 信息所具有的附加价值主要是指其被赋予的价值或增加的价值,其可能源于人的加工,亦可能源于需求,参见陆小华:《信息财产权:民法视角中的新财富保护模式》,法律出版社2009年版,第70页。
[3] Paul De Hert, et al, The Right to Data Portability in the GDPR: Towards User-Centric Interoperability of Digital Services, *Computer Law & Security Review*, Vol.34, No.2, 2018, pp.193-194.
[4] Koops B, The Trouble with European Data Protection Law, *International Data Privacy Law*, Vol.4, No.4, 2014, pp.250-258.
[5] 连玉明主编:《数权法2.0:数权的制度建构》,社会科学文献出版社2020年版,第201页。

和利益,法学界的主流观点认为其是一种"多元"权益。申言之,个人信息权应为一项框架性权利,个人信息转移权则是其子权利。遵循体系解释的方法论,《个人信息保护法》第四章规定了个人信息权所包含的各项子权利,其中个人信息转移权位于第45条第3款,与个人信息查阅权和复制权共同构成一组"权利束"。该规范群在赋予个人信息查阅权和复制权的同时,兼顾个人信息转移权,如若不能实现个人信息的转移,前两项权利将沦为一纸空文。而在整个个人信息"权利束"规范群,个人信息转移权与其他各项权利共同发挥保护个人信息权益的功能。因此,明确个人信息转移权为具有双重属性的综合性权利,能更好地因应个人信息权的多维结构,充分展现我国个人信息转移权的制度理性,进而优化个人信息法律保护体系以保护"多元"权益。

三、个人信息转移权的权利构造

厘清权利构造,是正确行使个人信息转移权的关键,亦是明确数字市场主体行为边界的圭臬。根据个人信息转移权在《个人信息保护法》中的价值定位和权利属性,个人信息转移权的权利构造可从应然和实然两个层面进行深度检视,其中涉及权利主体、权利客体与适用条件三个维度。首先,作为个人信息转移权的内核,对权利主体与权利客体的讨论主要是在理论上回答应然状态下的个人信息转移权为何,即解决个人信息转移权"是什么"的问题。其次,受制于现实法治环境和技术条件,个人信息转移权的实现必须遵循法律规范的具体规则,这就将问题引至对实然层面的个人信息转移权的讨论上,此时必须对个人信息转移权的适用条件予以解释,即解决个人信息转移权"如何用"的问题。最后,以欧盟数据可携权作为比较对象进行观察,帮助完整展现个人信息转移权的"中国特色"法律构造,为今后的法律实践和企业合规作出有益尝试。

(一)权利主体

个人信息转移权的权利主体为自然人。《个人信息保护法》仅规定了"个人"作为权利主体向个人信息处理者请求转移,故此,应当将法人和非法人组织排除在权利主体的范畴以外。从比较法上来看,GDPR规定数据可携权的权利主体亦是自然人(natural persons),也明确了数据可携权不适用于与法人有关的个人数据,特别是以法人身份注册的企业的个人数据,包括该法人的名称、形式和联系方式等。[1] 据此,须首先明晰个人信息转移权的权利主体的范围,即该自然人的范围。依照狭义解释,该自然人仅限于个人信息享有者本人。从私法角度看,个人信息转移权是一项请求权,属于民事权利,因而需要适用民事行为能力的一般性规定。值得一提的是,若是未成年人[2]请求转移其个人信息,应适用限制民事行为能力人的有关规定,即由其监护人代为行使个人信息转移权。此外,还应

---

[1] General Data Protection Regulation, Recital 14.
[2] 此处所称的"未成年人"不包括16周岁以上且以自己的劳动收入为主要生活来源的未成年人。

明确就死者的个人信息而言,近亲属不是个人信息转移权的主体。依据《个人信息保护法》第49条,死者的近亲属在满足规定情形下对其个人信息享有查阅权、复制权、更正权和删除权等,该条并未明确将个人信息转移权列举在内。基于个人信息转移权的人格权属性,死者个人信息本就附有较强的人格属性,出于最大程度保障死者人格尊严的考量,近亲属享有查阅权、复制权等已经可以满足其知情权,如若再可行使个人信息转移权,则与其建立在信息自主权基础上的权利逻辑背道而驰。因此,原则上不应再度扩张个人信息转移权的主体至死者的近亲属上。

由于个人信息是数字社会的重要保护对象,加之网络无国界,不宜简单适用属人管辖和属地管辖。因而不妨以个人信息的义务主体作为切入点,即从提供产品或服务的个人信息处理者角度着手,并结合《个人信息保护法》第3条,权利主体的适用范围可以基于义务主体所处地域范围的不同予以划分,具体包括以下两种情形:第一,我国境内的自然人请求转移其个人信息,符合条件的,个人信息处理者都应履行相应义务,不论其注册地或服务器是否在中国境内。第二,处于我国境外的自然人,请求我国境内提供相应服务的个人信息处理者转移个人信息,同样属于适格的权利主体。只有权利义务主体均不在境内,才不受我国《个人信息保护法》规制。例如,某个人信息处理者在B国注册,向A国提供产品或服务,若A国人请求转移存储于该个人信息处理者处的个人信息,则该A国人便不属于我国个人信息转移权保护的主体。

(二)权利客体

个人信息转移权的权利客体为个人信息。关于"个人信息"的讨论,学界此起彼伏。我国《个人信息保护法》第4条详细阐明了个人信息的定义,明确以"识别"作为个人信息的基准,排除了匿名化处理的个人信息。此处对权利客体的探析主要集中于何种个人信息属于可转移的个人信息,涉及个人信息的类型和形式(格式)两个规范向度。

就可转移个人信息的类型而言,可将个人信息处理者处所存储的个人信息分为个人主动提供的个人信息和个人信息处理者监测用户行为所捕捉的个人信息。个人主动提供的个人信息自然属于可转移个人信息,如注册时提供的姓名、年龄、民族、身份证号等。而个人信息处理者经监测用户行为所捕捉的个人信息则较为复杂,其中一部分属于监测所得的基础信息,是在自动化监测下形成的一系列信息,包括用户的访问记录、聊天记录、行程轨迹等;另一部分则属于算法介入后形成的分析信息,是利用算法对前述基础信息加工所得的分析数据,比如基于商品浏览记录所形成的用户个人偏好推荐。此种监测类型的个人信息能否转移应当由所请求的个人信息处理者在信息分类后进行价值评估,对可以"脱敏"处理的个人信息视情形提供转移途径。[1] 除了脱敏转移的路径,基于个人信息

---

[1] 龙卫球主编:《中华人民共和国个人信息保护法释义》,中国法制出版社2021年版,第206页。

转移权的财产权属性,监测类型的个人信息转移可考量信息价值分配的方法。具体而言,以需要转移的个人信息价值是否为个人信息处理者提供成本补偿为参考,此时就无须进一步区分是个人信息还是非个人信息。[1] 也就是说,能够为个人信息处理者提供合理的成本补偿且不会涉及其商业秘密以及影响后续经营等,此时也可以在实践中探索转移监测类型的个人信息。

就可转移个人信息的形式(格式)而言,参考 GDPR 第 20 条规定,经由数据可携权的行使获得的个人数据须为结构化的(structured)、普遍使用的(commonly used)和可机读的(machine-readable),[2] 欧盟数据可携权的权利客体限制主要基于两方面原因。第一,根据该条规定的适用情形,这种数据处理活动须通过自动化形式进行,而个人数据处理的自动化需要满足结构化和可机读两个特点。第二,欧盟数据可携权由获取权和传输权(或称转移权)两部分构成,前提是在访问权的基础上进一步管理和重复利用自身数据,从而供自身存储或传输至别处,[3] 符合通用标准、易读的数据形式有助于访问权的实现。[4] 反观我国对个人信息转移权的处理,从法条规范群看,显然不是因访问权的运转而设,而是为了弥补查询权和复制权的规范不足,其形式要件也就无须囿于结构化、普遍使用和可机读,但由于第 45 条规范的开放性,后续的施行也不排除这三大特点的适用空间。因此,从体系解释和历史解释的进路出发,我国可转移个人信息暂以查询而得的个人信息副本为主,其形式(格式)为自然人可读的电子个人信息副本,而非类似于 GDPR 结构化的、可机读的个人信息。

(三)适用条件

综观我国个人信息保护的规范体系,结合《民法典》《个人信息保护法》《规范》等规范,[5] 融合个人信息转移权的私法和公法双重保护,个人信息转移权的适用条件主要有五个面向。第一,属于前述权利主体的范围内的自然人才享有请求权;第二,该个人信息属于前述可转移的权利客体范围;第三,须在技术可行之前提下进行;第四,需要符合国家网信部门规定条件;第五,不存在违反法律法规的其他情形。由于前两项已在前文详细说明,此处仅就后三项条件具体论述。

就技术可行的前提条件而言,实施个人信息转移权面临的一个重大挑战即是个人信息跨平台转移的"技术可行性"。换言之,对于某个个人信息控制者来

---

[1] Zufall F., Zingg R, Data Portability in a Data-Driven World, in Peng S., Lin C.-F., Streinz T., eds., *Artificial Intelligence and International Economic Law: Disruption, Regulation, and Reconfiguration*, Cambridge University Press, 2021, pp. 215-234.

[2] General Data Protection Regulation, Article 20(1).

[3] 张新宝:《〈中华人民共和国个人信息保护法〉释义》,人民出版社 2021 年版,第 362 页。

[4] 汪庆华:《数据可携带权的权利结构、法律效果与中国化》,《中国法律评论》2021 年第 3 期。

[5] 参见《民法典》第 7—9 条、第 111 条、第 132 条、第 1034—1039 条,《个人信息保护法》第 3 条、第 5 条、第 10 条、第 45 条,《信息安全技术 个人信息安全规范》(2020 年)第 8.6 条等。

说技术上可行的,对于另一个个人信息控制者来说可能并不可行。[1] 值得注意的是,该项并非必要条件。对此,《个人信息保护法》虽然没有明文规定,但在《规范》中得以体现。《规范》第 8.6 条规定以技术可行性作为可直接转移个人信息副本至指定第三方的"通行证"。欧盟 GDPR 也有类似规定,允许数据主体在技术可行的条件下,通过行使数据可携权将其个人数据直接从某一个数据控制者传输给另一控制者。[2] 之所以说技术可行并非必要条件,是因为个人信息的转移可分为两种路径,一是转移至本人处,由本人自行决定何时重新上传;二是不经个人信息主体,直接在个人信息处理者之间传输。在后一情形下,必须考虑技术因素是否满足条件,如所指定的个人信息处理者处的"接口"是否与原信息处理者的个人信息形式(格式)相匹配,如果个人信息格式可互相转换(技术兼容),就能够直接转移。实质上,技术可行的条件限制了个人信息转移权的适用范围。[3]

针对何为"国家网信部门规定条件",目前法律法规并无详细规定。反向观之,该条件是我国就个人信息转移权可能遗漏的问题而预设的授权规范,以授权网信部门的形式对个人信息转移的规范进行查漏补缺,具有极强的灵活性,是面向个人信息转移权的"补强"举措。有学者提出,可以考虑将该项适用条件予以部门化和场景化应用,[4] 借以推进其进一步的实践,映射出这一授权规范的灵活性。相较于 GDPR,我国个人信息转移权显然需要遵循自身独特的制度考量。一方面,因应数字社会网络信息技术的极速发展和时代更迭,将立法权概括授权给网信部门以作灵活性规制。另一方面,能够参考国际立法的实践经验,同时给予我国数据合规充分的实践空间,及时发现个人信息转移权的漏洞或脱离实践之处并予以改进。

关于"不存在违反法律法规限制的其他情形",是对行使个人信息转移权的限制。首先,个人信息转移权的行使不能损害公共利益。对此,GDPR 第 20 条第 3 款亦有不适用公共利益的规定。[5] 申言之,自然人请求转移的个人信息不得含有涉及公共利益的内容,且该信息的转移不得存在危害公共利益的情形。若存在此种情形,个人信息处理者应当进行利益评估,并有权拒绝转移。特别是在行政管理领域,数字政府的建设必然关系到浩如烟海的信息。只要涉及公权力机关的管理职能(如公安机关对生物识别信息的收集),就难以避免对信息的收集与利用,[6] 这些个人信息的转移必须纳入公共利益的考量范围。其次,行使

---

[1] Diker vanberg A., The Right to Data Portability in the GDPR: What Lessons Can Be Learned from the Eu Experience?, *Journal of Internet Law*, Vol. 21, No. 7, 2018, pp. 12-17.
[2] General Data Protection Regulation, Article 20(2).
[3] Graef I., Verschakelen J., Valcke P., Putting the Right to Data Portability into a Competition Law Perspective, *Law: The Journal of the Higher School of Economics*, Annual Review, 2013, pp. 53-63.
[4] 王锡锌:《个人信息可携权与数据治理的分配正义》,《环球法律评论》2021 年第 6 期。
[5] General Data Protection Regulation, Article 20(3).
[6] 邓莉:《大数据下个人信息权的基本权利立法模式——兼论对个人信息权的限制》,《法治论坛》2017 年第 3 期。

个人信息转移权不能损害他人合法权益。若请求转移的聊天记录会损害他人有关权益(如名誉权、隐私权等),则应当禁止转移。GDPR 第 20 条第 4 款也规定个人数据的转移不能对他人的权利抑或是自由产生相反作用。[1] 最后,遵循权利行使的一般原则。在私法权利视域下,应当遵循诚信原则,不得恶意行使个人信息转移权,损害他人合法权益的,或构成权利滥用;同时,也应当遵循绿色原则,不得反复无合理理由请求转移同一个人信息,造成数据资源利用率的下降和企业合规成本增加。在公法视域下,个人信息转移权的救济应当依法依规行使,尤其是反映诉求时不得影响国家网信部门等有关行政部门的监督管理。

四、结语

数字经济背景下,数据自由流动日趋加速,信息主体对个人信息转移至其他个人信息处理者的权利意识亦愈强烈,确立并保护个人信息转移的权利业已成为数据法治建设的制度诉求。数字经济发展的现实驱动,促使中国在参与国际竞争时需强化主导性。纵观各国立法实践,个人信息保护立法不仅旨在保护个人权利,亦为数字经济的高效运转筑牢屏障。当前,数字经济高速发展推动世界多国纷纷确立数据可携权,对我国的数据企业产生了域外效力,在一定程度上冲击了我国的数字经济发展。作为有力回应,我国借助个人信息保护立法的契机,正式确立了符合国情的个人信息转移权。基于此,学界对个人信息转移权的研究不能浅尝辄止,可结合国际数字经济竞争的新态势,进一步挖掘中国个人信息转移权的制度空间。随着数据安全技术水平的日臻完善,技术要素也将成为信息主体作出选择的影响因素之一。为避免信息主体仅凭安全技术保护水平的高低随意选择,作为个人信息处理者的企业需应对好个人信息转移权带来的合规挑战。因而,在个人信息转移权现有规范的基础上,应当由国家网信部门充当立法者的角色,制定并完善相关立法规范,细化立法中尚未明晰的内容,及时补强行业实践的规范空间。还应立足我国国情,个人信息转移权在法律规范体系中不应盲目扩张,以此夯实个人信息转移权实践基础,在增强中国数据安全国际竞争力的同时,为个人信息保护国际层面的立法提供中国方案,贡献中国智慧。

---

[1] General Data Protection Regulation, Article 20(4).

作品类型扩张下"独创性"司法裁判的实证考察与标准构建[1]

张祥志*
杨诗圆**

摘　要	数据新闻、立体出版物、人工智能创作物等文化创新表现形式能否成为著作权法的保护对象,是当下文化市场的焦点问题之一。"独创性"作为著作权客体的"准入"门槛,其判断标准的构建在作品类型不断扩张的图景下考验着立法者和司法者的智慧。通过对225件典型司法案例的剖析,可以发现我国现行独创性司法裁判存在"架空替代"和"标准多元"现象,前者表现为通过直接下定论回避独创性检验,以及通过权利归属裁判、作品类型裁判、侵权事实裁判来不同程度地代替独创性裁判;后者呈现为在独创性认定标准上出现了创新创造说、个性化选择说、区别差异说等标准不一的裁判方法。鉴于此,构建以"创作空间"为裁判方法、以"审美评价"为辅助尺度、以"反面释义"为检验依据的相对统一标准,有助于减少司法裁判的主观性和不确定性,从而回应文化创新的现实需求和远景目标。
关键词	文化创新;作品类型扩张;独创性;版权法
目　次	一、作品类型扩张与独创性裁判困境的激化 　　(一)著作权法中作品类型扩张的演绎历程 　　(二)作品类型扩张下独创性裁判困境的加剧 二、独创性司法裁判实证考察(一):"架空替代"现象 　　(一)以"权利归属裁判"代替独创性裁判 　　(二)以"作品类型裁判"代替独创性裁判 　　(三)以"侵权事实裁判"代替独创性裁判 　　(四)以"直接认定"架空独创性裁判 三、独创性司法裁判实证考察(二):"标准多元"现象 　　(一)创新创造说 　　(二)个性化选择说 　　(三)区别差异说 　　(四)其他标准

---

[1] 本文系国家社科基金一般项目"新媒体环境下红色文化转化创新的版权保护研究"(22BXW067)阶段性成果。本文还要特别感谢徐以恒、杨珍等研究生在案例搜集整理中所作出的贡献。

* 张祥志(1987—　),华东交通大学人文学院(知识产权学院)教授、党委书记。研究方向:著作权法。

** 杨诗圆(2002—　),华东交通大学知识产权学院硕士研究生。研究方向:著作权法。

> 四、独创性司法裁判统一标准的构建思路与方法研探
>   (一)以"创作空间"为主要方法
>   (二)以"审美评价"为辅助尺度
>   (三)以"反面释义"为检验依据
> 五、结语

创新是当下中国文化产业发展的重要主题,具象为文化表现形式的多样化和作品类型的多元化,即数据新闻、人工智能创作物、游戏直播画面、立体出版物、网络短视频等新生作品在技术和市场的催化下不断涌现。著作权法作为文化的创新之法和产业之法,其"独创性"标准是检视新生作品是否应当纳入著作权法保护范畴的准绳。然而,"独创性"概念固有的抽象特征使得对其精确定义几无可能,也难以精确统一地将之运用在司法审判中。如何限缩"独创性"标准在司法审判中适用的不确定性,是本文关注的焦点问题。有鉴于此,本文以 225 份相关司法判决为研究参照,通过系统审视其中有关"独创性"标准的裁判运用部分来剖析"独创性"标准在司法实践中的适用困境,并探讨作品独创性司法判断标准的构建路径,以期在作品类型扩张背景下,为司法实践解决新生作品的合法性"准入"问题提供相对统一的裁判标准。

一、作品类型扩张与独创性裁判困境的激化

著作权制度的变迁历史,是一部作品类型逐步扩张的演绎史。在技术和产业的驱动下,新的作品类型不断涌现,著作权法律制度通过权利客体规则对新生作品进行取舍,来权衡其合法性的"身份"问题,以顺应并推动产业发展繁荣和社会文明进步。然而,作品类型的扩张也加剧了"独创性"这一作品关键构成要件在司法裁判中的困境。

(一)著作权法中作品类型扩张的演绎历程

依据知识产权客体的一般理论,无论是"知识产品说"还是"智力成果说","知识产权客体的基本意蕴都表现为与人们的智力活动相关"[1]。但反观我国著作权法客体之作品的变革,其扩张即是对作品所蕴含的创造性智力因素的不断突破和延展。经梳理概括,我们可以将作品类型扩张的演绎历程划分为三个阶段。

一是法律框架内的"非纯正作品"时期。在法定作品类型得以确定之际,我国 1990 年制定的第一部《著作权法》就已经将某些脱离创造性智力因素的内容划归客体范畴,导致著作权客体的"纯正"属性减弱。这一时期,作品的"非纯正"

---

[1] 吴汉东:《知识产权总论》,中国人民大学出版社 2020 年,第 56 页。

属性(非创造性智力因素)可以分为两种情形,即技巧与方式的糅入和功能与实用的掺杂。其中,"技巧与方式的糅入"以杂技艺术作品和摄影作品为典型代表。杂技艺术是典型的创造性与技巧性相结合的作品,属于凭借技巧呈现美感的形体艺术,使得作品中的形体技巧和竞技方法也会基于"不可避免的涵摄"成为作品的保护对象从而获得法律庇护。同理,摄影技术尤其是其构图方式与整体摄影作品的不可割裂性,也导致摄影技术被涵摄在作品类型中成为版权法的保护对象。正是因为照片与技术方法本身的不可区分,司法审判难以将技术成分完全排除在保护范围之外。[1] 此外,"功能与实用的掺杂"则以实用艺术品最为典型。尽管"实用艺术品"不属于法定作品类型,但其所具有的艺术价值往往能够与美术作品嫁接从而获得著作权法保护,继而导致我国司法实践在考察实用艺术品作为美术作品的可版权性时,以"不区分实用功能,直接考察艺术成分的独创性"[2]作为判断逻辑。因此,对实用艺术作品进行著作权保护会不可避免地将"实用与功能"划入保护范畴。由上述分析可知,不具有"创造性智力"属性的"非纯正作品"要素,因内化为作品不可分割的部分,早已融入最初的著作权法律框架之中,并在一定程度上为作品类型的扩张开辟了理论层面的突破口。

二是技术推进下的"形式多元化"时期。随着传播技术的不断迭代,文化产业的垂直细分随之扩张,由此带来的利益渠道和商业模式愈发多维,新生市场裂变出新的利益分配格局并催生出新的法律保护诉求,导致现有的法定作品类型已无法满足市场需求和发展现实。申言之,技术成为推进法定作品类型扩张的最关键因素,这一时期表现最为典型的是直播技术繁盛引发的网络游戏直播画面和体育赛事直播画面的作品类型界定问题。一方面,网络游戏直播基于游戏的精良制作与粉丝基础,通过技术创新将游戏的互动性、沉浸式体验与知识付费捆绑实现流量变现,成为文化市场的重要分支。就网络游戏直播画面而言,存在"类电作品说或视听作品说"[3]和"录像制品说"[4]的主张分歧。此外,在网络游戏直播画面是否构成"视听作品"的阐释中,也存在支持论[5]与反对论[6]的争议。另一方面,体育赛事直播市场的兴起也带来了诸多著作权客体类型的纠纷和博弈。以"体育赛事直播第一案"(北京新浪互联信息服务有限公司与北京天盈九州网络技术有限公司不正当竞争纠纷案)[7]为例,一审法院认为涉案赛事转播画面满足我国著作权法对独创性的要求而构成作品,但没有就作品类型进行判定;二审法院则认为赛事直播公用信号承载的连续画面未达到电影作品所要

---

[1] 马一德:《再现型摄影作品之著作权认定》,《法学研究》2016年第4期。
[2] 冯晓青、付继存:《实用艺术作品在著作权法上之独立性》,《法学研究》2018年第2期。
[3] 冯晓青:《网络游戏直播画面的作品属性及其相关著作权问题研究》,《知识产权》2017年第1期。
[4] 华劼:《网络游戏及游戏直播节目著作权问题研究》,《编辑之友》2018年第6期。
[5] 李扬:《网络游戏直播中的著作权问题》,《知识产权》2017年第1期。
[6] 焦和平:《网络游戏在线直播画面的作品属性再研究》,《当代法学》2018年第5期。
[7] 一审为北京市朝阳区人民法院(2014)朝民(知)初字第40334号民事判决书;二审为北京知识产权法院(2015)京知民终字第1818号民事判决书;再审为北京市高级人民法院(2020)京民再128号民事判决书。

求的独创性高度,仅能作为录像作品获得保护;再审法院认为"涉案赛事节目构成我国版权法保护的电影类作品,而不属于录像制品"。在学术探讨维度,对体育赛事直播画面的类型界定也存在"视听作品说"[1]、"录像制品说"[2]、"其他作品说"[3]、"汇编作品说"[4]等不同解读。综上,以 2001 年和 2010 年著作权法为蓝本的法定作品类型,在技术和市场的冲击下已无法充分满足形式多元的文化表达需求,作品类型扩张在技术革新背景下似乎成为一种必然。

三是利益驱动下的"开放式类型"时期。我国著作权法在 2020 年 11 月完成第三次修正后,将规定作品类型的第 3 条第 9 项"法律、行政法规规定的其他作品"改为"符合作品特征的其他智力成果",预示着著作权法上的作品类型从"有限的法定作品类型"向"开放的法定类型"更迭。此处修订蕴含了两层意义:一是文化创新成果并不必然构成著作权法意义上的八种法定作品类型,因而立法上允许司法实践对作品类型较为模糊的智力成果予以具象认定;二是立法开始以一种更为包容的态度接纳新型智力成果以及传统智力成果的新型呈现方式。"开放式"作品类型意味着,数据新闻、人工智能创作物、游戏直播画面、立体出版物、网络短视频、烟花秀、音乐喷泉、武术表演、插花等法定作品类型外的非典型作品可能得到著作权法保护。

(二)作品类型扩张下独创性裁判困境的加剧

以作品类型为区分,独创性裁判在学理上存在着"同一标准论"和"区分适用论"两类观点,前者认为独创性对于所有类型的作品的要求是一致的,具体类型作品之间不存在独创性高低之分;后者则认为独创性在不同作品类型的语境中内涵相异,其高度因作品类型不同而存在差异。作品类型的不断扩张,则进一步加剧了独创性在司法实践中的裁判困境。

其一,在作品类型从"少数类型"到"多数类型"的扩张情景下,独创性裁判的两种模式均面临适用不能和频繁更新导致的标准不稳的难题。从 1990 年第一部《著作权法》颁布到 2020 年《著作权法》第三次修改完成,其间法定作品类型的扩张包括"杂技艺术作品""建筑作品""以类似摄制电影的方法创作的作品""模型作品""视听作品"等多种作品类型的增添与改写。倘若以"同一标准论"作为标准,新增的作品类型会对已有的统一判断标尺带来适用上的挑战,"已有统一标准是否适用于新的作品类型"以及"已有统一标准因应作品类型的扩张向更高抑或更低进行调适"将会是"同一标准论"的主要矛盾所在。此外,每增加一种作

---

[1] 卢海君:《论体育赛事节目的著作权法地位》,《社会科学》2015 年第 2 期。
[2] 王迁:《论体育赛事现场直播画面的著作权保护——兼评"凤凰网赛事转播案"》,《法律科学(西北政法大学学报)》2016 年第 1 期;管育鹰:《体育赛事直播相关法律问题探讨》,《法学论坛》2019 年第 6 期;张志伟:《体育赛事节目直播画面是否具备独创性》,《电子知识产权》2018 年第 4 期。
[3] 孙山:《体育赛事节目的作品属性及其类型》,《法学杂志》2020 年第 6 期。
[4] 赵双阁、艾岚:《体育赛事网络实时转播法律保护困境及其对策研究》,《法律科学(西北政法大学学报)》2018 年第 4 期。

品类型即对独创性判断标准进行调整的做法,势必会增加司法裁判的难度继而损害法律的权威性和司法的稳定性。同样地,在"区分适用论"语境下,新增作品类型的独创性判断应在时间上先于或同步于作品类型被确定之时,否则在立法层面无法给出法定判断标准的背景下无疑会增加司法裁判的负担。此外,法院还将面临新增作品类型的独创性裁判与"同一款项"作品类型使用相同标准抑或单独为新增作品类型制定标准的抉择,如杂技艺术作品与音乐、戏剧、舞蹈、曲艺作品之间,电影作品与类似摄制电影的方法创作的作品之间,以及模型作品与工程设计图、产品设计图、地图、示意图之间的裁判标准如何界定和区分。

其二,在作品类型从"内涵的固定解释"到"内涵的扩大解释"的扩张情形下,独创性成为新的表达形式能否构成作品的准入性法则,而独创性判断的模式选择在司法实践中摇摆不定。溯源作品类型扩张的历程,不难发现其主要表现为作品类型数量的扩充和作品类型内涵的扩大两种形式,后者的扩张主要源于产业创新附随的技术和利益需求,继而通过司法裁判的方式来实现新的作品形式被已有作品类型涵盖。在司法实务中,独创性的判断往往在新的作品表现形式被纳入已有作品类型中扮演着极度重要的"准入"作用。例如,孔虫模型作为对孔虫生命体特征的反映,因其"体现了作者对客观事物进行艺术抽象和美学修饰的创作成果,符合著作权法对作品独创性及独创性高度的保护要求"[1],继而构成模型作品的新的表现形式。动画影片中的角色形象,因"可以作为美术作品受到著作权法的保护,并且只有对该角色形象付出独创性贡献的公民才能成为作者"[2]的裁判,使得美术作品的内涵得以扩张。同样地,既有欣赏价值又有实用价值的实用艺术品因其"作者在美学方面作出的智力劳动所体现的独特个性和创造力"[3]从而成为美术作品,计算机文字库中的单个文字"具有了著作权法意义上的独创性时"[4]即可作为美术作品进行保护。可见,每一次作品内涵的扩张,法官在独创性裁判标准的选择上并非完全一致,"摇摆不定"的裁判标准反映出作品类型的每一轮扩张即是对独创性裁判的又一次考验。

其三,在作品类型从"封闭式"到"开放式"的扩张图景下,独创性作为作品的构成要件之一,其重要性被无限放大,使本就纠缠不清的裁判标准在司法实践中遭遇更多质疑。《著作权法》2020年第三次修改将"符合作品特征的其他智力成果"纳入法定作品类型,标志着我国著作权法关于作品类型的规定从"封闭式"迈入"开放式"。在"封闭式"作品类型时代,司法实践在作品证成的裁判中"既要考虑该客体是否符合作品的一般定义,也要考虑该作品是否符合特定类型作品的表现形式"[5],即某一客体只有同时符合独创性标准和作品形式要求才能被认定为法定的作品。但在"开放式"作品类型时代,《著作权法》第3条前八项之外的

---

[1] 山东省高级人民法院(2012)鲁民三终字第33号民事判决书。
[2] 上海市高级人民法院(2012)沪高民三(知)终字第67号民事判决书。
[3] 最高人民法院(2013)民申字第1262号民事裁定书。
[4] 最高人民法院(2010)民三终字第6号民事判决书。
[5] 北京市高级人民法院(2020)京民再128号民事判决书。

其他作品的认定无须经过作品形式的司法裁判,直接将作品构成证成的重任全部置于独创性的裁判之上。这种转换导致的结果是,作品形式的限制作用减弱,智力成果能否得到著作权法庇护的重任将很大程度上由独创性判断承担,即"在开放式立法模式下法院的主要工具是独创性标准"。[1] 与此同时,"在新型作品的界定中,独创性标准还面临'注重创作过程'与'注重创作结果'的选择,以及'有无标准'与'高低标准'的取舍",[2]"同一标准论"与"区分适用论"之间的博弈进一步扩大了开放式作品类型独创性评判的难度。

二、独创性司法裁判实证考察(一):"架空替代"现象

为深入剖析独创性在司法实践层面的裁判路径,我们通过"北大法宝"司法案例检索系统,以著作权法第三次修改之前的法定作品类型为检索关键词,每一类作品择取 30 份经典案例(其中文字作品 30 件、口述作品 10 件、"音乐、戏剧、曲艺、舞蹈、杂技艺术作品"30 件、"美术、建筑作品"30 件、摄影作品 30 件、电影作品和以类似摄制电影的方法创作的作品 30 件、"工程设计图、产品设计图、地图、示意图等图形作品和模型作品"30 件、计算机软件 30 件、法律行政法规规定的其他作品 5 件),共选取了 225 件具有代表性的案例进行分析解读。[3] 225 件典型案例中,对独创性裁判的基本态度包括单独释义(单独对独创性进行说理并裁判)、代替释义(以其他方式代替独创性进行裁判)和既不单独释义也不代替释义(提及独创性,但不对其进行说理也不裁判)三种情形,分别为 71 件、131 件和 23 件,占比为 31.56%、58.22% 和 10.22%(参见表3)。

表3 典型司法案例"独创性"裁判的基本情况

案例总数(件)	独创性裁判的基本态度	独创性裁判的具体方法	数量(件)	占比(%)
225	单独释义	单独对独创性进行说理并裁判	71	31.56
	代替释义	以其他方式代替独创性进行裁判	131	58.22
	既不单独释义,也不代替释义	提及独创性,但不对其进行说理也不裁判	23	10.22

---

[1] 梁志文:《作品类型法定缓和化的理据与路径》,《中外法学》2021年第3期。
[2] 卢纯昕:《法定作品类型外新型创作物的著作权认定研究》,《政治与法律》2021年第5期。
[3] 关于案例选取的标准,一是关于"选取著作权法第三次修改前的案例"的原因在于,我国著作权法第三次修改中并未对"独创性"进行修订,且著作权法修改后的案例较少,以修改后案例为实证对象会导致样本过少;二是我们以每一种作品类型为象限选取的 30 件案例,尽量选取指导性案例(由最高人民法院、最高人民检察院确定并统一发布)、公报案例(发布在《最高人民法院公报》和《最高人民检察院公报》上的案例)、典型案例(最高人民法院和最高人民检察院以公文形式发布的具有典型意义的司法案例)等具有代表性的案例。

从前述独创性裁判的基本态度来看,我们将"既不单独释义,也不代替释义"的独创性裁判方法总结为独创性裁判的"架空"现象,将"代替释义"的裁判方法归纳为独创性裁判的"替代"现象。出现上述两种现象的案件共计154件,占比高达68.44%,可见在司法实务中独创性裁判的"架空替代"现象较为严重。"架空"裁判回避了对作品独创性的检验,"替代"裁判则将位居裁判逻辑后部的延伸性结论提前,二者均可能导致裁判基础不稳。通过具体分析独创性裁判的"架空替代"现象,可以更加清晰地洞察独创性司法裁判逻辑的现实景象。

(一)以"权利归属裁判"代替独创性裁判

以"权利归属裁判"代替独创性裁判是指裁判者以认定诉讼主体对涉案内容享有版权的方式,间接确认该争议内容构成作品的审判思路。在此类判决中,法院在判断版权归属时通常援引《著作权法》《最高人民法院关于审理著作权民事纠纷案件适用法律若干问题的解释》和《计算机软件保护条例》中的"署名规则"和"证据提交"条款,来确认著作权主体。一旦原告出具作品原件、合法出版物或登记证书,即完成了适格诉讼主体的举证责任,法院不再对涉案内容是否实质满足独创性进行检验(部分相关案例参见表4)。

表4 以"权利归属确认"代替独创性裁判的典型案例

案件与案号	判决内容
广东羊城晚报数字媒体有限公司诉北京雷霆万钧网络科技有限责任公司侵犯著作权纠纷一案 (2014)大民(知)初字第12928号	结合原告羊城晚报公司提交的《专有使用权许可合同》、《授权委托书》、羊城晚报社与原告羊城晚报公司共同出具说明、陈某出具的声明以及涉案文章在《羊城晚报》的署名情况……羊城晚报社享有涉案文章的相关版权……
李某晖诉陕西丝路情韵文化传播有限公司著作权侵权纠纷一案 (2017)陕04民初132号	本案中,李某晖提供的出版物《中国全景素村图片库》中收录有与涉案摄影作品相一致的摄影作品华清池照片并标明版权权利人为李某晖……
中音(广州)文化传播有限公司诉广州亮歌酒吧有限公司侵害其他著作财产权纠纷共20件系列案 (2020)粤0111民初33090~33093、33095~33096、33098~33111号	原告提交了涉案歌曲的《版权转让合同书》《作品登记证书》及部分歌曲的《版权人确认书》,上述证据能初步证实原告对涉案歌曲享有相应的版权……

该思路跨越了独创性这一作品证成的核心要件,遵循"先权利主体后权利客体"的反向逻辑。在这一逻辑下,权属证据充当了创作行为事实的佐证,创作行为的证成则取代了独创性标准的适用。然而,创作行为事实仅能说明行为人具备主体资格的可能性,与智力成果的著作权定性并无关联,因而此种裁判思路在权利客体与主体的生成顺序和主次关系问题上出现了关键偏差。由此必须认识到,权利人的法律地位源于著作权法对其事实行为(如创作)或法律行为(如转让)的认可,而认可的前提必须是独创性要件既已满足、作品既已证成、类型既已确认。因此,作品的构成先于法律对主体的确认,逾越作品构成的核心要件直接

判定权利归属，无法摆脱主客倒置的嫌疑。

此外，"权利归属确认"代替独创性裁判面临更深层次的问题，即跨越独创性释义的权属认定不仅无法确保主体的稳定地位，还可能导致权利基础无源可溯。以广东羊城晚报数字媒体有限公司与北京雷霆万钧网络科技有限责任公司侵犯著作权纠纷案为例，法院通过确认《专有使用权许可合同》《授权委托书》、相关主体出具的声明以及涉案文章在《羊城晚报》的署名情况，依据署名规则和职务作品的法律规定认定羊城晚报社享有涉案文章的相关著作权、具备诉讼主体资格。尽管确认权利归属是解决版权纠纷的重要步骤之一，但本案判决书中全文未提及涉案文章的独创性，未能回应最根本的作品证成问题，直接导致涉案内容是否真实具备受著作权保护的资格成疑。这一问题产生的缘由在于，作品权属证明一般并不能直接证成涉案内容的作品属性，以版权登记证书为例，由于著作权登记部门在登记审查时不做实质审查仅做形式审查，登记作品是否真正具有独创性不得而知。可以说"其是独创性说理的伪证"，[1]"通过著作权登记证书当然推定相关主体享有著作权是错误做法"。[2] 由此可见，一旦"独创性—作品证成—权属判断—侵权行为—责任承担"这一以独创性为核心、环环相扣的审判思路被切断，而径行以权利归属确认代替独创性裁判，判决结果的权威性将面临考验。因此，对于著作权侵权纠纷案件，还是应当回归以"独创性为基准"的基本裁判逻辑，以稳固裁判基础。

(二)以"作品类型裁判"代替独创性裁判

以"作品类型裁判"代替独创性裁判是指直接根据《著作权法实施条例》第4条中各法定作品类型的定义，从表现形式判断涉案内容是否构成作品的审判思路，即只要涉案内容在表现形式上符合某一类法定作品的基本特征，法院就据此作出作品证成的裁判，而不再具体确认涉案内容的独创性(部分相关案例参见表5)。

表5 以"作品类型裁判"代替独创性裁判的经典案例

案件与案号	判决内容
上海美术电影某厂诉珠海某者文化传播有限公司、珠海某空服饰有限公司、珠海市千某鞋业有限公司、上海某派贸易有限公司、上海九某贸易发展有限公司侵犯著作财产权纠纷一案 (2010)沪一中民五(知)初字第82号	本案美影厂主张保护的是动画影片《大闹天宫》孙某空人物形象的版权，该人物形象系动画造型，属于美术作品的范畴……
张某峡诉于某嵘侵犯著作权纠纷一案 (2012)二中民初字第611号	依据涉案视频中的相关信息，可以认定涉案视频是张某峡在中律华成学校做司法考试培训的录像，其中的授课内容属于我国著作权法规定的口述作品……

---

[1] 最高人民法院(2014)民申字第1193号民事裁定书。
[2] 广东省中山市中级人民法院(2018)粤20民终768号民事判决书。

续表

案件与案号	判决内容
张某诉武汉凯路通网络科技有限公司著作权权属纠纷一案 (2017)鄂 01 民终 6368 号	上述视频可以适当装置放映及传播,形式符合《著作权法》和《著作权法实施条例》关于电影作品和以类似摄制电影方法创作的作品的相关规定,涉案十一套视频应认定为类电作品……
宋某诉邓某侵害作品署名权纠纷一案 (2018)闽 01 民初 1975 号	《著作权法实施条例》规定,舞蹈作品是指通过连续的动作、姿势、表情等表现思想情感的作品。本案涉案作品《宝宝喂鸡》符合舞蹈作品的定义……
北京众得文化传播有限公司诉万达影视传媒有限公司侵害作品改编权纠纷一案 (2019)津 03 知民终 6 号	音乐作品是指歌曲、交响乐等能够演唱或者演奏的带词或者不带词的作品。涉案《牡丹之歌》属于带词的音乐作品,且词和曲分别由不同的作者创作完成……

相较于以"权利归属确认"代替独创性裁判,此种裁判思路具有更为突出的"重形式轻实质"特征。以邓某、宋某著作权纠纷案为例,法院直接在裁判文书中援引我国著作权法上"舞蹈作品"之定义,从而直接得出涉案作品《宝宝喂鸡》系舞蹈作品的结论;武汉凯路通网络科技有限公司与张某著作权权属纠纷案中,法院亦认为涉案的 11 套视频资料"形式符合《著作权法》和《著作权法实施条例》关于电影作品和以类似摄制电影方法创作的作品(以下简称类电作品)的相关规定",而未从实质角度进行独创性阐释;北京众得文化传播有限公司、万达影视传媒有限公司侵害作品改编权纠纷案中,法院也援引《著作权法实施条例》关于音乐作品的定义,直接得出"涉案《牡丹之歌》属于带词的音乐作品"的结论。此种裁判思路有"瘸腿走路"之嫌:依据著作权法基本原理和司法裁判一般规律,作品只有符合内涵上的独创性要求和形式上的作品类型要求才能称为著作权法上的作品,以此构成的"以独创性为基础,同时兼顾其与法定作品类型的配适度"[1]的作品证成思路已然是理论和实务界的共识,以形式上的作品类型判断来替代独创性裁判的做法,既缺少法理上的正当性也与司法裁判规律不符。

(三)以"侵权事实裁判"代替独创性裁判

以"侵权事实裁判"代替独创性裁判是指裁判者直接聚焦相关侵权事实是否成立,而非先行考察涉案权利基础真实性的审判思路。此类裁判方法具有特殊性,主要集中在二审,仅少数源自一审。就一审案件而言,若不事先验证权利基础而得出裁判结果,一旦权利客体的独创性遭遇二审证否,当事人的主张将成为无源之水,无论是否构成侵权,一审都将因事实认定不清被发回重审。相比之下,二审法院更多基于对一审裁判说理的支持或默认而选择以"侵权事实裁判"

---

[1] 崔国斌:《著作权法:原理与案例》,北京大学出版社 2014 年版,第 126 页;秦健、李青文:《理论与实践:论体育赛事节目的独创性——兼评新浪诉凤凰网、央视诉暴风影音赛事转播案终审判决》,《中国出版》2020 年第 20 期;北京市高级人民法院(2020)京民再 128 号民事判决书。

代替独创性裁判。这似乎是一种高效的审判思路,即确认在先裁判对同一事实的认定过程及结论,不仅避免了冗杂的重复说理,而且在一定程度上节省了司法审判资源(部分相关案例参见表6)。

表6 以"侵权事实裁判"代替独创性裁判的典型案例

案件与案号	判决内容
江某蓉诉陈某华著作权纠纷一案(2015)杨民三(知)初字第213号	本案争议的焦点是:1.被告陈某华是否实施了侵害原告江某蓉作品《优秀教师培养的意义》的署名权、发表权、复制权、发行权⋯⋯本院认为,首先,关于原告主张的发表权⋯⋯其次,关于原告主张的署名权⋯⋯
苏州开心盒子软件有限公司诉广德璞驭网络科技有限责任公司、李某侵害计算机软件著作权纠纷一案(2019)苏05知初61号	根据现有证据及当事人庭审陈述,可以认定璞驭网络公司的《小强微信恢复大师》与开心盒子公司的《卓师兄软件》界面、软件功能、文字、代码构成实质性相似,侵害了开心盒子公司就《卓师兄软件》享有的计算机软件版权⋯⋯
长城宽带网络服务有限公司等诉乐视网(天津)信息技术有限公司侵害作品信息网络传播权纠纷一案(2020)京73民终2375号	依据诉辩双方主张,本案争议焦点在于:大麦科技公司、长城公司是否是侵害涉案作品信息网络传播权的主体以及一审法院是否应当追加案外人银河公司及爱奇艺公司作为本案当事人⋯⋯故二上诉人的行为⋯⋯构成共同侵权,该行为并未取得权利人的许可,构成对涉案作品信息网络传播权的侵害⋯⋯

以长城宽带网络服务有限公司等与乐视网(天津)信息技术有限公司侵害作品信息网络传播权纠纷案为例,法院在一审判决中将案件争议焦点总结为乐视网公司起诉是否超过诉讼时效、涉案作品的著作权归属、三被告是否实施了侵害涉案作品信息网络传播权的行为、法律责任的承担和是否应该追加第三人。[1]然而,一审法院在裁判中仅援用《著作权法》关于"电影及类电作品"定义条款和署名推定原则径行判定权利归属,未考虑作品本身的独创性。二审法院将争议焦点归纳为大麦科技公司、长城公司是否是侵害涉案作品信息网络传播权的主体以及一审法院是否应当追加案外人银河公司及爱奇艺公司作为本案当事人。二审法院基于"各方当事人均未提交证据,且对一审判决认定的事实无异议,"对一审判决认定的事实予以确认",未对作品证成的独创性问题再行考量,而将审判重心倾向诉讼主体资格问题。

我们认为,二审采用此种审判思路不免存在牺牲实质正义之嫌疑。既然诉讼主体在二审中对一审裁判的公信力质疑,法院就应当对案件进行全面、再次梳理。对于一审法院的事实认定,即创作行为可以予以支持而不再重复阐释;对于作品属性证成等法律认定问题,则须作出独立于一审的判断。即使涉案当事人对于另一方"涉案内容构成作品"的主张进行自认,法院也应当作出独立于当事人主张的裁判。因为自认是一种证据(证据方式)而非诉讼行为[2],只有其满足合法性、真实性、关联性而具备证据资格,并且对待证事实具有充分的证明力时,

---

[1] 北京互联网法院(2019)京0491民初31597号民事判决书。
[2] 宋朝武:《论民事诉讼中的自认》,《中国法学》2003年第2期。

才会成为法院认定事实的依据。

(四)以"直接认定"架空独创性裁判

以"直接认定"架空独创性裁判是指既没有通过上述三种曲折路径间接完成作品证成或证否,又没有对独创性进行诠释的认定思路。这种裁判思路更多凭经验法则和直观感受对独创性的含义和作品类型的归类下定论(参见表7)。

表7 以"直接认定"架空独创性裁判的典型案例

案件与案号	判决内容
苏某诉雷州市白金银座演艺文化实业有限公司侵害作品表演权纠纷一案 (2018)粤08民初126号	根据查明事实,本案中苏某诉请保护的作品类型为音乐作品……
陕西丝路情韵文化传播有限公司、李某晖著作权权属、侵权纠纷再审审查与审判监督民事裁定书 (2019)最高法民申3306号	本案所涉及的华清池摄影作品属于著作权法第三条第五项规定的摄影作品,对其版权应当依法予以保护……
胡某庆、吴某初诉上海美术电影制片厂著作权权属纠纷一案 (2011)沪二中民五(知)终字第62号	从动画电影的创作过程看,动画电影中的角色形象应有在先的静态造型,该造型如构成美术作品,应受到版权法的保护。
北京亿起联科技有限公司诉掌上互动(北京)科技有限公司侵犯计算机著作权纠纷一案 (2015)年京知民初字第00630号	本案中原告亿起联公司主张版权的"点入信息精准投放系统V1.0"等12个进行过版权登记的软件,对于软件登记证书中记载的全部内容,以及全部已经发表的事实,被告掌上互动公司均不持异议。……对于亿起联公司主张的上述软件,分别构成我国版权法和计算机软件保护条例所规定的软件作品……
深圳威特姆光电科技有限公司诉深圳市威斯泰克光电技术有限公司侵害作品复制权纠纷一案 (2012)深宝法知民初字第926~927号	涉案两幅产品连接示意图属于图形作品,依法应受保护……
广州歌聚娱乐有限公司诉上海灿星文化传媒股份有限公司著作权侵权纠纷一案 (2020)粤73民终3375号	本院考虑是:(1)关于作品类型。《中国好歌曲》为以类似摄制电影方式创作的作品,而涉案歌曲具有独创性,为《中国好歌曲》的相关片段,亦属《著作权法》所保护的作品……
北京爱奇艺科技有限公司诉上海萤案信息科技有限公司、上海光邸娱乐休闲有限公司、上海百视通数字电影院线有限公司侵害作品信息网络传播权纠纷一案 (2019)沪0104民初19354号	涉案电影系电影作品,受《著作权法》保护……

此类裁判通常使用"系(为、是或属于)××作品"或"构成××作品"等语句结构。相较于前述三种"替代"裁判对涉案内容须满足独创性要件所持的默认态度,此种"架空"裁判显然忽视了独创性要件在作品属性证成中的核心地位。在北京亿起联科技有限公司诉掌上互动(北京)科技有限公司一案中,法院既没有

分析该计算机程序代码化指令序列(或符号化指令序列、符号化语句序列)本身的独创性,也没有就该软件的具体表现形式与法定作品类型的兼容程度进行阐释,而是径直作出"对于亿起联公司主张的上述软件,分别构成我国《著作权法》和《计算机软件保护条例》所规定的软件作品"的判定。在陕西丝路情韵文化传播有限公司、李某晖著作权纠纷案中,最高人民法院直接认定"本案所涉及的华清池摄影作品属于《著作权法》第三条第五项规定的摄影作品,对其版权应当依法予以保护。"尽管本案的核心在于判断丝路情韵公司的行为是否构成合理使用,但必须认识到权利例外的指向必须是著作权客体,即只有针对具有独创性的作品的使用行为才有抗辩的必要。

三、独创性司法裁判实证考察(二):"标准多元"现象

从司法裁判说理的科学标准而言,"我国的司法裁判说理应当避免完全使用非专业化大众语言的说理模式和过度专业化的'法律人本位'说理模式"。[1] 基于此,科学合理的著作权司法裁判路径须以专有名词司法阐释为切入点,同时借助清晰且统一的裁判标准,完成法律概念通俗化的制度任务。然而,通过实证考察225例司法案例我们发现,在基本遵循"以独创性为基础"审判逻辑的71例裁判文书中,出现了四大类八小类阐释独创性含义的具体方案,即第一大类的创新创造说,包括了创新性价值、创造(作)性(劳动)、智力创造性(劳动)等3种释义方法;第二大类的个性化选择说;第三大类的区别差异说;第四大类的其他标准,包括审美评价、反面释义、创作空间等3种释义方法(参见表8和表9)。如此,独创性内涵的面纱始终未被揭穿,标准不一甚至混乱成为独创性标准在司法裁判适用中面临的另一困境。

表8 独创性释义分类统计表

释义方案	释义方法	案例数量(件)	占比(%)	
创新创造说	创新性价值	1	1.41	35.21
	创造(作)性(劳动)	15	21.13	
	智力创造性(劳动)	9	12.67	
个性化选择说	个性化选择、选取、安排、设定、设计、编排等	25.5	35.92	35.92
区别差异说	区别性、差异性	12.5	17.60	17.60
其他标准	审美评价	3.5	4.93	11.27
	反面释义	3	4.23	
	创作空间	1.5	2.11	

注:若某一裁判中出现了两种释义,则在统计类型下分别计数为0.5。

---

[1] 杨帆:《司法裁判说理援引法律学说的功能主义反思》,《法制与社会发展》2021年第2期。

表 9 独创性司法裁判的八种主要释义方法及典型案例

独创性释义方法	典型案例	具体释义
创新性价值	杭州载力科技有限公司诉南京科诚软件技术有限公司侵害计算机软件著作权纠纷一案 江苏省高级人民法院(2019)苏民终 173 号	对于具有一定创新价值的作品,应当受到版权法的严格保护。涉案 AVI 算法模块系电路板外观检查软件系统的核心模块,其应用价值在于……
创造(作)性（劳动）	安乐(北京)电影发行有限公司诉常熟晨铭网络科技有限公司侵害著作权纠纷一案 江苏省常熟市人民法院(2020)苏 0581 民初 1706 号	安乐公司提交国家版权局登记的"胡巴"形象表达与描述,在肢体比例、颜色组合、特征以及整体形象上均体现出创作人员的独特构思,具有创造性……
智力创造性（劳动）	朱某玉诉南京大学出版社有限公司、博库网络有限公司著作权侵权纠纷一案 杭州铁路运输法院(2016)浙 8601 民初 270 号	《让生活变成诗歌》一文系作者独立创作完成……涉案文章的内容及表达具有一定程度的智力创造性,整体具备独创性,属于文字作品……
个性化选择、选取、安排、设定、设计、编排等	上海都禧网络科技有限公司诉被告浙江广播电视集团侵害作品信息网络传播权纠纷一案 上海市杨浦区人民法院(2019)沪 0110 民初 15991 号	原告主张权利的图片系由拍摄者选取特定的对象及角度创作而成,体现了拍摄者在拍摄对象、拍摄技巧、构图布局、光线处理等方面的个性化选择,具有一定的独创性,属于我国版权法保护的摄影作品……
区别性、差异性	上海美术电影制片厂诉电子工业出版社、曲建方、大连阿凡提国际动画有限公司著作权权属、侵权纠纷一案 上海市徐汇区人民法院(2013)徐民三(知)初字第 1048 号	涉案角色造型具有区别于其他角色的显著特征,可以从涉案影片中抽离出来,独立地被使用,故涉案角色造型属于可以单独使用的美术作品……
创作空间	张某诉广东高等教育出版社有限公司、上海新华传媒连锁有限公司著作权权属纠纷一案 上海市第二中级人民法院(2014)沪二中民五(知)终字第 46 号	本案系争的发音器官图和发音口型图属于版权法规定的图形作品中的示意图作品。示意图作品虽然在表达方式上受到客观事实限制,但不属于表达方式唯一,仍有一定的创作空间可以体现作者的独创性……
审美评价	北京京西联农包装制品有限公司诉北京中宇君包装材料有限公司、北京云飞宇农家院饭庄著作权权属、侵权纠纷一案 北京市丰台区人民法院(2019)京 0106 民初 4690 号	作品是否具备独创性,要求作品具备一定水准的艺术创作高度,具备美学领域的独特创造力和艺术理念……
反面释义	张某铎诉北京中科博大创新生物科技研究院一案最高人民法院(2011)民提字第 40 号	本案张某铎撰写的"一种肉鸡的饲养方法"说明书摘要仅涉及对其专利技术实施方法的表述,其表达形式有限,属于思想与表达的"合并",故不属于版权法意义上具有独创性的作品,不应受版权法保护……

(一) 创新创造说

创新创造说,是指将独创性解释为创新性、创造性,突出作品作为智力成果在内容上的进步性的司法裁判方法。总结现有司法案例的裁判方法,创新创造说主要包含了"创新性价值""创造(作)性(劳动)"和"智力创造性(劳动)"三种具体的独创性释义方法。首先,创新创造说会混淆技术创新性与作品独创性,拔高作品获得保护的标准。例如,在杭州载力科技有限公司与南京科诚软件技术有限公司侵害计算机软件著作权纠纷案中,法院提出"对于具有一定创新价值的作品,应当受到著作权法的严格保护"的主张,并指出涉案软件系统的应用价值在于"对输入的数据进行缺陷检测并得出结果",在认可应用价值等同于独创性的基础上最终认定涉案软件构成计算机软件。[1] 此案将专利领域的核心概念引入独创性的阐释,可能淡化著作权法的制度功能。著作权法意图激励人们投资以生产出更丰富的信息产品,而专利法意图激励人们生产出更有效率的信息产品。[2] 二者尽管在肯定智力成果的社会进步性上达成共识,但在指向上存在明显差异。专利法指向显性层面的技术运用,强调该智力成果与同类相比能够在社会效用上实现进步与突破;而著作权法指向隐性层面的精神储备,并不要求作品具有横向上的优胜性。以创新价值这一横跨专利法和著作权法的共有概念阐释著作权法专有名词的特有内涵不具有科学性。因此,融合专利权法高标准的"创新创造说"存在以高门槛替代市场机制限制文化产品迭代和抑制文化多样性的嫌疑。

其次,创新创造说受困于抽象概念的窠臼,司法实践难以从中获得实质性指引。譬如,在安乐(北京)电影发行有限公司与常熟晨铭网络科技有限公司著作权纠纷案中,法院认为安乐公司的"胡巴"形象在肢体比例、颜色组合、特征以及整体形象上均体现出创作人员的独特构思,具有创造性。究竟何为独特、何为创造,本身并无确定含义。该案的释义显然是站在裁判者角度,试图以具有专业知识、经历专业训练的个体的观念来衡量独创性这一普适标准,与司法裁判所要求的客观性、可操作性及可预期性相矛盾。此外,创造创新说中法官常用的"创造性劳动"的解释方法也存在较强的模糊性,其核心在于劳动,但究竟指向智力劳动还是体力劳动不得而知,这种指向的模糊性可能将著作权法已经排除的"额头流汗"标准重新错误地划归权利客体范畴。申言之,一旦将智力与体力杂糅,版权就有可能成为保护非智力性投资、肢体劳动的工具。

(二) 个性化选择说

个性化选择说,是将独创性裁判与作品体现出的创作者个性挂钩。一般情况下,与作品相关的元素、画面、结构、剪辑手法等内容是法院审查的重点对象。在上海都禧网络科技有限公司与浙江广播电视集团侵害作品信息网络传播权纠

---

[1] 江苏省高级人民法院(2019)苏民终173号民事判决书。
[2] 梁志文:《摄影作品的独创性及其版权保护》,《法学》2014年第6期。

纷案中,法院认为原告主张权利的图片"体现了拍摄者在拍摄对象、拍摄技巧、构图布局、光线处理等方面的个性化选择",因此具备了独创性要件。此外,在北京新浪互联信息服务有限公司与北京天盈九州网络技术有限公司不正当竞争纠纷再审案中,法院主张,仅通过简单的机位设置、机械录制的体育赛事节目,由于在镜头切换、画面选择等方面未体现制作者的个性选择和安排,则不宜认定为电影类作品。上述案件均严格遵守"独创性—作品证成—权属判断—侵权行为—责任承担"的审判逻辑,但将独创性解释为个性化选择的做法失之偏颇。

个性化选择说立足于大陆法系人格价值观的哲学基础,偏向以人格内涵作为独创性的脚注,此种裁判方法延续了自然法的基本理念,但在实操中却有较大的缺陷。首先,对个性化的理解建立在经验、审美、价值等主观因素之上,与司法审判所要求的可操作性和客观性有较大的差距,不存在能够适用于所有文化产品的个性化标准。对个性化的判断仅能停留在事实层面,尚不足以升格到法律层面,试图将"千人千面"的问题诉诸法官的价值判断,所得结果必然无法统一。其次,采取个性化选择说,意味着具有实质含义的独创性标准将演变为低准入门槛。创作行为必然包含创作者或多或少的个性化成分,以抄袭为目的将原文表达进行语义替换的消极行为同样蕴含对词语、语句顺序的个性化选择,而个性化选择说无法将其准确排除。因此,尽管将独创性的判断"降格"到个性化因素的萃取能够降低判断难度,但就需要以降低保护门槛为代价,由此形成的低质量文化产品将成为产业供给侧结构性改革的巨大阻碍。最后,"极致的个性"未必能够获得保护。喷漆涂鸦作为一种街头艺术对于个性的彰显淋漓尽致。但就某些涂鸦而言,观察者并不能通过对图形、色彩、艺术造型等个性化选择获得创作者欲传达的信息。文字的表意功能决定了作者不能在独创性道路上走得太远,[1]作品的所有表现形式皆是如此,若无法实现"表意"则难以具备权利基础——相关成果根本无益于社会知识的增加以及文化的交流与共享。此外,在作品独创性的判断标准上加之思想或感情的要求,难免在实际操作层面造成思想与表达的混同,[2]也为个性化选择说敲响了警钟。

(三)区别差异说

区别差异说,是指将独创性的裁判转移到与同类作品的差异对比上,一般以创作时间先后为标准,认为只要在后作品相较在先作品体现出差异性表达,在后作品就具备了独创性。该释义方法在我国视听作品、美术作品著作权纠纷案例中较为常见。譬如,在广州网易计算机系统有限公司与广州华多网络科技有限公司一案中,法院指出涉案游戏对于文字片段、美术形象、背景音乐等游戏素材

---

[1] 黄汇:《计算机字体单字的可著作权问题研究——兼评中国〈著作权法〉的第三次修改》,《现代法学》2013年第3期。
[2] 梅傲、郑宇豪:《人工智能作品的困境及求解——以人工智能写作领域第一案为考察中心》,《出版发行研究》2020年第12期。

的有机组合"与创作完成之时的同类型游戏相比存在明显差异";上海美术电影制片厂诉电子工业出版社等公司一案中,法院认为涉案角色造型"具有区别于其他角色的显著特征";北京鸿达以太文化发展有限公司诉上海畅声网络科技有限公司一案中,法院指出涉案作品系演播者袁某在罗贯中的小说《三国演义》基础上进行的改编和创作,以评书的表现形式重新演绎而成,"体现了涉案作品区别于同类作品的独创性的表达"。

区别差异说专注于作品在客观层面的去同质化,保留了独创性司法裁判方式的客观性。但以此来衡量独创性,导致的最大问题是与商标法的显著性概念发生混淆并为侵权判定制造难题。一方面,此判断标准对知识产权制度内部法律规范功能的理解发生偏差。商标法中的"区分识别"旨在搭建商标所有人与商标、商品间稳定且坚固的关系,从而降低消费者的搜索成本,维持商标权人对品质的热忱。因此,商标法规定"显著特征"旨在提高交易效率和传递真实信息。尽管著作权法通过人身权认可作品与创作者之间的归属关系,但并不要求具有商标法意义上的"区别差异",更不强调生产者、销售者与标识之间的稳定对应关系。独创性不能简单地被理解成与现存的作品表达不一样,不一样只是外在的表现,其实质是经过了主观的思考,有了一定的构思之后,运用创作元素的一种能动的表达。[1]

(四)其他标准

审美评价,是指将独创性裁判落脚到对美的主观评价上。具有广泛影响力的"审美非歧视性"原则认为:由于审美评价的主观性与法官能力的局限性,法官不应对作品作出审美价值层面的判断。毕竟,正如这一原则的提出者霍姆斯法官所担忧的,"让仅仅受过法律训练的人自己组织起来担当绘画插图价值的最终裁判者,这将是一件危险的事"。[2] 然而,由于"审美意义""艺术作品"此类含有美学意义的表述以成文形式存在于我国著作权法关于"建筑作品""美术作品""摄影作品"的定义之中,法院在司法实践中往往不得不考虑作品的审美意义。如在南京有彬商贸有限公司与濮阳苗王药业有限公司著作权纠纷案中,法院就提出,"对于美术作品而言,其独创性还要求作品能体现作者在美学领域的独特创造力……总体上,该设计图样(包装盒)采用的元素和版式构成均属同类包装盒通用和常规的,尚不足以使一般公众将其看作艺术品,不能构成著作权法意义上的美术作品。"[3]

审美评价作为独创性的裁判标准既有其合理性,一定程度上也存在被过度使用的风险。一方面,审美判断确乎可在某种层面上作为检验独创性的标准。有学者指出,"审美和作品独创性均以人的主体性为前提",且"作者进行独创性

---

[1] 易继明:《人工智能创作物是作品吗?》,《法律科学(西北政法大学学报)》2017 年第 5 期。
[2] Bleistein v. Donaldson Lithographing Co., 188 U.S. 239(1903).
[3] 安徽省高级人民法院(2019)皖民终 1052 号民事判决书。

表达的过程,也是将自己的审美趣味、审美态度、审美情感融入作品的过程,作者的创作行为和审美活动是同时进行的"。因此,"审美能够作为作品独创性的阐释方式"。[1] 但另一方面,其裁判标准究其本质终究是以主观的美学评价替代严谨的法律判断,尽管法官可能不得不作出涉案内容"有无"审美价值的判断,但不应对涉案内容的审美价值"高低"作出个人评判,更不能以此否认涉案内容的独创性,否则可能导致值得被纳入作品范畴的智力成果因法官主观价值判断被排除在法律保护之外。这一现象在司法实践也有所体现,如在甘露与邱茂庭(广州)餐饮管理有限公司著作权纠纷案中,法院认为,"'鹿角巷之英文美术字形'(涉案内容)……不具备与公有领域足以区分的显著个性特征,其整体艺术美感明显未达到美术作品所应具备的审美意义,不符合我国著作权法所规定的美术作品的条件"[2]。显然,该起案件中,法官通过个人的美学评判尺度将涉案内容的审美价值"高低"进行了量化,在审美多元化的现代社会,如此得出的结论恐难完全令人信服。毕竟,社会中的多元化价值取向正是在包容环境下得以共存,公民艺术审美标准的个性化差异更为明显,对作品的艺术性判断自然不同。以任何一种艺术观衡量作品是否满足独创性标准,均难以产生广泛的认同感。[3]

反面释义,是指基于著作权法的"思想表达二分法"和"有限表达原则",通过反面排除的方法裁判智力成果属于不予保护的"思想"或"有限表达",从而对作品的独创性证否的方法。譬如在张某铎侵犯著作权纠纷案中,最高人民法院认为涉案的"'一种肉鸡的饲养方法'说明书摘要表达形式有限,属于思想与表达的'合并',故不属于具有独创性的作品"。通过梳理现有案例,我们发现,运用"思想表达二分法"证明涉案智力成果属于思想,以及运用"有限表达原则"证明涉案智力成果为有限表达,这两种反面释义方式运用频率较高。这为司法裁判的优化提供了思路,可以从反面对不具有独创性的情形进行归纳总结,在整体上形成"正面推导、反面排除"的逻辑以确保独创性判断的正确性。此外,司法实践中也会采取创造性劳动+个性化选择、[4] 创造性劳动+区别差异性、[5] 个性化选择+智力创造性、[6] 区别差异性+审美评价、[7] 审美评价+个性化选择、[8] 反面释义+区别差异性、[9] 反面释义+个性化选择[10] 等

---

[1] 王国柱:《著作权法中作品独创性的审美逻辑》,《法学研究》2023年第3期。
[2] 广西壮族自治区高级人民法院(2020)桂民终714号民事裁定书。
[3] 马一德:《再现型摄影作品之著作权认定》,《法学研究》2016年第4期。
[4] 浙江省温州市中级人民法院(2018)浙03民终1520号。
[5] 浙江省绍兴市中级人民法院(2013)浙绍知字第46号民事判决书。
[6] 江苏省宿迁市中级人民法院(2018)苏13民初199号民事判决书;江苏省苏州市虎丘区人民法院(2020)苏0505民初4392号民事判决书;北京市高级人民法院(2020)京民再128号民事判决书。
[7] 北京市朝阳区人民法院(2017)京0105民初69680号民事判决书。
[8] 江苏省南通市中级人民法院(2015)通中知初字第00229号民事判决书。
[9] 最高人民法院(2014)民申字第1193号民事裁定书。
[10] 上海市普陀区人民法院(2019)沪0107民初6621号民事判决书;广州互联网法院(2019)粤0192民初1756号民事判决书。

"组合方法"来判定独创性,上述组合标准的缺陷分析可以从单一标准中抽取,故不再赘述。需要特别说明的是,创作空间释义方法将著作权法对独创性的判断转移到对创作选择的观察中去,其所选取的参照物与其他判断方式具有本质差异,尽可能脱离了主观主义对法律事实判断的影响,这一释义方法将在下文中进行详述。

四、独创性司法裁判统一标准的构建思路与方法研探

前文系统分析了独创性标准在司法裁判适用中面临的"架空替代"与"标准多元"困境,二者在不同程度上印证了建构相对统一的独创性司法裁判标准的必要性。因此,有必要从裁判方法、辅助尺度与检验标准三个维度,探索构建独创性司法裁判统一标准的思路与方法,以适应文化创新趋势下作品类型扩张的合法准入问题。

(一)以"创作空间"为主要方法

对于个案中独创性裁判的具体方法,前文阐释了司法实践中的七种具体方法,基于"与其构建一种全新的裁判方法,不如在现有方法中寻求一种最符合现实需求的方法"的成本收益考量,从实证结果来看,创作空间判断法具有突出的客观性,能够在一定程度上阻断主观因素辐射,也更具有现实可行性。我国司法实践中出现过的独创性裁判的"创作空间"法为我们给出了指引和示范。北京天盈九州网络技术有限公司等与北京新浪互联信息服务有限公司一案二审判决提出,"独创性强调个性化的选择,个性化选择的多少既受创作主体主观因素的影响,同时亦受客观因素的制约。主观因素属于个案考量范畴,但客观因素则可以进行类型化分析。通常情况下,客观限制因素越多,则表达的个性化选择空间越少,相应地,可能达到的独创性高度越低。"[1]张某与广东高等教育出版社有限公司等一案中,"示意图作品虽然在表达方式上受到客观事实限制,但不属于表达方式唯一,仍有一定的创作空间可以体现作者的独创性。"[2]由此可见,创作空间法将独创性有无的判断转移到创作者对元素选择、内容安排、结构处理等是否存在自由选择的余地上。这种方法隐含的前提是,只有存在多个表达形式的可能时,创作者才有足够的空间去发挥艺术想象,体现作者个性,在美感表达上进行创作。[3]

创作空间法相对既有裁判标准能够相对脱离主观因素的干扰,从而为利益平衡原则的司法实践提供适用余地。2017 年,上海美术电影制片厂有限公司与杭州玺匠文化创意股份有限公司著作权案入选十大知识产权保护案件,法院在入选理由中提出,"对于在较窄创作空间内形成的独创性较高的作品,应给予较

---

[1] 北京知识产权法院(2015)京知民终字第 1818 号民事判决书。
[2] 上海市第二中级人民法院(2014)沪二中民五(知)终字第 46 号民事判决书。
[3] 吕炳斌:《实用艺术作品交叉保护的证成与潜在风险之化解》,《法律科学》2016 年第 2 期。

强的保护,从而实现激励创新的价值导向"[1]。"孙悟空"作为中国传统文学中的经典形象,经历代文艺工作者创作,已经经历了由字面到画面、由平面到立体的演绎,在消费者群体中基本建立"名称—形象"的稳定对应关系。因此,一旦有创作主体能够突破既有创作空间的限制,应当秉持利益平衡原则,在充分尊重原作品的基础上予以创新作品适当保护,从而发挥著作权法激励创意产业创新、促进文化产业多元化发展的目标。

创作空间法将独创性判断转移到所述对象"是否存在可塑余地"之上,并关注此种剩余是否值得被赋予专有权利,能够尽可能摆脱主观主义和形式主义。创作空间法的优点在于以下几个方面:其一,标准科学性。以相对客观的"剩余空间"判断替代裁判者主观认知,约束司法裁判对抽象概念的肆意解释。其二,审判高效性。创作空间至少能够分为无限、有限和唯一三种,前两种若同时符合"以一定形式表现"和"法定作品类型",基本可以纳入著作权保护范围,而第三种则能依据"有限表达原则"直接排除在著作权保护之外,相较于创造性、个性化、差异性等执着于性质有无、高低的既有方法,创作空间法的裁判效率更高。其三,产业契合性。以相同主题、形式创作的作品数量越多,会在产业内部积累过多相似产品,导致创新程度锐减。以创作空间为独创性判断标准,即可将创作空间受到严重挤压所形成的同质化产品排除在著作权法保护范围之外,加速文化产业业态创新。

(二)以"审美评价"为辅助尺度

前文已然指出,在法官仅是对涉案内容作出美学价值"有无"而非"高低"判断的前提下,"审美评价"可以作为检验独创性的标准之一,笔者将在本节对此作出更为详细的论证。

首先,认可"审美评价"在独创性裁判中的应用价值是对已有司法实践的正视。"审美非歧视性"原则的立论根基之一在于,仅接受过法律能力训练的司法者不应超越自身能力范畴涉入美学领域,否则可能得出并不严谨的裁判结果。但对此说法的一个反例是,在人身损害或反垄断案件中,仅接受过法学训练的法官同样不具备相应的医学、生理学或经济学知识,但这并未导致法官因此而回避作出裁判。更何况,审视相关案例亦能发现,由于"审美意义"此类美学标准以直接或间接形式存在于我国著作权法有关作品的定义之中,[2]法官在审理著作权案件时实际上经常不可避免地需要对作品作出至少是"有无"审美价值的判断。因此,将"审美评价"作为独创性标准的辅助判断尺度,是对已有司法实践的正视与回应。

---

[1]《浙江高院发布 2016 年度全省知识产权司法保护十大典型案件 三例为著作权案件》,载浙江省版权保护与服务网,http://home.zjbanquan.org/Home/Details/1094.shtml,访问日期:2022 年 6 月 1 日。
[2] "直接形式"表现为《著作权法实施条例》第 4 条有关"美术作品""建筑作品"的定义当中直接涵盖了"审美意义"表述,"间接形式"则是指音乐、戏剧、舞蹈等作品的定义之中虽未明确提及"审美意义",但作为艺术作品,法官在具体裁量其创造高度时往往不得不就其艺术(审美)价值作出评价。

其次,美学层面的审美共通性原理为"审美评价"作为独创性裁判的辅助尺度提供了合理性支撑。"审美非歧视性"原则的另一立论根基在于,审美评价带有高度的个人主观性,因此不能任由法官自行以主观的审美评价取代严谨的法律判断。从美学角度而言,尽管对美学价值"高低"的评判可能存在明显的个体差异,但仅就美学价值"有无"的评断却具有较为广泛的共通性,"审美的快感虽是个别对象形式在个别主体心里所引起的一种私人的情感,却带有普遍性和必然性,它是可以传达的,是人就必然感到的,因为是人就具有'共同感觉力',这种'共同感觉力'既然可以在某一个人身上起作用,就必然也能在一切人身上都起作用"。[1] 因此,在法官仅是对涉案内容作出美学价值"有无"而非"高低"判断的前提下,"审美评价"可以作为独创性裁判的辅助尺度。

最后,将"审美评价"作为独创性裁判的辅助尺度,有助于建立"作品过滤机制",保障独创性裁判结果的准确性。正如前文所提到的,部分独创性的阐释标准可能使著作权法的独创性与其他判断标准相混淆,如"创新创造说"易使著作权法上的"独创性"与专利法中的"新颖性""创造性"混淆,"区别差异说"也易导致著作权法上的"独创性"与商标法中的"显著性"概念发生冲突,从而可能导致著作权法所保护的智力成果范围不当延展,损害独创性裁判结果的准确性。而如果将"审美评价"作为独创性裁判的辅助尺度,由于著作权法所存在的"文学、艺术和科学领域"是美学概念最为活跃的区域,与强调应用价值的工业产权之间存在着明显差异,这就可以限缩作品的领域要件,将非"文学、艺术和科学领域"内的智力成果排除在独创性裁判的范围之外,从而保障裁判结果的准确性。此种思路正如有学者指出的,"艺术作品的审美判断区分了著作权与工业产权的保护范围、维护着版权保护体系的内在协调"。[2]

(三)以"反面释义"为检验依据

前文已然说明,反面释义是指基于著作权法的"思想表达二分法"和"有限表达原则",通过反面排除的方法裁判智力成果属于不予保护的"思想"或"有限表达",从而对作品的独创性证否的方法。"反面释义"的价值在于可以为独创性裁判结果的检验提供依据,即在以"审美评价"过滤非著作权法领域内的智力成果,并通过"创作空间"方法为主、"审美评价"方法为辅的独创性裁判方法对涉案内容的独创性作出判断后,可以通过"反面释义"方法的检验,在整体上形成"正面推导、反面排除"的逻辑来验证结果的正确性。

"反面释义"的常见运用形式,除前文已然提及的通过运用"思想表达二分法"证明涉案智力成果属于思想,以及运用"有限表达原则"证明涉案智力成果为有限表达这两种方式外,基于著作权法的基本理论,以下两类情形也可作为"反面情形"。其一,领域内的惯用表达。此种表达是行业共有的财富,理应继续留

---

[1] 朱光潜:《西方美学史》(下卷),商务印书馆2011年版,第401页。
[2] 梁志文:《版权法上的审美判断》,《法学家》2017年第6期。

在公共领域以适当限制著作权作为垄断私权的扩张。其二，机械生成内容。只要操作主体能够掌握既有步骤机械化地完成制作，无论行为主体是否具有不同思路或想法，最终呈现内容因受制于统一规则而出现同质化的结果，"制作者所运用的仅是为进行精确复制所需要的技巧"[1]。

五、结语

尽管为独创性进行绝对地精确定义几无可能，但在作品类型扩张的语境下，如何限缩"独创性"这一抽象而关键的概念在司法适用中的主观性与不确定性仍具备学术探究与司法应用价值。本文以实证方法系统研究了"独创性"标准在司法适用中面临的"架空替代"与"标准多元"困境上，并在此基础上构建了以"创作空间"为裁判方法、以"审美评价"为辅助尺度、以"反面释义"为检验依据的相对统一标准，其应用路径为：在以"审美评价"过滤非著作权法领域内的智力成果，并通过"创作空间"方法为主、"审美评价"方法为辅的独创性裁判方法对涉案内容的独创性作出判断后，通过"反面释义"方法验证结果的正确性。以此限缩"独创性"在司法应用中的主观性和不确定性，回应文化创新的现实需求和远景目标。

---

[1] 王迁：《"模型作品"定义重构》，《华东政法大学学报》2011年第3期。

日本文本与数据挖掘权利限制条款的立法考察和中国启示[1]
——兼及国际立法的横向比较

刘 影*

摘 要	"日本是机器学习的天堂"这一说法应被审慎评价。日本著作权法中文本与数据挖掘权利限制条款的创设及其后续演进,为其抢占人工智能产业技术高地的目标提供了制度条件。从立法思路上看,日本主要从内部视角探究何种类型的作品使用行为应当获得著作权法的保护,相对缺少对培育未来产业这一外部视角的充分观照。为更好地回应人工智能技术创新给著作权法带来的挑战,推动未来产业发展,首先,我国《著作权法》第24条的立法改造应坚持以"三步检验法"为基调,在此前提下兼顾稳定性和灵活性双重价值的实现;其次,从"合目的性"的角度厘定著作权的保护范围,引入"作品的本来利用",为包括机器学习在内的更多人工智能技术类型划定合理的权利限制边界;最后,应明确但书条款的排除范围,避免过分削弱著作权人的创作激励。
关键词	机器学习;文本和数据挖掘;作品的本来利用;权利限制;合理使用
目 次	一、引言 二、日本TDM权利限制条款的创设与发展 　　(一)专门条款:旧法第47条第7款 　　(二)一般条款:现行法第30条第4款 　　(三)最新解释争议:作品的享受目的和非享受目的的并存 三、TDM权利限制条款的国际展开与立法比较 四、机器学习与美国合理使用制度的检讨 　　(一)转换性使用的最新进展和进路启示 　　(二)学习模型训练行为中非著作权保护要素之学习 　　(三)学习模型训练行为中独创性表达之学习 五、我国构建TDM权利限制条款的正当性基础与立法步骤拆解 　　(一)正当性基础检视 　　(二)立法步骤拆解 六、结语

---

[1] 本文系河北省社会科学基金青年项目"京津冀协同发展科技创新法治保障研究(HB24FX003)"的阶段性成果。

* 刘影(1986—),北京理工大学法学院助理教授、北京理工大学唐山研究院研究员。研究方向:知识产权法、科技法。

一、引言

日本著作权法领域权威学者上野达弘教授多次在国际会议上提到日本是机器学习的天堂(paradise for machine learning)。[1] 的确,文本和数据挖掘(Text and Data Mining,TDM)权利限制条款是日本少有的能辐射影响国际立法的制度创新。早在 2009 年日本即专门创设了 TDM 权利限制条款,这在当时是全球范围内的第一次立法尝试;此后,英国(2014 年)、德国(2017 年)、法国(2018 年)、欧盟(2019 年)、瑞士(2019 年)和新加坡(2021 年)等国家或地区,也陆续增设 TDM 权利限制条款,一定程度上是受到了日本立法的影响。2018 年,日本在《著作权法》修订中将此前的专门条款调整为一般条款,意图扩充机器学习等新技术的利用自由度;同时将文本和数据挖掘(机器学习是重要适用场景)作为三类典型行为之一加以例示。此举斩获了国际人工智能产业界权威人士的正向评价。[2]

机器学习的本质是对百千万亿兆级别数据的"千锤百炼"。[3] 此过程必然伴随著作权侵权风险。近年来,人工智能市场化规模扩大,机器学习涉著作权侵权问题不再只是来自学者们的风险预警;取而代之的是,著作权人开始在法庭上同 OpenAI、Meta 等巨头们"磨枪擦火"。[4] 如何因应迫在眉睫的、围绕人工智能利用而展开的各方主体之间的"利益角逐",怎样的制度设计才算最优解,TDM 权利限制条款因前述问题的集中爆发再度成为各国学者的热点议题。

实际上,以 ChatGPT 为代表的生成式人工智能的出现,促使机器学习涉著作权侵权问题变得更为复杂。从生成式人工智能技术开发和利用的流程看,图 3 中阶段①和阶段②所涉侵权行为的表征,以及相应的规范思路可谓截然不同。阶段①学习和开发阶段的问题可概括为:训练数据中不可避免地包括受著作权法保护的作品(如文字作品、美术作品、视听作品等),而研发主体显然难以承受逐一获得海量著作权人授权许可这样高昂的交易成本,在此情况下对在先作品

---

[1] [日]上野達弘:著作権法改正が拓く日本の"機械学習パラダイス",《ビジネス法務》,Vol.19,No.2,p.1(2018);[日]上野達弘:情報解析と著作権——『機械学習パラダイス』としての日本,《人工知能》,第 36 卷第 6 号(2021 年)。自 2018 年后,上野达弘教授多次在国际交流中介绍日本 TDM 权利限制条款及其制度优势,至少包括:TDM Copyright Exception and its Justification,EPIP Conference in Cracow(2023.9);TDM Exception in Japan,ALAI Congress in Paris(2023.6);Copyright Exception to Promote Text-and-Data Mining,Seoul Copyright Forum (2022)。

[2] 例如,被称为"深度学习之父"的 Meta 首席科学家杨立昆(Yann LeCun)曾在其推特上发表评论:"日本已成为机器学习的天堂"。《AI 训练数据不用担心版权问题? 日本政府表态引发热议》,载南方网,https://static.nfapp.southcn.com/content/202306/02/c7751274.html,访问日期:2024 年 4 月 5 日。

[3] 引自孙凝晖院士在十四届全国人大常委会举行的第十讲专题讲座《人工智能与智能计算的发展》中的发言内容。《孙凝晖院士:人工智能与智能计算的发展》,载科学与中国官网,http://scicn.casad.cas.cn/wz/202407/t20240703_5024127.html,访问日期:2024 年 9 月 1 日。

[4] 据不完全统计,OpenAI 公司涉诉案件至少如下:Paul Tremblay v. OpenAI Inc.,No.3:23-cv-03223;Sarah Silverman v. OpenAI Inc.,No.3:23-cv-03223;Chabon v. OpenAI Inc.,No.3:23-cv-04625-PHK;Authors Guild v. OpenAI Inc.,No.1:23-cv-8292;Meta 公司涉诉案件至少如下:Richard Kadrey v. Meta Platforms,Inc.,No.3:23-cv-03417;Chabon v. Meta Platforms,Inc.,No.3:23-cv-04663;Mike Huckabee v. Meta Platforms,Inc.;No.1:23-cv-00201。

的复制、演绎、传播等可能落入著作权专有权利范围的行为,是否构成著作权侵权? 如为满足技术发展所需,将其归入权利限制或合理使用的免责范畴,其边界应如何划定? 阶段②生成和利用阶段的问题可概括为:如果生成式人工智能最终输出的文章、绘画、视频等内容,与在先作品构成实质性相似且满足接触要件,这种情况是否侵犯了他人著作权? 著作权人的利益是否还应让渡?

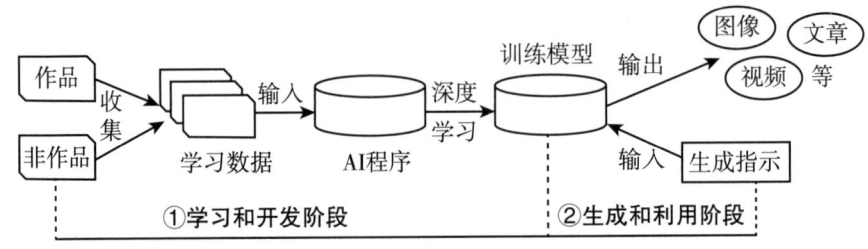

图 3　生成式人工智能技术开发和利用的一般流程

应当指出,本文研究对象也即 TDM 权利限制条款,规范指向前一问题,但与后一问题存在解释适用上的衔接关联。作此技术上的区分实有必要。这是因为,人脸识别、自动驾驶等非生成式人工智能技术开发过程中并不包括阶段②,但却无一例外涵盖阶段①。

迄今,日本对于机器学习涉著作权侵权问题的研究,或着眼于生成式人工智能技术而缺少对其他类型技术的覆盖,导致对著作权侵权问题的认识不够清晰;或将美国合理使用制度特别是转换性使用视为"救命的稻草",但缺少向实现路径的具体下沉;或将问题干脆前置到作品认定的阶段,不惜颠覆著作权中最具历史性的"复制"的概念以为人工智能机器学习扫除道障。偶见聚焦于 TDM 权利限制条款的相关研究成果,亦仅是对某国家或地区立法举措的一隅之见,相对缺少全景式的比较分析,未能发掘出"冰川"下的底层逻辑。以上种种不充分或留白,或可在日本和其他国家围绕 TDM 权利限制条款的立法创设及其制度演进中,窥见些许经验启示和思路借鉴。

二、日本 TDM 权利限制条款的创设与发展

日本 TDM 权利限制专门条款自 2009 年创设以降,又历经了两次重要的发展际遇。第一次是 2018 年的著作权法修订。通过此次修订,此前的专门条款被改造成为一般条款项下的三类例示性行为之一(立法论层面);第二次是始于 2020 年大模型计算系统的非线性应用。作为一般条款的日本《著作权法》第 30 条第 4 款,在市场洪流的冲击下接受各方面的压力测试,并朝着更优的解释方向快速迭代(解释论层面)。[1]

---

[1] 2024 年 3 月 15 日,日本文化厅专门就生成式人工智能的最新发展对现行法第 30 条第 4 款作出最新解释。参见日本文化厅长官官房著作权课:《AIと著作権に関する考え方について》,https://www.bunka.go.jp/seisaku/bunkashingikai/chosakuken/bunkakai/69/pdf/94022801_01.pdf,访问日期:2024 年 5 月 15 日。

本部分重点说明日本 TDM 权利限制条款最初的立法构造、中间的改造过程，同时结合人工智能热浪给著作权制度带来的再次冲击，尝试指出日本《著作权法》第 30 条第 4 款在解释论层面存在的争议或不完备之处。

(一)专门条款：旧法第 47 条第 7 款

2009 年，日本以信息解析条款之名率先创设了 TDM 权利限制专门条款，也即旧《著作权法》第 47 条第 7 款。当时的立法趣旨是鼓励和促进 TDM 技术熟化落地，并未有意扩展至机器学习等技术应用。[1] 但是，日本在 2009 年种下的 TDM 权利限制条款的因，意外在人工智能领域结下了果。这是因为，TDM 技术成就了 2010 年以后人工智能的再次繁荣，相应地，人工智能、大数据等技术应用也成为了 TDM 权利限制条款最重要的适用场域。

旧法第 47 条第 7 款规定：电子计算机使用作品并将其用于信息解析(指从多部作品和其他大量信息中提取出相关语言、声音、影像及其他要素，并将其用于分类或其他统计类分析)，在必要的限度内允许其将作品复制到存储介质上或加以改编。本条款并未特别限定用于信息解析目的的复制或改编行为是否必须基于非营利目的或科研目的，总体上算是一条适用范围较宽泛的规定。[2] 根据旧法规定，机器学习训练阶段对宫崎骏系列动画片的整体风格和主要特征加以分析后提取出参数，即便其目的是开发具有商业用途的学习模型，而非纯粹的科学研究或个人利用，仍然可适用此权利限制条款(以下简称"宫崎骏案例")。根据但书条款的规定，如果是面向机器学习研发而专门制作的数据集合，且其能够作为数据库作品而独立存在，如将其用于信息解析，则需要事先征求著作权人许可。从但书条款的设计可看出，立法者特别照顾到了作为数据库作品的著作权人的经济效益，但并未涉及其他类型作品的权利人。一个更为关键的问题随之浮现：为技术发展创建制度环境和确保著作权人获得足够的创作激励，这二者间的优先顺位关系应如何取舍。

日本在 2009 年作出的选择似乎更倾向于前者，但不能认为这是对后者的完全疏略。当时的立法者或是考虑到：即便未对机器学习阶段作品的复制行为进行严格规制，如果其最后的生成内容与现有作品在表达上构成了实质性相似，著作权人仍有机会寻求著作权法的侵权救济。[3] 在这个意义上，旧法第 47 条第 7 款采取的可谓是一种"前宽后窄"的规制进路。但其存在一定风险，如在"宫崎骏案例"中，如果生成内容仅具有与宫崎骏相似的"风格"或"画风"，但在具体表达上并未构成实质性相似，则这些由人工智能生成的"类"宫崎骏作品，一旦进入市场流通的环节，大概率会压缩原作品的市场占有率(比例未知)；而此时作为著作权

---

[1] 日本文化庁長官官房著作権課：《著作権法の一部を改正する法律(平成 21 年改正)について》，载《コピライト》，第 49 卷第 585 号(2010 年)。

[2] [日]半田正夫、[日]松田政行编：《著作権法コンメンタール2》，勁草書房，2015 年版，第 575 页。

[3] [日]愛知靖之：《AI 生成物・機械学習と著作権法》，载《別冊パテント》，第 23 号。

人的宫崎骏或其工作室显然无法通过行使著作权来维护切身利益。日本在2018年《著作权法》修订前即已打出"机器学习的天堂"这一响亮标语,但不免存在以牺牲著作权人的市场对价回收机会为代价之嫌。

此外,从立法技巧看,专门条款设计的优劣势并存:优势体现在具有确定性和稳定性,劣势则是具有僵化性和封闭性。旧法第47条第7款对于作品的使用目的和场景等方面的具体限定必然导致:只要不符合专门条款的个别条件和要求,即便作品使用不会给权利人带来任何实质性的损害,也会在形式上构成不合法。这显然不符合新技术发展的内在需求。[1]

(二)一般条款:现行法第30条第4款

2018年,日本再次启动《著作权法》修订工作。这次修订被评价为日本平成时代的最后一次大规模修法,理由之一是其创设了具有"三层构造"的弹性权利限制制度。[2] 此次立法模式的重大创新,是在保持既有立法传统基调上(三步检验法),集此前著作权法历次修订经验(引入美国合理使用制度的尝试以失败而告终)于一身的大成之作,主要特征有二:一是基础概念方面,明确了著作权人的财产性权利本质上是与"作品的本来利用(著作物の本来的な利用)"相对应的市场对价回收机会,这也是立法者设计弹性权利限制制度框架的基本前提;二是制度设计方面,虽以三步检验法为底色,但为兼顾稳定性和灵活性的双重价值考量,立法者将作品使用可能给著作权人带来的不利益程度划分为三层构造,归于不同层级构造的条款设计会有所差异,由此满足不同技术类型的作品使用所需的不同程度的豁免空间,以此克服以往专门条款的僵化性弊端。[3]

2018年修订时,除根本性调整著作权权利限制的利益平衡逻辑和整体构造样貌外,还在原有的一系列权利限制相关条款的基础上,增设了第30条第4款(TDM权利限制一般条款)、第47条第4款(电子计算机附随性使用条款)和第47条第5款(电子计算机对信息解析结果的轻微利用)等新条款。前两个条款位于三层结构中的第一层:作品的使用本不属于"作品的本来利用",也不会给著作权人带来任何实质性损害,立法者赋予这类行为最大限度的弹性;第三个条款则处于第二层,即作品的使用虽然属于"作品的本来利用",但仅会给著作权人带来轻微损害,立法者赋予这类行为一定程度的弹性。[4] 其中,与机器学习权利限制相关的是第30条第4款和第47条第5款:前者是核心条款,后者在解释论层面

---

[1] 参见日本文化厅长官官房著作权课:《著作権法の一部を改正する法律案 概要説明資料(AIの利活用促進関係)》,https://www.kantei.go.jp/jp/singi/titeki2/tyousakai/kensho_hyoka_kikaku/2018/sangyou/dai5/siryou2-4.pdf,访问日期:2024年5月10日。

[2] [日]上野達弘:《平成30年著作権法改正について》,[日]高林龍、[日]三村量一、[日]上野達弘编:《年報知的財産法2018—2019》,日本評論社,2018年版,第3页。

[3] [日]前田健:《柔軟な権利制限規定の設計思想と著作権者の利益の意義》,[日]田村善之编著《知財とパブリック・ドメイン》,勁草書房,2023年版,第193—194页。

[4] "三层构造"中的第三层,覆盖的是基于公共利益而作出例外规定的作品利用行为。具体参见郑重:《日本著作权法柔性合理使用条款及其启示》,《知识产权》2020年第1期,第112页、第116—129页。

涉及与前者的衔接问题。

须指出,日本著作权法中的弹性权利限制制度,并非如美国合理使用制度那样,仅一条高度概括性的规定,而是由多条更具专门指向的"小型"的一般条款构成的法条集群(现行法第30条至第50条)[1]。日本TDM权利限制条款就这样在著作权权利限制的结构性重塑中演进,旧法中专门条款的样貌被改造成新法第30条第4款"小型"一般条款项下的一类例示性行为。以下主要就第30条第4款(特别是其第2项)的具体构造及其适用要件等展开具体说明。

1. 容器规定

第30条第4款首先作了一般性概括规定,立法者称其为"容器(受皿)规定":在以下情况,及其他不以享受(enjoy)或让他人享受该作品表达所承载的思想或感情为目的的情况下,可以在必要的限度内使用作品,而无须区分何种方法。立法者对该容器规定作出如下说明:作品经济价值的实现过程为,该作品的表达所承载的思想或情感被"享受"之后,市场上对于某类知识或精神的需求进而被满足;在此前提下,如不是以"享受"为目的而使用作品,一般不会侵蚀著作权人的市场对价回收机会,因此可成为著作权权利限制的对象。[2]

此容器规定中最为关键的是,如何理解"不以享受该作品表达所承载的思想或感情为目的"("非作品享受目的")的使用?首先,"享受"作为其中的核心概念,在现行法中并无具体定义,立法者也仅通过举例予以简单说明。由此,从朴素的字面含义来理解和把握"享受"的内涵即可。至于"享受"的程度,立法者也未要求达到相当的高度,只需在正常水准上传达作品的思想或情感即可;[3]其次,作为本次立法模式创新的基本前提,根据立法者的解释,"作品的本来利用"是指与作品的原有市场发生竞合的使用行为;[4]最后,对于何为著作权人的财产性权利所能实现的经济性利益,主流观点认为,与"作品的本来利用"相对应的市场对价回收机会,就是著作权法应确保著作权人享有的经济性利益。[5]也可认为,只有具"作品享受目的"的使用,才称得上满足了"市场上对知识或精神的需求机会"。[6]

但是,有两类特殊情况存在解释层面的争议。第一类是计算机程序、数据库等功能性作品。赞同者认为,功能性作品的表达所承载的思想或情感本就是作

---

[1] 亦有国内学者将此称之为"中间层次"一般条款。参见谢晴川、何天翔:《论著作权合理使用制度的开放化路径——以"中间层次"一般条款的引入为中心》,《知识产权》2019年第5期,第58页、第66—68页。
[2] 文化庁著作権課:《著作権法の一部を改正する法律(平成30年改正)について》,载《コピライト》,第692号(2018年),第29页。具体来自中冈司的发言(第196回国会参议院文教科学委员会第9号)。
[3] [日]中山信弘:《著作権法》(第3版),有斐閣,2020年版,第480页。
[4] 文化審議会著作権分科会:《文化審議会著作権分科会報告書》(平成29年4月)。
[5] [日]前田健:《柔軟な権利制限規定の設計思想と著作権者の利益の意義》,[日]田村善之编著:《知財とパブリック・ドメイン》,勁草書房,2023年版,第197页。
[6] [日]奥邨弘司:《技術革新と著作権法制のメビウスの輪(∞)》,载《コピライト》,第702号(2019年),第21页。

品的功能。相应地,"作品享受目的"也应该是对作品所实现功能的享受;[1]反对者则认为,如果将"作品享受目的"解释为功能上的享受,至少在文义表达上是牵强附会的。[2] 换言之,如果采前者观点,对计算机程序进行反向工程的行为便能够适用第30条第4款;而如果采后者观点,此类行为则无法进入著作权权利限制的豁免范畴。第二类则是戏仿作品。对此有观点认为,戏仿作品是对原作品所承载思想感情的"脱胎换骨",本就是"非作品享受目的";[3]相反观点则认为,虽然戏仿作品对原作品进行了内容上的转换性使用,但仍然属于对原作品的"享受",无法适用本权利限制条款。[4] 当然,后一观点并非主流意见。

此外,根据容器规定,还需要在"必要的限度"内使用作品。根据文义解释,如果超出"必要的限度",则无法擅自使用他人作品用于信息解析。实际上,满足这一要件并不困难。根据立法者的说明,为学习某画家的画风而将其所有作品作为训练数据,机器学习对这些作品的使用显然是在"必要的限度"内。[5]

2.例示性行为:信息解析(第2项)

在容器规定后,第30条第4款第1~3项列举了三类"非作品享受目的"的例示性行为,分别是:(1)用于作品录音、录像及其他利用方式相关技术的研发或者产业化试验;(2)信息解析;(3)除前两种情况外的电子计算机在信息处理过程中对作品的利用,此时作品表达并不被人类感知或识别。这三类例示性行为与容器规定应属于包含的关系。其中,第2项继续沿用了旧法第47条第7款中关于信息解析的含义,立法者还补充性地进行了举例说明。例如,收集网页上或书籍中的特定单词或词组,并对其用法异同进行统计性分析;再如,对声音、视频和图像进行声波、编码和文字解析,并与事前准备的标准数据特征进行比对,最终识别出最接近的声波、编码和文字等。[6] 日本文化厅进一步解说认为:人工智能深度学习或机器学习训练学习模型而使用著作权法上的作品,这类行为应属于信息解析的范畴。机器翻译或人脸识别类人工智能研发过程中,大量收集互联网上的人脸写真或文章,以及在深度伪造技术研发过程中大量收集特定艺人的声音或人脸写真,都可纳入信息解析的范畴。[7]

---

[1] 文化庁長官著作権課:《平成30年著作権法改正の概要》,L&T,2018年第81号,第49页。
[2] [日]加戶守行ほか:《(座談会)平成30年改正著作権法施行に伴う柔軟な権利制限規定による著作物の利用拡大とこれからの課題(上)》,NBL,2019年第1143号。
[3] [日]谷川和幸:《イギリス、カナダのフェアディーリングとの比較》,[日]城所岩生:《これでいいのか! 2018年著作権法改正》,インプレスR&D,2019年版,第61页。
[4] [日]前田健:《柔軟な権利制限規定の設計思想と著作権者の利益の意義》,[日]田村善之編著《知財とパブリック・ドメイン》,勁草書房,2023年版,第205页。
[5] 转引自[日]前田健:《柔軟な権利制限規定の設計思想と著作権者の利益の意義》,[日]田村善之編著《知財とパブリック・ドメイン》,勁草書房,2023年版,第196页。
[6] [日]加戶守行:《著作権法逐条講義》(六訂新版),著作権情報センター(2013),第370—371页。
[7] 文化庁著作権課:《著作権法の一部を改正する法律(平成30年改正)について》,コピライト,第692号(2018年),第34页。

3. 但书规定

但书部分规定:参照该作品的种类与用途,作品利用给著作权人的利益带来不当损害的情形,不在此限。这意味着,即便满足了前文容器规定中的"非作品享受目的""必要的限度"等要件要求,并属于三类例示性行为之一,只要落入但书规定的范畴,便无法适用第30条第4款的例外规定。同旧法第47条第7款中仅将数据库作品作为限定对象相比,第30条第4款的排除范围明显变大,相应地,也可认为被限制的权利范围由此变小。[1] 这或是立法者对著作权人和使用者之间利益平衡关系的再次纠偏。

关于如何判断是否构成"给著作权人的利益带来不当的损害"("不当的损害"),须从两方面来考虑:第一,是否与著作权人的作品市场发生了冲突;第二,是否可能妨碍作品的潜在销路。具体考虑要素则包括作品种类、作品用途、利用形态三方面。[2] 同时,结合立法者对著作权人经济性利益实现逻辑的理解,还可将"不当的损害"的判断标准引申为,是否与"作品的本来利用"相应的市场对价回收机会产生了冲突。例如,音乐作品原本的用途是供他人品味和欣赏,而机器学习过程中将其用于信息解析的复制不属于"作品的本来利用",因此一般不会给著作权人带来不当的损害。

此外,有关"不当"的理解,有必要在冲突程度与使用正当性之间进行权衡和取舍。至于究竟需要造成多大程度的冲突,才可能被评价为"不当",则需要司法机构在各案中根据立法趣旨加以弹性处理和个性解释。立法者的初衷或是通过预留一定的"法官造法"的空间,实现增加该条款适用弹性的最终效果。

(三)最新解释争议:作品的享受目的和非享受目的的并存

作品的享受目的和非享受目的的并存的情况,是当前日本最富争议的话题之一。这一争议主要是伴随生成式人工智能技术的最新发展而产生的。举例而言,为制作3DCG视频,机器学习需要从风景写真中提取必要信息训练学习模型(非作品的享受目的),而最终制作出的视频是要让用户能够感知到风景写真中的独创性表达(作品的享受目的)。[3] 再如,"宫崎骏案例"中,虽然在学习和开发阶段对宫崎骏动画片的复制或改编行为仅用于信息解析目的,但在内容生成和利用阶段作品的使用则被认为服务于人类享受作品的目的。在此类情况下,能否继续适用第30条第4款第2项规定的权利限制,至少存在如下两种声音。

主流观点从文义解释的角度出发并认为,如果实质性伴有"作品的享受目的",则无法适用第30条第4款第2项。[4] 理由至少有三:一是立法者已明确指

---

[1] [日]爱知靖之:《AI生成物・機械学習と著作権法》,《別冊パテント》,第23号,第142页。
[2] [日]加户守行:《著作権法逐条講義》(七訂新版),著作権情報センター,2021年版,第324页。
[3] 参见日本文化審議会著作権文化会(第68回)参考资料「AIと著作権の関係等について」(2023年),https://www.bunka.go.jp/seisaku/bunkashingikai/chosakuken/bunkakai/68/pdf/93906201_09.pdf,访问日期:2024年3月20日。
[4] [日]柿沼太一:《生成AIと著作権》,知财ぷりずむ,第21卷第248号(2023年),第19—20页。

出,第 30 条第 4 款是用于"非作品的享受目的"的条款;二是具备"非作品的享受目的"特征的行为常伴有人类之享受目的,但如果后者并非其主要目的或用途,自然不必将其解释为多种目的并存的情况而排除第 30 条第 4 款的适用;[1]三是即便由于具有"作品的享受目的"而无法适用第 30 条第 4 款,后续仍可归入第 47 条第 5 款的权利限制分野。[2]

而最新的观点则是从体系解释的角度出发并认为,即便在生成式人工智能技术的研发过程中,"作品的享受目的"(生成和利用阶段)和"非作品的享受目的"(学习和开发阶段)等多种目的常常并存,也应对其加以一元化处理,无须人为地划分第 30 条第 4 款与第 47 条第 5 款的不同法律功能。[3] 这是因为,虽然对相应的作品利用行为进行扩大解释能够满足第 30 条第 4 款的容器规定,且其属于第 30 条第 4 款第 2 项中的信息解析活动;但如果考虑到最终生成的内容可能与原作品发生竞争进而给著作权人带来不当的损害(即便仅是在"风格"上类似),由此便可落入但书条款规定的范畴,最终的法律效果同样是排除第 30 条第 4 款权利限制的豁免适用。

三、TDM 权利限制条款的国际展开与立法比较

以上是对日本 TDM 权利限制条款的本体呈现,其制度优越性究竟体现在何处?如前文所述,多法域渐次在著作权法律制度下增设了专门的 TDM 权利限制条款,特别是英国等国家已开始酝酿新一轮的修订。[4] 本部分主要通过横向比较来回答日本缘何自喻为"机器学习的天堂"。具体从如下方面展开。

其一,主体和目的。多数国家的立法和日本一样,对于数据挖掘和信息解析主体未作特别限定。例如,2014 年《英国版权法》修订增设第 29A 条,[5]即"用于非商业研究的信息和文本解析的复制"条款。根据该条款的规定,其适用主体为"合法接触作品者"(a person who has lawful access to the work)。据此,即便是商业主体而非科研机构,只要是为非商业研究目的即可适用。再如,2019 年欧盟《数字单一市场版权指令》(Directive on Copyright in the Digital Single Market,以下简称《欧盟 DSM 指令》)第 4 条同样未对适用主体加以特别限定;但是,该指令第 3 条作为面向科研机构和文化遗产机构的专门条款,立法者赋予了其较之

---

[1] [日]前田健:《柔軟な権利制限規定の設計思想と著作権者の利益の意義》,[日]田村善之編著《知財とパブリック・ドメイン》,勁草書房,2023 年版,第 206—207 页。

[2] 摘自前田健教授在座谈会上的发言内容。参见[日]上野達弘、[日]奥邨弘司編:《AIと著作権》,勁草書房,2024 年版,第 211—212 页。

[3] [日]愛知靖之:《日本法における権利制限——著作権法 30 条の4を中心に》,[日]上野達弘、[日]奥邨弘司編:《AIと著作権》,勁草書房,2024 年版,第 24 页。

[4] See the statement of George Freeman(The Minister for Science, Research and Innovation)in UK Parliament Hansard(1 February 2023), https://www.georgefreeman.co.uk/parliament/george-freeman-responds-debate-ai-and-intellectual-property-rights, last visited March 20, 2024.

[5] https://www.legislation.gov.uk/ukpga/1988/48/section/29A,访问日期:2025 年 3 月 27 日。

于第 4 条更为宽泛的技术利用自由。[1] 总的来看,除《欧盟 DSM 指令》第 3 条外,多数国家的 TDM 权利限制条款并不严格区分商业或非商业(营利或非营利)主体。

虽然多数国家未对适用主体设定限制条件,但在数据挖掘和信息解析的行为目的上,各方却是态度不一。例如,《英国版权法》第 29A 条第 1 款 a 项选择将目的要件限定为非商业目的(for the sole purpose of … a non-commercial purpose)。须注意,虽然存在上述限定,但在英国,这并不妨碍有关主体将数据挖掘和信息解析的成果(outputs)用于商业化目的的公开,或是其他类型的商业化利用(commercialisation)。[2] 再如,《欧盟 DSM 指令》第 3 条虽要求相应行为基于"学术研究"的目的,但该条中并未出现"非商业目的"等字眼;由此推知,出于商业目的的科研活动并不会被排除出本条款的适用范围。[3] 相较之下,《日本著作权法》第 30 条第 4 款、《欧盟 DSM 指令》第 4 条以及《新加坡著作权法》第 244 条,[4] 并未对目的要件附加任何要求;其法律效果是:即便是"宫崎骏案例"中出于商业化目的的学习模型训练,依然是 TDM 权利限制条款的适用对象。其中不同之处在于:《欧盟 DSM 指令》第 4 条赋予了著作权人"选择退出"(opt-out)的权利。据此,权利人便可通过明确的权利保留意思表示,阻却其他企业出于商业目的将其作品用于信息解析;而日本和新加坡均未设定此退出机制。

其二,作品合法性。多数国家或地区都设定了合法接触(access)要件或合法复制要件。例如,《英国版权法》第 29A 条第 1 款以行为人"合法接触作品"为适用前提。据此,违法获取作品者无法适用权利限制条款。再如,新加坡《著作权法》第 244 条第 2 款 e 项明确规定"合法来源要件"。换言之,在破坏付费措施或违反数据库作品使用条款而接触作品等情况下,作品来源并非"合法",因而无法适用权利限制条款;同样,《欧盟 DSM 指令》第 3 条第 1 款和第 4 条第 1 款也都明确要求应"合法接触"作品。相较之下,《日本著作权法》并未设置类似限制;换言之,即便通过破坏技术保护措施或付费措施等违法手段获取作品,并将其作为训练数据用于机器学习,也不会由此被排除在第 30 条第 4 款的适用范围外。[5]

其三,行为类型。多数立法例将数据挖掘和信息解析所伴随的复制及其保存(retaining)作为豁免的行为类型。例如,根据《欧盟 DSM 指令》第 3~4 条的规定,用于数据挖掘和信息解析的复制或提取(reproductions and extractions)是被允许的,但对其加以保存的行为仅限于学术研究的目的(第 3 条第 2 款)或信息

---

[1] 唐思慧:《大数据环境下文本和数据挖掘的版权例外研究——以欧盟〈DSM 版权指令〉提案为视角》,《知识产权》2017 年第 10 期。
[2] See U. K. Intellectual Property Office, Exceptions to copyright, https://www.gov.uk/guidance/exceptions-to-copyright, last visited March 20, 2024.
[3] Eleonora Rosati, *Copyright in the Digital Single Market: Article-by-Article Commentary to the Provisions of Directive* 2019/790, Oxford University Press, 2021, p. 43.
[4] https://sso.agc.gov.sg/Act/CA2021?Provlds=P15—#pr244. 访问时间:2025 年 3 月 27 日。
[5] [日]上野達弘:情報解析と著作権—『機械学習パラダイス』としての日本,《人工知能》,第 36 卷第 6 号(2021 年),第 748 页。

解析的必要期间(第 4 条第 2 款)。再如,新加坡《著作权法》第 244 条第 4 款规定,除对作品的复制外,将适用本条制作而成的复制品向公众传播的行为也在豁免之列,但这种情况仅限于信息解析结果验证,以及与实现信息解析目的有关的合作研究或调查等情形。相较之下,《日本著作权法》第 30 条第 4 款并未限定具体的行为类型。换言之,只要是为信息解析所需,无论是对作品的复制还是二次演绎,甚至是将数据集合许可给第三人使用,都属于 TDM 权利限制条款所能豁免的行为类型。

其四,技术或合同限制措施。《欧盟 DSM 指令》第 7 条第 2 款规定,欧盟信息社会版权指令第 6 条第 4 款有关技术限制措施(technological measures)[1]的规定同样适用于《欧盟 DSM 指令》第 3~6 条。根据该规定,如果权利人采取了技术限制措施,欧盟成员国有义务采取必要手段保障原本可适用权利限制规定的受益者,使其能继续从事数据挖掘和信息解析活动。[2] 相较之下,日本、英国、新加坡均未明文禁止著作权人采取技术限制措施,也即允许著作权人采取技术限制措施,阻止他人将其作品用于数据挖掘和信息解析。

而在合同限制措施方面,《英国版权法》第 29A 条第 5 款、《欧盟 DSM 指令》第 7 条第 1 款都明确否定了当事人通过合同约定阻止数据挖掘和信息解析的合法性。对此,《日本著作权法》中未确立相关规定。尽管有研究报告认为,此类约定很可能由于违反公序良俗原则而被认定无效;[3]但立法者却认为,《日本著作权法》至少承认对私人复制的权利限制加以约定的合同效力。[4] 一般来说,数字经济交易模式中以缔结商业秘密条款为代表的合同形式较为普遍,由此很难认为著作权人通过合同覆盖(override)第 30 条第 4 款的行为违反了公序良俗原则。

其五,但书排除范围。《欧盟 DSM 指令》第 7 条第 2 款规定,欧盟信息社会版权指令第 5 条第 5 款[5]即著名的"三步检验法"适用于《欧盟 DSM 指令》第 3—4 条。据此,《欧盟 DSM 指令》权利限制条款的适用需要经受"三步检验法"的检测。日本《著作权法》第 30 条第 4 款同样设计了但书规定;当然,也可将此视为其为落实《保护文学和艺术作品伯尔尼公约》"三步检验法"的有关规定,所采取的一个必然动作。相比而言,日本法中的但书条款在适用过程中的不确定性更高。

---

[1] Directive 2001/29/EC of the European Parliament and of the Council of 22 May 2001 on the harmonisation of certain aspects of copyright and related rights in the information society, Article 6/4.

[2] See Eleonora Rosati, *Copyright in the Digital Single Market:Article-by-Article Commentary to the Provisions of Directive* 2019/790, Oxford University Press, 2021, p. 157.

[3] 日本経済産業省:《令和 3 年度産業経済研究委託事業(海外におけるデザイン・ブランド保護等あ新たな知財制度上の課題に関す実態調査)調査報告書》,资料来源:https://www.meti.go.jp/meti_lib/report/2021FY/000373.pdf,访问时间:2024 年 3 月 20 日。

[4] [日]加戸守行:《著作権法逐条講義》(六訂新版),著作権情報センター,2013 年,第 370 页。

[5] Directive 2001/29/EC of the European Parliament and of the Council of 22 May 2001 on the harmonisation of certain aspects of copyright and related rights in the information society, Article 5/5.

从以上分析可知,日本 TDM 权利限制条款的制度设计较之于其他国家,优越性至少体现在如下方面。第一,适用范围更广泛。《日本著作权法》第 30 条第 4 款既未对主体、客体、行为类型等方面附加特殊要求,也未专门设立如《欧盟 DSM 指令》中的"选择退出"机制;第二,对新技术业态更包容。日本 TDM 权利限制条款从此前的专门条款嬗变为目前的一般条款,一方面是为更多新技术打造更适配的制度,另一方面是为未来技术的不确定性发展留足更广阔的调适空间;第三,对机器学习技术研发更为友好。在日本,即便是通过不合法手段从网络上获取的作品,也可用于学习模型的训练活动。

值得注意的是,日本 TDM 权利限制条款也有其不完美之处。最典型如但书条款,其适用范围的不明确性,很可能实质性损害第 30 条第 4 款强化适用主体可预见性的初衷。总的来说,我们应客观冷静地评价"日本是机器学习的天堂"这一口号。就目前的制度设计而言,日本的确称得上是机器学习和研发阶段的制度天堂,但绝不能将其当然扩展到生成和利用阶段。

四、机器学习与美国合理使用制度的检讨

毫无疑问,美国合理使用制度是最具影响力的权利限制立法模式之一。实际上,日本曾于 2012 年以"日版合理使用"之名导入过一般性规定,但却是一次败北的尝试;[1]转而到了 2018 年,日本又在"三步检验法"的基调下,建构了一套以"三层构造"为特征的弹性权利限制立法模式。即便如此,仍有部分学者认为美国合理使用制度的导入有回旋余地。[2]

与此同时,美国作为全球人工智能技术发展的领头羊,其如何加强技术和制度的协同创新,并为企业主体打造优越的法治环境,也在随着时代的发展同步演化。其中,美国合理使用制度如何在机器学习合法性证成方面彰显其灵活性、延展性等生命力特征,无疑受到全球各方主体的高度关注。迄今,美国还未正式作出相关判决。本文试将以往判例中日积月累下来的判定思路,运用于机器学习中涉作品使用行为的分析。

(一)转换性使用的最新进展和进路启示

《美国版权法》第 107 条规定,是否构成合理使用,要从使用目的、作品性质、作品被使用的数量和质量,以及是否可能影响作品的潜在市场这四要素加以综合判定。至于如何解释各要素的内涵以及相应事实的对应关系,则取决于司法机构的整体把握和个案适用。美国联邦最高法院在 1984 年索尼案中首次就合理使用问题作出判决。[3] 本案中,美国联邦最高法院将"商业性使用目的"视为

---

[1] [日]中山信弘:《著作権の権利制限》,载[日]髙林龍ほか编集代表《現代知的財産法講座 I 知的財産法の理論的探究》,日本評論社,2012 年版,第 289 页。
[2] [日]潮海久雄:《フェアユースと生成 AI をめぐる著作権法制度の検討》,《ビジネス法務》2024 年 4 月号。
[3] Sony Corp. of Am. v. Universal City Studios, Inc., 464 U. S. 417(1984).

合理使用最重要的判定因素。这一潮流在1994年坎贝尔案中发生转变；[1]美国联邦最高法院在该案中认为，是否构成合理使用的关键在于作品使用是否具有转换性（transformative）。尽管转换性使用存在种种解释论上的困境，[2]但其仍被视为判定合理使用的重要依据，2021年谷歌案[3]和2023年戈德史密斯案[4]无疑印证了这一点。值得关注的是，法院在戈德史密斯案对转换性使用的内涵逻辑作出了最新演绎并特别指出：判定是否构成合理使用，不应将作品本身作为判断单元，而应对各个作品利用行为分别加以判定。[5]笔者认为，戈德史密斯案判决以行为为判定单元的思路，为机器学习中作品使用的讨论，提供了富含可操作性的分析启示。

本文将依循戈德史密斯案的判定思路，并辅之以技术性的分析脉络。具体而言，借助图3首先将是否完成学习模型训练作为界分点，并将人工智能机器学习划分为学习模型的训练和学习模型的使用两类行为。如此划分，有利于将生成式人工智能技术和非生成式人工智能技术进行统合性处理。但是，仅此还不足以绘制一幅清晰的探讨线路图，须在行为分类下再辅之以著作权法保护之内外要素的视角。目的或用途原本就是行为的动机或出发点，二者理应构成不可分割的有机整体。在这个意义上，机器学习技术叠加著作权法保护要素之二元分析进路，本质上与《日本著作权法》第30条第4款容器规定以"作品的享受目的"作为目的要件的用意并无二致。同时，考虑到本文主题聚焦于机器学习也即"学习模型训练阶段"，故以下仅就学习模型训练行为展开分析。

（二）学习模型训练行为中非著作权保护要素之学习

以"宫崎骏案例"为参照，学习模型训练过程中，将宫崎骏作品投喂（复制）给计算机后，不断优化和迭代学习模型，抽象出足以描述宫崎骏风格（思想层面）的最优特征参数；又如，为提高人脸识别技术精准度，大量复制人脸写真并提取其特定部位特征（并非写真作品的独创性表达部分）；再如，为开发机器翻译类人工智能，要在各类语种文本中提炼出共通的语言规则和文本逻辑，这些抽象的规则本身同样是不受著作权法保护的作品要素。对上述假想例在《著作权法》下的定性，可从计算机程序反向工程的有关判例中获取部分启示。读取计算机程序并反向推导出背后的算法逻辑，其中必然涉及对代码的批量复制。对此，美国司法实践早已指出，算法属于思想范畴而不受著作权法保护，如若禁止为学习算法而进行的代码复制，相当于对本属人类公共领域的思想框定了一个围栏。由此，用于反向工程目的的代码复制行为理应认定为合理使用。[6]在先前的假想例中，

---

[1] Campbell v. Acuff-Rose Music, Inc., 510 U.S. 569(1994).

[2] 参见谢琳：《论著作权转换性使用之非转换性》，《学术研究》2017年第9期；又参见黄汇、尹鹏旭：《作品转换性使用的规则重构及其适用逻辑》，《社会科学研究》2021年第5期。

[3] Google v. Oracle, 141 S. Ct. 1183(2021).

[4] Andy Warhol Found for the Visual Arts, Inc. v. Goldsmith, 143 S. Ct. 1258(2023).

[5] 金海军：《合理使用认定中"转换性使用"的重新界定——基于"戈德史密斯案"的思考》，《中国版权》2024年第2期。

[6] Atari Games Corp. v. Nintendo of America Inc., 975 F. 2d 832(Fed. Cir. 1992).

机器学习的对象同样属于不受著作权法保护之非作品要素,有关反向工程的说理过程和适用逻辑或可通用。

从合理使用"四要素"的视角入手,首先,在训练学习模型时对作品的使用一般不以欣赏和理解作品为目的。这种不存在对原作品的替代目的的全新目的的使用,通常具有转换性,即便最终用于商业性目的也不会影响前述认定;[1]其次,如果机器学习的对象是写真或小说等传统意义上的作品,且其需要对相关作品进行百分百的复制使用,这两点对于合理使用的认定是不利的因素。但如果具有转换性使用目的,则另当别论;最后,既然具有转换性目的,如果不属于专门用于机器学习的作品集合或数据库作品,便很难认为其产生了著作权法意义上的市场替代。[2] 即便可能实质损害著作权人的部分市场利益,但由此开发的数字创新产品却可能为权利人带来其他市场收益,且社会的自我调节也有可能消化一定的市场损害。[3] 综合分析四要素后发现:第二、第三要素不会对认定结论产生太大影响,而第一和第四要素对结论有利。故可以认为,在本节所设定的场景下,机器学习中的作品使用构成合理使用的余地较大。

为与以上非生成式人工智能技术加以区分,再以"宫崎骏案例"为例展开单独分析。关于第一项要素也即是否具有"转换性",即便生成式人工智能最终生成的内容足以替代宫崎骏的原作品,但无论是在训练阶段的学习对象(风格),还是此后利用阶段中输出内容与原作品构成相似的部分,都属于不受著作权法保护的"思想"。著作权法的立法宗旨是鼓励和促进多样化的文化创作表达。输出内容与原作品虽然在"风格"上相似,但其仍然属于一种全新的表达。既然此类机器学习的目的是生成一种新的表达,那么自然可认为其具有"转换性"。[4] 至于其他三方面要素的分析则与上文并无二致,因此结论不存在太大差异。

(三)学习模型训练行为中独创性表达之学习

如果训练学习模型的行为主要以学习作品的独创性表达,且再现其部分片段为目标(如 LoRA 模型),这种情况是否仍有可能构成合理使用?此即前文中日本当下讨论正热的多种作品使用目的并存的情况:学习和开发阶段以机器训练为目的,而生成和利用阶段则以人类欣赏为目的。从四要素的角度入手,首先,如果不从技术研发的角度作出阶段划分,而将二者贯通处理,那么无论如何都很难归结为,原本以欣赏或鉴赏为目的的作品,被用之于生成具有欣赏或鉴赏价值的内容,在使用目的上具有转换性;其次,同上文分析,第二、第三要素对于认定合理使用是不利的,此处同样适用;最后,即便在学习阶段不会与原作品发生竞争,但在内容生成阶段大概率会替代学习对象作品的市场,并对著作权人的

---

[1] 赵旭:《生成式人工智能在机器学习中的合理使用问题》,《暨南学报(哲学社会科学版)》2024 年第 3 期。
[2] 赵旭:《生成式人工智能在机器学习中的合理使用问题》,《暨南学报(哲学社会科学版)》2024 年第 3 期。
[3] 刘禹:《机器利用数据行为构成著作权合理使用的经济分析》,《知识产权》2024 年第 3 期。
[4] [日]奥邨弘司:《アメリカにおけるフェア・ユース該当性》,载[日]上野達弘、奥邨弘司编:《AIと著作権》,勁草書房,2024 年版,第 90 頁。

创作激励产生实质性挤压。综上分析,四要素对结论的得出都是不利的,由此很难认定其构成合理使用。

须指出,尽管都是以学习作品的独创性表达为目标,但如果是疾病诊断类人工智能,答案或许会有不同。美国的作家协会诉谷歌案[1]这类与检索技术相关的经典判例,具有一定的先例价值。在该案中,案涉检索技术的实现是以谷歌公司系统复制海量作品,并对其加以解析后存储于数据库为前提。当用户在检索框中输入关键词作为相应条件后,数据库中包含上述关键词的作品片段再作为检索结果输出到显示页面。上述过程与疾病诊断类人工智能的技术原理大体是相同的,因此关于其是否构成合理使用的说理逻辑也应通用。

具言之,复制书籍是为了实现全文检索的功能,而非替代原书籍的阅读市场。作为一种能够让公众更加便捷地获取书籍相关信息的作品使用方式,其本应具有目的上的转换性;同样,海量书籍均被整本复制的事实,对于认定合理使用仍然是不利的因素;然后,作为检索结果显示的书籍内容极为有限,无法替代原书籍的阅读市场。如果将以上推理分析在疾病诊断类人工智能上加以适用,有理由认为,以识别疾病名称为由批量学习医学论文,并在作为判定依据时向使用者显示其中部分片段的做法,同样属于一种目的上的转换性使用;至于第二、第三、第四要素的判定,同上文分析。由此可知,即便机器学习的对象都是作品的独创性表达,但合理使用成立与否的结论,可能会因技术类型及其使用样态的不同而大相径庭。

五、我国构建 TDM 权利限制条款的正当性基础与立法步骤拆解

在如何为机器学习中作品的使用破除来自著作权制度的不必要的枷锁这一问题上,日本已从立法论的"制度建构"阶段演进至解释论的"精致雕琢"阶段。尽管应冷静看待"日本是机器学习的天堂"这一自喻性标语,但其"渐入佳境"的立法效果着实为各国立法提供了合格范本。[2] 前文以日本立法脉络为轴心,并延展至美国合理使用制度的横向比较,足以看出:机器学习作品使用的合法性证成表象背后,实则关涉技术和文化价值的取舍理念以及著作权权利限制的模式选择,同时深层次触及了著作权保护边界的划定、著作权人的利益本质等根基性问题。基于上述认识,我国著作权制度应当如何实现与人工智能技术发展之间的步调协同,并将其融于人类文明和文化繁荣的目标愿景?

本文主张采取一种"自上而下"的思考进路,即首先应充分审视建构 TDM 权利限制条款的正当性基础;如果正当性可证成,后续便可具体探讨该条款的构建方式,并面向当前存在的现实障碍设计针对性的制度解决方案。

---

〔1〕 Authors Guild, Inc. v. Google, Inc., 804 F. 3d 202(2nd Cir. 2015).
〔2〕 部分欧洲学者认为,《欧盟 DSM 指令》中的 TDM 权利限制条款适用范围过于狭窄,应当参考日本立法加以改进。See Artha Dermawan, Text and Data Mining Exceptions in the Development of Generative AI Models: What the EU Member States Could Learn from the Japanese "Non-Enjoyment" Purposes?, *The Journal of World Intellectual Property*, Vol. 27, No. 1, 2024, p. 59.

(一)正当性基础检视

以创新发展促进经济增长,历来是政策制定者改革现有制度,为技术进步扫清障碍的重要外部正当性依据之一。但是,如何调适其与著作权法赋予创作者排他性激励、进而实现文化繁荣与公共福祉的价值冲突,则考验着各国立法者的智慧。冲突的本源在于新技术不仅事实上改变着人类传统的作品创作和组织方式,还可能实质性动摇著作权法下长期形成的激励结构。正如部分美国学者所担忧的,一旦超级平台手持"合理使用"的通行证,便可以超低成本自由"创作"出新作品;如此必然会"驱逐"人类的有偿创作劳动,而与著作权制度激励人类创作更多优秀作品的立法趣旨背道而驰。[1] 假设将容易被人工智能所替代的人类作品排除在著作权激励结构之外,[2] 在现实中便意味着,纽约时报公司自动丧失了将 OpenAI 和微软诉诸法庭的法律基础。[3] "皮之不存,毛将焉附?"如果缺少足够的文化创作主体(源泉),人类又如何展开与人工智能的差异化竞争?更何况,人工智能目前尚无法在创造性的维度上创设增量,"高科技的剽窃"进一步凸显了人类创作的稀缺性和宝贵性。

反之,如果出于对超级平台"权力性"发展的理性规制,[4] 而选择文化价值优先的立法判断(不承认合理使用的可适用性),从长远看或将导致无法孕育出未来超级平台的萎缩性风险。据前文分析,尽管不同技术类型项下是否构成合理使用的结论并不必然相同,但其背后蕴含的"无意过多介入未来市场"的总体思路却是相通的。甚至有学说认为,为促进内生性的私秩序生成,著作权权利限制和例外的功用无须太过显著。[5] 美国合理使用制度以其强大的产业竞争优势和正向作用的市场机制为基础,始终保持对新市场的谦逊介入,由此打造具有绝对竞争优势的法治环境;相较之下,以日本、欧洲为代表的专门或一般性限制条款,其可预测性的制度优势反而可能桎梏了新市场的培育和壮大。

区别于将不同位阶的价值或权利平衡调整的外部视角,内部视角是以缺少积极的保护必要性为由,从著作权权利边界究竟在何处这一出发点,探究哪些行为并不属于著作权本应保护的范围。[6] 如果说美国采取的是外部视角,那么《日本著作权法》第 30 条第 4 款的改造思路则更接近于内部视角。前文反复提及的"作品的非享受利用"的解读逻辑可拆解为:既然不属于"作品的本来利用",当然

---

[1] Bejiamin L. W. Sobel, Artificial Intelligence's Fair Use Crisis, *The Columbia Journal of Law & The Arts*, Vol. 41, No. 1, 2017, pp. 45-97.
[2] 刘晓春:《生成式人工智能数据训练中的"非作品性使用"及其合法性证成》,《法学论坛》2024 年第 3 期。
[3] 2023 年 12 月,纽约时报公司起诉 OpenAI 和微软公司侵犯其版权,并指控这两家公司的人工智能技术非法复制了数百万篇《纽约时报》上的文章,用于训练 ChatGPT 和其他服务。
[4] 解志勇:《超级平台重要规则制定权的规制》,《清华法学》2024 年第 2 期。
[5] Jerome H. Reichman, The limits of "Limitations and Exceptions", in Copyright Law, William W. Fisher III, *Lessons from CopyrightX. in Okediji ed*, p. 292.
[6] [日]田村善之:《ポスト2018年改正における日本の著作権法の中長的課題—統・日本の著作権法のリフォーム論》,L&T,2021 年第 90 号,第 3 页。

可评价为不损害权利人利益的行为类型；不服务于"作品享受目的"的使用，当然也不会损害到权利人的对价回收机会。诸如数据挖掘和信息解析等具备"非作品享受目的"的作品使用行为，本不属于著作权的保护范围，由此获得了权利限制的正当性理由。这一点与商标性使用有异曲同工之处。[1]

不同视角下的立法价值抉择，决定了我国应如何为机器学习创设制度通道的方向指引。我国人工智能产业发展同样具有场景和平台优势，相应的制度调整亦应为新质生产力创造更多的可容纳空间，避免过于教条化的立法形式扼杀市场的未来可能。但是，颠覆现行《著作权法》第24条而全盘接纳美国合理使用制度，目前在立法层面并不具有现实可行性。[2] 日本通过"三层构造"努力释放更充分的空间，以克服大陆法系国家立法封闭性和僵硬性的弊端，一定程度上是在不放弃"三步检验法"可预测性的价值追求下的较优范本选择。但是，日本的改造之路亦不完全可取，其庞大的条款规模和艰涩的条款文义很可能掣肘法律效果的实现。我国应在客观审视产业和立法现状的基础上选择性吸收借鉴，尤其应提前规避其可能扼杀未来市场的制度设计。

(二)立法步骤拆解

其一，我国《著作权法》应尽快改变第24条难以匹配新兴科技催生的新的作品使用方法的状态，即在坚持"三步检验法"的基础上，兼顾稳定性和灵活性双重价值，为机器学习技术发展创设充分的制度适用空间。日本旧《著作权法》第47条第7款的专门性权利限制条款是由立法事前给予判断，属于规则的范畴，具有可预测性的优点；而《美国版权法》第107条的一般性条款则交由司法机构事后加以适用，属于标准的范畴，具有不确定性的特征。[3] 对我国而言，欲在三步检验法的基础上实现弹性空间的扩大，首先要在立法层面将法律规范的制定时期从事前向事后进行适当调整，从而在规范层面将部分因素的判断主体由立法机构变更为司法机构。

以上路径的实现至少包括两项重要内容，一是在现行《著作权法》第24条第1款的基础上，增设"文本与数据挖掘"这一合理使用情形并规定具体的构成要件，包括适用主体和目的、技术或合同限制措施的有效性，以及但书规定等；二是结合我国法院先前在合理使用认定领域长期积累的裁判经验，通过修订《最高人民法院关于审理著作权民事纠纷案件适用法律若干问题的解释》，针对上述新增情形中各具体要件的认定问题补充并细化相应规则(如技术限制措施"有效"的认定因素)。

其二，从"合目的性"的角度出发，为机器学习著作权侵权或责任豁免划定相

---

[1] 孔祥俊：《商标法适用的基本问题》，中国法制出版社2014年版，第134—135页。
[2] 吴汉东：《人工智能生成作品的著作权法之问》，《中外法学》2020年第3期。
[3] See Louis Kaplow, Rules Versus Standards: An Economic Analysis, *Duke Law Journal*, Vol. 42, No. 3, 1992, pp. 557-629.

对清晰的边界。近来,学者提倡的"非作品性使用"或"非表达性使用",本质上也是出于内部限制的逻辑。具言之,用于数据挖掘和信息解析的对作品的使用,即便形式上构成复制、改编等法定行为,但由于其并未"作为作品而使用"(use as a work),或使用作品并非为了利用其独创性的表达,[1]因此本不属于著作权的效力范围。有学者进一步解释,由于作品的表达性特征未被利用,因此不存在"享受"作品的公众。[2]可见,日本法中"作品的非享受利用"的措辞已逐渐被国际社会所接受。

本文更倾向"作品的非享受利用"这一更具解释张力的措辞用法,理由有二:其一,从技术实现的逻辑上看,TDM技术本应是大语言模型发展最重要的支撑技术,不宜因认为前者具有特定性而后者具有非特定性,进而将其统一纳入"非作品性使用";[3]其二,从技术的周延性看,"非表达性使用"的用法将生成式人工智能作为其唯一的技术基础,显然无法兼顾人脸识别、自动驾驶等非生成式人工智能技术。如果仅就生成式人工智能这一技术分支而对著作权法"大动干戈",不免生出立法成本过高之嫌。[4]

其三,明确但书条款的排除范围,避免过分打压对著作权人的创作激励。虽然制度演进总体上应包容技术创新提出的诉求,但却不可采取"杀鸡取卵"式的纵容态度,更不能以牺牲著作权人的根本经济利益为代价。如前所述,较之于2018年《日本著作权法》第30条第4款概括性的但书条款设计,2009年《日本著作权法》第47条第7款更为具象化的但书规定对于我国而言更具可借鉴性,但应克服其排除范围过于狭窄的弊端。

六、结语

尽管技术第一性原理注定了著作权制度的可塑性命运,但这并不意味着,只要新技术降临就要彻底颠覆贯穿于著作权法的底层逻辑。相反,人类应在新兴科技随时可能催生新的作品使用方式这一事实面前保持警醒。的确,TDM技术具有将数据洪流炼化为整齐有序的数据集合的能力,能够为机器学习模型训练提供高质量的数据"养料",著作权法当然不应成为阻碍其推广应用的制度障碍。但TDM权利限制条款的制度安排应从其与著作权法的内在一致性、逻辑连贯性、系统整合性等角度出发加以统筹考虑,如此方可确定一个相对理想的路径选项,进而在确保独创性作品的排他性创作激励持续存在的同时,为我国人工智能产业的发展奠定必要的制度基础。

---

[1] 焦和平:《人工智能创作中数据获取与利用的著作权风险及化解路径》,《当代法学》2022年第4期。
[2] Rossana Ducato and Alain M. Strowel, *Limitations to Text and Data Mining and Consumer Empowerment: Making the Case for a Right to "Machine Legibility"*, CRIDES Working Paper Series, 2018, p. 15.
[3] 刘晓春:《生成式人工智能数据训练中的"非作品性使用"及其合法性证成》,《法学论坛》2024年第3期。
[4] See Matthew Sag, The New Legal Landscape for Text Mining and Machine Learning, *Journal of the Copyright Society of the U. S. A.*, Vol. 66, No. 2, 2019, pp. 21-25.

环境民事公益诉讼中惩罚性赔偿制度研究[1]

孙洪坤*
刘菲远**

摘要 《民法典》第1232条首次以立法的方式明确了环境侵权惩罚性赔偿责任制度。惩罚性赔偿制度作为一项在私法与公法二分体制下以私法机制担当惩罚与威慑功能的特殊制度，其借助私人诉讼的方式实现公共规制的目的，具有一定的现实合理性。但由于第1232条的请求权主体存在争议，造成了环境民事公益诉讼中适用惩罚性赔偿的"尴尬"。应从责任竞合条件下惩罚性赔偿责任的适用规则、惩罚性赔偿金数额的确定方式、惩罚性赔偿金的管理规则以及劳务代偿等相关配套机制建设四个方面，完善环境民事公益诉讼中的惩罚性赔偿制度。

关键词 环境民事公益诉讼；惩罚性赔偿责任；赔偿金

目次
一、环境民事公益诉讼中惩罚性赔偿制度的理论阐释
　（一）环境民事公益诉讼的概念
　（二）环境民事公益诉讼的特点
　（三）惩罚性赔偿在环境民事公益诉讼中的定位
二、环境民事公益诉讼中惩罚性赔偿条款的构造解释
　（一）环境民事公益诉讼中惩罚性赔偿的主体要件
　（二）环境民事公益诉讼中惩罚性赔偿的主观要件
　（三）环境民事公益诉讼中惩罚性赔偿的行为要件
　（四）环境民事公益诉讼中惩罚性赔偿的结果要件
三、环境民事公益诉讼中惩罚性赔偿的实践困境
　（一）环境民事公益诉讼中的赔偿状况
　（二）环境民事公益诉讼中适用惩罚性赔偿存在的实践问题
四、环境民事公益诉讼中惩罚性赔偿的制度完善
　（一）惩罚性赔偿金的确定
　（二）惩罚性赔偿金的管理规则
　（三）惩罚性赔偿与刑事罚金、行政罚款的责任竞合
　（四）惩罚性赔偿的配套机制
五、结语

---

[1] 本文系安徽省侦查逻辑办案研究会重大项目"环境公益诉讼中惩罚性赔偿的适用条件研究"（AHZC2022A01）阶段性成果。

* 孙洪坤（1975—　），安徽大学法学院教授、博士生导师。研究方向：刑事诉讼法学、司法制度、立法学、公益诉讼。

** 刘菲远（1995—　），安徽法治与社会安全研究中心研究员。研究方向：诉讼法学。

环境与资源是人类赖以生存和发展的各种自然要素的总和,是整个社会发展进步的自然基础。由于环境民事公益诉讼中奉行传统的补偿性赔偿,对生态环境的救济力薄弱,以至于污染环境、破坏生态的行为仍然层出不穷。《民法典》第1232条规定了环境侵权领域的惩罚性赔偿责任制度,对传统民法的损害赔偿责任理论进行了修正。但是,对于环境民事公益诉讼中惩罚性赔偿的逻辑构造以及具体的适用规则还需进一步地探讨和明确。惩罚性赔偿与环境民事公益诉讼有着目的一致性,并且惩罚性赔偿可被用作弥补环境民事公益诉讼补偿性赔偿威慑不足的"利器"。基于此,本文通过研究惩罚性赔偿制度在环境民事公益诉讼中的运用机理,以期对环境民事公益诉讼法治建设有所裨益。

一、环境民事公益诉讼中惩罚性赔偿制度的理论阐释

(一)环境民事公益诉讼的概念

公共利益,从字面上理解即为公共的利益,代表的是普通民众,并不是具有相同利益的特定群体。因此,受益主体的不特定性便转化为难以维护公共利益的"薄弱点",[1]当所有人被这个内在逻辑的力量所驱动时,毫无节制地追求个人利益而罔顾公共利益的人性展现得淋漓尽致。显而易见,公益诉讼的出现和发展反映了公共利益保护的紧迫需要。生态环境利益是我国环境公益诉讼所保护的重要客体,现阶段可以提起环境公益诉讼的仅有符合条件的环保组织与检察机关。我国并不承认自然人在公益诉讼中的原告资格,我国环境公益诉讼是一种扩大了原告主体范围的诉讼制度,即符合法定条件的环保组织与检察机关为了维护生态环境生态利益而提起诉讼的特殊制度。

依据我国环境司法实践现状,依托传统环境公益诉讼理论及诉的性质,[2]《民法典》第1232条规定的惩罚性赔偿属于民事责任范畴,是为了追究民事主体恶意造成的生态破坏、环境污染的环境侵权责任,因此本文仅以环境民事公益诉讼为研究内容。

(二)环境民事公益诉讼的特点

环境民事公益诉讼是以维护生态环境为功能导向的,而环境私益诉讼是以个体利益为导向的,所以我们必须将环境民事公益诉讼与环境私益诉讼相区别。具体而言,环境民事公益诉讼与环境私益诉讼在所保护的法益、诉讼的目的、法律功能三方面有着显著区别。

第一,环境民事公益诉讼所保护的法益具有特殊性。一方面,环境民事公益诉讼所保护的法益是不特定多数人的生态环境利益。生态环境利益与每个社

---

[1] 孙洪坤:《环境公益诉讼立法模式之批判与重构》,《东方法学》2017年第1期。
[2] 参见孙洪坤、孙少炯:《重构环境公益诉讼理论基础》,载易继明主编:《私法》第20辑·第1卷(总第39卷),知识产权出版社2022年版,第78页。

成员密切相关,环境作为一种特殊存在,具有开放性,一旦遭受损害就会面临持续时间久、影响范围广等问题,具有公共产品的属性。另一方面,破坏生态、污染环境的行为不仅会对生态环境公共利益造成损害,还会对个人的人身、财产权益造成损害。但并非所有由环境引起的损害都是环境民事公益诉讼所保护的法益,只有生态、环境的本体损害才是环境民事公益诉讼所指向的法益。

第二,环境民事公益诉讼的目的是维护环境公共利益。就生态环境的治理而言,其所涉价值目标以公共利益为指向,强调的是具有公共责任、法定责任、执法责任特性的公法责任。[1]但受公共财政投入、信息来源、监管时效、监管主动性等方面的限制,面对日益严峻的环境问题,以政府为主导的传统环境保护模式显得力有不逮。因此,环境民事公益诉讼是为弥补公力执法不足而产生的特殊司法机制。

第三,环境民事公益诉讼具有预防性功能。一项制度的社会功能决定了该制度能否成功构建并良性运作。[2]由于环境的不可逆性,一旦遭受损害便难以复原,为了避免环境遭受无法挽回的风险或损失,需要从源头对侵害行为进行遏制,也即在环境损害尚未发生或者未完全发生的情况下,适格原告可提起诉讼,预防该种损害的发生。因此,环境民事公益诉讼不仅具有对已经造成环境损害的救济功能,还具有对造成环境损害风险的预防功能。[3]

(三)惩罚性赔偿在环境民事公益诉讼中的定位

我国环境侵权领域长期适用单一的补偿性赔偿,但是法治的进步也必然会对各项法律制度提出更高的要求,补偿性赔偿既无法对公共利益进行全面的保护,也不能弥补公共利益的损失。加之公共利益涉及的范围广泛且难以确定等因素,对公共利益的保护相对更加困难,所以惩罚性赔偿在环境民事公益诉讼中的主要功能在于填补补偿性赔偿对公共利益的救济不足。

二者在主观要件、赔偿内容和价值功能方面存在着显著不同。第一,惩罚性赔偿的主观标准更加严格。补偿性赔偿的过错责任类型有多个层次,如过错责任、无过错责任、公平责任。而惩罚性赔偿的主观要求是主观上具有可谴责性和非难性,具有严重的反社会性。第二,惩罚性赔偿的功能更加多元化。补偿性赔偿,顾名思义,只是对造成的一般损害进行补偿和填平,是一种事后救济。而惩罚性赔偿不仅可以通过严厉的方式弥补补偿性赔偿所无法囊括的部分,还可以通过对不法行为人的惩罚,继而威慑潜在的不法行为。第三,惩罚性赔偿不以实际损害为限。补偿性赔偿仅以实际的客观损害为考量标准,而惩罚性赔偿则是将不法行为人的主观状态、经济状况等因素考虑在内,赔偿的范围超出了实际损

---

[1] 李华琪、潘云志:《环境民事公益诉讼中惩罚性赔偿的适用问题研究》,《法律适用》2020年第23期。
[2] 孙洪坤等:《环境公益诉讼专门立法研究》,法律出版社2018年版,第7页。
[3] 孙洪坤:《公益诉讼、能力壁垒与相对合理——基于某省C市毒地案二审判决的法理省思》,《东方法学》2021年第2期。

害,这也是惩罚性赔偿惩罚功能的核心要义。

虽然二者在主观要件、赔偿内容和价值功能方面存在着明显差异,但是并不能因此就否定二者之间的联系。惩罚性赔偿是以实际损害为前提的,不能跳脱实际损害来计算惩罚性赔偿的数额,因此,两者的计算基础是相同的。面对严峻的环境损害现实问题,环境损害案件中引入惩罚性赔偿责任已经刻不容缓。此次《民法典》的出台,对严峻的环保问题以及这些呼声给予了回应:惩罚性赔偿责任在《民法典》中获得了体系性的承认。这表明,经过多年的探索,立法者认为将惩罚性赔偿引入环境损害案件的时机现在已经成熟,是时候让环境损害案件逐步脱离"同质赔偿"的赔偿理念,探索更适合环境损害案件的惩罚性赔偿制度。

二、环境民事公益诉讼中惩罚性赔偿条款的构造解释

《民法典》第1232条规定:"侵权人违反法律规定故意污染环境、破坏生态造成严重后果的,被侵权人有权请求相应的惩罚性赔偿。"这一规定拉开了惩罚性赔偿在环境侵权领域适用的序幕,正可谓与"绿色民法典"相呼应,不仅成为我国生态文明的重要组成部分,也完善了环境侵权的救济方式。但是该条文一直存在着争议与模糊之处,尤其是请求权主体的范围界定,有学者指出该条文中的"被侵权人"表明受害人是特定主体,而在公益诉讼中并没有特定的被侵权人,以及惩罚性赔偿金归属于法律规定的机关和特定组织没有正当性。[1] 但是司法实践中,环境民事公益诉讼中已经有不少适用惩罚性赔偿的典型案例,为了解决这一"尴尬"情况,应当对《民法典》第1232条的构成要件进行解释,解决环境民事公益诉讼中适用惩罚性赔偿的合理性问题。一个完整的法律规范只有先在应然状态落脚才可在实然状态开花,要想使惩罚性赔偿和环境民事公益诉讼产生相得益彰的效果,首先要做的就是明确行为人承担惩罚性赔偿的要件,然后才能为惩罚性赔偿制度的完善奠定基础。

(一)环境民事公益诉讼中惩罚性赔偿的主体要件

如何明晰《民法典》第1232条所规定的惩罚性赔偿请求权的主体?我们可以从以下两个方面进行分析。一方面,可从惩罚性赔偿在立法过程中适用范围的演变以窥得其立法宗旨,以便为环境民事公益诉讼中的惩罚性赔偿厘清适用基础。另一方面,从法条的构成要件出发对其请求权主体所限定的"被侵权人"进行理论阐释,可得出惩罚性赔偿的适用范围。

首先,惩罚性赔偿请求权的归属与惩罚性赔偿制度的适用范围密不可分。环境侵权中的损害后果可以分为两大类,一类是因环境侵权行为造成的人身和财产的损害;另一类是对生态环境本身所造成的损害。根据损害后果的不同,可以将环境侵权诉讼分为针对人身、财产损害而提起的环境私益诉讼和针对环境

---

[1] 王利明:《〈民法典〉中环境污染和生态破坏责任的亮点》,《广东社会科学》2021年第1期。

生态破坏而提起的环境民事公益诉讼及生态损害赔偿诉讼。[1] 在最开始《民法典》的征求意见稿中惩罚性赔偿的适用范围仅限于"生态环境损害",由此可见,其排除了惩罚性赔偿在环境私益诉讼中的适用。该规定引起了众多学者的一致反对,最终在2019年公布的草案中将适用范围扩大为"污染环境、破坏生态造成严重后果的",不仅将生态环境损害纳入了惩罚性赔偿的适用范围,也将人身、财产损害囊括其中。有学者据此认为惩罚性赔偿只适用于环境私益诉讼中的人身、财产损害,并不适用于以恢复性司法为主的环境民事公益诉讼和生态损害赔偿诉讼。然而,纵观《民法典》第1232条的立法宗旨,其核心要义在于严格贯彻落实民法典的绿色原则,保护生态环境利益,这与恢复性司法并不矛盾也不会取而代之,相反惩罚性赔偿的惩罚和威慑功能将为恢复性司法插上乘风破浪的翅膀,仅将其限定于环境私益诉讼明显与立法者的本意背道而驰,同时也与惩罚性赔偿的适用范围相悖。

其次,《民法典》第1232条是一个完全法条,兼具构成要件和法律效果两个要素,[2]可以从对完全性法条的合理解释中得出惩罚性赔偿的请求权归属。该条规定了有权提起惩罚性赔偿的主体为"被侵权人",有学者据此提出,根据文义解释,被侵权人单单指"受害人",只有人身、财产遭受损害的环境私益诉讼的主体才是被侵权人,而环境公益诉讼和生态损害赔偿中提起诉讼的主体为法律规定的国家机关和社会组织,并不是被侵权人。此种观点无异于削足适履,被学界称为"公益诉讼"的生态环境损害赔偿诉讼维护的是作为自然资源所有者的国家的权益,国家理应属于"被侵权人"的语义涵摄范围,提起生态环境损害赔偿诉讼的地方政府和政府部门、机构组织自然是国家授权的诉讼代表人。[3] 相对于环境私益诉讼所保护的特定群体的人身和财产而言,作为社会公众诉讼代表人的国家机关和社会组织维护的则是不特定的社会公众的环境权益,只能由法律规定的机关和社会组织提起,环境私益诉讼的主体无法代表公共利益主张公益的赔偿。因此,应当将环境民事公益诉讼中的检察机关和社会组织作为社会公众的诉讼代表人囊括进请求权人的范畴之中。

最后,惩罚性赔偿作为补偿性赔偿的有益补充,其应当以填补性损害为基础。惩罚性赔偿系以不法行为所造成的损害额(填补性损害)为基础而附加的赔偿金。[4] 补偿性损害赔偿作为环境侵权责任的基础性赔偿方式,其适用范围涵盖了三种诉讼类型,因此为保证惩罚性赔偿制度适用上的周延性,惩罚性赔偿也应当涵盖环境私益诉讼、环境民事公益诉讼以及生态损害赔偿诉讼。

(二)环境民事公益诉讼中惩罚性赔偿的主观要件

主观要件是指行为人实施侵权行为时的主观心理状态,我国环境侵权实行

---

[1] 王明远:《环境侵权救济法律制度》,中国法制出版社2001年版,第12页。
[2] 王泽鉴:《法律思维与民法实例:请求权基础理论体系》,中国政法大学出版社2001年版,第55页。
[3] 梁勇、朱烨:《环境侵权惩罚性赔偿构成要件法律适用研究》,《法律适用》2020年第23期。
[4] 王泽鉴:《损害赔偿》,北京大学出版社2017年版,第379页。

的是无过错责任原则,也就是说主观状态并不是行为人承担责任的构成要件,因此也致使环境民事公益诉讼长期遵循该原则。不管是发源地英国还是发扬者美国都以行为人的主观恶意为要件,并且由此作出的侵权行为是不被社会所接受的。在我国已经引入惩罚性赔偿的领域中,如《中华人民共和国食品安全法》(以下简称《食品安全法》)、《中华人民共和国消费者权益保护法》(以下简称《消费者权益保护法》)等规定行为人的主观状态皆以"恶意""明知""故意"为要件。《民法典》第1232条将惩罚性赔偿的适用范畴限定于主观故意,惩罚性赔偿作为环境民事公益诉讼的一种特殊救济手段,原则上也应以故意为其主观构成要件。

1. 故意的认定

环境民事公益诉讼中侵权人的故意包含直接故意和间接故意,直接故意是"明知+希望",即行为人明知自己的非法倾倒污染物的行为会造成环境污染、生态破坏的后果依然实施该侵权行为。间接故意是"明知+放任",即侵权人明知自己的行为具有导致环境污染、生态破坏的可能性,但是放任危害结果的发生,如生产危险物质的某企业明知国家要求危险物质废弃物的处理者在有相应的资质,却依然将危险物的废弃物交给没有资质的处理者,并放任危害结果的发生。[1]那么如何证明故意呢?尤其是间接故意,主观心理状态极难证明,在实践中可从行为人的客观行为来对其主观故意进行界定。如从环境污染行为的持续时间长短、超标排放或非法排污并受到行政机关行政处罚的次数等进行判断。值得一提的是,《民法典》侵权责任编规定对合法排污者造成的损害后果,行为人依旧要承担补偿性赔偿责任,但是,倘若要求合法排污者承担惩罚性赔偿责任,会导致其与不守法者付出的成本相同,最终导致大家对生态环境的损害充耳不闻,这就与惩罚性赔偿的初衷相左。

2. 关于重大过失的争议

重大过失,是指行为人在法律范围内,能够预见而没有预见或者已经预见却轻信自己能够避免损害发生,不采取措施而导致危害结果发生的主观心理状态。过失虽然是社会常见的行为,但也反映了行为人主观的恶性,对他人的生命、财产以及生态环境的漠视。1989美国发生了著名的"埃克森·瓦尔迪兹"号油轮漏油事件,该事件是因船长醉酒,掌舵的三副未能及时转弯致使轮船撞上了暗礁而导致漏油,并对当地的生态环境造成了严重破坏,社会各界都对该公司这种置公共利益于不顾的行为感到愤慨,美国联邦最高法院也对本案适用了惩罚性赔偿。一方面,我国法律明确规定了不同主体的环境保护义务,即单位和个人在特定的范围内都应当采取一定的措施来履行保护环境的义务,以敦促他人尽到基本的谨慎注意义务从而避免生态环境损害行为的发生。[2]另一方面,在《民法典》实施之前,环境民事公益诉讼中的环境修复赔偿金采用的计算方法,就是带有惩罚

---

[1] 张旭东:《预防性环境民事公益诉讼程序规则思考》,《法律科学(西北政法大学学报)》2017年第4期。
[2] 李华琪、潘云志:《环境民事公益诉讼中惩罚性赔偿的适用问题研究》,《法律适用》2020年第23期。

性质的虚拟成本法。虚拟成本法的适用范围就包括了"损害行为未被及时发现、查明损害的原因不及时的情况",导致这种情况发生的原因通常是不法行为人主观上出于故意或者未尽到注意义务。因此,应进一步将重大过失纳入环境民事公益诉讼中惩罚性赔偿的主观构成要件,而对于重大过失与故意的主观恶意法律效果的区别可体现在惩罚性赔偿的数额上。

我国民法典将惩罚性赔偿的主观状态限定于故意,也就意味着环境民事公益诉讼中由于侵权人重大过失造成的损害无法适用惩罚性赔偿。对于重大过失是否应当纳入惩罚性赔偿主观要件一直存在争议,有的学者认为由于目前生态环境问题的严峻性,应当将重大过失纳入环境侵权惩罚性赔偿的主观要件。[1]但也有学者认为,对于不法行为及其结果并未认知,不具有道德上的可非难性,且过失行为系属社会常见之行为,无惩罚遏制之必要,因此不宜适用惩罚性赔偿。[2]

(三)环境民事公益诉讼中惩罚性赔偿的行为要件

《民法典》第1232条规定适用惩罚性赔偿的行为要件为侵权人违反了法律规定,也即行为的违法性。可以从两个方面来解读其行为要件,一是何为违法性?二是"违反的法律规定"具体包括哪些法律?只有明晰了这两个方面,才能促进环境民事公益诉讼中惩罚性赔偿的有效适用。

1. 行为的违法性

行为的违法性是指行为人的行为违反了法律的规定,给他人造成损害而又缺乏某种合法依据。[3] 惩罚性赔偿的违法性行为要件突破了传统环境侵权的行为要件,造成实际损害并不是适用惩罚性赔偿以及确定数额的首要考虑,最先考量的是侵权行为是否为主观上具有严重可谴责性的不法行为。[4] 因而,将违法性作为环境民事公益诉讼中惩罚性赔偿的行为构成要件,是为了将合法排污与非法排污相区分,使得合法排污成为违法阻却事由,非法排污行为适用惩罚性赔偿。

2. 违反法律的形式

对于违法性中的法律应当作何理解呢?从《民法典》第1232条的构成要件来看,不管是主观要件限定于故意,还是客观要件的违法性,对于环境民事公益诉讼中惩罚性赔偿的适用应保持着审慎的态度,以防止惩罚性赔偿的滥用。适用惩罚性赔偿的违法行为主要是造成环境污染、生态破坏的行为,但是我国的法律法规并没有对污染环境、破坏生态进行界定。一般来说,污染环境是指行为人向水、大气、土壤等自然界排放污染物造成水、大气、土壤污染的行为;破坏生态

---

[1] 杨立新、李怡雯:《生态环境侵权惩罚性赔偿责任之构建——〈民法典侵权责任编(草案二审稿)〉第一千零八条的立法意义及完善》,《河南财经政法大学学报》2019年第3期。
[2] 阳庚德:《普通法国家惩罚性赔偿制度研究——以英、美、澳、加四国为对象》,《环球法律评论》2013年第4期。
[3] 李双元、温世扬主编:《比较民法学》,武汉大学出版社1998年版,第787页。
[4] 王树义、刘琳:《论惩罚性赔偿及其在环境侵权案件中的适用》,《学习与实践》2017年第8期。

是指行为人采用过度开发等方式造成自然资源损害的行为。[1] 因此,应将此处的"法律"限定为"保护环境、防止污染的强制性规定",即环境保护法律和资源保护法律,前者应包括《中华人民共和国环境保护法》《中华人民共和国大气污染防治法》《中华人民共和国水污染防治法》等,后者应包括《中华人民共和国草原法》《中华人民共和国森林法》《中华人民共和国水法》《中华人民共和国矿产资源法》等。

(四)环境民事公益诉讼中惩罚性赔偿的结果要件

虽然《民法典》第1232条规定适用惩罚性赔偿的行为须"造成严重后果",但是目前尚没有明确的司法解释。首先,造成的后果应当是对法益所造成的侵害,一般来说环境民事公益诉讼中所造成的直接法益侵害是环境污染和生态破坏,间接侵害包括人身和财产的侵害。从立法过程看,我国《民法典》侵权责任编所保护的法益已将人身财产的保护上升到环境利益的保护。[2] 我国原《侵权责任法》中环境侵权责任的构成要件为"环境污染",而《民法典》则将"生态破坏"也纳入环境侵权的构成要件。[3] 有鉴于此,惩罚性赔偿中的严重后果包括行为人对他人的人身、财产和生态环境所造成的严重损害。值得一提的是,由于环境民事公益诉讼将侵权人的行为所造成的实际损害与造成损害的风险均纳入其诉讼范畴,但是风险尚未达到危险发生的可能程度,再加上惩罚性赔偿的严厉性,对存在的不确定风险也要追究惩罚性赔偿未免矫枉过正,因此,在环境民事公益诉讼中尚未发生损害事实的,不应适用惩罚性赔偿。其次,何谓严重呢?在尚未有相应法律规定的情形下,可参照《生态环境损害赔偿制度改革方案》中所规定的"发生较大及以上突发环境事件的、在国家和省级主体功能区规划中划定的重点生态功能区、禁止开发区发生环境污染、生态破坏事件的",可依法追究生态环境损害赔偿责任;[4] 以及《最高人民法院 最高人民检察院关于办理环境污染刑事案件适用法律若干问题的解释》中所列举的"严重污染环境"的情形和"后果特别严重"的情形。

三、环境民事公益诉讼中惩罚性赔偿的实践困境

(一)环境民事公益诉讼中的赔偿状况

明晰惩罚性赔偿在环境民事公益诉讼中的构成要件,为司法实践提供了坚

---

[1] 梁勇、朱烨:《环境侵权惩罚性赔偿构成要件法律适用研究》,《法律适用》2020年第23期,第118页。
[2] 李启家:《环境法领域利益冲突的识别与衡平》,《法学评论》2015年第6期。
[3] 谢海波:《环境侵权惩罚性赔偿责任条款的构造性解释及其分析——以〈民法典〉第1232条规定为中心》,《法律适用》2020年第23期,第134页。
[4] 《生态环境损害赔偿制度改革方案》规定:"有下列情形之一的,按本试点方案要求依法追究生态环境损害赔偿责任:1.发生较大及以上突发环境事件的;2.在国家和省级主体功能区规划中划定的重点生态功能区、禁止开发区发生环境污染、生态破坏事件的;3.发生其他严重影响生态环境后果的。"

实的理论基础,但无论制度设计得多完美,只有在实践中不断地检验才能更加成熟。我国《民法典》于2021年1月1日生效,第1232条规定的惩罚性赔偿金数额的计算和管理目前还没有明确的规定,因此在司法实践中就出现了诸多问题。惩罚性赔偿金的管理和使用又涉及该制度能否在环境民事公益诉讼中正当适用,是惩罚性赔偿的"命脉"。在此之前,环境民事公益诉讼中已经有很多经典案例,笔者通过中国裁判文书网及无讼网搜集到《民法典》实施之前100多份关于环境民事公益诉讼的案例,并在其中找出8个典型案例对损害赔偿金计算方式和赔偿金管理方式进行考察,以期为后续惩罚性赔偿金的适用和管理搭建基础。

1. 典型案例中赔偿金的计算方式

总体来说,我国的环境民事公益诉讼仍在民事诉讼的范畴,民法上的填平原则仍是损害赔偿责任的基本要求。损害赔偿的数额自然以损害事实为基础,环境要素的损害过于抽象,因此就需要通过评估的方法将抽象的损害结果转化为修复费用或者损害费用。原环境保护部办公厅(现为"生态环境部办公厅")印发的《环境损害鉴定评估推荐方法(第Ⅱ版)》将生态环境损害评估方法分为替代等值分析法和环境价值评估法,替代等值分析法又分为资源等值分析方法、服务等值分析方法和价值等值方法,然而替代等值分析法需要庞大复杂的函数模型,实际难以操控。笔者通过对100多件案例的分析,发现在环境民事公益诉讼司法实践中有将近60件适用的是操作性较强的环境价值评估法,即2017年原环境保护部办公厅发布的《关于虚拟治理成本法适用情形与计算方法的说明》(见表10)。

表10 《民法典》实施前环境民事公益诉讼经典案例

序号	案件名称	法院判决	赔偿额的认定方式	赔偿金归属
1	徐州市鸿顺造纸有限公司环境污染案件	以2600吨废水造成的生态环境损害数额为基准在3~5倍区间承担赔偿数额	虚拟成本治理法的3~5倍	徐州市环境保护公益金专项资金账户
2	昆山君汉电子材料有限公司、胡某德等环境污染责任案件	承担环境修复费107.9万元	虚拟成本治理法的4.5倍	昆山市环境保护公益金专用账户
3	李某祥、苏某新环境污染案件	承担生态环境功能损失费205.2万元	虚拟成本治理法的3倍	中山市地方国库或环境公益金账户
4	泰兴锦汇化工有限公司等水污染案件	承担环境修复费用1.6亿元	虚拟成本治理法	
5	宁夏瑞泰科技股份有限公司等腾格里沙漠污染案件	承担环境损失公益金600万元	带有惩罚性质的"天价"赔偿	法院指定账户

续表

序号	案件名称	法院判决	赔偿额的认定方式	赔偿金归属
6	山东德州晶华集团振华有限公司大气污染案件	赔偿超标排放污染物造成损失生态损害2198万元	虚拟治理成本的4倍	地方财政专户
7	余某发、夏某林水污染案件	承担生态环境修复费用342万元	虚拟成本治理法的2~4倍	上缴国库用于修复被损害的生态环境
8	自然之友诉江苏中丹化工有限公司水污染案件	承担生态环境修复费41.6万元	虚拟成本治理法3~4.5倍	公益信托机构

在《民法典》实施之前,环境民事公益诉讼案件中的赔偿额主要用于环境修复,这种模式与"美国、欧盟等国家或国际组织对环境污染损害的民事赔偿范围主要是修复和预防"[1]的实践做法相吻合。环境修复费用是以虚拟成本治理法所计算出的实际损害为基础系数,再以该系数的3~5倍作为最终的数额,该计算方式则与我国其他领域中正在实施的惩罚性赔偿的计算方式不谋而合。然而,生态环境公共利益损害本身就具有不确定性、无边界等特殊要素,要进行损害结果的数字量化和损害程度的定性,往往对办案人员和鉴定机构有着极高要求,再加上鉴定周期长、费用高、鉴定机构少等原因,导致鉴定难。因此,将来惩罚性赔偿在环境民事公益诉讼中的适用也将面临该问题。

2. 典型案例中赔偿金的管理

从上述典型案例可以看出,实践中对于赔偿金的管理主体和赔偿金的分配并没有明确规定,各地的做法也不一而足,总体来说有以下几种模式。一是纳入法院执行账户,即没有地方统一立法的就打入法院的指定账户,如宁夏瑞泰科技股份有限公司等腾格里沙漠污染案件;二是公益基金账户,即打入专门的环境公益基金专用账户或者生态环境损害赔偿金资金账户,如江苏、山东、吉林等省份;三是纳入政府财政资金,即上缴国库,如广东省;四是交付环境公益诉讼信托机构加以管理运作。

(二)环境民事公益诉讼中适用惩罚性赔偿存在的实践问题

《民法典》第1232条实施之后,环境民事公益诉讼中已经有3个适用惩罚性赔偿的典型案例。只有实践才能反映现实问题,笔者将环境民事公益诉讼中适用惩罚性赔偿的案例进行归纳整理,见表11,通过对典型案例的分析从而明确实践中环境民事公益诉讼惩罚性赔偿在计算方式以及惩罚性赔偿金管理方面难的症结所在。

---

[1] 刘倩、季云林、於方等编著:《环境损害鉴定评估与赔偿法律体系研究》,中国环境出版社2016年版,第94页。

表 11 环境民事公益诉讼中惩罚性赔偿典型案件

序号	案件名称	法院判决	惩罚性赔偿的认定方式	惩罚性赔偿金归属
1	浙江海蓝化工厂跨省倾倒硫酸钠废液污染环境案件	环境修复费用21.6万元 环境功能性损失费用5.7万元 应急处置费用53.2万元 检测鉴定费9.5万元 环境污染惩罚性赔偿17.1万元	环境功能性损失的3倍(参照《消费者权益保护法》和《食品安全法》)	不明
2	青岛市崂山区某艺术中心非法收购、出售野生动物破坏生态案件	野生动物损失8.3万元 生态服务功能型损失90.7万元 惩罚性赔偿9.9万元 (惩罚性赔偿+劳务代偿)	综合侵权人的主观故意、悔改程度以及危害后果酌情判定	不明
3	陈某聪、王某兵非法跨市倾倒危险废物电镀泥污染环境案件	生态环境损害85.5万元、19.6万元 鉴定评估费用22万元 环境污染惩罚性赔偿31.5万元	采用的虚拟成本法估算	不明

1. 惩罚性赔偿数额的计算方式不统一

《民法典》第1232条规定了生态环境领域的惩罚性赔偿,但对于惩罚性赔偿的计算方式并没有明确的规定。浙江海蓝化工厂污染环境一案中,法官依照环境功能性损失的3倍来计算惩罚性赔偿,而青岛市崂山区某艺术中心非法收购、出售野生动物破坏生态一案中,则是法官自由裁量权作用的结果,法官依照侵权行为人的主观悔改程度、损害后果等因素综合考虑判决行为人承担9.9万元的惩罚性赔偿。在浙江省首例适用惩罚性赔偿的陈某聪、王某兵非法跨市倾倒危险废物电镀泥污染环境案件中,采取虚拟成本治理法进行评估核算,确定了生态环境损害赔偿金及环境污染惩罚性赔偿金。上述所列的典型案例中关于惩罚性赔偿的计算方式并不统一。若以环境服务功能性损失为基础来计算惩罚性赔偿数额,则案件覆盖率较低,并不是所有的案件都适合主张环境服务功能性损失,如在某艺术中心非法收购、出售野生动物一案中,如若只采用以环境服务功能性损失为惩罚性赔偿基数而不考虑其他因素的话,就会出现惩罚性赔偿数额过高的情况。该案则是法官通过行使自由裁量权来确定惩罚性赔偿的金额,对于此案来说是恰当的,并且该案的亮点在于用劳务代偿一部分惩罚性赔偿,这为后续惩罚性赔偿功能的发挥另辟蹊径,但在惩罚性赔偿并没有明确区间的情况下,任由法官发挥自由裁量权的话,难免会出现"撑骨裙效应",不利于惩罚性赔偿的适用。因此,环境民事公益诉讼中惩罚性赔偿的计算方法有待明晰。

2. 惩罚性赔偿金的管理规则不明确

在已有的3件适用惩罚性赔偿的案例中,对于惩罚性赔偿金的去向并没有明确说明,正如前文所述,我国环境民事公益诉讼中对于环境修复等赔偿资金的管理和使用存在立法上的空白,也就导致在司法实践中对于这一类资金并没有统一的管理模式,而各地法院在判决的时候并没有统一的标准,这也是上述3例案件并没有对惩罚性赔偿金的归属和使用作出明确判决的原因。对于当前的模式，按照管理主体的性质可以将上缴国库和法院或检察院指定账户划为公权力主导的管理模式，支付至环境基金会和环境公益信托机构专用账户的模式归为民间力量主导的管理模式。这两种模式各有利弊，以公权力为主导的管理模式显而易见的优势在于国家机关的公信力及作为公众代表管理赔偿金的合理性；缺点在于赔偿金一旦纳入政府资金之后，对其使用有着严格的程序并且缺乏透明度。政府专项基金很难做到"收支分离"，因此，在该种模式下，环境损害赔偿基金就处于一个密闭的空间内，要想发挥其保障公共利益的功能更是遥不可及。[1] 相比之下，以民间力量为主导的管理模式下资金使金更加独立透明、资金来源更加广泛，可以有效弥补公权力主导的资金管理模式下效率低下、权责不清等弊端。[2] 任何事物都需"物尽其用"，惩罚性赔偿金的管理使用又对该制度在环境民事公益诉讼中的发展起到决定性作用，因此，依据环境民事公益诉讼中惩罚性赔偿的实践来看，统一惩罚性赔偿金的管理和使用是惩罚性赔偿制度的内在要求。

3. 责任竞合下惩罚性赔偿适用不明晰

民事责任与刑事责任产生竞合的情形在环境民事公益诉讼中比较普遍，如海蓝公司环境污染民事公益诉讼案和崂山区某中心非法收购、出售珍贵、濒危野生动物环境民事公益诉讼案中均判决被告人2万~6万元不等的刑事罚金。究其原因，是由于在惩罚与威慑的功能下，公益诉讼惩罚性赔偿金与刑事罚金、行政罚款一样，都具有惩罚贪利性违法行为的属性，客观上具有同质性。[3] 因而厘清惩罚性赔偿金与刑事罚金、行政罚款之间的关系同样是环境民事公益诉讼中值得深究的问题。

4. 专家组鉴定主体资格模糊

无论是《民法典》实施前的损害赔偿还是实施后的惩罚性赔偿，都需要以实际的生态环境损害为基数，由于生态环境案件的专业性，生态环境损害数额的确定需要鉴定机构来进行。当前我国生态环境损害的鉴定存在着两方面的问题。一方面，我国当前生态环境案件司法鉴定机构数量少、质量参差不齐。据2021年6月5日司法部发布的《环境损害司法鉴定白皮书》，截至2020年12月底，全国经省级司法行政机关审核登记的环境损害司法鉴定机构达200家。虽然鉴定机构总体上呈上升趋势，但与环境案件的数量相比微乎其微，并且分布不均匀。不仅如此，有些鉴定机构所承接的业务范围单一，对于复杂案件无能为力。

例如，三清山巨蟒峰环境民事公益诉讼一案中，江西仅有3家鉴定机构能承接名胜古迹损害鉴定业务，在此情况下上饶市检察院委托了江西财经大学的专家进行三清山巨蟒峰受损价值的评估，并出具了价值评估报告，将抽象的名胜古迹损害转化为具体的赔偿数额，但被告人对专家组出具的意见以其不具备鉴定

---

[1] 谢玉红、曹明德主编：《中国环境法治：2014年卷》（下），法律出版社2015年版，第142页。
[2] 张世君：《环保投资机制创新与环境公益信托制度的构建》，《法学论坛》2015年第5期。
[3] 杨会新：《公益诉讼惩罚性赔偿问题研究》，《比较法研究》2021年第4期。

资格表示了反对。这就是生态环境损害鉴定的另一个问题,即鉴定主体单一化。法律没有赋予专家组鉴定资格,人民法院依据《最高人民法院关于审理环境民事公益诉讼适用法律若干问题的解释》第 15 条中"专家意见经质证,可以作为认定事实的根据",支持了专家组出具的意见,该理由过于牵强附会且不利于被告人权益的维护。但专家组出具的意见有效地弥补了鉴定机构的短板,应当明确其鉴定主体的资格,补强专家意见的证明力,使案件的判决更具有信服力。

四、环境民事公益诉讼中惩罚性赔偿的制度完善

从惩罚性赔偿的功能定位来看,我们应当明晰惩罚性赔偿与其他责任之间的关系,从司法实践来看,应当统一惩罚性赔偿的计算方式、明确适用原则、考量因素并建立配套的相关制度才能使惩罚性赔偿在环境民事公益诉讼中熠熠生辉。

(一)惩罚性赔偿金的确定

基于域外的经验,无论是谨慎的英国还是在惩罚性赔偿制度发展方面较为成熟的美国,都对惩罚性赔偿金进行了规制,英国是对惩罚性赔偿适用范围和惩罚性赔偿金的上下限作出了规定,美国则出台了《惩罚性赔偿示范法案》供各州进行立法参考,并规定惩罚性赔偿金的上限为 2.5 万美元或不能高于补偿性损害赔偿。对于惩罚性赔偿金的确定,我们应当持辩证的态度。一方面,应当看到倘若惩罚性赔偿过高则会对企业造成致命打击,不利于市场经济的发展,也会造成执行难等情况,使得惩罚性赔偿形同虚设;另一方面,若惩罚性赔偿过低则有可能导致行为人将外部成本内部化,使惩罚性赔偿的惩罚和威慑功能大打折扣。

1. 确定惩罚性赔偿金的考量因素

惩罚性赔偿以其惩罚和威慑功能备受青睐,但是美国和我国近年来的司法实践中不断涌现"天价"赔偿案,可以看出,过高的惩罚性赔偿金不仅会造成案件无法执行,还会有损司法的权威性,如前文所述,美国《惩罚性赔偿示范法案》中明确了惩罚性赔偿金的计算应考虑多种因素。因此,要合理地确定环境民事公益诉讼中惩罚性赔偿的判罚数额,应当在坚持比例原则的基础上,综合考量违法者违法行为的恶劣程度、客观行为手段、致害后果的严重性、社会危害程度等因素来合理细分赔偿档次。因此,要严格控制惩罚性赔偿责任的适用范围,做到既满足救济公共利益的需要,又符合规律性,被普遍接受。这就要求在确定惩罚性赔偿金时要综合考虑生态环境受损的范围和程度、违法行为人主观恶意大小、偿付能力等因素来确定惩罚性赔偿数额。为了防止赔偿金过高带来不利的社会后果,对赔偿金必须要有最高额或倍数的限制。环境民事公益诉讼中惩罚性赔偿金同样应当受到限制,参考我国在《反不正当竞争法》和《著作权法》等领域的立法经验与新的立法趋势,从计算倍数与惩罚性赔偿金总额两方面进行限制较为合理,同时也能符合惩罚性赔偿责任承担者的心理预期。

2. 惩罚性赔偿金的计算模式

就惩罚性赔偿金的规范模式来看,主要有三种模式。一是固定模式,即惩罚

性赔偿金的具体金额和计算标准由法律统一规定,法官只能根据法律规定的标准计算出具体赔偿数额,而不允许任何形式的自由裁量,该种方式计算清晰、简便,有利于排除法官的个人主观情感。如《食品安全法》第148条即采用的此种模式。二是弹性模式,即法律仅规定了惩罚性赔偿金的数额范围,个案的裁判法官在此范围内可自由裁量决定判罚金额。弹性模式根据设限方式的不同,又可分为三种计算情况。其一,只明确金额的上限。美国的不少州都采取此种方式,如佐治亚州和得克萨斯州规定在被告故意且有加害意图地对他人实施侵权行为且陪审团有确凿证据的情况下,陪审团分别可以作出不超过25万美元和50美元的惩罚性赔偿金。[1] 其二,只明确惩罚性赔偿金的下限。其三,同时规定惩罚性赔偿金上、下限,如英国在 Thompson v. Commissionev of Police of the Metropolis[2]一案中确立了对于政府人员压迫、专断或违宪行为案件中的惩罚性赔偿金为5000~50 000英镑;《中华人民共和国商标法》(以下简称《商标法》)采用的也是同时设定赔偿金上、下限的方式,这种模式既避免了计算的僵化,也给了法官一定的自由裁量权。三是无限制模式,该模式是一种完全开放的、惩罚性赔偿金额完全依靠裁判法官自由裁量的判罚模式。美国早期的惩罚性赔偿采用的就是这种模式,但由于其太过随意、相似的案件判罚差异太大而备受诟病,给予了法官最大程度的自由裁量权的同时也容易掺杂法官的个人主观情感。笔者依据上述三种模式对我国已有的惩罚性赔偿金的计算模式进行归纳,见表12,以便为环境民事公益诉讼中惩罚性赔偿金的计算模式做铺垫。

表12 我国已有的惩罚性赔偿数额计算模式

序号	法律名称	法条内容	法条分析	计算模式
1	《食品安全法》(2021年)	第148条第2款：……还可以向生产者或者经营者要求支付价款10倍或者损失3倍的赔偿金	以受害人支付的价款和所受损失为基础,惩罚性赔偿金为该基础的10倍和3倍	固定金额模式
2	《关于审理商品房买卖合同纠纷案件适用法律若干问题的解释》(2003年)	第8条：……不超过已付购房款1倍的赔偿责任	以买房人已付的房款为基础,惩罚性赔偿金不超过购房款的1倍,即上限为购房款1倍	弹性金额模式(序号2~3为明确上限的计算模式;序号4~7是明确上下限的计算模式;我国当前法律并没有只明确下限的计算模式)
3	《消费者权益保护法》(2013年)	第55条第2款：……并有权要求所受损失2倍以下的惩罚性赔偿	以所受损失为基础,惩罚性赔偿为所受损失2倍以下,明确了上限	

---

[1] 阳庚德:《普通法国家惩罚性赔偿制度研究——以英、美、澳、加四国为对象》,《环球法律评论》2013年第4期。

[2] 阳庚德:《普通法国家惩罚性赔偿制度研究——以英、美、澳、加四国为对象》,《环球法律评论》2013年第4期。

续表

序号	法律名称	法条内容	法条分析	计算模式
4	《商标法》(2019年)	第63条第1款：……对恶意侵犯商标专用权,情节严重的,可以在按照上述方法确定数额的1倍以上5倍以下确定赔偿数额	以被侵权人所受损失或者侵权人所获利益为基础,1倍以上5倍以下,确定了上、下限	弹性金额模式（序号2~3为明确上限的计算模式；序号4~7是明确上下限的计算模式；我国当前法律并没有只明确下限的计算模式）
5	《反不正当竞争法》(2019年)	第17条第3款和第4款：……可以在按照上述方法确定数额的1倍以上5倍以下确定赔偿数额。……由人民法院根据侵权行为的情节判决给予权利人500万以下的赔偿	以被侵权人所受损害或者侵权人所获利益为基础,1倍以上5倍以下,确定了上下限,并明确了最高不得超过500万	
6	《专利法》(2020年)	第71条第1款和第2款：……可以在按照上述方法确定数额的1倍以上5倍以下确定赔偿数额。……确定给予3万元以上500万元以下的赔偿	以被侵权人所受到的实际损失或者侵权人所获得利益为基础。1倍以上5倍以下,确定了上下限	
7	《著作权法》(2020年)	第54条：……可以在按照上述方法确定数额的1倍以上5倍以下给予赔偿	以被侵权人所受到的实际损失或者侵权人所获得利益为基础。1倍以上5倍以下,确定了上下限	
8	《侵权责任法》(2010年)	第47条：……有权请求相应的惩罚性赔偿	既没有惩罚性赔偿的基础,也没有具体的倍数限制,而是规定"相应的"	不固定金额模式

要想发挥惩罚性赔偿在环境民事公益诉讼中惩罚和威慑的效果,惩罚性赔偿金的计算模式举足轻重。万事万物都以趋利为本性,如若侵权人预先知道自己的违法成本,通过计算后在利益高于赔偿的情况下就会毅然决然地选择对生态环境进行破坏,惩罚性赔偿的功能将会大打折扣。鉴于此,有学者提出为了最大地发挥惩罚性赔偿的功效,对其金额不应加以限制,正所谓"刑不可知,则威不可测",只有当达摩克利斯之剑高悬在头顶时才能使得侵权人不敢作出侵权行为,一旦落下人们也就不觉得稀奇了。[1] 此种方式给予了审判者最大程度的自由裁量权,对审判者的要求极高,但审判者的整体素质还不足以支撑该方式落地,正如前文对典型案例的分析,在《民法典》实施前,我国环境民事公益诉讼中的生态修复费用就是以虚拟成本治理法算出的环境损害为基数乘以3~5倍计算得出的,在已经适用惩罚性赔偿的民事公益诉讼案件中,由于法律并没有规定统一的惩罚性赔偿计算方式,法院所采取的方式,一种是以生态功能性损失费用

---

[1] 李响：《我国食品安全诉讼中的惩罚性赔偿刍议》,《法治研究》2021年第1期。

为基础的 3~5 倍,如浙江海蓝化工厂跨省倾倒硫酸钠废液污染环境案,还有一种是法官发挥自由裁量权的方式。因此,综合已有的惩罚性赔偿的实践案例来看,惩罚性赔偿金额的计算可依据案件性质的不同采取弹性计算模式,并在一定的范围内给予审判者自由裁量权。

基于我国环境民事公益诉讼中惩罚性赔偿制度的实施状况,倍率式数额设置方式为我们提供了新进路,即"特定基数×倍数"组成的。[1] 对于环境污染类民事公益诉讼,可依照《民法典》实施之前就已有的虚拟成本治理法,以虚拟成本治理计算法所需的生态修复费用为基数,对于倍数的区间可参照我国已有的惩罚性赔偿的倍数模式,如前文所述,虽然浙江海蓝公司非法倾倒硫酸一案中法院适用惩罚性赔偿的倍数是依照食品安全领域和消费者保护领域所规定的 3~5 倍,但最新修订的知识产权领域规定的统一倍数区间为 1~5 倍,最高限额为 500 万元。[2] 因此,为了保持惩罚性赔偿适用的统一性,对于环境污染案件的惩罚性赔偿也应以 1~5 倍作为其倍数区间。对于生态破坏类的案件,则可以生态功能的损失为惩罚性赔偿的基数,再乘以 1~5 倍。对于生态不同程度损害的评价可以体现在对倍数最低限的要求,如造成生态功能永久性损失的,最低倍数不得低于 3 倍。在此基础上,可以赋予法官一定的自由裁量权,根据实际情况作出判决,正如某艺术中心非法购买、出售野生动物造成生态破坏一案,法官依据行为人的悔过程度、造成生态损害的方式、履行效果等,在判处惩罚性赔偿金的基础上辅之以劳务代偿的方式,实现了办理一案、教育一片的效果。但因环境污染、生态破坏案件的特殊性,可以不设上限。

(二)惩罚性赔偿金的管理规则

巨额惩罚性赔偿必然会吸引社会的关注,而公众的目光不会止步于高额的赔偿金,我国环境司法救济已经从重赔偿转向重修复。生态环境能否得到有效的救济取决于惩罚性赔偿金管理和使用的落实,但在当前司法实践中,环境民事公益诉讼中惩罚性赔偿金的管理与使用明显存在制度空缺。

1. 明确惩罚性赔偿金的管理主体

如前所述,当前司法实践中存在的管理模式各有利弊,相比之下以民间力量为主导的管理模式更加符合环境民事公益诉讼的目的与功能。环境民事公益诉讼中的诉讼利益并不属于原告,那么对于惩罚性赔偿金的接收、管理和使用应当交给代表公共利益的第三方。对此,以省、自治区、直辖市为单位建立基金会的方式更具有可行性。建立惩罚性赔偿基金,将赔偿金统一管理也有利于实现惩罚性赔偿金的专款专用。因此,可以考虑建立"专项资金"管理委员会统一接管法院审理环境民事公益诉讼案件中的惩罚性赔偿资金,由于生态环境问题的复杂性、跨领域性和专业性,管理委员会的组成人员的选用也应当多元化,可由环

---

[1] 李华琪、潘云志:《环境民事公益诉讼中惩罚性赔偿的适用问题研究》,《法律适用》2020 年第 23 期。
[2] 罗莉:《论惩罚性赔偿在知识产权法中的引进及实施》,《法学》2014 年第 4 期。

境技术专家、基金会代表、地方人大代表和审理案件的主审法官等组成。由"专项资金"管理委员会联合财政、审计、环保等部门出台相关管理办法,对惩罚性赔偿金的接收、管理、使用以及监督等进行细化规定。

2. 惩罚性赔偿金的使用规则

惩罚性赔偿金首先要用于受损生态环境的恢复,由管理委员会编制生态环境修复方案并采取招投标的方式委托有能力的环境修复公司来进行环境修复工作,对于修复方案,由管理委员会集体讨论表决通过,环境修复公司对于资金的使用采取申请制,由管理委员会核准,并将修复方案、资金使用情况以及修复成果进行定期公示,接受社会监督。其次,惩罚性赔偿基金可作为环境民事公益诉讼的救济资金。其可用于报销适格社会组织产生的诉讼费、鉴定费、律师费、差旅费等,解决环境民事公益诉讼中诉讼费用来源的难题。对于救济及资金的申请可参照昆明市实施的《昆明市环境公益诉讼救济专项资金管理暂行办法》,对申请救济金的对象、申请程序和申请限额进行规定。最后,对于无财产可供执行的环境侵权案件中的受害人,可从救济资金中支取适当的补偿性赔偿金。不仅昆明市作此规定,[1] 其他领域惩罚性赔偿的司法实践中也做此规定,如江苏省也出台了《江苏省消费民事公益诉讼赔偿金暂行管理办法》,规定了公益诉讼惩罚性赔偿金纳入民事公益诉讼赔偿金代管账户,消费者提交相应材料即可申领赔偿金。[2] 一般来说,环境民事公益诉讼惩罚性赔偿金并非来自环境受害人的惩罚性赔偿请求权,不得从惩罚性赔偿基金中支取惩罚性赔偿金。但对于被告再无财产承担补偿性赔偿责任的情形,环境受害人可申请从基金中申请适当的补偿性赔偿金。

(三) 惩罚性赔偿与刑事罚金、行政罚款的责任竞合

生态环境领域的案件中普遍存在着刑事责任、行政责任和民事责任竞合的状况,因此环境民事公益诉讼的司法实践中惩罚性赔偿与刑事罚金、行政罚款也必然存在竞合问题。如青岛市崂山区某艺术中心非法收购、出售野生动物破坏生态一案中法院判决被告人承担 6 万元的刑事罚金、浙江海蓝公司环境污染一案中判决被告人 5 万元的刑事罚金。侵权人承担了刑事罚金、行政罚款之后是否仍需要承担惩罚性赔偿责任?如果需要,那么如何协调这三者的适用?这一系列的问题值得我们探讨。

---

[1]《昆明市环境公益诉讼救济专项资金管理暂行办法》中第 4 条规定:"救济资金的用途:(一)单位、环保组织提起环境公益诉讼所需支出的调查取证、评估鉴定等诉讼费用;(二)对因环境公益诉讼案件侵权人给环境造成的损害进行修复的费用;(三)对无财产可供执行的环境案件的受害人进行救助的费用。"

[2]《江苏省消费民事公益诉讼赔偿金管理暂行办法》的规定,公益诉讼惩罚性赔偿金除向消费者支付外,还可用于消费民事公益诉讼案件所需的专家论证咨询费、检验费、鉴定费、律师费、证人出庭作证的合理费用,负责赔偿金申领、审核、发放等具体事项的独立第三方的运作费用以及其他合理支出,保护消费者公共利益产生的其他合理支出。

1. 惩罚性赔偿与刑事罚金、行政罚款的关系

一方面,从理论层面来说,在生态环境领域中,刑事罚金是对不法行为人进行的刑事财产处罚;行政罚款是对违反环境法律法规但并未构成环境犯罪的行为人处以的财产处罚。[1] 惩罚性赔偿和刑事罚金、行政罚款都是对恶意、贪利性违法行为进行惩罚,遏制、预防行为人的环境侵权行为,从而保障社会公共利益。刑事罚金、行政处罚属于公法责任,而惩罚性赔偿是在公法私法二分体制下以私法机制担当惩罚与威慑功能的特殊制度。[2] 刑事罚金和行政罚款的最终流向是国库,并非为了生态环境的救济,对环境的修复作用无异于斗升之水,而环境民事公益诉讼中的惩罚性赔偿金属于不特定的社会公众享有,应当用于环境修复中。因此,即使刑事罚金和行政罚款的功能与惩罚性赔偿金具有一致性,但是,刑事罚金和行政罚款无法对遭受破坏、污染的生态环境进行及时有效的救济和修复,即刑事罚金和行政罚款并不能完全取代或发挥惩罚性赔偿在环境民事公益诉讼中的功能地位。另一方面,从司法实践来看,惩罚性赔偿在其与其他责任竞合情况下的适用也大相径庭。英国法院普遍认为,为了避免"双重处罚"情况以及非法剥夺他人财产的情况出现,倘若行为人已经承担了刑事罚金或行政罚款的话,就不再适用惩罚性赔偿。而美国却持相左的做法,美国大多数的州法院认为"禁止双重处罚"的原则属于刑事领域的范畴,而惩罚性赔偿属于民事责任领域。因此,当惩罚性赔偿和其他责任相冲突时,大多数州法院仍可能会选择适用惩罚性赔偿。

2. 责任竞合下惩罚性赔偿的适用

目前,我国对于责任竞合下惩罚性赔偿的适用问题处在争论之中,为了避免惩罚性赔偿的滥用、体现惩罚的谦抑性,对于性质相同的金钱罚可采取轻罚在重罚中折抵的原则。[3] 依据我国的司法实践,大多数破坏生态、污染环境的案件都是以刑事附带环境民事公益诉讼的形式提起或另行提起环境民事公益诉讼,如青岛崂山区某艺术中心非法收购、销售野生动物破坏生态一案以及浙江海蓝公司污染环境一案中,侵权行为人都是同时承担了刑事罚金和惩罚性赔偿。我国其他领域中采取的态度也是不折抵,如"减肥胶囊"案中,杭州互联网法院判决两被告共同支付惩罚性赔偿金61万元,同时承担10万元和2万元的刑事罚金。[4]

在环境民事公益诉讼领域中发生三者竞合的问题时,首先要明确的是依据现有的法律规定,惩罚性赔偿属于民事责任的范畴,与刑事、行政责任并不冲突。但是,由于惩罚性赔偿是以私法手段对行为人实施的惩罚,并以此威慑潜在的不

---

[1] 孙洪坤、陈雅玲:《环境犯罪认罪认罚从宽的适用困境及其破解》,《安徽大学学报(哲学社会科学版)》2022年第3期。
[2] 叶昌富、吴锋:《环境私益损害救济引入惩罚性赔偿制度研究》,《南京工业大学学报(社会科学版)》2015年第4期。
[3] 杨会新:《公益诉讼惩罚性赔偿问题研究》,《比较法研究》2021年第4期。
[4] 参见杭州互联网法院(2019)浙0192民初5464号民事判决书。

法行为人。[1] 这是"公法私法化"的大势所趋,打破了公权力长期垄断对违法行为人进行处罚的局面,开辟了一条用私法惩罚违法人的新路径,是旨在制裁准犯罪行为的私法制度,惩罚性赔偿与刑事罚金、行政罚款具有目的一致性。[2] 任何的责任都不是孤立存在的,都应将其放进责任体系中来看,当行为人承担了刑事罚金、行政处罚之后,对于惩罚性赔偿可进行适量的折抵。这样既保障了生态环境修复工作的进程,一定程度上彰显了惩罚的谦抑性,也防止对被告人处罚过重造成惩罚的滥用。

(四)惩罚性赔偿的配套机制

除了明确惩罚性赔偿金的数额和管理使用,建立相关配套制度也是发挥惩罚性赔偿制度必不可少的环节。如在青岛市崂山区某艺术中心非法收购、出售野生动物破坏生态一案中,崂山区法院以劳务代替一部分惩罚性赔偿的做法收获了一片好评,起到了良好的教育警示作用。在三清山巨蟒峰环境民事公益诉讼一案中,专家组鉴定资格的问题也应当引起我们的重视。同时,环境民事公益诉讼维护的是环境公共利益,各个环节应当体现公民的参与,让环境修复工作在"阳光"下运行。

1. 完善劳务代偿制度

惩罚性赔偿责任通常以支付惩罚性赔偿金为主要方式,但是不可避免会出现惩罚性赔偿金过高以至于无法执行的情况,劳务代偿制度应运而生。青岛市崂山区某艺术中心非法收购、出售野生动物破坏生态一案采取的劳务代偿方式为我们提供了承担惩罚性赔偿责任的新方式。无独有偶,江苏连云港孙某非法捕捞海产品造成海洋生态破坏一案中,经检察机关核实其经济情况后,确定孙某以劳务代偿的方式开展海洋生态环境修复工作。一方面,考虑到侵权人的实际经济状况,通过切身的劳动对其进行教育并将环保意识铭记于心。另一方面,侵权行为人劳务代偿的方式吸引了公众的目光,不仅威慑、警示了潜在的侵权行为人,还能形成社会对侵权行为人的监督,达到事半功倍的效果。但为了避免劳务代偿制度浮于表面、流于形式,应进一步推广、细化劳务代偿办法。由于各个地区的具体情况不同,可由地方检察院协同人民法院根据当地生态环境的具体情况,联合会签关于生态环境和自然资源保护领域开展公益诉讼劳务代偿工作的暂行办法,对劳务代偿的范围、原则、协执单位的选定、实施、终结和履行完毕的标准等进行具体规定,并创立相关的配套文书以保障该制度的完善与实施。

2. 建立专家选用库制度

专家组鉴定主体资格不明确,导致被告人对环境损害鉴定结果不服。最高人民法院公布的《最高人民法院关于审理环境侵权责任纠纷案件适用法律若干

---

[1] 周骁然:《论环境民事公益诉讼中惩罚性赔偿制度的构建》,《中南大学学报(社会科学版)》2018年第2期。

[2] 朱广新:《惩罚性赔偿制度的演进与适用》,《中国社会科学》2014年第3期。

问题的解释》第 8 条规定了环境污染等专门性问题的鉴定主体为鉴定机构。而三清山巨蟒峰环境民事公益诉讼案件中,由于当地专业鉴定机构的业务范围有限,无法计算出名胜古迹的损害,检察机关便委托江西财经大学教授组成的专家组对损害事实进行认定,并作为证据使用,但引起了被告人的反对,认为专家意见不符合《最高人民法院关于适用〈中华人民共和国刑事诉讼法〉的解释》第 87 条的规定。在实践中专家组虽然弥补了鉴定机构的缺陷,但是其鉴定主体的资格不明确导致专家意见的证明力不被认同。目前,有很多法院聘请相关领域的专家学者,建立了自己的专家库,充分发挥专家意见的作用,为审判服务。因此,为了惩罚性赔偿的长足发展,应当明确专家组的鉴定主体资格,增强专家意见的证明力。首先,可仿照人民调解员的机理,建立配套的专家鉴定人员选用库,对于专家库的组成人员应当坚持专业性和权威性以此来保障专家意见的中立性。其次,对专家评估鉴定的领域进行划分,形成"术业有专攻"的局面,克服司法鉴定难题。再次,为增强判决的信服力,在环境民事公益诉讼案件中需要进行环境损害结果鉴定时,可以征求当事人意见,选用专门的环境损害鉴定机构或选用专家组鉴定。专家鉴定组的组成方式可以借鉴仲裁人员的选定方式,以 3 人为宜,由双方各自在专家库中选定一位专家,再由双方共同选定一位专家作为首席鉴定人。

3. 建立环境责任保险制度

环境责任保险制度既是一种风险分散和防范机制,又是环境侵权赔偿责任社会化救济的重要体现。面对日益严重的环境污染等问题,我国应建立环境侵权责任保险制度,可有效缓解企业面临的高额惩罚性赔偿的经济压力,同时减轻政府修复受污染环境的压力。具体而言,可以采取强制投保和自愿投保相结合的方式:对从事高度危险、有毒、易于发生环境侵权的行业或废弃物处置的企业,强制其缴纳保险费;对于非高危险性的行业和一般性事故所引起环境侵权损害的行业,是否进行投保,原则上采取自愿原则。政府应给予积极的引导和鼓励,并明确具体地规定承保范围、保险金额、责任条款和理赔程序等。[1]

4. 建立公众参与制度

环境污染、生态破坏是对社会公共利益的侵害,对于生态环境的修复也事关公共利益,具有一定的社会性。因此,公众对于修复工作的进展状况以及相关信息具有相应的知情权及在此基础上表达自己意见的权利。"充分的表达渠道权,可以极大激发公众的积极性和创造性,推动科技创新,生产出无数的精神产品,促进人类物质文明和精神文明的发展"。[2] 除了依照管理办法进行公示之外,听证会、公众询问等方式的价值也就凸显了出来,鼓励社会成员积极踊跃地参与环境修复的全过程,使每一笔惩罚性赔偿金的使用明细、修复方案的抉择过程以及

---

[1] 贾爱玲:《环境侵权损害赔偿的社会化制度研究》,知识产权出版社 2011 年版,第 291 页。
[2] 李树忠:《表达渠道权与民主政治》,《中国法学》2003 年第 5 期。

承担修复责任公司的选用程序"透明化",这样不仅有利于保障惩罚性赔偿金"物尽其用",还有利于保障生态环境修复工作的落实。

五、结语

生态文明建设是实现中华民族永续发展的健康底色、资源保障和精神动力,而坚实的法律体系是生态文明建设最强有力的后盾,构建符合生态文明要求的法律体系则是其核心要义的表现形式。当前,虽然我国已有 30 多部环境领域的立法,但是环境侵权领域原有的补偿性责任不仅对于生态环境无法实现有效、充分的救济,更无法威慑面临巨大利益诱惑的侵权人,这就需要我们探索一条新的救济渠道。基于此,在生态环境领域,我国引入了惩罚性赔偿制度,对传统的民法中损害赔偿责任的理论进行修正,并将其作为公共执法不足的"补救手段",以期惩罚性赔偿的惩罚和威慑功能可以对恶性的环境破坏行为进行严厉的打击。惩罚性赔偿在英美法系国家有着悠久的历史,对生态环境领域的救济起到了不可替代的作用,同样惩罚性赔偿制度能否有效落实决定了我国环境民事公益诉讼功能目的的实现。但由于立法的不明确,环境民事公益诉讼中惩罚性赔偿的适用存在着诸多问题。本文从环境民事公益诉讼中惩罚性赔偿的构成要件出发,明确了适用惩罚性赔偿的理论基础,然后系统地梳理了惩罚性赔偿在司法实践中的适用问题,从惩罚性赔偿金的数额、管理和使用、相关配套措施等入手,提出了惩罚性赔偿的完善措施,以期为惩罚性赔偿在生态环境法治的良性发展添砖加瓦,从而使该制度的作用真正落实。

编后记

凡人尘心

——2025年1月7日日志

前夜呕吐整宿，昨天一整天空腹，身子乏力。上午，吃了点家乡的豆皮子，老同学刘静寄过来的，恢复了一些体力。想起辜凌云发的短信，称其将预答辩的论文放在了陈明楼信箱，便让他提供电子版PDF文件，便于我在家里看一看。中午吃饭时，娟子洗头未归，阮才虎从装修工地回来，才虎、岳母和我一起吃了点。待娟子回家时，我们都已吃完。本想中午休息一下再去学校，但又睡不着，就直接过去了。

到中心413室，处理一些杂务。让马艳退订本月20日从北京回荆州老家的机票，转而让姜德高帮忙订本月17日赴广州，20日从广州回荆州的机票。马艳提醒，称黄晨老师说学院今天下午召开全院教职工大会，在微信群通知了。我说我不在学院微信群里，今后有事就当面通知到我本人，但今天已约了学生，要谈论文、看论文，不能去参加学院大会了。下午三点左右，杨安进过来交预答辩论文，聊了几句，见他身体疲惫，嗓子干哑，让他稍事歇息就回去。王颖送来了纸质版预答辩论文，与我简单聊了几句。薛颖过来，称要谈细化硕士论文具体题目及研究提纲。其实，之前已经就此沟通过了，但我粗略看了看，问题还是挺大，得花些时间沟通，便约她明天下午再聊，因为今天主要沟通和阅读博士生的预答辩论文。陈孟麟还没到。在电话中，他称准备从家里出发，待到学校打印店打印好纸质版论文，再过来。于是，又跟实习生张乐怡聊，谈让她帮我查找修改一篇文章所需的资料和听取她的修改意见。这篇文章是我之前给一部著作写的序言，约有一万两三千字；但我觉得还是修改一下，作为一篇论文刊发比较合适，既能深化理论，也传播得更广。陈孟麟送来论文后，我看了看，有个学位论文的样子了，交代了几句。同时给他提供了中国人民公安大学招生简章，告知他明天就是报名截止日期，让他今天就报个名，试一试。后来，我又跟刘漪漩聊了聊她的近况，似乎大家最近身体都有点儿不适，大多为流感引发。不过，她称现在已经恢复过来，一切安好，在写论文和翻译文章之中。

吴桂德过来，言及参加明晚学科小聚的人，能够确定的有杨明、边仁君、孙靖洲、他和我，刘银良有事不能来；经常援手学科活动的常鹏翱可能要接孩子，要看情况。如此，我致电鹏翱，以坚其心；与杨明沟通，并邀凌斌参加小聚。跟吴梓茗沟通申报校内社科部项目"企业知识产权风险智能评估系统研究"事宜，觉得需要进一步强化队伍人员构成和修改申报书。于是，我分别联系了凌斌、杨明和宋河发，他们三人都回复"参加"。同时，我准备晚上将材料带回家，自己再修改一遍申报书。准备回家的时候,遇见严晓悦,她说她和冯思邈明天上午想去听听师兄师姐们的预答辩,问"是否可以旁听",我称"当然可以"。

晚上七点半出发回家,约八点到。琬珺跟娟子到楼下练习唱歌,我跟为先玩耍,让岳母煮点豆皮子。待豆皮子煮好,为先跟着她阿姨学习,我吃了顿地地道道的"晚餐"。餐后,本科同学张玲打电话,问及她女儿学知识产权法学专业,是否可以作为民商法学专业学生报考法院,我称没有问题,让她孩子报名参考即可。

约九点半,琬珺和为先洗漱后,都陆续上床睡觉了。我躺床上准备睡觉,但却总睡不着!今天是农历腊月初八,按照老黄历,就算开始过年了。匆匆忙忙地,一年过去了。翻看短视频,除了看下象棋或者"掼蛋比赛",其他资讯都看不下去。不一会儿,连象棋和掼蛋都觉得没意思,也很难投入棋局或牌局的场景了。

想来我这一年,只是默默地做了些事情,就这样过去了,很无奈,也很无语。看着床前父亲的遗像,又想起了他临终画在纸条上歪歪扭扭的字,"得为易家人争口气!"念及此,一下子就睡不着了,起床了。

凌晨四点半,索性穿戴好,转赴陈明楼办公室了。

易建明